对赌协议与基金合同纠纷

司法实践热点与难点

谢利锦　郭青松　吴昕栋
付玉蝶　董晓艾　赵　莹　著

DUIDU XIEYI YU JIJIN
HETONG JIUFEN
SIFA SHIJIAN REDIAN
YU NANDIAN

法律出版社 LAW PRESS · CHINA
北京

图书在版编目（CIP）数据

对赌协议与基金合同纠纷司法实践热点与难点 / 谢利锦等著. -- 北京 : 法律出版社, 2025. -- ISBN 978-7-5244-0033-2

Ⅰ. D922.280.4

中国国家版本馆 CIP 数据核字第 20256CF202 号

对赌协议与基金合同纠纷司法实践热点与难点
DUIDU XIEYI YU JIJIN HETONG JIUFEN SIFA SHIJIAN REDIAN YU NANDIAN

谢利锦　等著

策划编辑 朱海波
责任编辑 朱海波
装帧设计 贾丹丹

出版发行 法律出版社
编辑统筹 法律应用出版分社
责任校对 蒋　橙
责任印制 刘晓伟
经　　销 新华书店

开本 710 毫米×1000 毫米　1/16
印张 24.5　**字数** 375 千
版本 2025 年 3 月第 1 版
印次 2025 年 3 月第 1 次印刷
印刷 北京盛通印刷股份有限公司

地址:北京市丰台区莲花池西里 7 号(100073)
网址:www.lawpress.com.cn
投稿邮箱:info@lawpress.com.cn
举报盗版邮箱:jbwq@lawpress.com.cn

销售电话:010-83938349
客服电话:010-83938350
咨询电话:010-63939796

书号:ISBN 978-7-5244-0033-2　**定价**:98.00 元

凡购买本社图书,如有印装错误,我社负责退换。电话:010-83938349

序　言

时光荏苒，自 2020 年初出版《PE 司法退出》一书已经过去五个春夏秋冬。五年的时间以及数百起案例的积累，较之于五年前的自己，当下的我们对于对赌协议投资纠纷以及 GP－LP 投资纠纷的思考更加深入，理解更为深刻。不仅如此，随着裁判规则和裁判价值尺度的不断迭代和进步，以前总结的一些规则有的不再适用，有的需要补充完善，这些都促使我们再次总结这些年观察和经历的案例。

“法律的生命从来不在于逻辑，而在于经验。”这是美国大法官霍姆斯的名言。在写作本书的过程中，我们更加深刻地体会到这一点。法律条文虽然为我们提供了基本的框架，但只有通过大量的实践经验和案例分析，我们才能真正理解法律的内涵和适用。因此，我们详细地分析了每一个案例的背景、争议焦点和裁判结果，并试图从中找出规律和启示。我们相信，这些经验的积累和分享，将有助于读者更好地理解和运用法律知识，更好地应对投资纠纷。

就对赌协议投资纠纷而言，在过去的五年当中出现了很多新问题。例如，目标公司以疫情作为不可抗力的抗辩能否被支持？新公司法以及九民会议纪要对于创始股东以及目标公司承担对赌责任的影响几何？九民会议纪要在仲裁实务中如何应用？如何看待对赌协议的轮次优先权与创始人责任限制？创始股东被裁判承担回购责任后，支付完毕回购价款之前，投资人原有的一票否决权是否继续有效？创始股东承担回购责任的默示条件是否为担任管理岗位？

就 GP－LP 投资纠纷而言，在过去的五年当中也出现了很多新问题。例如，基金管理人迟迟未能开始清算的法律责任？在基金募集完成后管理人的关联公司提供的兜底保证的效力如何？管理人对于投资者适当性义务的边界如何认定？管理人承担违约责任后能否有条件地取代 LP 获得基金份额？

看待这些问题的角度以及适用的规则，决定了不同的裁判结果，体现了不同的裁判理念。需要指出的是，公平与公正始终是一个动态的前进过程，从来没有一成不变的公平与公正。

此外，需要指出的是，尽管我们长期研究对赌协议投资纠纷以及 GP－LP 投资纠纷，尽管我们对于选用的案例进行审慎的分析和研究，但本书当中仍难免出现一些可能偏颇的分析与观点，敬请读者指正。

最后，如果本书的只言片语对您能够有所启发，则我心足矣！

谢利锦

目　录

CONTENTS

第一章

当前PE司法退出特点

第一节　当前 PE/VC 市场概况

三年史无前例的新冠疫情对全球经济产生了深远的影响，中国也不例外。在疫情肆虐的三年里，中国经济的各个行业都经历了不同程度的挑战和变革。全球经济增长速度在后疫情时代有所放缓，疫情带来的各种影响仍在持续。

同时，疫情也加速了数字化转型的步伐，推动了新技术的应用，如远程工作、电子商务和智能制造。这些技术的发展不仅改变了生产方式，也对产业链的组织和运作产生了深远影响。

在地缘政治、疫情等消极因素以及科技进步的共同作用下，PE/VC[1]投资市场也出现了一些新特点。总体而言，在全球经济增长放缓的大环境中，市场逐渐清淡，募资与投资规模保持相对稳定。与此同时，私募股权市场在调整周期中也正孕育着新的机遇。特别是2023年9月1日起施行的《私募投资基金监督管理条例》，对于中国私募基金行业来说，具有深远的历史意义和法律意义。

《私募投资基金监督管理条例》的出台有利于完善私募基金监管制度，将私募投资基金业务活动纳入法治化、规范化轨道进行监管。这有助于规范私募基

---

〔1〕 PE 指私募股权投资（Private Equity），VC 指风险投资（Venture Capital）。

金行业的健康发展,防范化解风险。《私募投资基金监督管理条例》着重规范私募投资基金管理人及其控股股东、实际控制人、普通合伙人等,抓住募集资金、投资运作、信息提供等关键环节,强化风险源头管控。例如,禁止公开或变相公开募集资金,强化投资者适当性管理等。不仅如此,《私募投资基金监督管理条例》还加强了对私募基金管理人、托管人以及私募基金服务机构等主体从事私募基金业务活动的监管要求,落实穿透监管要求,优化私募基金整体生态。同时,明确证监会的监管职责及监管措施,对违法违规行为加大惩处力度,营造规范有序的竞争环境。《私募投资基金监督管理条例》的出台意味着中国私募市场将迈向更专业、更规范、更透明的方向。这有助于提高私募基金管理人的专业水平和服务质量,促进管理团队与投资人的利益一致性,防范利益冲突和利益输送等违法行为。因此,《私募投资基金监督管理条例》的出台是中国私募基金行业发展的一个重要里程碑,它不仅为私募基金行业的稳健发展提供了高位阶的法律支撑和依据,也为投资者和整个金融市场的稳定运行提供了有力保障。

对 PE/VC 近年来的发展情况,我们将从基金管理人、基金数量与规模、LP 资金来源、投资项目分析以及投资退出 5 个维度进行分析,给读者勾勒出一个 PE/VC 近些年行业发展的大致轮廓。

一、基金管理人情况[1]

中国证券投资基金业协会自 2014 年开始受理基金管理人登记业务后,行业发展大体分为如下三个阶段:(1)管理人数量迅猛增长阶段。在 2014 ~ 2017 年期间,基金管理人的数量迎来了井喷式增长。整体存量管理人呈现剧烈的波动状态。(2)管理人数量平稳保持阶段,在 2017 ~ 2021 年期间,成为行业达成共识的有"1.5 万家管理人"。(3)管理人市场出清阶段,近些年的严监管叠加市场出清,管理人的数量从 2021 年至今逐年下降,这意味着自 2021 年以来,每年新增加的管理人数量和注销的管理人数量形成了"剪刀差",特别是 2023 年,管理

[1] 数据来源于微信公众号出类研究院:《2023 中国私募股权管理人报告》。

人的数量相比 2022 年下降了大约 2000 家。私募股权、创业投资基金管理人的数量变化如图 1－1 所示。

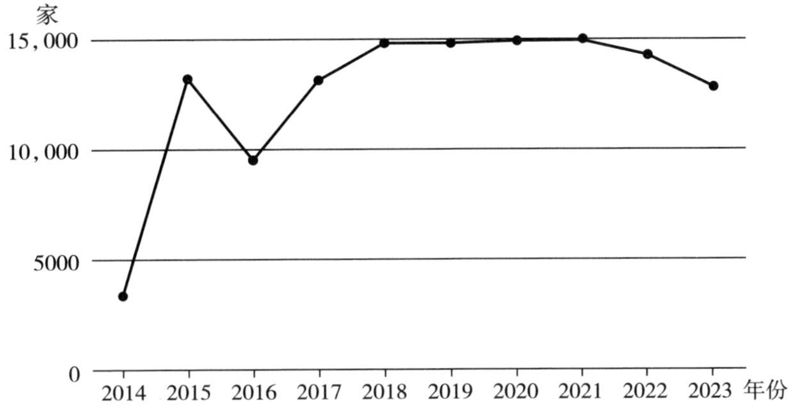

图 1－1　私募股权、创业投资基金管理人数量变化

中国证券投资基金业协会登记与注销管理人对比情况如图 1－2 所示。

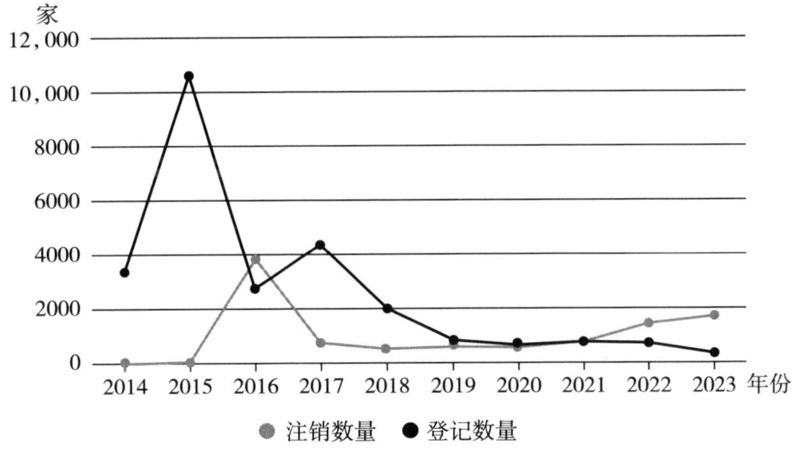

图 1－2　中国证券投资基金业协会登记与注销管理人对比

2014～2023 年年底，在为期 10 年的一个时间维度上，中国证券投资基金业协会总共登记了约 2.6 万家基金管理人，而在过去的 10 年里，已经消失了约 1 万家基金管理人，约占历史总数量的 40%。因此，对于 PE/VC 的投资人来说，选择基业长青的基金管理人非常重要，那些已经不进行管理登记或者被中国证券投资基金业协会撤销管理人登记的管理人，LP（有限合伙人，Limited Partner）

不太可能指望其投资能够获得安全的退出。当然，本书的研究重点是PE/VC对于标的公司投资的司法退出，对于LP与GP(普通合伙人，General Partner)之间的恩恩怨怨比较感兴趣的读者，可以阅读本书的第八章，在第八章中我们会讨论管理人对LP承担责任的方式，募集资金的合规性要求，基金清算与投资范围等主题。

二、基金数量与规模

截至2023年12月末，存续私募基金管理人21,625家，管理基金数量153,079只，管理基金规模20.58万亿元。其中，私募证券投资基金管理人8469家；私募股权、创业投资基金管理人12,893家；私募资产配置类基金管理人9家；其他私募投资基金管理人254家。存续私募基金153,079只，存续基金规模20.58万亿元。其中，存续私募证券投资基金97,258只，存续规模5.72万亿元；存续私募股权投资基金31,259只，存续规模11.12万亿元；存续创业投资基金23,389只，存续规模3.21万亿元。[1]

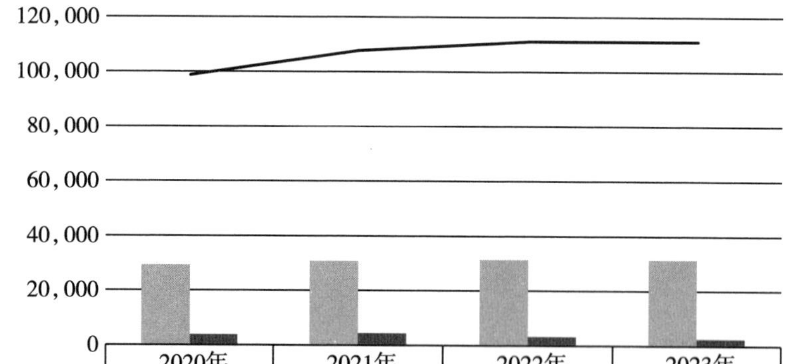

	2020年	2021年	2022年	2023年
存续基金数量（只）	29,402	30,800	31,523	31,529
新备案基金数量（只）	3869	4485	3331	2593
存续基金规模（亿元）	98,700	107,700	111,100	111,200

图1-3　私募股权基金数量及规模变化

〔1〕 数据来源于中国证券投资基金业协会《私募基金管理人登记及产品备案月报(2013年12月)》。

由图 1－3 数据可知，PE 基金的资金规模大约是 VC 基金规模的 3.5 倍，PE 基金数量大约是 VC 基金数量的 1.5 倍。值得注意的是，疫情三年期间，新备案的 PE 基金数量均高于 2023 年新备案的基金数量，对这个数据许多投资界人士感慨2023 年的募资难并非虚词，毕竟新成立的基金数量较疫情最为严重的2022 年减少了 22%，市场之冷清由此可见一斑。

从基金规模来看，过去的几年也充分体现了募资难的冰冷现实。2014～2023 年的 10 年期间，基金管理人的管理规模总计 27.1 万亿元人民币。值得注意的是，2014～2017 年 4 年期间登记的基金管理人的管理规模占据了总量的 73%。管理规模前三的年份依次为 2014 年、2015 年和 2017 年登记的管理人，因此这 4 年是基金管理人创业的黄金时期。在这个 PE/VC 创业的黄金期间，有好的项目和简历，募资不是个太大的问题。同样值得注意的是，2018～2023 年 6 年期间募集的资金规模仅为前 4 年的 36.94%，2023 年仅为 2014 年规模的 2.61%。不仅如此，作为三年疫情结束后第一年的 2023 年，募集的资金金额仅仅为疫情肆虐的 2022 年度的 18.88%。记得疫情结束后，PE/VC 的合伙人们开始了如同疫情以前那样繁忙而充实的募资和看项目的出差行程，经常是每天一个地方的出差，工作之勤勉可见一斑，但从募资的结果来看，却成为史上最差的募资年份。由此可见，所有的成功不仅仅来源于勤奋和努力。这不由得使我想起塔勒布提出的“未然历史”的概念。纳西姆・尼古拉斯・塔勒布（Nassim Nicholas Taleb）是一位著名的思想家和风险分析专家，他提出了许多影响深远的概念，其中之一便是“未然历史”（Silenced History）。“未然历史”的核心思想是，在任何给定的历史时刻，都存在多种可能的历史走向，每一种都有可能成为现实。然而，最终只有一种可能会成为我们所知的历史，其他的则被“沉默”了，即未然历史。这个概念揭示了一个重要的事实：历史并非不可避免地沿着单一路径发展，而是充满了偶然性和可能性。我们所认为的历史是众多可能性中的一种，而不是预定的命运。塔勒布的“未然历史”概念与“时代”和“运气”这两个因素紧密相关，它们共同构成了我们理解和评估历史事件及个人成功的重要视角。因此，不是努力就一定会获得回报。一个个体，在他努力奋斗和不舍昼夜的辛勤工作，取得了一些或大或小的成绩的同时，在分析和总结成绩的时候，一定不能忘记他/她所处的时代背景。因此，个人的成功往往与其所处的时代密切相关,而不仅仅是个人努力的结果。很多时候,我们也应当承认"运气"这种说不清道不明的东西在个人成长过程中的重要作用。运气或偶然性在个人成功和历史发展中扮演着重要角色。塔勒布强调,我们往往高估了技能和策略的作用,而低估了运气的影响。在现实生活中,许多成功的故事背后都有运气的成分。例如,一个企业家可能因为在一个正确的时间和地点抓住了一个机遇而成功,而这并不完全是因为其个人能力。同样地,在历史的进程中,某些转折点可能是由于偶然事件的发生,而非必然的历史逻辑。因此,在评估历史事件和个人成就时,我们应该保持谦逊和开放的态度,认识到成功往往是多种因素共同作用的结果。这种认识有助于我们更加理性地看待自己和他人的成就,同时也为我们提供了应对未来不确定性的策略,即在准备和努力的同时,也要为偶然性和不可预测性留出空间。通过这种方式,我们可以更好地适应变化,抓住机遇,同时减少不利运气带来的风险。塔勒布通过"未然历史"这个概念,提醒我们对待历史和未来要有更加谨慎和开放的态度。在投资、决策和预测未来时,我们需要考虑到确定性和潜在的多种可能性。这种思维方式有助于我们更好地理解和应对复杂多变的世界,尤其是在面对"黑天鹅"事件——那些极端、罕见但影响巨大的事件时。

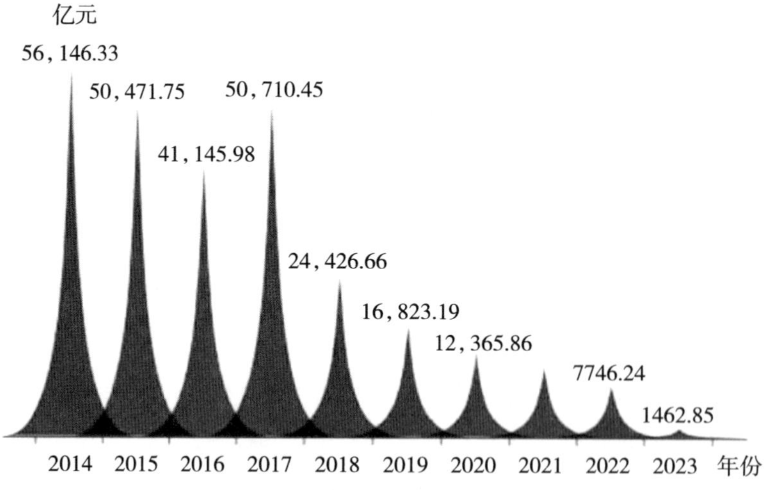

图 1-4　基金管理人管理规模情况

如图 1-5 所示,从平均管理规模的角度来看,2016 年和 2019 年是过去 10 年最佳 GP 创业年份,这两个年份登记的管理人平均管理规模分别达到 28.94

亿元和23.83亿元(2014年是中国证券投资基金业协会成立后存量管理人第一年密集登记,不具备统计意义)。

近5年来,新登记管理人的募资越来越艰难,平均管理规模一路下滑,在2023年跌破10亿元。

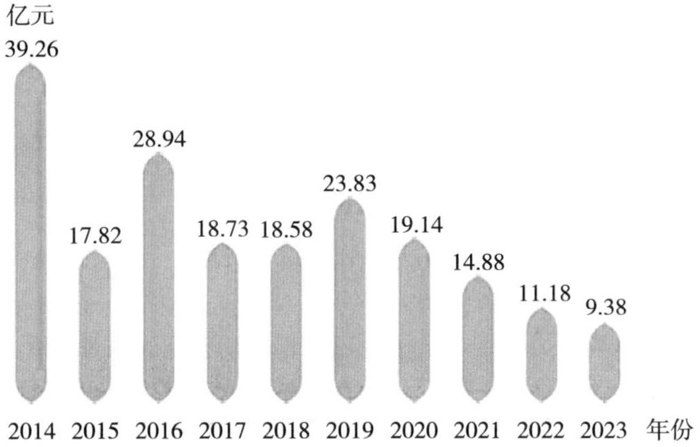

图1-5　基金管理人各年平均管理规模情况

三、私募股权募资市场LP的结构变化[1]

从募资市场的LP出资结构看,政府背景的资金在扮演着越来越重要的角色。我们将募资市场的LP类型分为政府背景资金、银行及证券机构、保险机构、企业投资者、其他类金融机构五大类。根据数据统计,2015~2023年,LP出资人结构不断调整,最大的变化就是政府背景资金近年来的逐年攀升。政府背景的LP出资金额在2023年已达到7200亿元人民币,占募资市场的53%。数据显示,政府背景资金在2019年开始成为最大的出资主体后,一直维持LP市场出资总额最多,出资占比最大的特点。

[1] 数据来源于微信公众号"华兴资本":《2023年私募股权市场观察:新周期中保持定力、适应变化、把握机会》。

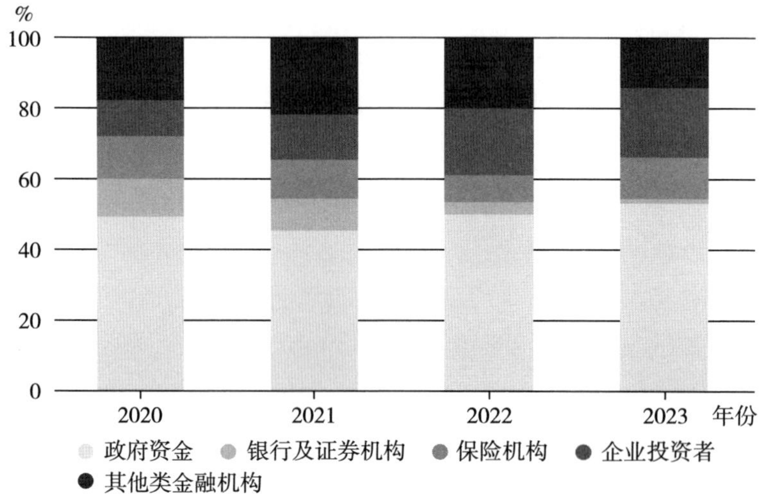

图1-6　2020~2023年私募股权募资市场LP的出资比例

随着政府背景的资金成为LP资金来源的主要组成部分,基金管理人的募资行为模式也发生了很大的变化,例如,要理解地方政府的产业规划和产业布局。随着中国经济的转型升级,地方政府越来越重视科技创新和新兴产业的发展。就地方政府而言,政府通过设立引导基金,旨在引导和撬动社会资本参与私募股权投资,促进产业发展和经济结构调整,推动地方产业结构优化和创新能力提升。不仅如此,政府背景资金的介入有助于提高整体投资效率,通过政府的信用背书和政策支持,吸引更多的社会资本参与,放大财政资金的杠杆效应。政府背景资金的LP在选择管理人时,近年来的趋势是日渐注重管理人的专业化水平。此外,政府背景资金的LP通常具有较长的投资周期,能够为私募股权市场提供稳定的长期资本。这种稳定性对于私募股权基金的运作至关重要,有助于基金管理人制定长期的投资策略,因此基金管理人也非常愿意接纳政府背景的资金作为LP。

论及地方政府通过投资实现产业整合时,不能不提及合肥政府与蔚来汽车的一段佳话。合肥市政府与蔚来汽车的合作案例是中国新能源汽车产业发展中的一个标志性事件。这一合作不仅体现了地方政府在产业引导和风险投资方面的积极性,也展示了合肥市政府在推动新兴产业发展上的独到眼光和战略布局。2019年,蔚来汽车遭遇了严重的财务危机,股价暴跌,资金链紧张。创始人李斌四处寻求投资,但多数地方政府和投资者对这家亏损严重的公司持观望态度。在这一背景下,合肥市政府决定伸出援手,提供70亿元人民币的资金支持,帮助蔚来汽车渡过难关。这一决策不仅基于对蔚来汽车技术和市场潜力的认可,也符合合肥市政府打造新能源汽车产业集群的战略目标。合作达成后,蔚来汽车的总部迁至合肥,合肥市政府的投资帮助企业稳定了运营,并逐步恢复了市场信心。随着蔚来汽车的复苏,其股价开始反弹,合肥市政府的投资获得了显著的回报。更重要的是,蔚来汽车的入驻带动了相关产业链企业在合肥的集聚,形成了新能源汽车产业的协同效应,促进了当地经济的发展和就业。合肥市政府的这一投资策略也得到了市场的认可,被视为地方政府参与产业投资的典范。合肥市政府通过这一系列投资行为,成功地将合肥打造成为"中国新能源汽车之都",并计划在未来几年内进一步扩大新能源汽车产业的规模和影响力。

"有无相生,难易相成,长短相形,高下相倾,音声相和,前后相随。"老子在这里讲述了事物之间的相互关系和相互转化,有和无、难和易、长和短等,都是相互依存、相互转化的。政府背景资金对于基金管理人而言,也是有长有短的。例如,政府背景LP通常不以盈利为唯一目的,更关注于市场失灵领域和欠发展领域的支持,以及实现政策目标和社会效益。这可能导致与追求财务回报的社会资本之间存在目标不一致的问题,从而影响投资决策和基金运作效率。此外,为了防止国有资产流失,政府引导基金的重大事项可能需要层层审批,这可能影响出资节奏和决策效率。不仅如此,PE管理人相对于LP而言,其天然地享有信息优势和管理优势。但在国资背景的LP面前,PE管理人则相对谨慎很多,这不仅仅是因为国资LP资金雄厚,而且是因为国资背景。

四、投资项目数据概览[1]

截至2020年末,从私募股权投资基金的具体投资方向情况来看,投资境内未上市、未挂牌公司股权的规模最大,总计4.83万亿元,占所持各类资产规模的

---

[1] 数据来源于中国证券投资基金业协会。

46.99%;投资资管计划的规模2.15万亿元,占比20.92%;投资现金类资产的规模7205.98亿元,占比7.01%。投资案例55,383个,账面价值6.78万亿元,在投金额6.26万亿元,较2019年末分别增长7.69%、11.83%和8.67%。2020年当年,私募股权投资基金新增投资案例11,362个,投资金额1.18万亿元。

截至2021年末,从私募股权投资基金的具体投资方向情况来看,投资境内未上市、未挂牌公司股权的规模最大,总计5.44万亿元,同比增长12.66%,占所持各类资产规模的48.46%;投资资管计划的规模2.40万亿元,同比增长11.69%,占比21.38%;投资现金类资产的规模7957.20亿元,同比增长10.43%,占比7.08%。投资案例62153个,账面价值7.44万亿元,在投金额6.70万亿元,较2020年末分别增长12.22%、9.80%和6.94%。2021年当年,私募股权投资基金新增投资案例14,231个,投资金额1.18万亿元。

截至2022年末,从私募股权投资基金的具体投资方向情况来看,投资境内未上市、未挂牌公司股权的规模最大,总计5.79万亿元,占所持各类资产规模的50.10%;投资资管计划的规模2.56万亿元,占比22.16%;投资现金类资产的规模8233.84亿元,占比7.13%。投资案例66,984个,账面价值7.67万亿元,在投金额6.99万亿元。2022年,私募股权投资基金新增投资案例11,573个,投资资金额9399.91万亿元。

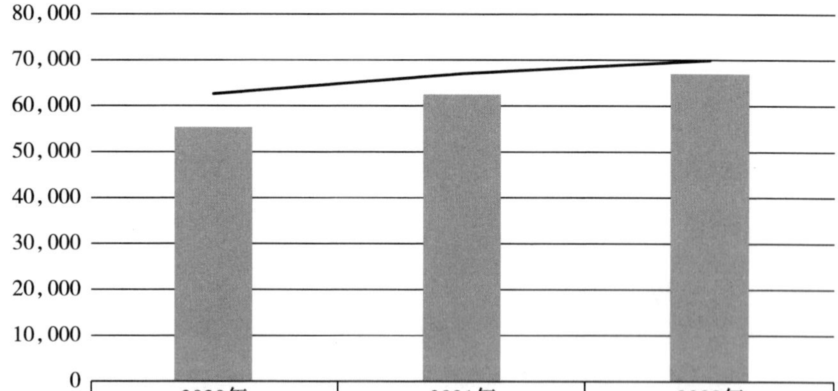

	2020年	2021年	2022年
投资数量(个)	55,383	62,531	66,984
投资金额(亿元)	62,600	67,000	69,900

图1-7 2020~2022年私募股权投资案例数量及金额变化

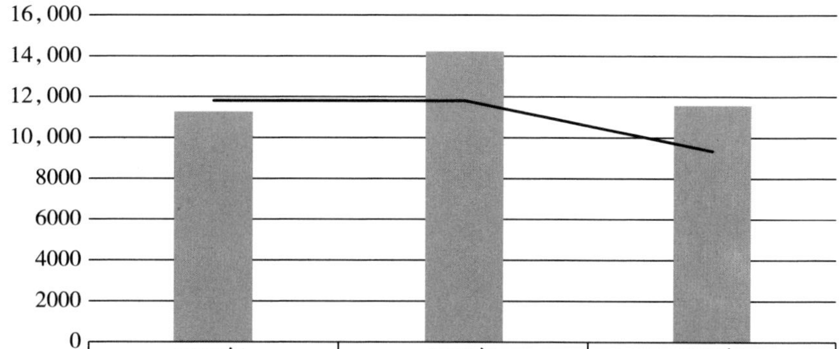

	2020年	2021年	2022年
投资数量（个）	11,263	14,231	11,573
投资金额（亿元）	11,800	11,800	9339.9

图1-8　2020~2022年每年新增私募股权投资案例数量及金额变化

截至2020年末，私募股权投资基金投资属于中小企业的案例32,115个，占所有投资案例的57.99%；在投金额1.53万亿元，占比24.40%。私募股权投资基金的投资案例中属于高新技术企业的案例19,181个，在投金额1.23万亿元，占比分别为34.63%和19.58%。属于初创科技型企业的案例5179个，在投金额1242.78亿元，占比分别为9.35%和1.98%。

截至2021年末，私募股权投资基金投资属于中小企业的案例34,996个，占所有投资案例的56.31%；在投金额1.68万亿元，占比25.05%。属于高新技术企业的案例23,337个，在投金额1.50万亿元，占比分别为37.55%和22.46%。属于初创科技型企业的案例7919个，在投金额2146.72亿元，分别同比增长52.91%和72.74%，占比分别为12.74%和3.21%。

截至2022年末，私募股权投资基金投资属于中小企业的案例37,737个，占所有投资案例的56.19%；在投金额1.79万亿元，占比25.57%。属于高新技术企业的案例27,541个，在投金额1.82万亿元，占比分别为41.12%和26.07%。属于初创科技型企业的案例9389个，在投金额2656.81亿元，占比分别为14.02%和3.80%。

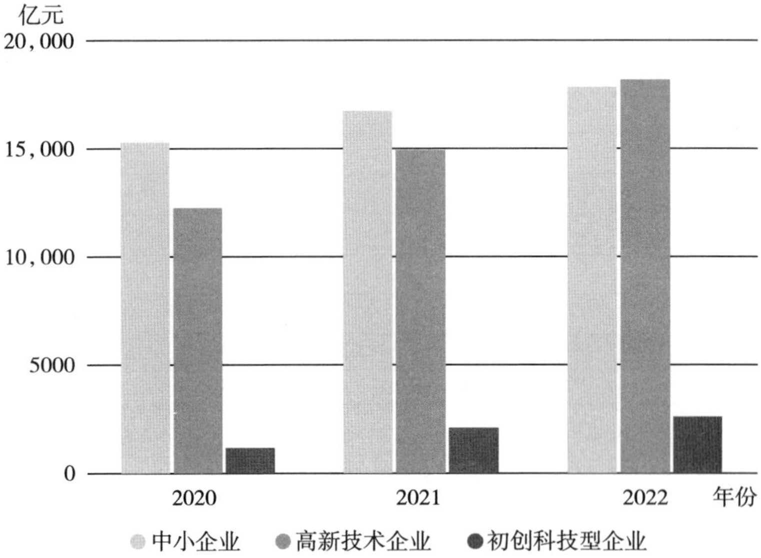

图 1-9　投资规模分布

私募股权投资基金是支持实体经济,助力创新型企业发展的中坚力量。从本质上说,私募股权投资基金是从承担企业发展的各种风险中获取未来成长的价值收益,风险承受能力远高于债权资本,这就决定了私募股权投资基金对高科技企业和创新型中小企业等具有浓厚的投资偏好。

私募股权投资基金的投资方向反映出当下的热门风口与赛道。从投资案例数量的行业分布来看,2020 年前五大行业为“计算机运用”“资本品”“医药生物”“医疗器械与服务”和“原材料”,各行业投资案例数量分别为 13,129 个、6634 个、3919 个、3611 个和 3250 个,占比分别为 23.71%、11.98%、7.08%、6.52%和 5.87%。2021 年前五大行业为“计算机运用”“资本品”“医药生物”“医疗器械与服务”和“半导体”,各行业投资案例数量分别为 14,195 个、7326 个、5082 个、4279 个和 3619 个,占比分别为 22.84%、11.79%、8.18%、6.88%和 5.82%。2022 年前五大行业为“计算机运用”“资本品”“医药生物”“半导体”和“医疗器械与服务”,各行业投资案例数量分别为 14,566 个、8217 个、5826 个、5197 个和 4597 个,占比分别为 21.75%、12.79%、8.70%、7.76%和 6.86%。

五、投资退出情况〔1〕

在2023年退出是私募股权市场的主旋律，投资机构分配更多的精力在退出端，退投比逐年走高；IPO仍是重要的退出渠道，但在退出渠道中的占比在降低，与此同时，机构也在不断寻求多元化的退出方式

从退出总量和退投比看：2023年退出事件数1035个，退投比在本年创历史新高达到11.2%，可见，退出目前是各机构的核心任务；2020年退投比为5.4%，2021年退投比为5.3%，2022年退投比为7.1%，2023年退投比为11.2%。

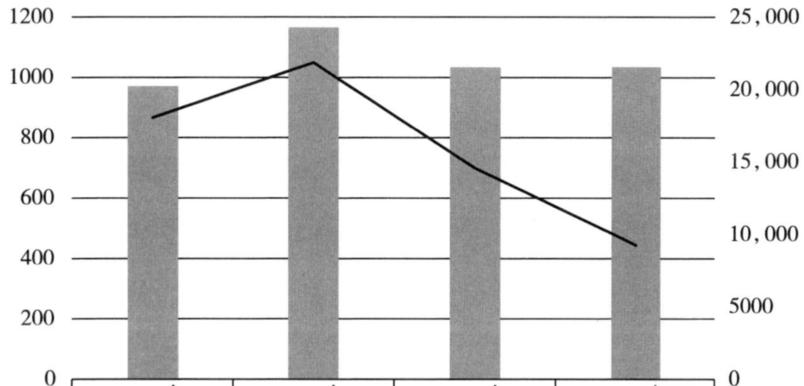

	2020年	2021年	2022年	2023年
退出事件数（左轴）（个）	971	1166	1034	1035
投资事件数（右轴）（个）	18,061	21,858	14,566	9256

图1-10　2020～2023年私募股权投资与退出事件数

从退出方式看：2023年通过IPO方式退出的比例为31%，该比例在降低，过去三年平均值为43%左右。2020年IPO退出占比45%，2021年IPO退出占比44%，2022年IPO退出占比40%，2023年IPO退出占比31%。这其中可能存在

〔1〕 数据来源于微信公众号“华兴资本”：《2023年私募股权市场观察：新周期中保持定力、适应变化、把握机会》。

几个原因:(1)机构在努力通过多渠道退出,尤其观察到,2023 年回购或清算退出的比例在升高;(2)2023 年下半年境内 IPO 政策收紧,对 IPO 退出产生较大影响;(3)由于今年退出受到前所未有的关注,所以数据库在统计时,对非 IPO 退出的覆盖度更高,可能导致同比偏移。

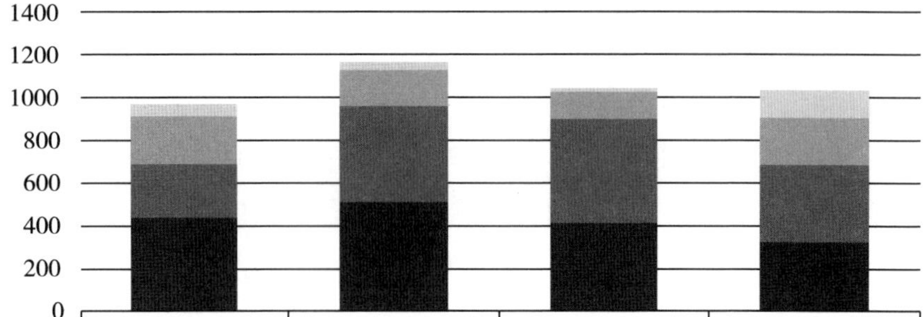

	2020年	2021年	2022年	2023年
回购或清算(个)	57	36	7	129
股权转让(个)	225	169	127	220
并购(个)	252	451	488	364
IPO(个)	437	510	412	322

图 1-11 2020~2023 年私募股权退出方式变化

从三地 IPO 退出看:境内 IPO 还是主要退出渠道,占比为 77%。但是 2023 年 A 股发行节奏明显放缓,境内 IPO 占比也随之有一定程度的降低。

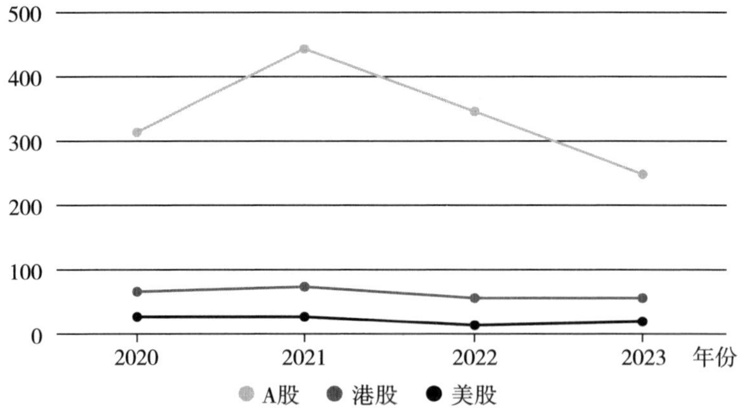

图 1-12 2020~2023 年私募股权三地市场 IPO 退出情况

第二节　当前 PE 投资司法退出的特点

PE 投资司法退出的概念是谢利锦律师在其 2020 年出版的《PE 司法退出操作实务与案例精解》一书中第一次在业界提出，PE 投资司法退出区别于 IPO 退出、并购退出、回购退出以及清算退出。PE 投资司法退出，是指在目标企业不能按照投资协议中对赌条款的约定实现 IPO 或者经营业绩，或者触发其他的退出条款，在投资人通知目标公司或者原股东履行回购的义务和责任后，目标公司或者原股东拒绝履行回购义务和责任，投资人根据投资协议约定的管辖条款向人民法院或仲裁机关提起诉讼或者仲裁，从而实现退出的一种较为特殊的退出方式。

PE 司法退出通常包括以下几个方面：(1)请求法院或仲裁机构裁决强制执行对赌协议。在 PE 投资中，投资者与目标公司或其实际控制人一般会签订对赌协议，约定在特定条件下，目标公司或股东需按照约定的条件回购投资者持有的股权或者按照约定的条件支付业绩补偿价款。当这些条件被触发时，如果目标公司或股东未能履行回购义务，投资者可以通过司法途径诉请强制执行相关的协议条款。(2)违约责任的追究。如果目标公司或其股东违反了投资协议中的条款，投资者可以通过司法途径追究其违约责任，要求赔偿损失或采取其他补救措施。(3)清算退出。在目标公司无法继续经营或破产的情况下，投资者可以通过法院申请对目标公司进行清算，从而在清算过程中实现投资的退出。

PE 投资司法退出的实施需要通过复杂的法律程序，包括但不限于诉讼、仲裁、执行等。在这个过程中，投资者可能需要聘请专业的律师团队，准备充分的证据和法律论据，以确保其权益得到有效的保护和实现。因此，PE 投资司法退出对于投资者来说不仅会增加风险和成本，也可能会因为负反馈而进一步扩大损失。因为，在 PE 投资司法退出的过程中，司法程序的进行不可避免地会对目标公司的声誉和未来发展产生负面影响。例如，由于 PE 投资司法退出引发的财产保全程序会冻结目标公司的流动资金，进而引发目标公司的经营产生自由落体式的下降，从而导致投资人的权益反而因此实质性损失。因此，投资者和目标公司及其控股股东应尽量通过协商和谈判解决分歧,以避免不必要的法律纠纷和经济损失。

历经三年疫情的影响,叠加中国这个 120 万亿元规模的巨轮经济转型以及地缘政治的影响,PE 司法退出近年来出现了一些新特点。

1. PE 基金司法退出案例逐年增多。如前所述,随着经济探底和市场转型,PE 投资人与被投企业、实际控制人之间的矛盾和纠纷逐年上升,导致诉诸司法实现强制性退出的案例增多。特别是吴清先生履新证监会主席以来,2024 年 3 月 15 日证监会密集发布 4 项政策文件,包括 IPO 监管 8 条、上市公司 18 条、券商公募发展 25 条,以及《关于严把发行上市准入关从源头上提高上市公司质量的意见(试行)》《关于加强上市公司监管的意见(试行)》《关于加强证券公司和公募基金监管加快推进建设一流投资银行和投资机构的意见(试行)》《关于落实政治过硬能力过硬作风过硬标准全面加强证监会系统自身建设的意见》。这些政策文件大幅提高了 IPO 的门槛,可以预计的是在未来几年内,通过 IPO 实现退出的投资项目会大幅缩减。即使不考虑疫情以前的存量数据,2020 ~ 2023 年 PE 投资的项目数量为 63,741 件,而同期退出的项目数量为 4206 件,退出项目占比仅为 6.6% 。我们不能忘记的是,截至 2023 年 12 月 31 日,境内股票市场共有上市公司 5346 家。2020 年 A 股共有 394 家公司成功 IPO,募资 4742 亿元;2021 年共有 524 家公司成功 IPO,募资 5437 亿元;2022 年共有 428 家公司成功 IPO,募资 5870 亿元,创历史新高;2023 年 A 股 IPO 数量有所放缓,全年共有 313 只新股上市,4 年期间 IPO 的数量累计 1659 家。读者需要了解的是,从 A 股上市第一股飞乐音响于 1990 年 12 月 19 日登陆上交所之日起,经过 20 年的时间,一直到 2010 年,A 股的上市公司数量才达到 2000 家。回望历史,这 4 年也许会被称为 IPO 的黄金四年。但毋庸置疑的是,随着 IPO 门槛的提高和政策收紧,在相对长的一段时期内,PE 基金通过 IPO 实现退出的难度会大大增加,6.6% 的退投比会成为一个高不可攀的山峰。由于裁判文书网这几年数据的更新速度大不如前,由于仲裁的保密性,我们不能获得最新的 PE 司法退出统计数据。但就我们微观的感受而言,每当谈到我们需要再版《PE 司法退出》一书时,从事投资的朋友们和从事这个领域执业的律师同人们都表现出极大的兴趣,这也成为鼓励我们抓紧研究,尽快再版的原动力之一。上海金融法院在其发布的

《私募基金纠纷之法律风险防范报告》中指出，涉私募基金案件的数量近6年呈上升趋势，尤其在2017~2018年呈快速增长态势。以案件审结日期为标准，2016年为19件，2017年为22件，2018年显著增长至105件，2019年为93件，2020年为129件，2021年为174件。涉私募基金案件中，67.53%的纠纷来自私募基金的内部，即发生在投资者、管理人、托管人、投资顾问、销售机构之间。32.47%的涉私募基金案件来自私募基金的外部。其中，绝大部分为管理人或基金合伙企业起诉投资标的等相关方的对外投资纠纷（占比89.77%），少量为基金份额对外转让纠纷（占比7.39%）、投资标的委托管理人提供咨询管理服务纠纷（占比2.84%）。因此，这个报告的数据与我们微观层面感受的趋势非常吻合。我们也注意到，《每日经济新闻》在2023年11月29日的一篇名为《到年底了，VC/PE开始批量起诉创业公司》颇为引人注目。

2. PE基金采取司法行动以实现退出的行动更为迅速和果决。新冠疫情以前，在目标企业以及实际控制人未能在股东协议或者投资合同约定的期限以前成功实现IPO的情况下，PE基金通常很有耐心。因为在当时的大环境下，尽管可能遇到行业周期性的调整甚至是证监会暂停IPO等监管政策的调整，PE基金对企业家的宽容度还是很高，忍耐力还是很强的，给予企业家足够的时间调整经营思路，应对行业变局，熬过难耐的资本市场寒冬。在25年的执业律师生涯中，我曾全程深度经历了一个投资案例。某知名医药PE基金在2011年投资了一家制药企业，约定2014年12月31日以前目标企业应当实现IPO，但直到2024年双方才通过友好协商的方式由创始人回购了PE基金的股权。在长达13年的期间内，PE基金一直伴随企业历经各种风风雨雨。例如，2017年1月，国务院医改办会同国家卫生计生委等8部门联合下发的一份通知明确，综合医改试点省（区、市）和公立医院改革试点城市的公立医疗机构要率先推行药品采购“两票制”，鼓励其他地区执行“两票制”，以期进一步降低药品虚高价格，减轻群众用药负担。“两票制”是指药品从药厂卖到一级经销商开一次发票，经销商卖到医院再开一次发票，以“两票”替代目前常见的七票、八票，减少流通环节的层层盘剥，并且每个品种的一级经销商不得超过2个。“两票制”对于医药企业原来赖以生存的商业模式带来了颠覆式的影响。医药集采又重塑了医药行业的价格体系，中选产品经常性的降价一半甚至是降价90%以获得市场。通常情况下，PE

基金不可能等待10年以上的时间，因为PE基金通常的存续期限为7～10年。我们最近经历的案例表明，PE基金在目标公司不能如期实现IPO后，无论是由于基金存续期限的压力，还是来自LP要求退出的压力，抑或是基金自身合规的压力，都使得PE基金选择了尽快向目标公司或者创始人发出回购通知，要求回购。PE基金发出回购的通知，看似简单，其实是经过艰难决策后的无奈之举。首先，毕竟在投资当时，基金经理与企业家互相认可价值，希望能通过资源整合，彼此助力，协同发展。遥想当年，临近签署投资协议时，双方一起觥筹交错，相谈甚欢，彼此交情不错。在投资后，许多PE基金经理也担任目标企业的董事，为公司的发展建言献策，在目标公司发展的里程碑事件和相册中都留下了潇洒闪亮的签字和挺拔伟岸的身影。一旦发出回购通知，再在一张桌子上讨论企业发展的问题，彼此就会感觉到生分和怪异。近期的案例表明，PE基金在寻求退出问题上，不再像以往那样的长考，不再像以往那样的等待，而是相对迅速地作出决策，发出回购通知。在目标公司或者创始人不能如约回购（大部分都不能如约回购，毕竟企业这个战车的驱动和前进是需要资金作为燃料的），PE基金的无奈选择只能是依法提起诉讼或者仲裁。后疫情时代，许多PE在司法退出的决策上，果决而迅速，与当下的经济环境不无关系。

3. PE启动司法程序的同时启动财产保全。新冠疫情之前，在我们代表投资人提出的回购案件当中，对是否在提起诉讼或者仲裁的同时采取财产保全措施，许多投资人都心存顾虑。主要的担心是，毕竟目标公司和实际控制人履行回购责任的主要载体是目标公司，一旦对目标公司采取财产保全措施，例如查封目标公司的房产、机器设备和银行账户，这对目标公司的经营可谓雪上加霜。由于司法查封信息的公开性和可检索性，一旦目标公司的主要财产被查封，目标公司办理银行贷款的业务时，就会遇到很大的障碍。特别是对那些业务还在快速发展中的目标公司，可谓是双重的资金打击。一方面，银行账户内的可支配资金被冻结；另一方面，银行贷款又被封杀。巴菲特曾说过，“现金是氧气，99%的时间你不会注意到它，直到它没有了。”在20多年的执业生涯中，我们见过许多正常经营的企业由于突发性的现金流中断而陷入困境的案例。就在2024年，一个年营业额约15亿元的公司，其主要产品为3C消费电子产品，年利润大约1亿元，在投资人申请仲裁并进行财产保全后，还仅仅是对控股股东个人账户的财产保全，就引发了银行的抽贷，直接导致员工工资无法正常发放，供应商的款项无法正常支付，企业迅速陷入停产状态。因此，从某种意义上来讲，PE 并不愿主动启动财产保全措施，这也是我们 5 年前出版《PE 司法退出》一书时，PE 主流的打法是启动司法程序而不进行财产保全，给目标企业的经营留下空间。在当下的环境中，PE 同时深知，坐在目标企业这个客轮上的，并非只有一个投资人。目标企业这个客轮往往承载着三五个乃至十多个，甚至几十个投资人。在激烈博弈的情况下，往往是投资金额不大的中小投资人率先启动司法程序，此时其他 PE 出于履职尽责的考量，也不得不启动司法程序。可想而知，目标公司及其实际控制人面对数起投资人股东发起的回购请求案件，其不得不疲于应对股东的诉讼/仲裁，无法集中精力面对激烈的市场竞争。作为 PE，当然也有不得已的苦衷。在当前的环境下，如果不同步采取财产保全措施，如果最终未能回收资金，恐怕 LP 也会对管理人是否履职尽责产生怀疑。因此，对于投资人而言，对目标企业采取财产保全措施是个两难的选择。对目标公司采取财产保全措施，可能导致目标公司"缺氧而死"，不采取财产保全措施，又担心不能给创始人足够强大的压力，迫使创始人尽快筹措资金以便让投资人安全退出。在这个方面，我们有过很多案例和教训。例如，某知名投资机构在 2018 年 10 月委托我们向其投资的一家环保科技公司以及其实际控制人提起仲裁。在此过程中，由于考虑到财产查封可能会对该环保科技公司带来负面影响而决定不进行财产保全而采取边打边谈的策略。尽管投资人给予了宽容，但是这家环保科技公司最终仍然破产，非常可惜。此外，在招投标日益普遍的今天，目标公司被采取财产保全措施后，也会影响到其部分招投标经营活动。新冠疫情后，由于宏观经济环境的原因以及地缘政治带来的各种竞争日趋激烈，投资人在决定采取司法行动实现退出后，我们观察到的角度是，不再过多考虑财产查封对目标企业经营方面带来的负面影响，更多的考虑是管理人自身的合规和管理人履职尽责的因素。这些新的变化导致投资人一旦决定提起诉讼或者仲裁，就会火力全开，不做保留，争取通过司法程序给目标公司以及实际控制人施加压力以求快速实现退出。当然，投资人在申请财产保全措施时，经常面临的困难是很难提供切实有效的财产线索，从而影响了保全措施的效果。在投资人无法自行获得足够价值的财产线索的情况下，在保全阶段是否可以要求受理法院对目标公司和实际控制人的财产信息进行调查呢？目前，各个法院的司法实践对此并不支持，但部分地方允许律师在此阶段申请调查令调查被告的财产。财产保全部分详见本书第六章。

4. PE 司法退出更多诉求是回购退出而非业绩补偿。常见的 PE 投资协议中的“业绩对赌”和“上市对赌”是两种常见的对赌机制。业绩对赌，也称业绩补偿或业绩承诺，是指在 PE 投资协议中，投资方与融资方（通常为目标公司的股东或管理层）就未来一段时间内目标公司的经营业绩进行约定。如果目标公司未能实现约定的业绩目标，融资方需要按照一定标准和方式对投资方进行补偿；相反，如果业绩超出预期，投资方可能会给予融资方一定的奖励。上市对赌，又称 IPO 对赌，是指投资方与融资方就目标公司在未来某个时间点之前完成首次公开募股（IPO）的情况进行约定。如果目标公司未能在约定时间内上市，融资方可能需要按照协议条款回购投资方的股份，或者支付一定的罚金；如果目标公司成功上市，投资方可能会放弃某些权利或给予融资方一定的奖励。对赌协议通过设定业绩目标或上市目标，平衡了投资方和融资方之间的风险与收益。投资方通过这种方式降低了投资风险，而融资方则有机会获得必要的资金支持以实现业务增长。对赌机制的设计很好地解决了投融资过程中的信息不对称问题，从而推动了 PE 投资的迅速开展。常见的 PE 投资协议往往包括业绩补偿条款、回购条款、反稀释权、否决权、董事会席位等。值得指出的是，常见的 PE 投资协议的对赌条款通常情况下既包括业绩补偿条款，又包括回购权条款。在疫情之前，PE 基金面对目标公司业绩下行，无法在规定的期限内成功 IPO 的情况，往往是通过要求实际控制人与目标公司履行业绩补偿条款，继续选择持有目标公司的股权，心怀 IPO 的憧憬和期待。新冠疫情之后，许多投资在拥有双重对赌权利的情况下，选择了行使回购权，寻求彻底退出目标公司的解决方案。这当然也反映了投资人的心态。2024 年 4 月 30 日，中共中央政治局召开会议。习近平总书记主持会议，分析研究当前经济形势和经济工作。会议强调，要积极发展风险投资，壮大耐心资本。作为金融领域的专业术语，“耐心资本”首次在中央政治局会议上被提及。我们无法苛求 PE 基金对目标公司更加有耐心，毕竟 PE 基金是有存续期限的，也有退出时间的要求。业绩补偿条款与回购条款如何衔接详见本书的第三章、第四章。

5. 在最新的 PE 司法退出案例当中，新冠疫情毫无例外被实际控制人或者目标公司作为主要的抗辩理由之一。根据《民法典》第180条第2款的规定，不可抗力是指不能预见、不能避免且不能克服的客观情况。这一定义为不可抗力的认定提供了明确的标准。具体到新冠疫情，站在目标公司以及实际控制人角度，新冠病毒导致的疫情作为一个突发的公共卫生事件，其暴发的规模、影响的范围和持续的时间在疫情初期都是难以准确预见的；疫情的传播具有不可控制性，个人和企业均无法通过自身努力完全避免疫情的影响；疫情导致的各种防控措施，如交通管制、人员隔离等，使合同的履行变得不可能或极其困难。因此，新冠疫情完美契合了《民法典》第180条规定的不可抗力。不仅如此，站在目标公司以及实际控制人的角度，还可以援引《民法典》第533条规定的情势变更原则，即合同成立后，由于不可预见的、不属于商业风险的重大变化，继续履行合同将导致明显不公平或不能实现合同目的时，当事人可以请求法院或仲裁机构变更或解除合同。《民法典》的原则性规定与具体的案例审理和规则的应用总是存在双方当事人难以跨越的鸿沟。在疫情与法律之间构建一道道桥梁，便于裁判者准确应用法律，最高人民法院在疫情发生的第一时间，发布了《最高人民法院关于依法妥善审理涉新冠肺炎疫情民事案件若干问题的指导意见（一）》《最高人民法院关于依法妥善审理涉新冠肺炎疫情民事案件若干问题的指导意见（二）》《最高人民法院关于依法妥善审理涉新冠肺炎疫情民事案件若干问题的指导意见（三）》三个指导意见。在疫情的阴霾消散之后，在疫情的影响彻底暴发之后，我们通过研究与观察许多诉讼与仲裁的判例，可以得出的结论是作为目标公司想要以新冠疫情作为免责的理由，需要构建极其强大的直接因果关系。众所周知，疫情对于社会的生产，人们的生活总是有影响的。疫情对于企业的经营而言，疫情的影响自然无法忽视。但是决定企业经营业绩和IPO的因素很多，疫情仅是其中的一个因素，而非全部。例如，我们曾经经历的一个服装类企业对赌案例。在该案例中，我们代表投资人。被投资企业主张疫情对其线下门店的经营产生了巨大的负面影响。但通过研究，我们发现竞争对手的在线服务业务如火如荼地开展。在另一个案件中，被投资企业主张其主要业务在海外，由于疫情期间的境外旅行限制，[1]中介机构无法到海外进行现场核查，因此无法在规

〔1〕 我们都曾经亲历这一段历史，长达14+7天的指定酒店隔离期和观察期。

定的时间内实现IPO。但无法忽视的是，疫情三年即2020～2022年，A股共有1346家公司成功实现IPO，恰恰是IPO最为高歌猛进的三年。无论如何，裁判案例表明，无论是法院还是仲裁机构在考量疫情对于对赌目标实现的影响时，都会非常重视直接因果关系的构建，不轻易调整协议的约定。但我们注意到，尽管法庭或者仲裁庭不轻易认定目标公司以及实际控制人将疫情作为不可抗力和/或情势变更的抗辩，在具体案件中，许多裁判者根据公平原则进行了适当性的调整。调整的方式比较多样，有调整违约金起算时间的案例、有调整投资协议约定的业绩补偿金额的案例、有调整回购年化收益率的案例，有调整回购年化收益率期间的案例，详见本书第五章。

6. 随着社会各界对PE投资对赌条款理解的不断深入以及越来越多的PE退出司法案例的警醒，裁判理念也逐渐发生了一些变化。从最早期的认定对赌条款系名股实债、民间借贷、联营保底而无效，到2012年11月底最高人民法院在海富案再审中确立的裁判规则，即与目标公司对赌无效，与控股股东对赌有效的二分法裁判原则。2019年以后，最高人民法院发布了《全国法院民商事审判工作会议纪要》（以下简称《九民纪要》），确认了双有效原则，即与目标公司对赌原则有效、与控股股东对赌有效的裁判规则。但《九民纪要》在实质上把《公司法》规定的减资程序与回购进行了捆绑，将目标公司是否履行了减资程序作为是否支持投资人回购请求的前提条件。不仅如此，《九民纪要》还将《公司法》规定的利润分配程序与目标公司的业绩补偿义务进行了捆绑，将目标公司是否履行了利润分配程序作为是否支持投资人要求业绩补偿的前提条件。如上所述，可以认为最高人民法院已经关注到《公司法》范畴下资本充实原则、资本维持原则以及债权人权益保护等法律原则与最大限度地保护契约精神之间的平衡关系。近年来，也有司法判例认为虽然根据PE投资协议，目标公司投资人为退出事宜提供连带责任保证担保（请注意并非目标公司承担业绩补偿义务），但从保护公司以及债权人的角度，仍判决目标公司承担保证义务的前提条件是参照《九民纪要》的精神履行利润分配程序。例如，在"合肥中航新能源科技有限责任公司、杭州武林置业有限公司等合同纠纷［（2020）最高法民终762号］"一案中，最高人民法院认为："中航公司需对武林公司、咏华公司、浩荣公司因案涉'对赌协议'发生的债务承担连带付款责任，即中航公司需承担回购本公司股权、支付经新投资中心投资收益的付款责任。对于投资方请求目标公司承担金钱补偿义务的，人民法院应当依照《中华人民共和国公司法》第三十五条关于'公司成立后，股东不得抽逃出资'和第一百六十六条关于利润分配的强制性规定进行审查。经审查，目标公司没有利润或者虽有利润但不足以补偿投资方的，人民法院应当驳回或者部分支持其诉讼请求。今后目标公司有利润时，投资方还可以依据该事实另行提起诉讼。"这几年来，不仅是最高人民法院在裁判目标公司承担回购责任、补偿责任、保证责任时持严谨和审慎的态度，一些专家学者也持类似观点。例如，刘俊海教授在其《目标公司对赌无效的法理证成》一文的摘要中认为："公司对赌条款不但无效，亦不可行，实有望梅止渴之憾。公司为对赌义务提供担保的隐形对赌也无效。从未来趋势看，公司对赌条款应淡出历史舞台，理性投资应逐渐成为主流。公司对赌条款效力之争应当终结。为确保投资安全，投资者要善于运用现代信息技术，创新尽职调查方式，积极参与公司治理，充分行使股东权利，不再和目标公司签署画饼充饥的对赌条款。裁判者应致力于公司可持续健康发展，增强公司盈利能力，实现股东和利益相关者多赢共享。"因此，尽管有《九民纪要》对于目标公司承担回购责任以及业绩补偿义务的原则有效性规定，但在司法实务中，裁判者多根据资本维持、资本充足原则等《公司法》的基本理念，在裁决目标公司承担相应责任时，对于减资以及利润分配程序的履行从严掌握和要求。在司法裁判理念逐渐对公司参与对赌收紧的同时，投资人在约定的对赌条件成就后，是否应当及时要求行使回购权，回购权是请求权还是形成权，是否应适用除斥期间仍是实践中的难点。2024 年 8 月 29 日，最高人民法院在人民法院报发布"法答网精选答问(第九批)"，其中对于"关于股权回购性质及行使期限如何认定"意见如下："对赌协议中经常约定股权回购条款，如约定目标公司在×年×月×日前未上市或年净利润未达到××万元时，投资方有权要求股东或实际控制人按照×价格回购投资方持有的股权。审判实践中，对上述股权回购权的性质和行权期限，存在较大争议。有观点认为，投资方请求回购股权系债权请求权，适用诉讼时效制度。也有观点认为，投资方请求回购股权系形成权，受合理期间限制。我们认为，该问题的实质是如何认识投资方请求大股东或实际控制人回购股权的权利性质。就股权估值调整协议中投资方有权请求大股东或实际控制人回购股权的约定，根据《民法典》第 142 条第1款确立的合同解释规则,对该约定除按照协议所使用的词句理解外,还要结合相关条款、行为的性质和目的、习惯以及诚信原则予以理解。从双方约定的目的看,实际上是在符合(未上市或利润未达标)条件时投资方既可以请求对方回购进而自己"脱手"股权,也可以不请求对方回购而继续持有股权。因投资方行使此种权利有自主选择的空间,以合理期限加以限定,较为符合当事人的商业预期。具体而言:(1)如果当事人双方约定了投资方请求对方回购的期间,比如约定投资方可以在确定未上市之日起3个月内决定是否回购,从尊重当事人自由意志的角度考虑,应当对该约定予以认可。投资人超过该3个月期间请求对方回购的,可以视为放弃回购的权利或选择继续持有股权,人民法院对其回购请求不予支持。投资方在该3个月内请求对方回购的,应当从请求之次日计算诉讼时效。(2)如果当事人双方没有约定投资方请求对方回购的期间,那么应在合理期间内行使权利,为了稳定公司经营的商业预期,审判工作中对合理期间的认定以不超过6个月为宜。诉讼时效从6个月之内、提出请求之次日起算。在我们办理的案件中,一般在回购期限届满后,投资人往往会给予目标公司以及控股股东更长的时间,以期实现最为精彩的IPO退出。还记得我们谈到的投资人与控股股东10年协商退出的案例吗?无论如何,就对赌协议而言,最高人民法院的裁判价值导向近年来逐渐向保护目标公司以及控股股东的方向移动。记得《九民纪要》确定的双有效原则吗?最高裁判机关根据社会发展的不同阶段和经济情况,适度微调裁判口径和价值导向体现了与时俱进的法治思想。我们也可以说,这也体现了最高裁判机关在经济下行周期中,对实体企业的一种呵护和关心。在最高人民法院上述指导性的解答意见出台后,PE投资人将不得不提前行使权利,这对于一些控股股东以及目标公司而言可能并非幸事。可以预见的是,最高人民法院的这一态度和答复不可避免地影响到投资人向控股股东主张回购的进度和节奏,该类案件甚至会迎来井喷式的增长。

7. PE启动司法退出程序后,公司治理如何博弈?PE基金作为目标公司的外部财务投资人,一般情况下其占股比例小,并不直接参与公司的经营管理和决策。因此,PE基金这样的外部股东与目标公司的控股股东之间就会形成严重的信息不对称以及代理成本问题。在PE行业漫长的发展过程中,历经无数的博弈,PE基金这样的外部投资者通常利用合同意思自治与目标公司及其控股股东达成其对特定事项具有“一票否决权”的约定。一票否决权的常见表现方式有高级管理层的任命权,对公司CFO等高级管理层的任命和罢免拥有否决权;对发行新股、增资扩股、借款等,投资者拥有否决权,以防止股权稀释或财务风险增加;对一定金额以上的投资、资本支出、资产购买或出售等重大财务决策,投资者拥有否决权;涉及公司的兼并、收购、合并或出售等重大事项,投资者拥有否决权,以保护其投资利益;对公司主营业务范围或重大经营策略的变更拥有否决权。在双方关系密切,互相支持的良好合作期间,目标公司以及控股股东自然也愿意尊重和听取PE基金的意见,尊重PE基金的否决权,毕竟双方的战略目标一致,那就是实现企业的快速发展,早日在交易所敲钟,然后共同出席上市庆典。但不容回避的事实是,相较于如过江之鲫的投资项目,能够跃上龙门实现飞升的目标公司毕竟是少数中的少数。还记得我们在前文提到的退投比吧?6.6%的退投比都是一个难以跨越的山峰,这意味着超过90%的投资项目是无法实现退出的。PE基金在无奈之下,只有根据投资协议的约定,通常是先礼节性磋商,再书面发回购通知,发律师函。可以想见,在不能实现IPO的目标公司中,大部分的经营情况依然不佳,在此情况下,PE基金自然也只能拿起法律武器,启动司法退出的程序。尽管PE基金提起诉讼或者仲裁实属无奈,但从另一个角度,也要看到目标公司以及企业家们的压力与痛苦。在双方对簿公堂之际,剑拔弩张之时,PE投资协议约定的否决权该如何看待与处理?从法律角度看,PE投资中的一票否决权一般会涉及股东(大)会和董事会两个层面。对一票否决权在中国公司法下的效力问题,实务中还是有些争议的,尤其是在董事会层面。认为一票否决权无效者认为,新老公司对于董事会的表决程序均规定,一人一票。投资者的一票否决权违反了《公司法》的相关规定,而且会导致公司治理的失衡,因而无效。但有观点认为,新《公司法》第73条第1款规定:“董事会的议事方式和表决程序,除本法有规定的外,由公司章程规定。”并据此认为,根据契约自由原则,应当允许投资人与目标公司约定董事会层面的一票否决权。在(2014)沪二中民四(商)终字第330号“奇虎三六零软件(北京)有限公司与蒋学文、上海老友计网络科技有限公司、胡喆请求变更公司登记纠纷上诉案”中,公司章程规定,股东奇虎三六零公司对“公司形式变更”有一票否决权。上海二中院认为,赋予奇虎三六零公司对一些事项,包括股权转让的一票否决权,系奇虎三六零公司认购新增资本的重要条件。这种限制是各方出于各自利益需求协商的结果，符合当时股东的真实意思表示，未违反《公司法》的强制性规定，应认定符合公司股东意思自治的精神，其效力应得到认可。根据我们的检索和研究，目前主流的判决是尊重当事人的意思自治，从而认定一票否决权的法律效力。行文至此，不由得想起了创造一个崭新商业模式的小黄车 ofo。如今的戴威成为失信被执行人，已经退出江湖。关于戴威和他的 ofo 的败局，当然从不同角度会看到不同的结果。我却宁愿相信小马哥的判断。2018 年 12 月 20 日，马化腾在朋友圈对 ofo 的溃败发表了自己的观点，他认为这是“一个 veto right（否决权）”的问题。这家创业型公司有 5 个股东拥有“一票否决权”的事实也被公之于众，其权利人分别是戴威、滴滴、阿里、经纬和金沙江创投，据说有媒体曾总结出“一票否决权”在 ofo 历次关键时刻的使用：软银提供的 15 亿美元的融资流产，源自滴滴一票否决；与摩拜合并流产，戴威一票否决；滴滴收购，阿里一票否决。无论如何，一个蓬勃发展的公司都能被一票否决权折腾到早早破产，更何况是经营困难，面临回购生效判决的目标公司呢？许多公司的后果可能是显而易见的，那就是默默地消失在这个世界。因为，这些公司毕竟不像 ofo 那样有名，除它的投资人、股东、债权人、职工等利益相关方外，它的离开可能不会在这个丰富多彩的世界激起太多涟漪。在 PE 基金已经提起诉讼或仲裁，要求目标公司以及控股股东进行回购的时候，甚至是 PE 基金已经获得胜诉裁决，处于执行阶段，在这样的环境下，一方面，PE 基金仍然是股东，因为控股股东/目标公司的支付回购价款的义务尚未完成；另一方面，PE 基金也是债权人，因为其对控股股东/目标公司的回购请求权获得了法庭或者仲裁庭的支持，持有生效法律文书确认的债权。在双重身份的叠加之下，再加上投资迟迟不能退出，可以想见双方的对立关系如何紧张，又如何能坐在同一个会议室里的同一张会议桌上心平气和地讨论公司发展大局？PE 派驻的董事能否真正地站在公司持续经营和发展的角度进行投票表决？此时的董事仍然是董事，此时的股东仍然是股东，但经过了炮火连天的争斗，要求作为股东的 PE 和董事仍然站在目标公司发展的角度进行理性决策和投资，无疑是强人所难。但在此种情况之下，更难的往往是目标公司和控股股东，由于没有能力支付生效判决/仲裁裁决确定的回购价款，又无法否定 PE 基金的股东身份和 PE 派驻的董事的身份，经过法庭/仲裁庭高度对抗的双方，再次以股东身份/董事身份坐在一起,讨论公司未来的发展,这是一个令各方都极其尴尬无奈却又不得不面对的问题。可见,已经拿到胜诉判决/裁决的 PE,其主要的诉求就是尽快得到回购价款,而作为控股股东与目标公司,其想法一定是如何保障企业的持续经营,甚至还要在风雨飘摇之际把有限的资金用于投资在未来可能有发展的项目上。因此,在面对涉及一票否决权的表决事项(如重大投资)时,PE 基金及其派驻董事又怎么会站在持续经营的角度与控股股东保持立场一致呢?我们所经历的此种时刻的董事会,姑且称为“过渡董事会”,斗争往往非常激烈,控股股东的任何发展性的提议往往都会被否决。作为 PE 派驻的董事,其往往也是“压力山大”。我们碰到过一个此类案例,PE 的派驻董事对于是否参加现场董事会非常纠结,因为大股东甚至扬言,要“留住”这个董事。比较令人感到惊异的是,在此情形下要求确认 PE 基金的一票否决权无效的案例,极其罕见。庆幸的是,在实践中我们一直关注这个公司治理问题,并通过案件丰富了这一问题的司法实践。在该仲裁案中,PE 投资人因目标公司未能在投资协议约定的期限内实现合格 IPO,要求控股股东回购;控股股东提出了反请求要求仲裁庭确认投资协议中投资人的董事提名权以及一票否决权在投资人要求回购的情形下失权,并最终获得了仲裁庭的支持。在该案中,仲裁庭认为:“在(投资协议)签署情形下,虽然申请人与三被申请人仍同被登记为 S 公司的股东,但在申请人通知被申请人行使赎回权,并提起本仲裁案,主张三被申请人履行赎回付款义务的现状下,即等同于其明示不再继续为公司股东,其本意即为退出 S 公司。虽然该等主张是协议明确约定申请人享有的权利,但同时也表明申请人已不认可 S 公司的经营现状及发展前景,对于公司未来发展的期待利益失去信心。因此在此情况下,S 公司将来发展已经不在申请人考量的范畴内,即申请人与三被申请人最终的利益目标以及对于目标公司的经营与发展,在立场上已经不一致。在此期间,双方当事人对于 S 公司的治理、业务开展等极有可能存在不同意见,致使 S 公司董事会无法作出决议,长此以往,可能导致 S 公司无法形成有效的决议而陷入僵局。因此,仲裁庭认为,为避免当事人之间的法律关系长期处于不确定的状态,从平衡本案各方当事人之间的利益以及有利于 S 公司发展的角度考量,在申请人主张行使赎回权且被本案裁决支持的情况下,即使股份回购程序尚未完成,申请人也已经实现了退出目标公司的目的,其股东身份归于消灭。

据此,申请人不再享有股东身份和权利,也不应再以股东身份参与S公司的经营管理活动,不应再委派董事参与S公司董事会或对公司的重大事项施加影响。”在该案中,仲裁庭甚至否认了申请人的股东身份,在支持其回购请求后,认为无论申请人是否为登记在册股东,其法律地位此时只是债权人。围绕这个案例,值得所有读者和法律人深思的是,申请人在取得支持其回购请求的裁决后,是否可以参加股东会议?是否享有表决票?这些进一步的问题,留给法律届的同人们继续探索和实践。此种案例如此之罕见,其中的一个原因是控股股东在企业经营不好时,不太愿意也没有经济能力再发动起一个主动性的法律行动(毕竟目前主流的判例也不支持)确认过渡董事会的一票否决权无效。但是,作为法律人,我们还是要思考能否在过渡董事会期间,给予目标公司一些适度的支持,以便最大可能地挽救它?作为投资人,在过渡董事会期间,能否给予一些宽容,支持目标公司的发展,毕竟“留得青山在,不怕没柴烧”。支付回购价款还要依赖于目标公司的发展和盈利。如果目标公司破产了,恐怕PE基金只能把生效判决/裁决当作法律白条焚烧祭奠。作为目标公司的控股股东/一致行动人,在过渡董事会期间,能否多一些智慧?综合平衡各方利益,获得多方面的支持而不是敌对,特别是能够理解PE基金的立场,毕竟他们真金白银溢价地投资了你创办的公司,最终不仅没有获利,本金还搭了进去,毕竟PE基金的资金来自投资他们的LP。在危机时刻,创始人的智慧和胸怀以及创始人家属的支持都非常重要,如果能渡过风雨,安能不见彩虹?

8.新《公司法》将不可避免地对PE基金退出的裁判规则产生重大影响。如前所述,由于PE投资中“对赌”协议的签订主体较多,条款内容涉及多部法律,例如《民法典》《公司法》等,不同法院及仲裁机构处理PE投资纠纷的裁判尺度也不统一,裁判结果有时截然相反。通过前文的讨论,我们了解了目前的裁判趋势是更多的裁判者开始突破契约自由原则,转而从《公司法》规定的减资程序、回购程序、利润分配程序、资本维持原则、资本充足原则以及债权人等利益相关方的角度裁判案件。在这样一个演变中,法律环境发生了重大变化。2023年12月29日,《公司法》(2023修订)正式通过,这将对PE/VC投资产生重要影响,包括司法退出在内的多个方面。例如,就定向减资的股东同意的比例问题,目前的《公司法》没有明确约定。有法院认为,定向减资导致股东之间的股权比例偏离了初始的利益分配格局，应当经过100%股东同意。但也有法院认为，只需要超过2/3的股东同意就可以实行定向减资，山东省青岛市中级人民法院（2015）青民二商终字第795号案件中，青岛市中级人民法院支持这一观点。但新《公司法》对此事宜进行了明确且规定要全体股东另行同意，否则以等比例减资为原则。新《公司法》第224条第3款规定："公司减少注册资本，应当按照股东出资或者持有股份的比例相应减少出资额或者股份，法律另有规定、有限责任公司全体股东另有约定或者股份有限公司章程另有规定的除外。"该条为新《公司法》的新增内容，以等比例减资为原则，定向减资为例外。这意味着，对于目前已经完成投资的项目，PE基金不可能就定向减资事宜与全体股东另行约定，只能采用全体股东一致同意原则。这意味着《九民会议纪要》规定的双有效原则基本结束，当然在目前的司法实践中，与目标公司对赌也很难落地。为未来之计，PE基金应当升级其与目标公司签署的投资协议，可以通过全体股东签订股东协议的形式允许定向减资等非同比例减资，股份有限公司VC/PE股东可以通过公司章程规定的形式，允许定向减资等非同比例减资。当然，有限公司全体股东以股东会决议的方式而非另行协议的方式约定同意定向减资，我们认为也应当具有法律效力。此外，新《公司法》第163条第1款规定："公司不得为他人取得本公司或者其母公司的股份提供赠与、借款、担保以及其他财务资助，公司实施员工持股计划的除外。"这一规定的出台，意味着目标公司为PE基金投资提供担保退出或者业绩补偿的行为，是否无效？《民法典》第153条第1款规定："违反法律、行政法规的强制性规定的民事法律行为无效。但是，该强制性规定不导致该民事法律行为无效的除外。"因此，区分效力性强制性规范和管理性强制性规范成为认定协议约定效力的关键所在。通常认为，如果法律规范的目的单纯是行政管理的需要，并不涉及民事主体之间利益关系的意图，则应当根据行政管理权与司法审判权的职能区分要求，把这类强制性规范作为管理性规范对待，排除在认定合同效力依据的范围之外。如果违反禁止性规定会直接导致损害国家利益的严重后果的，则属于效力性强制性规范。如果违反禁止规定时，只会损害一方民事主体的利益，则属于管理性强制性规范。但对《公司法》第163条第1款规定，我们不能轻易得出这一结论。这有待于未来司法实践的解释和实践。"法律的生命从来不在于逻辑，而在于经验。"这是霍姆斯大法官在其1881年的《普通法》一书中的名句，霍姆斯大法官想表达的含义是法律的生命在于实践，在于应用，因为实践和应用生成了经验。再完美的法律逻辑，如果没有一个个鲜活的案例进行诠释，则法律仍然不过是挂在墙上供人膜拜的空洞条文。

9. 管理权与对赌协议的关联性日渐受到投资界、创始人以及法学界的关注。2020 年 6 月 8 日，一篇名为《中国最惨创业者：3 年前我被投资人赶出公司，3 年后公司没上市让我赔 3800 万！》的文章引发了社会各方的关注和热烈讨论。郭建，一位充满激情的创业者，于 2009 年在杭州成立了雷龙网络技术有限公司（以下简称雷龙网络），开始了他充满挑战的创业之旅。起初，雷龙网络得到了前领导于任远的 50 万元天使投资，郭建与于任远分别持有公司 45% 的股份，剩余 10% 的股份留给了员工。2014 年，为了推动公司更快的发展，雷龙网络引入了外部投资，即杭州科发创业投资合伙企业（有限合伙），简称科发基金。科发基金以 1300 万元换取雷龙网络 10% 的股权，并以同样的价格收购了郭建持有的 2.5% 和于任远持有的 7.5% 的股权。这次股权变动后，郭建持股 36.5%，于任远持股 33%，科发基金持股 20%。在这次投资过程中，郭建与科发基金签订了一份对赌协议。协议中规定，如果雷龙网络在 2017 年 12 月 31 日前未能上市，郭建和于任远需要以 3830 万元的价格回购科发基金所持有的股份。此外，科发基金还获得了重大事项一票否决权和对郭建及于任远股份的限售权。郭建在文章中提到，于任远和科发基金的负责人陈晓锋关系密切，陈晓锋是于任远的同学。2014 年，由于不同意于任远切割公司资源和员工发展其独立业务，双方的矛盾开始激化。在郭建出差期间，科发基金拿走了雷龙网络的公章，导致郭建无法做出有效的经营决策，其总经理职位名存实亡。2014 年 11 月，于任远和陈晓锋在董事会上要求郭建辞去总经理职务，由于任远接任。郭建在对方掌握公章和绝对控股权的情况下，无奈辞去了总经理职务。2018 年年底，由于雷龙网络未能在约定时间内上市，科发基金起诉郭建和于任远，要求履行对赌协议，以 3830 万元的价格回购其股份。郭建在诉讼中败诉，一审和二审法院均判决郭建需承担回购义务。郭建在文章中表达了对这一判决的不满和心碎，他计划向浙江省高院提起再审。郭建的故事在创投圈引发了热议，许多创业者对郭建的遭遇表示同情，同时也对对赌协议的合理性和风险进行了深入的思考。一些法律专家和业内人士指出，创业者在签订对赌协议时应该更加谨慎，充分理解条款的含义和潜在后果,避免因对赌失败而面临巨大的财务风险。此事发生一年之后,郭建发文道歉:“……本人出于情绪发泄,极其不负责任地发表了该文,对公众造成了误导,导致陈晓锋先生以及科发资本受到不公正的社会评价……陈晓锋先生和浙江科发资本管理有限公司,具有良好的信誉,是投资界里知名的专业团队。”作为局外人,我们并不了解各方经营过程中的恩恩怨怨和是是非非,如系创始人主动离职或者不作为,那么其承担业绩对赌责任固然无可厚非。但是在创始人由于各种原因被动离开管理岗位后,原来签订的对赌条款是否应该被毫无保留地继续执行?2024 年 1 月 22 日,上市公司并购重组中的业绩对赌纠纷理论问题研讨会在北京举行。本次研讨会由中国社会科学院法学研究所私法研究中心主办,来自清华大学、北京理工大学、中国政法大学、华东政法大学、中国社会科学院法学研究所的十余位专家学者与会。在专题发言环节,华东政法大学杨代雄教授认为,公司经营权的归属对于业绩对赌协议的履行和业绩补偿责任的承担具有重要影响。对赌协议签订时的公司经营权,包括经营权的归属和经营权的行使等在并购后维持原状,构成业绩对赌协议签订的前提基础。在当事人没有另行作出约定的情况下,在业绩对赌期间保持对赌协议签订时的公司经营权配置不变可以视作此类合同的默示条款。北京理工大学吴光荣教授认为,业绩对赌可以说是不同于债权融资和股权融资的具有“股债融合”特征的第三种融资方式。其特殊性在于,在对赌期间,投资人的投资更类似债权,虽名义上享有目标公司的股权,但其取得股权的意义更多是为了担保债权的实现,因此类似股权的让与担保。在此期间,投资人并不能完整地行使基于股权派生的参与经营权,不能真正行使全部股东权利。只有在对赌结束后,投资人的投资才是真正意义上的股权投资,投资人也才转化为实质意义上的股权人,才能完整地行使全部股东权利。从这个意义上看,在业绩对赌协议履行过程中,公司的经营权原则上应当由股权转让方行使。当然,这里也涉及公司治理结构的问题,因为股东到底能够在何种程度上参与经营,本身就是一个争议极大的问题。在董事会中心主义的公司治理结构下,由股权转让方参与公司经营也不存在制度上的障碍。清华大学韩世远教授认为,业绩对赌条款是商事主体之间的真实合意的结果,故对其效力原则上应予尊重。在此基础上,如果发生一些特殊情况,如公司管理层的变动,股权受让方干预公司经营等,这些情况是否影响对赌协议的履行,其中涉及的问题点比较多。对此,一是需要考虑继续性合同的特殊性。二是如果公司的经营权配置作为对赌协议签订的基础,需要考虑如果对赌期间转让方的经营权落空,交易双方对赌的前提是否还继续存在的问题。三是如果将业绩补偿视为一种赔偿责任,可以考虑将受让方干预经营的行为作为减轻转让方承担补偿责任的因素。我们也注意到,部分法院已经从公平角度考虑调整对赌条款以彰显公平原则。例如,四川高院审理的京福华越(台州)资产管理中心、恒康医疗集团股份有限公司股权转让纠纷(2019 川民终 1130 号),股权转让协议约定目标公司的董事会成员、财务负责人全部由投资方委派,原控制人徐某(时任目标公司董事长)应保证在股权转让完成后加强内部控制,规范目标公司运行。在股权转让协议签订一年后,投资方以业绩表现及工作配合度等综合情况为由,暂停了徐某在目标公司的一切职务。四川省高院认为,原股东不需要承担徐某被停止职务后的业绩补偿责任。协议未明确约定目标公司的经营管理权,投资方免去原股东目标公司负责人职务的,原股东不承担业绩补偿义务。同样地,2017 年 6 月,新华医疗因成都英德业绩未达预期,向法院提起诉讼,要求隋某等 9 名自然人支付 2016 年和 2017 年的业绩补偿款,合计 38,005.37 万元及延迟支付的利息。山东省高级人民法院一审判决 9 名自然人支付 13,301.88 万元及延迟支付的利息,新华医疗不服一审判决提起上诉。最终,最高人民法院作出终审判决,驳回上诉,维持原判。山东省高级人民法院判决被告按照原告起诉的业绩补偿金额的 35% 承担责任的主要考量是,尽管 9 名自然人未履行业绩承诺,构成违约,应支付补偿金额及逾期付款违约金,但新华医疗作为控股股东参与了成都英德的经营管理,对业绩下滑负有责任,因此不能要求 9 名自然人按双倍业绩补偿。此外,山东省高级人民法院认为,成都英德业绩下滑由外部市场竞争变化和内部管理经营变化共同造成,市场风险和内部管理原因双方都有责任。黑格尔在其《法哲学原理》一书中说:“法律绝非一成不变的,相反地,正如天空和海面因风浪而起变化一样,法律也因情况和时运而变化。”在追求公平裁判的道路上,只有进行时,没有完成时。

第二章

目标公司回购责任的热点与难点

第一节 回购条款之效力认定——“效力”与“可履行性”分开

股权回购条款，即业界所称的对赌协议或估值调整协议，是一种在股权性融资协议中，为应对目标公司未来发展的不确定性、信息不对称以及投资成本等挑战，由投资方与融资方共同设计的法律安排。对赌协议的主体形态丰富多样，既包括投资方与目标公司股东或实际控制人之间的对赌，也包括投资方与目标公司直接订立的对赌，以及投资方与目标公司及其股东共同参与的对赌结构。

对于投资方与目标公司股东或实际控制人订立的对赌协议，司法实践中普遍认为其合法有效，并支持其实际履行。然而，当对赌协议的主体转变为投资方与目标公司直接订立时，其效力认定则面临较大争议。2012 年“海富案”[1]在实务界被称为“对赌协议第一案”，法院均围绕业绩补偿条款是否损害公司利益与公司债权人利益判定对赌协议的效力，未就股权回购条款进行展开，最高人民法院在该案中确立了“与目标公司对赌无效，与股东对赌有效”的裁判规则，导

〔1〕 苏州工业园区海富投资有限公司与甘肃世恒有色资源再利用有限公司、香港迪亚有限公司、陆某增资纠纷再审案，最高人民法院再审民事判决书(2012)民提字第 11 号案。

致彼时司法机关认为投资者但凡涉及与目标公司进行对赌，无论是业绩补偿还是股权回购条款均无效。但随着“华工案”的出台，股权回购条款的效力不再一味被否定。

一、华工案[1]：区分“效力”与“可履行性”

（一）案情简述

2011年7月6日，投资方江苏华工创业投资有限公司（以下简称华工公司）与目标公司扬州锻压机床集团有限公司（以下简称扬锻集团，后整体改制为股份公司——扬锻股份），以及原股东等签署《增资协议书》和《补充协议》，由华工公司向扬锻集团溢价增资。各方签署的《补充协议》约定，若扬锻集团（扬锻股份）在2014年12月31日前未能在境内资本市场上市，华工公司有权要求扬锻集团以现金形式回购其股份；扬锻集团及原股东应当在华工公司提出回购之日起30日内完成股权回购的文件签署、价款支付、变更登记等事项，否则每迟延一天按5‰计算违约金。因扬锻集团违约给华工公司造成的违约责任，由扬锻集团、所有原股东承担连带责任。《增资协议》及《补充协议》签署后，华工公司向扬锻集团实际缴纳出资2200万元，其中，注册资本200万元，资本溢价2000万元计入资本公积。经扬锻集团全体股东一致同意，扬锻集团于2011年12月29日由有限公司整体变更登记为股份公司“扬锻股份”。此后，扬锻股份未能在2014年12月31日前完成上市目标，华工公司要求扬锻股份以现金形式回购其所持有的全部股份，原股东承担连带责任，协商未果，遂成诉讼。本案经扬州邗江区一审、扬州中院二审，均以公司回购股份的条款无效为由，驳回了华工公司的诉讼请求。此后，华工公司诉至江苏高院，最终认定公司回购条款有效，支持了华工公司的诉讼请求。华工案各方的交易结构见图2-1。

---

〔1〕 江苏华工创业投资有限公司与扬州锻压机床股份有限公司、潘某虎等请求公司收购股份纠纷再审案，江苏省高级人民法院再审民事判决书（2019）苏民再62号案。

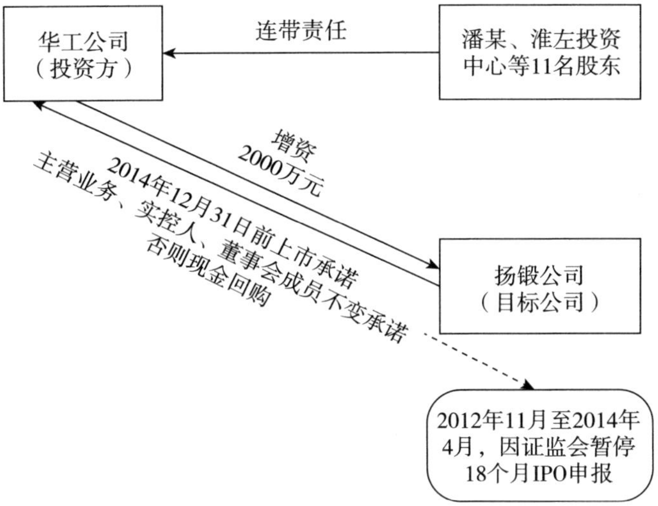

图 2－1　华工案各方的交易结构

(二)裁判观点

在本案中,一审法院否定了股份回购条款的效力,认为该条款不符合《公司法》第 142 条(新《公司法》第 162 条)所规定的法定情形,违反了法律的禁止性规定。此外,该回购条款使得股东在脱离公司业绩的情况下获得利益,损害了债权人的利益,违反了《公司法》第 20 条(新《公司法》第 21 条),因此判定该条款无效。二审法院则维持了一审判决,认为股份回购条款明显违背了公司资本维持原则和相关法律规定。

然而,再审法院江苏省高级人民法院得出了不同的结论,具体分析如下。

第一,案涉合同对赌协议效力并不违反原《合同法》第 52 条之规定及公司资本维持原则,应认定有效。首先,案涉对赌协议签订时扬锻集团系有限责任公司,而我国《公司法》并不禁止有限责任公司回购本公司股份,因此有限责任公司回购本公司股权不当然违反我国《公司法》的强制性规定。其次,有限责任公司在履行法定程序后回购本公司股权,既不会损害公司股东及债权人利益,也不会构成对公司资本维持原则的违反。再次,案涉对赌协议中关于股份回购的条款内容,是当事人特别设立的保护投资人利益的条款,属于缔约过程中当事人对投资合作商业风险的安排，系各方当事人的真实意思表示。最后，案涉《对赌协议》的股份回购条款中关于股份回购价款约定不违反国家法律、行政法规的禁止性规定，不存在《合同法》第52条规定的合同无效的情形，亦不属于《合同法》所规定的格式合同或者格式条款，不存在显失公平的问题，故案涉对赌协议应认定为有效。扬锻集团变更为股份公司后，案涉对赌协议的权利义务应由扬锻股份承继，在案涉对赌条款条件成就后，扬锻股份应按照协议约定履行股份回购义务，潘某等原扬锻集团股东应承担连带责任。

第二，案涉对赌协议具备履行可能性。2011年11月20日，扬锻集团股东一致表决通过新的公司章程，明确扬锻公司为股份有限公司。同年12月29日，扬锻集团经工商部门核准变更为扬锻股份。故案涉对赌协议约定的股份回购义务应由扬锻股份履行。扬锻股份作为股份有限公司，不同于原扬锻集团，故华工公司诉请扬锻股份履行股份回购义务，尚需具备法律上及事实上的履行可能。关于股份有限公司股份回购，从《公司法》第142条第1款（新《公司法》第162条）的规定可知，《公司法》虽原则上禁止股份有限公司回购本公司股份，但同时亦有例外情形。本案中，扬锻股份章程亦对回购本公司股份的例外情形作出了类似的规定，并经股东一致表决同意，该规定对扬锻股份及全体股东均有法律上的约束力。《公司法》第37条、第46条、第177条（新《公司法》第59条、第67条、第224条），已明确规定了股份有限公司减少注册资本回购本公司股份的合法程序。扬锻股份履行法定程序，支付股份回购款项，并不违反《公司法》的强制性规定，亦不会损害公司股东及债权人的利益。

（三）案例评析

本案再审法院在《九民纪要》出台前，作出了与最高人民法院关于“海富案”完全相反的判决，具有重要的历史性意义。自最高人民法院对“海富案”作出判决以来，各级法院普遍沿用了其裁判思路，通常以违反资本维持原则或损害债权人利益为由，认定投资人与目标公司之间的对赌协议无效。然而，江苏省高级人民法院在此背景下作出的相反判决，实属不易。该院明确指出，对赌协议的效力应当结合协议的具体内容进行判断，而不能一刀切。同时，该院强调，在认定合同效力时，应以合同订立时的情形为依据，先确定合同的有效性，再探讨合同的履行可能性。

当然,本案的判决结果在很大程度上基于案件的特殊性。首先,案涉对赌协议规定了目标公司全体原股东应履行的协助义务,包括完成股东大会决议、变更工商登记等,这些规定对法院认定协议的可履行性起到了关键作用。其次,目标公司扬锻集团的持续盈利和良好的经营状况,为其履行回购义务提供了坚实的基础。再次,对赌协议中明确约定了股权回购款应扣减投资方已收取的分红款,避免了投资方基于股东和债权人双重身份获得双重利益,从而保护了其他债权人的权益。最后,股权回购款体现的股权投资回报率为8%,这一比例在公司正常融资成本的范围内,不会对其他债权人利益造成损害。

此外,本案的裁判思路实际并未脱离“海富案”中确立的不得违反《公司法》第20条的裁判规则。在“海富案”中,最高人民法院认为在目标公司无法满足业绩条件的情况下,约定投资人有权从目标公司处获得补偿,这一约定使投资人不论公司业绩如何,均可取得相对固定的收益,损害了公司和公司债权人利益,违反《公司法》第20条(新《公司法》第21条)的规定,应属无效。再观本案,江苏省高级人民法院在再审判决中亦有这样的表述:“股份回购条款中关于股份回购价款约定为:华工公司投资额+(华工公司投资额×8%×投资到公司实际月份数/12)-扬锻集团累计对华工公司进行的分红。该约定虽为相对固定收益,但约定的年回报率为8%,与同期企业融资成本相比并不明显过高,不存在脱离目标公司正常经营下所应负担的经营成本及所能获得的经营业绩的企业正常经营规律。”由此可知,江苏省高级人民法院亦是从投资人自目标公司处获得相对固定收益,是否实际脱离目标公司经营业绩的角度,论述案涉对赌协议的上述约定是否违反《公司法》第20条(新《公司法》第21条)的规定。

总言之,本案判决强调商事领域内意思自治的基本原则。当前投资领域内普遍存在的对赌协议,其法律效力将逐步得到确认。这不仅符合当前投资领域的客观实际情况,也符合契约自由、鼓励交易的商法精神,强调商事活动应遵循自由效率原则。

二、银海通案[1]：适用《九民纪要》，强调“可履行性”

（一）《九民纪要》对回购条款效力之影响

2019年11月8日，最高人民法院颁布了《九民纪要》，首次在司法实践中以统一适用的文件形式，对投资方与目标公司之间的“对赌协议”的效力及其履行问题进行了明确。其认可了“华工案”中对“对赌协议”效力的认定方式，同时也将“对赌协议”的可履行性作为“对赌协议”纠纷的另一个重要焦点问题。

第一，关于“对赌协议”的效力问题：在不存在法定无效事由的情况下，投资方与目标公司订立的“对赌协议”有效。

第二，关于“对赌协议”的履行问题：对于投资方主张实际履行的，不得违反“资本维持原则”即“股东不得抽逃出资”及“股份回购的强制性规定”——《公司法》第35条及第142条（新《公司法》第53条、第162条）。

（1）投资方请求目标公司回购股权的，须满足“先减资，后回购”流程。否则在目标公司没有履行减资程序以保护债权人利益的情况下，对投资方有关目标公司回购其股权的请求不予支持；[2]

（2）投资方请求目标公司承担金钱补偿义务的，须遵循“利润支付”的补偿路径，否则构成抽逃出资或抽回出资。若目标公司没有利润或者虽有利润但不足以补偿投资方的，投资方的该项诉讼请求将被驳回或者部分支持。今后目标公司有利润时，投资方可以依据该事实另行提起诉讼。

可见《九民纪要》采取对赌协议效力、履行二分的分析模式，严格恪守合同无效事由的法定主义标准。认为以权利变动（股权回购）为目的订立的对赌协议与作为对赌协议履行的法律效果是两个相互独立的问题，应当分别判断，不能

---

〔1〕 北京银海通投资中心、新疆西龙土工新材料股份有限公司股权转让纠纷案，最高人民法院再审民事裁定书（2020）最高法民申2957号。

〔2〕 参见最高人民法院民事审判第二庭编著：《〈全国法院民商事审判工作会议纪要〉理解与适用》，人民法院出版社2019年版，第117页。

因对赌协议的履行受《公司法》规范限制，而影响对对赌协议的效力判定。

《九民纪要》在区分合同的法律效力和履行可能性的基础上，将重点放在对赌协议的可履行性上。根据资本维持原则，确立了回购型和现金补偿型对赌协议的法律效力。但是，这种以资本维持原则为基础的规则可能会抑制对赌协议激发民间投资的作用。因此，在评估对赌协议的可履行性时，我们不应仅仅关注债权人保护，而应该全面考虑各方利益的均衡，重视公司的利益，以实现各方利益的最大化平衡。

（二）银海通案之案情与裁判释理

（1）案情简述

2011 年 8 月 11 日，北京银海通投资中心（以下简称银海通投资中心）与新疆西龙土工新材料股份有限公司（以下简称新疆西龙公司）签订《增资扩股协议》，约定银海通投资中心以增资扩股的方式对新疆西龙公司进行投资。同日，银海通投资中心与新疆西龙公司及奎屯西龙无纺土工制品有限公司（新疆西龙公司的全资子公司，以下简称奎屯西龙公司）签订《补充协议》，约定若 2012 年 9 月 30 日前新疆西龙公司仍未公开发行股票并上市，则银海通投资中心有权要求新疆西龙公司回购其持有的股份，且新疆西龙公司应在银海通投资中心提出回购要求后 3 个月内完成回购；如新疆西龙公司不能履行回购义务，则奎屯西龙公司应按照约定收购股份，以保障银海通投资中心的投资退出。2011 年 8 月 16 日，银海通投资中心将投资款 900 万元支付给新疆西龙公司，但新疆西龙公司未在约定期限内公开发行股票并上市。就此，银海通投资中心请求法院判决新疆西龙公司支付其股权回购价款，同时请求奎屯西龙公司承担连带保证责任。本案一审法院判决新疆西龙公司向银海通投资中心支付股权回购价款 13,275,000 元，二审法院和再审均未支持银海通投资中心的诉讼请求。银海通案各方的交易结构见图 2－2。

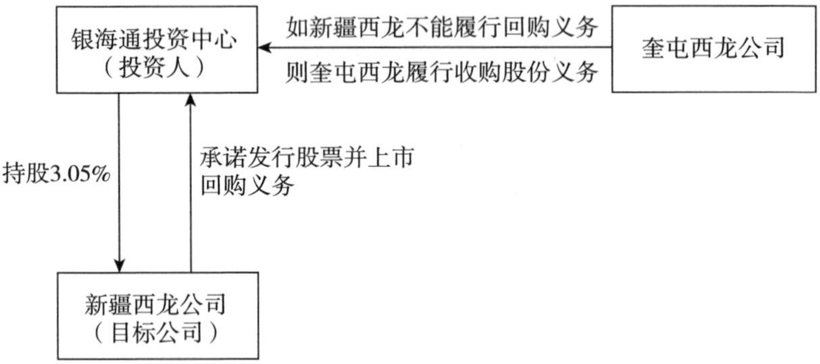

图2－2　银海通案各方的交易结构

（2）法院释理

①二审法院释理

二审法院认为，关于新疆西龙公司或奎屯西龙公司是否应向银海通投资中心支付股权回购价款13,275,000元的问题。根据《补充协议》的相关条款，若新疆西龙公司截至2012年9月30日未能实现在国内证券交易所公开发行股票并上市，银海通投资中心即有权要求新疆西龙公司回购其持有的股份。鉴于新疆西龙公司至今未能满足上述条件，银海通投资中心依据《补充协议》的约定，主张其股权回购的权利。

然而，依据原《公司法》第35条、第142条及第177条的规定，为维护公司债权人的利益，公司在履行股权回购约定前，必须依法完成减资程序。二审法院经审理查明，银海通投资中心未能提供充分证据证明新疆西龙公司已经履行了法定的减资程序，且新疆西龙公司亦确认其尚未启动减资程序。因此，二审法院对银海通投资中心要求新疆西龙公司履行股权回购义务的诉讼请求不予支持。

此外，奎屯西龙公司作为新疆西龙公司的全资子公司，其对母公司的股份持有在实质效果上等同于母公司持有自己的股份。在新疆西龙公司未完成减资程序的情况下，银海通投资中心要求奎屯西龙公司在新疆西龙公司不能履行回购义务时承担支付股权回购款的责任，缺乏法律依据。因此，二审法院对银海通投资中心的该项诉讼请求亦不予支持。

②最高人民法院释理

最高人民法院认为，本案符合投资方与目标公司“对赌”的情形，银海通投资中心为投资方，新疆西龙公司为目标公司。在处理“对赌协议”纠纷案件时，不仅应适用《合同法》的相关规定，还应适用《公司法》的相关规定，依法平衡投资方、公司股东、公司债权人、公司之间的利益。

根据《公司法》第35条、第142条（新《公司法》第53条、第162条）的规定，投资方银海通投资中心与目标公司新疆西龙公司“对赌”失败，请求新疆西龙公司回购股份，不得违反“股东抽逃出资”的强制性规定。新疆西龙公司为股份有限公司，其回购股份属减少公司注册资本的情形，须经股东大会决议，并依据《公司法》第177条（新《公司法》第224条）的规定完成减资程序。现新疆西龙公司未完成前述程序，故原判决驳回银海通投资中心的诉讼请求并无不当，银海通投资中心的该再审申请理由不成立，本院不予支持。现新疆西龙公司的减资程序尚未完成，股份回购的主合同义务尚未成就，故奎屯西龙公司的担保义务未成就，银海通投资中心要求判令奎屯西龙公司承担责任的再审申请理由不成立。

③案例评析

本案当事人在对赌协议中约定了股权回购条款，最高人民法院适用《九民纪要》的规定，肯定了协议的有效性。再审判决的争议焦点在于双方《补充协议》的可履行性问题，即履行回购义务是否以完成减资程序为前提。

本案的裁决观点与《九民纪要》发布之前的华工案所持的立场存在明显的不同。在华工案中，江苏省高级人民法院认为，股份回购义务应当严格按照合同约定执行，其履行不受是否完成减资程序的影响。但在本案中，最高人民法院根据《九民纪要》的精神，对股权回购的法律性质进行了明确的界定。法院认为，请求回购股权本质上是一种减少公司注册资本的行为，因此必须严格遵守《公司法》中关于减资程序的规定。如果未按照法定程序进行减资就进行股权回购，不仅会构成抽逃出资，还可能承担其他的法律责任。因此，如果投资方未能满足减资的先决条件，其要求履行股权回购义务的诉讼请求将不会得到法院的支持。这种裁判理念与《九民纪要》第5条关于对赌协议履行条件和程序要求的规定是一致的。

《九民纪要》对对赌协议的精神，代表了我国司法界对投资者与目标公司之间对赌协议效力的广泛认可，反映出对赌双方在契约意思自治领域内对自己利益的安排和判断的尊重程度在不断提高。这一司法态度的转变与早期“海富案"中法院对商事主体自主决定权的过度干预以及对对赌协议效力的否定形成了鲜明对比。目前,对赌协议的司法裁判应当以商事审判思维为指导,既要尊重商事主体的自主决策权和契约自由,确保其在对赌协议中的意思自治得到充分保障,又要考虑到资本维持原则与债权人利益,防止因履行对赌协议导致公司资本实质减少,进而损害债权人权益。在此基础上,赋予目标公司更大的资产分配自由权,使其能够在遵守法定程序的前提下,灵活应对对赌协议中的股权回购或业绩补偿等条款,实现公司利益与投资者利益的平衡。

第二节　定向减资退出之困境与法律框架

公司减资是指公司成立后,根据权力机构的决议,依照法定程序减少注册资本的行为。定向减资作为减资的一种特殊形式,指的是公司仅向一个或几个特定股东减资,或不按出资比例进行减资,目的在于减少特定股东的认缴出资额、返还部分投资款,甚至促成该股东退出公司。在投资领域,尤其是私募投资领域,定向减资与股权回购协议紧密相关,成为风险投资机构退出公司的重要机制。

依据《九民纪要》第5条的规定,股权回购的对赌履行必然会涉及减资,如果只是涉及个别股东的定向减资退出,虽然从现行法律的规定看,定向减资并不被我国法律所禁止。然而,在新《公司法》颁布之前,司法实践对于定向减资应当履行的程序,特别是股东会一致决还是2/3决的争议较大。

一、根据《九民纪要》操作目标公司股权回购实际适用空间狭小

(一)股权回购以完成减资程序为前提,操作性低

根据上述观点,目标公司回购股权,应以其完成减资程序为前提,但其在实际执行中缺乏实际可操作性。原因如下。

(1)目标公司召开股东(大)会的难度较大

在与目标公司对赌的情况下,投资方以增资或者受让老股方式成为目标公司股东。目标公司作出减资决议,应以召开股东(大)会为前提。根据《公司法》第39条、第100条的规定(新《公司法》第62条、第122条),代表1/10以上表决权或持有10%以上股份的股东、1/3以上的董事等才有权提议召开临时股东(大)会。然而,投资方的持股比例通常较低,且在目标公司董事会中的席位有限,难以满足上述法定条件,从而在提议召开股东(大)会讨论减资事宜时可能会遇到障碍。

(2)目标公司作出减资决议并完成减资程序的可能性不大

①目标公司作出合法有效的减资决议的可能性不大

即使投资方具备提议召开股东(大)会的资格,根据《公司法》第43条、第103条(新《公司法》第66条、第116条)的规定,只有经代表2/3以上表决权的股东或出席会议的股东所持表决权的2/3以上通过,目标公司才能作出减资决议。但目标公司股东通常仍为控股股东,只要其不同意减资,目标公司就无法作出合法有效的减资决议。

实务中,确实存在投资方增资并成为目标公司控股股东的情况,主要是特定的投资方(多为国有企业或上市公司)为了实现财务并表而实施,即使如此,投资方通常持股51%即可,无须达到2/3以上。因此,即使投资方成为目标公司控股股东,如果持股比例达不到2/3,那么作出减资决议也绝非易事。

②目标公司减资须履行债权人保护程序

减资不仅涉及公司内部审批程序,还须严格遵循《公司法》关于债权人保护的规定。目标公司必须向债权人履行通知义务,且该等通知义务不能仅以在报纸上公告为限,还应在债权人要求下清偿债务或提供相应担保。若无法满足债权人要求,减资程序将受阻,进一步加大了投资方通过减资实现股权回购的难度。

③目标公司如果能够作出减资决议,通常就不会发生法律纠纷

通常而言,若目标公司能够依法合规地作出减资决议,通常表明投资方与目标公司已就股权回购达成共识,也不会发生法律纠纷。然而,《九民纪要》将目标公司完成减资程序设定为股权回购的前提条件,意味着在投资方与目标公司

就股权回购产生争议并诉诸法院时，投资方在无法推动目标公司完成减资程序的情况下，其股权回购诉求可能难以通过诉讼途径实现。

（二）是否存在更优解决方案

如上所述，《九民纪要》确立的目标公司回购股权以完成减资程序为前提的裁判标准，使目标公司承担回购股权义务的对赌模式基本失去了生存空间。那么，对于这种对赌模式，是否还有更优的解决方案呢？

（1）《公司法》及其司法解释允许公司在特定条件下收购自己的股权

资本作为公司财产的重要组成部分，是公司从事生产经营活动、承担债务的经济基础。为确保公司资本充实，《公司法》遵循"原则禁止"的原则，但对公司在特定条件下收购自身股权亦提供了一定制度保障，如《公司法》第74条（新《公司法》第89条）规定之异议股东回购请求权、《公司法》第142条（新《公司法》第162条）规定之股份回购、《最高人民法院关于适用〈中华人民共和国公司法〉若干问题的规定（五）》（以下简称《公司法解释（五）》）第5条规定之有限责任公司股东重大分歧解决机制，均为公司在特定条件下收购自己的股权提供支持。

此外，《公司法》第89条第3款新增规定，当控股股东滥用股东权利，严重损害公司或其他股东利益时，受损害的股东有权请求公司以合理价格回购其股权。这一规定为小股东在面对控股股东不当行为时提供了有力的法律保障。针对"控股股东滥用股东权利"，司法实践实际上采取了较为开放的态度。最高人民法院在（2021）最高法民申1080号案件中认为："公司股东滥用股东权利，实践中常见的情形有人格混同、过度支配与控制、资本显著不足等。"在河南高院（2021）豫民终445号案件中，法院认定控股股东控制目标公司不按章程规定分配利润，可以构成滥用股东权利。结合前述案例，控股股东通过对目标公司的支配与控制，使目标公司未按股东此前已经作出的意思表示一致行动，虽不是《九民纪要》第11条列举的"过度支配与控制"情形，但仍可能被认定为滥用股东权利。

在对赌交易中，原股东通常同时为控股股东。如果投资者能够证明原股东通过控制目标公司不启动减资程序，或在股东会决议上故意投反对票，导致减资决议无法通过,投资者可以主张原股东构成滥用股东权利。此类行为不仅违反对赌协议的约定,也严重损害投资者的股东利益。据此,投资者可依据新《公司法》第 89 条第 3 款,要求目标公司回购其股权。

(2)公司收购股权后的处理方式

公司回购股权后的处理方式通常只有转让和注销两种方式。根据《公司法》第 142 条第 1 款(新《公司法》第 162 条第 1 款)以及《最高人民法院关于适用〈中华人民共和国公司法〉若干问题的规定(二)》(以下简称《公司法解释(二)》)第 5 条第 1 款的规定,《公司法》并未绝对禁止公司持有自己的股份;同时,根据《公司法》第 142 条第 3 款(新《公司法》第 162 条)以及《公司法解释(二)》第 5 条第 2 款的规定,公司持有自己的股份属于非常或过渡状态,最终仍要作出选择并进行处分,即转让或者注销。

同时,虽然《公司法》第 74 条(新《公司法》第 89 条)并未规定有限责任公司收购自己的股权后应当如何处理,但是鉴于有限责任公司与股份有限公司都应当遵守同样的资本制度,都要受到资本维持与债权人保护原则的限制,应当参照股份有限公司处理,可以转让或注销所收购的股权。

①转让

目标公司向投资方支付对价回购股权后再将该股权转让给他人,收取股权转让价款,不必减少目标公司的注册资本,可以使目标公司的股权结构恢复到正常状态,并不构成对资本维持与债权人保护原则的违反。前述效果的达成,有赖于目标公司能够将所回购的股权顺利地转让给他人。但实际上,目标公司回购股权后再行转让,会遇到一系列难以解决的风险和问题,包括但不限于以下几个。

首先,股权转让的首要条件是找到合适的买方,而买方的出现具有不确定性,目标公司对此无法预见和控制。其次,即使找到潜在买方,如何确定公允的股权转让价格成为关键。价格不公允可能导致目标公司及其债权人的利益受损。此外,回购股权再转让在效果上类似减资后定向增发,交易性质的界定与股东优先购买权的适用问题亟待解决。再次,如何设定合理的股权转让期限,以避免目标公司长期持有已回购股权导致注册资本信息失真,以及回购后转让前注册资本状态(实缴与认缴)的调整问题,均需明确。最后,目标公司转让股权属于内部自治事项，他人无权干预。然而，若目标公司怠于转让，相关利害关系人未提出异议，除市场监管部门可以采取行政处罚措施外，法院难以主动纠正，可能对资本维持及债权人保护原则构成威胁。

尽管上述风险并非无解，但要确保目标公司在回购股权后顺利完成转让，需要精心设计的交易安排和制度保障。为了避免资本不当减少，还需建立合理的监督机制，并为利害关系人提供有效的救济途径。然而，这些措施可能导致履行及监督成本过高，难以实际操作。虽然理论上允许目标公司回购股权并另行转让不会危及资本维持及债权人保护原则，但实际操作中存在诸多不确定因素。一旦出现无法顺利转让的情况，在现有法律框架内，难以找到完美的解决方案。

②注销，实质为减资

目标公司注销股权实质为减资。其技术操作路径存在两种主要方式：一为依照《九民纪要》规定，先行完成减资程序；二为依据“对赌协议”的约定，通过司法判决由目标公司回购股权，并随后由公司自行履行减资程序。第一种方式即为《九民纪要》确定的方式，很难实现，前文已经讨论，不再赘述。

按照第二种方式，判决生效后，若目标公司未履行回购义务，投资方可依法申请法院强制执行，通过划转资金及变更股权登记，实现股权回购。然而，股权回购后的减资程序，却是一个充满不确定性的环节。减资不仅需要满足《公司法》及其公司章程规定的条件，还需经过股东大会的决议，以及债权人的通知和债务清偿或担保等程序。

首先，投资方的诉讼请求通常聚焦于股权回购，不直接涉及减资问题。减资作为公司的内部治理决策，不属于司法判决执行内容，即使投资方提出减资请求，法院也无法直接判决减资，因其属于公司自治范畴。其次，减资需遵循《公司法》及公司章程规定的公司内部决策程序，由股东行使表决权实现，人民法院仅能就股权回购作出判决，无法直接判决目标公司减资。即使目标公司完成股权回购，如不主动履行减资义务，相关部门虽可采取行政处罚措施，但可能无法有效解决减资问题。再次，减资过程中需编制资产负债表、财产清单，通知债权人并满足其清偿要求或提供担保，这些条件的满足并非完全由公司单方面决定。最后，目标公司回购股权后，如股权被质押、司法冻结或强制执行，将导致目标公司客观上无法完成减资。

因此，与股权回购后再行转让一样，法院判决股权回购而由目标公司自行履行减资程序，在目标公司已经完成股权回购的情况下，后续能否实际完成减资，存在相当大的不确定性。在目标公司资本确已减少的情况下，如不能及时完成减资并变更工商登记，可能损害目标公司债权人的利益。同时，存在实缴资本与工商登记不一致的风险，同样也会向潜在交易方传递错误信息，交易风险被不当放大，进而使得交易的时间和信用成本提高，最终导致交易市场受到不利影响。

二、定向减资之立法演变及司法分析

（一）定向减资决议效力之司法处理

投资人与目标公司对赌，约定由目标公司在回购条件成就时承担回购义务，属于定向减资，涉及同股同权问题。在新《公司法》颁布之前，我国对于定向减资是否需要全体股东一致同意并无明确规定，司法实践中历来存在不同观点。

（1）主流观点：一般情况下定向减资应当取得全体股东的一致同意

司法实务普遍认为，定向减资由于涉及股权结构的调整，将可能从根本上影响股东的权利结构等，故公司若定向减资，则需股东会一致同意。下面以华某诉上海圣甲虫电子商务有限公司股东会决议定向减资案[1]为例进行说明。

①案情简述

上海圣甲虫电子商务有限公司（以下简称圣甲虫公司）系有限责任公司，注册资本631万元，其中，夏某出资250万元，华某出资154万元、杨某出资45万元、××合伙企业出资68万元、杭州埃米网络科技有限公司（以下简称埃米公司）出资63万元、××2合伙企业出资51万元，章程规定公司股东会决议按照出资比例行使表决权，修改公司章程、增加或减少注册资本的股东会决议须经代表全体股东2/3以上表决权的股东通过。

2018年3月1日，圣甲虫公司召开临时股东会会议，审议埃米公司减少注

〔1〕 上海市第一中级人民法院民事判决书，(2018)沪01民终11780号。

册资本 21 万元的相关事宜，主要内容为：埃米公司原通过溢价增资方式向圣甲虫公司投资 1500 万元，对应注册资本 63 万元，持股 10%，现由于埃米公司的投资策略调整，特将对圣甲虫公司总投资中的 1/3 即 500 万元作减资处理，圣甲虫公司注册资本减少 21 万元，退还埃米公司 500 万元。据此，作出如下股东会决议："一、同意圣甲虫公司注册资本由 631 万元减少至 610 万元，减资后各股东持股比例相应调整；二、同意圣甲虫公司向埃米公司返还投资款 500 万元；三、同意修改章程；四、授权执行董事夏某履行减资程序必要的行为。"该项股东会决议同意股东为 5 名，占总股数的 75. 5286%，不同意股东为 1 名，占总股数的 24. 4714%。案外人顾某代表华某签字并注明"不同意，属违法减资，程序不合法"。本案中各方的交易结构见图 2 - 3。

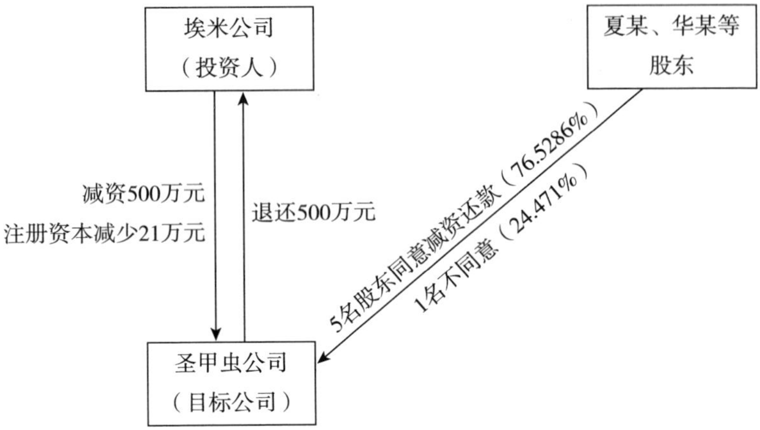

图 2 - 3　本案中各方的交易结构

②裁判观点

一审法院认为，为了保证公司减资能够体现绝大多数股东的意志，《公司法》规定，有限责任公司应当由股东会作出特别决议，即经代表 2/3 以上表决权的股东通过才能进行减资；《公司法》已就股东会作出减资决议的表决方式进行了特别规制，并未区分是否按照股东持股比例进行减资的情形，因此华某关于涉案临时股东会关于同意埃米公司减少注册资本的决议应取得全体股东一致同意的主张不符合法律规定。况且，华某在股东会召开期间，也未提出与埃米公司相同比例减资的要求，其主张该股东会决议违反同股同权的主张不能成立。据此，华某主张涉诉股东会关于公司定向减资的决议应当取得全体股东一致同意与通过的主张缺乏依据，其据此主张涉案股东会决议不成立的理由不成立，一审法院不予支持。

二审法院则认为，《公司法》第43条（新《公司法》第66条）规定，股东会会议作出修改公司章程、增加或者减少注册资本的决议，以及公司合并、分立、解散或者变更公司形式的决议，必须经代表全体股东2/3以上表决权的股东通过。圣甲虫公司章程第11条也作出同样的约定。此处的“减少注册资本”应当仅指公司注册资本的减少，而并非涵盖减资后股权在各股东之间的分配。股权是股东享受公司权益、承担义务的基础，由于减资存在同比减资和不同比减资两种情况，不同比减资会直接突破公司设立时的股权分配情况，如只需经2/3以上表决权的股东通过即可做出不同比减资决议，实际上是以多数决形式改变公司设立时经发起人一致决所形成的股权架构，故对于不同比减资，在全体股东或者公司章程另有约定除外，应当由全体股东一致同意。本案中，圣甲虫公司的股东中仅有埃米公司进行减资，不同比的减资导致华某的股权比例从24.47%上升到25.32%，该股权比例的变化并未经华某的同意，违反了股权架构系各方合意结果的基本原则。上诉人华某主张涉案股东会决议不成立的诉讼请求于法有据，应予支持。

③案例评析

定向减资作为公司调整资本结构、应对财务困境的手段之一，其实施效果不仅关乎公司自身的运营与偿债能力，更直接影响股东间的权益分配与风险承担。本案中，尤其在圣甲虫公司面临严重亏损的情况下，华某的持股比例相对增加，意味着其将承担更高的风险和责任。这种减资方式实质上加重了华某的义务，而埃米公司则可能逃避了其应负的责任。鉴于华某已明确表示反对，该减资行为的合法性和合理性值得商榷。根据《公司法》的规定，股东对公司的责任以其认缴的出资额为限。在公司严重亏损的情况下，即使2/3以上的股东同意定向减资，这也可能降低减资股东的责任，同时增加其他股东的风险。若支持该减资决议的效力，可能会侵犯其他股东和债权人的合法权益。

因此，该案的二审法院认为，在私募股权投资中，PE投资机构向被投企业增资时，被投企业的全体股东通过签订《增资协议》就股权架构（包括出资额、股权比例等)达成合意,如需改变这种全体股东一致认可的股权架构,应经全体股东协商一致。《公司法》规定的减资须经 2/3 多数决是以同股同权为基础就同比例减资作出的规定,不应适用于定向减资。如果《公司法》的该规定可以适用于定向减资,就可能出现在公司具有非常好的盈利能力时,拥有 2/3 以上表决权的股东通过定向减资将小股东"踢出"公司的荒唐场景;而在公司处于亏损状况时,拥有 2/3 以上表决权的股东则可以通过定向减资减少自己的出资额,抽回出资。这显然不符合《公司法》的立法初衷。简言之,《公司法》要求通过特别多数决决定公司的重大事项,如增资和减资,目的是提升公司内部治理的效率。对于股东同比例减资,所有股东享有同等的权利,减资后各股东的权益比例不变,这样的决议不会侵害任何股东的利益。然而,不同比减资可能会使大股东利用其表决权优势损害小股东的利益。

(2)特殊情形:在小股东反对等比减资股东会决议的情况下,可以适用多数决规则

支持资本多数决的观点则认为:定向减资本身亦是《公司法》第 43 条第 2 款(新《公司法》第 66 条)规定的减少注册资本的情形之一,有限责任公司定向减资时由代表 2/3 以上表决权的股东通过即可。

如上海市高级人民法院在(2018)沪民申 1491 号民事裁定[1]中认为,虽然公司设立时对注册资本的确定以及各股东对具体出资额的认缴需要各股东进行合意,公司设立时股东之间的关系更类似于合同关系,但在公司成立后,股东缴纳的出资额已经转化为公司的注册资本,所有权属于公司,在公司运营过程中根据具体的经营情况需要对注册资本进行增减时,需要遵守公司权力机构,即股东会作出的决议。《公司法》之所以规定对注册资本进行增减的股东会决议需要经代表 2/3 以上表决权的股东通过,正是遵循了对公司重要事项的资本多数决原则。注册资本的增减必然涉及具体股东出资额及出资比例的变化,若强求达成一致意见才能对注册资本进行增减,显然有违《公司法》第 43 条(新《公司法》第 66 条)规定的初衷。本案中,在小股东反对同比例减资的股东会决议的情况

〔1〕 吕某与上海鸿洋船舶有限公司、霍蓉公司决议效力确认纠纷案,上海市高级人民法院(2018)沪民申 1491 号。

下，公司另行召开股东会通过股东会决议仅减少了小股东的出资额，保留了小股东的出资额，程序正当，内容合法，且已经办理工商变更手续，各股东理应按照股东会决议的内容履行。由于股东以其出资额为限对公司债务承担有限责任，因此该保留小股东出资额的股东会决议对其权利并未造成损害。从该案例可以看出，适用多数决规则通过定向减资决议需具备以下条件：一是小股东坚决反对等比减资，同意等比减资股东会决议；二是减资目的合理，股东会召集程序合法；三是减资决议保留了小股东应有的出资额，至少从形式上并未损害小股东的权利。

该案的观点之所以能够被多数人接受，主要是因为法律在防止大股东利用股权优势损害小股东利益的同时，也需防止小股东不合理地利用一致决规则绑架大股东利益，偏废任何一方利益都不符合我国的立法目的。该案在裁判结果合理性与合法性方面阐释充分，较好地体现了《公司法》第 43 条（新《公司法》第 66 条）应有之义。

（3）小结

综观现有司法案例，我们认为法院审理此类案件的出发点是"同股同权"，而造成两类案件判决差异的核心原因可能是个案事实中原告是否能够证明其股东权利受损。尽管该原则并未在《公司法》中以明确条款形式表述，但其精神内涵可从相关法条中得以体现。《公司法》第 126 条（新《公司法》第 143 条）确立了股份发行的公平、公正原则，规定同种类股份应享有同等权利，而第 34 条、第 42 条（新《公司法》第 227 条、第 65 条）则对股东权利的平等保护进行了规定。

因此，法院认为公司在减资时必须确保所有股东都能根据其持股比例平等地参与减资。定向减资作为一种特殊的减资形式，对公司治理和股东权益有显著的影响。一方面，定向减资可能会引起股东结构和表决权的重大变动，甚至可能使小股东变成控股股东，对公司的财务处理、清算责任和失信执行等方面产生深远的影响；另一方面，支付型减资涉及公司资产的分配，如果仅依据资本多数决原则执行，可能会导致大股东在某些情况下剥夺小股东平等分配公司资产的权利。因此，司法实践中通常认为定向减资应遵循所有股东一致同意的原则。然而，在特殊情况下，例如，个别股东不同意等比例减资或其他股东减资，可能会有小股东滥用权利损害大股东利益的情况。在这种情况下，公司至少应该首先给予所有股东平等的等比例减资机会，在部分股东放弃这一权利后，再进行定向减资。

在新《公司法》明确“定向减资”规则之前,关于其合法性及所需程序的争论并未有定论。一方面,支持“多数决”的观点认为,减资仅需2/3以上的表决权通过,定向减资还不涉及公司解散,不应严于公司解散的要求,即要求公司全体股东一致同意。但这种观点没有考虑到定向减资与解散在法律性质和后果上的根本差异,定向减资可能会涉及部分股东的擅自退出,这对剩余小股东的权益可能造成重大影响。另一方面,支持“一致决”的观点认为,《公司法》中提到的“减少注册资本”仅指注册资本数额的减少,而非股东间减资份额的分配。但这种解释可能过于狭隘,未能充分考虑减资行为对股东间权利义务关系的实际影响。在定向减资的背景下,忽略股东间减资份额分配的考量,可能并不符合公司法的立法精神。此外,如果增资过程中减少注册资本不包括股东间减资份额的分配,那么增加注册资本是否也应该仅指注册资本本身的增加,而不包括股东间增资份额的分配?实际上,无论是增资还是减资,股东间份额的分配都是其必然结果。对于有限责任公司的增资,公司法通过赋予股东优先认购权平衡增资对股东间份额分配的影响。因此,对于减资,新《公司法》认可“一致决”方式对大小股东的权益冲突进行平衡,也具有其合理性。

《公司法》的立法目的在于平衡公司、股东(包括大股东和小股东)以及公司债权人之间的利益。当公司遭遇财务危机时,如果允许大股东仅凭其资本多数的优势单方面撤资,将风险和责任留给公司小股东,这显然违反了公平原则。因此,新《公司法》对定向减资的条件设定了严格的限制,除非公司章程有其他规定,否则定向减资需要得到所有股东的一致同意。这一规定不仅有力地保护了小股东的权益,也是对公司治理、股东权利和债权人利益的全面考量和平衡。

(二)定向减资决议效力的立法演变

新《公司法》第242条新增定向减资制度,对股权回购可谓是奠定了基石。但纵观原《公司法》及其配套的5个司法解释,只有对减资的笼统规定,没有区分不同减资行为类型进行特别规定,因此,正如上文所述,围绕“有限责任公司定向减资是否适用公司法对减资的一般规定”产生了一系列争议。

原《公司法》对于定向减资这一特定法律概念并未予以明确规定,其后的两次修订草案审议稿中亦未对此有所涉及。定向减资，作为一种特殊的减资方式，不仅导致公司注册资本的缩减，更关键的是，它改变了注册资本在股东之间的分配比例，从而潜藏了大股东利用减资程序侵害中小股东权益的风险。基于此，2023 年 9 月 1 日发布的《中华人民共和国公司法（修订草案三次审议稿）》第 224 条新增了关于定向减资的规定，并以近似一刀切的方式变相禁止定向减资。但是事实上恰恰相反，现实中小股东反而有强烈的定向减资的需求，那就是投资机构的退出问题。

根据《九民纪要》的规定，投资人与目标公司之间的对赌协议效力与实际履行性相分离。只有当协议有效且目标公司已经履行减资程序，使公司回购投资人股权具备可执行性时，法院才会支持投资人的回购请求。目标公司回购投资人股权的过程，实质上即为对投资人的定向减资。倘若《公司法》彻底禁止定向减资，将导致公司回购投资人股权、投资人通过定向减资退出的路径丧失可执行性，目标公司与投资人对赌的合法性从而也就失去了意义。

鉴于上述现实需求与法律实践的冲突，新《公司法》审慎采纳了学术界与实务界的建议，允许有限责任公司全体股东及股份公司章程对定向减资作出特别约定。这一修订既体现了对小股东权益保护的重视，又兼顾了不同公司类型的实际需求以及机构投资者的合理诉求。这一立法变化，反映了我国法律对市场经济发展的敏锐适应与积极回应。

在私募股权、风险投资等新兴资本形态的推动下，小股东，尤其是机构投资者，在中国现代企业制度的构建与完善中发挥着日益重要的作用。立法与监管层面应秉持适度原则，减少对市场主体不必要的干预，尊重契约自由，允许市场参与者在明确的法律框架内自主决策并承担相应风险，这既符合市场经济的基本原则，也契合企业家精神的内在要求。新《公司法》关于定向减资的修订，正是对这一理念的有力体现（见表 2 – 1）。

表 2－1　关于定向减资的规定发展

原《公司法》	第 177 条　公司需要减少注册资本时，必须编制资产负债表及财产清单。 公司应当自作出减少注册资本决议之日起十日内通知债权人，并于三十日内在报纸上公告。债权人自接到通知书之日起三十日内，未接到通知书的自公告之日起四十五日内，有权要求公司清偿债务或者提供相应的担保。
《九民纪要》	第 5 条第 2 款　投资方请求目标公司回购股权的，人民法院应当依据《公司法》第 35 条关于“股东不得抽逃出资”或者第 142 条关于股份回购的强制性规定进行审查。经审查，目标公司未完成减资程序的，人民法院应当驳回其诉讼请求。
《公司法》修订一审稿	第 220 条　公司减少注册资本，必须编制资产负债表及财产清单。 公司应当自股东会作出减少注册资本决议之日起十日内通知债权人，并于三十日内在报纸上或者统一的企业信息公示系统公告。债权人自接到通知之日起三十日内，未接到通知的自公告之日起四十五日内，有权要求公司清偿债务或者提供相应的担保。
《公司法》修订二审稿	第 220 条　公司减少注册资本，必须编制资产负债表及财产清单。 公司应当自股东会作出减少注册资本决议之日起十日内通知债权人，并于三十日内在报纸上或者统一的企业信息公示系统公告。债权人自接到通知之日起三十日内，未接到通知的自公告之日起四十五日内，有权要求公司清偿债务或者提供相应的担保。
《公司法》修订三审稿	第 224 条　公司减少注册资本，应当编制资产负债表及财产清单。 公司应当自股东会作出减少注册资本决议之日起十日内通知债权人，并于三十日内在报纸上或者统一的企业信息公示系统公告。债权人自接到通知之日起三十日内，未接到通知的自公告之日起四十五日内，有权要求公司清偿债务或者提供相应的担保。 公司减少注册资本，应当按照股东出资或者持有股份的比例相应减少出资额或者股份，本法或者其他法律另有规定的除外。
新《公司法》	第 224 条　公司减少注册资本，应当编制资产负债表及财产清单。 公司应当自股东会作出减少注册资本决议之日起十日内通知债权人，并于三十日内在报纸上或者国家企业信用信息公示系统公告。债权人自接到通知之日起三十日内，未接到通知的自公告之日起四十五日内，有权要求公司清偿债务或者提供相应的担保。 公司减少注册资本，应当按照股东出资或者持有股份的比例相应减少出资额或者股份，法律另有规定、有限责任公司全体股东另有约定或者股份有限公司章程另有规定的除外。

三、定向减资之操作程序

由上述论述可知,若投资人在回购条件成就时要求目标公司回购股权,从保护债权人的角度看,须先行履行定向减资程序。根据《公司法》第 142 条及第 177 条(新《公司法》第 162 条、第 224 条)的规定,减资程序具体涉及如下事项:(1)公司编制资产负债表及财产清单;(2)董事会制定减资方案;(3)股东会作出减资决议;(4)通知债权人的同时在报纸或企业信用系统进行公告;(5)办理工商变更登记。

此处涉及的问题是,《九民纪要》规定的减资程序是否同样包括上述全部事项?学理上,有观点认为应将《九民纪要》规定的减资程序理解为仅限于股东会或股东大会作出的减资决议,而不包括后续债权人保护程序。根据这一观点,未完成债权人保护程序不会对目标公司回购股权产生影响,仅使投资人承担可能的抽逃出资责任,但该观点在司法实践中争议较大,多数案例还是概括性地认为《九民纪要》规定的减资事项包括股东会决议及债权人保护程序。

例如,最高人民法院在(2020)最高法民申 2957 号案中明确:"新疆西龙公司为股份有限公司,其回购股份属减少公司注册资本的情形,须经股东大会决议,并依据《公司法》第 177 条的规定完成减资程序。现新疆西龙公司未完成前述程序,故原判决驳回银海通投资中心的诉讼请求并无不当,银海通投资中心的该再审申请理由不成立,本院不予支持。"

最高人民法院在(2020)最高法民申 1191 号案中亦强调:"针对甄投中心要求运货柜公司回购股权这一事项,原判决还需围绕运货柜公司是否完成减资程序进行审查。事实上,公司股权是否可以回购应当分两方面进行审理:一是《补充协议》的效力问题;二是基于合同有效前提下的履行问题。原判决并未说明《补充协议》存在符合合同无效的法定情形,合同本身应当认定为有效。至于《补充协议》约定的股权回购实际上是不是可以履行存在着多种可能性,而非一种必然性。股权回购是否经过 2/3 以上有表决权的股东通过、目标公司是否已完成减资程序、债权人是否同意等事项均具有不确定性。原判决在上述事实未经审理的情形下直接认定合同本身必然无效确有不当。但鉴于甄投中心并未主张运货柜公司已完成减资程序,也未提交有关减资的证据,故原判决从实体结果处理上来说并无不当。”

基于上述司法裁判案件,结合该条关于保护公司债权人的规范目的,《九民纪要》和新《公司法》要求的减资程序应包括减资决议及债权人保护程序。具体见表2-2。

表2-2 公司减资程序及法律依据

序号	需履行程序	法律依据	备注
1	董事会制定《定向减资方案》	新《公司法》第67条:有限责任公司设董事会,本法第七十五条另有规定的除外。董事会行使下列职权:……(五)制订公司增加或者减少注册资本以及发行公司债券的方案……	设立董事会的公司,由董事会结合公司减资的目的,根据资产清查及评估等情况,综合考虑财务计划、税务筹划及法律风险等因素制订《减资方案》。定向减资方案的内容主要包括减资的目的和原因、减少的注册资本、减资的股东、减资对价或作价的方法、减资对价的支付方式等,若为国有企业或上市公司子公司,则还需考虑审计、评估程序并确定相应基准日等。
2	股东会表决通过《定向减资决议》	新《公司法》第59条:股东会行使下列职权:……(五)对公司增加或者减少注册资本作出决议;……	除章程另有规定外,决议需全体股东一致同意。
3	编制资产负债表及财产清单	新《公司法》第224条第1款:公司减少注册资本,应当编制资产负债表及财产清单。	

续表

序号	需履行程序	法律依据	备注
4	发布减少注册资本通知	新《公司法》第224条第2款：公司应当自股东会作出减少注册资本决议之日起十日内通知已知债权人，并于三十日内在报纸上或者国家企业信用信息公示系统公告。债权人自接到通知之日起三十日内，未接到通知的自公告之日起四十五日内，有权要求公司清偿债务或者提供相应的担保。 新《公司法》第255条：公司在合并、分立、减少注册资本或者清算时，不依照本法规定通知或者公告债权人的，由公司登记机关责令改正，对公司处以一万元以上十万元以下的罚款。	
5	修改公司章程并办理减少注册资本的工商登记	新《公司法》第34条：公司登记事项发生变更的，应当依法办理变更登记。	公司应于减资公告期满后及时办理工商变更登记，由于各地区关于办理减资工商变更登记材料的要求不完全一致，建议公司在办理减资业务前，提前与当地市场监督部门进行沟通确认、视具体要求进行操作准备。

四、定向减资程序之风险防范

(一)公司亏损是否影响定向减资决议的效力

在上述的定向减资中，如公司在减资时亏损或者净资产不足以支付减资对价，个别股东是否仍可通过定向减资方式退出？下文将从法律规定与司法实践两个方面予以探讨。

(1)法律法规层面

针对公司回购,除《公司法》第 74 条第 1 款第 1 项(新《公司法》第 89 条)是在满足公司盈利状态的情况之外,其他回购情形(包括有限公司与股份公司)均不要求以公司存在利润或净资产的规模为回购的前提条件;同样,关于公司减资,《公司法》亦未明确规定需以公司净资产的数额为前提条件。因此,对于公司存在减资时净资产为负或者净资产不足以支付减资对价的情况下能否实施定向减资,《公司法》并无明确规定,《公司法》也未规定公司回购定向减资需以公司净资产为正为前提条件。

但《九民纪要》规定,投资方请求目标公司承担金钱补偿义务的,人民法院应当依据《公司法》第 35 条(新《公司法》第 53 条)关于"股东不得抽逃出资"和第 166 条(新《公司法》第 210 条)关于利润分配的强制性规定进行审查。经审查,目标公司没有利润或者虽有利润但不足以补偿投资方的,人民法院应当驳回或者部分支持其诉讼请求。今后目标公司有利润时,投资方还可以依据该事实另行提起诉讼。从上述规定可以看出,投资方股东如需要求目标公司进行现金补偿的,则需要目标公司存在未分配利润,类比定向减资,也是由目标公司向股东支付减资对价,而减资对价是实物资产或现金资产。因此,有观点认为,公司在亏损的情况下,不能向个别股东(如投资方股东)定向减资,否则可能会损害公司其他股东及公司债权人的利益。

(2)司法实践层面

在上述华某诉上海圣甲虫电子商务有限公司股东会决议定向减资案中,二审法院认为,《公司法》第 22 条规定:公司股东会或者股东大会、董事会的决议内容违反法律、行政法规的无效。由于公司是企业法人,具有独立的法人财产。股东向公司投入资金,成为公司的股东并由此享有权利和承担义务。股东将投资款注入公司之后,其出资已经转化成为公司的资产,必须通过股权方式行使权利而不能直接请求将投资款予以返还。随着股东投入到公司的资金用于公司经营行为,股东持有的公司股权对应的价值将会发生变化,因此在股东减资时不能直接主张减资部分股权对应的原始投资款归自己所有。根据公司资本维持原则的要求,公司在存续过程中,应维持与其资本额相当的实有资产,为使公司的资本与公司的资产基本相当,切实维护交易安全和保护债权人利益,公司成立后,股东不得随意抽回出资。尤其在公司亏损的情况下,如果允许公司向股东返还减资部分股权对应的原始投资款,实际是未经清算程序通过定向减资的方式变相向个别股东分配公司剩余资产,不仅有损公司其他股东的利益和公司的财产权,还严重损害公司债权人的利益,应属无效。本案中,圣甲虫公司的财务报表显示,公司 2018 年 2 ~ 10 月处于严重亏损状况,公司决议作出之时公司的净资产为 8,423,242.68 元,到 10 月的净资产仅为 2,317,650.37 元。如果允许圣甲虫公司返还 500 万元投资款,将导致公司的资产大规模减少,既损害了公司的财产和信用基础,也损害了公司其他股东和公司债权人的利益。因此,上诉人华某主张案涉股东会决议的第二项无效具有事实和法律依据,应予支持。

法院的裁判依据可能是《公司法》第 35 条、第 91 条(新《公司法》第 53 条、105 条)关于公司设立后股东不得抽逃出资的规定。抽逃出资的本质是指股东在没有遵循法定程序的情况下,将已投入的资金撤回,[1]但法院并没有具体解释公司亏损情况下实施支付型减资为何构成抽逃出资,其援引“不得抽逃出资”的规则判断减资决议的效力存在循环论证之嫌:因为减资决议无效,所以构成抽逃出资;而抽逃出资的认定又是基于减资决议无效。有学者指出,抽逃出资的规定仅是宣示性的规定,不应具有实际的规范意义和单独的构成要件。因此,不能一概而论地认为公司资金流向股东就构成“抽逃出资”。相反,应当具体分析资金流出的原因,如是否是基于利润分配、股份回购、减资或借款等合法事由,并结合相关法律规定判断其合法性。这种细致的分析有助于更准确地判断股东的行为是否合法,从而避免对“抽逃出资”概念的误用。

另外,我们不能仅因为减资过程中涉及将股东原始出资中部分计入资本公积的部分返还给股东,就简单地得出“返还资本公积等于抽逃出资”的结论。资本公积在会计上是一个特定的科目,实际上返还给股东的现金或其他资产是从公司的实际资产中支付的,这两者之间并不存在直接的对应关系。所谓的“返

---

〔1〕《最高人民法院关于适用〈中华人民共和国公司法〉若干问题的规定(三)》(以下简称《公司法解释(三)》)第 12 条规定:“公司成立后,公司、股东或者公司债权人以相关股东的行为符合下列情形之一且损害公司权益为由,请求认定该股东抽逃出资的,人民法院应予支持:(一)制作虚假财务会计报表虚增利润进行分配;(二)通过虚构债权债务关系将其出资转出;(三)利用关联交易将出资转出;(四)其他未经法定程序将出资抽回的行为。”

还资本公积”实际上是一种简化的表述方式。因此,判断是否构成抽逃出资,关键在于判断支付型减资是否符合《公司法》的相关规定。但由于《公司法》并未明确规定支付型减资需要满足有可分配利润或其他财务条件,实践中,一些公司在亏损的情况下,通过减资的方式规避利润分配规则,间接地向股东分配财产。这种做法有时会导致公司在减资后立即面临偿债能力不足的问题。尽管《公司法》规定了减资过程中债权人的保护程序,但由于违反债权人通知程序的成本相对较低,一些公司可能会故意不通知债权人,使债权人无法得知减资的消息,也就无法要求清偿或获得担保。

因此,有观点认为,将公司在亏损情况下实施的定向减资并向特定股东返还财产的行为认定为无效,实际上是在现行减资规则框架下,为了保护债权人利益而采取的一种措施。这种做法在实质上是对《公司法》第 166 条(新《公司法》第 210 条)关于利润分配规则的类推适用,创造性地提出了“无利润不得通过减资形式向股东分配财产”的原则,旨在平衡股东之间以及股东与债权人之间的利益,确保实质上的公平。

(二)违反公告义务的法律后果

(1)违反债权人通知/公告义务,并不影响决议的效力

在现行法律框架下,公司减资过程中违反告知债权人义务的法律后果并未被明确规定为决议无效。《公司法》第 204 条第 1 款(新《公司法》第 255 条)仅规定了对公司不依照规定通知或公告债权人的行为,公司登记机关可责令改正,并处以罚款。因此,在司法实践中,法院通常不将告知债权人的规定视为效力性强制规定,对于违反告知程序的裁判结果较为统一。具体而言,若公司在减资过程中未适当告知债权人,相关股东的行为可能被视为“名为减资,实为抽逃出资”。在这种情况下,法院可能会类推适用《公司法解释(三)》第 14 条第 2 款的规定,要求股东在抽逃出资本息范围内对公司债务不能清偿的部分承担补充赔偿责任。

如(2020)最高法民申 5382 号判决中,最高人民法院认为:“蒙玛特公司欠付江铜公司的案涉债务在公司减资前即已形成,蒙玛特公司在能够有效联系江铜公司的情形下,未就减资事项直接通知江铜公司,有违减资法定程序,亦使江

铜公司未能在其减资前依法行使要求清偿债务或提供相应担保的权利。二审法院结合蒙玛特公司确认的尚欠货款和延期点价给江铜公司造成损失的客观事实,认为小康公司减资行为本质上造成与股东抽逃出资相同的法律后果,参照《最高人民法院关于适用〈中华人民共和国公司法〉若干问题的规定(三)》第十四条第二款规定判决小康公司在减资5000万元范围内对蒙玛特公司所负上述债务承担补充赔偿责任,符合案涉实际,不存在认定基本事实缺乏证据证明的问题。”

与此类似,在另一个公报案例“江苏万丰光伏有限公司诉上海广力投资管理有限公司、丁烜焜等买卖合同纠纷案”[案号:(2015)苏商终字第00140号]中,法院也认为:“公司在股东认缴的出资期限届满前,作出减资决议而未依法通知债权人,免除了股东认缴但尚未履行的出资义务,损害了债权人利益。债权人起诉请求股东对公司债务在减资范围内承担补充赔偿责任的,人民法院应予支持。”

(2)对于已知债权人应履行必要的通知义务

对保护公司债权人利益,公司减资需进行通知及公告,其中,通知的对象需为明确具体的公司债权人,以告知其公司的资产变化,避免损害债权人利益。公告则是对其他不能有效通知的既有债权人及其他潜在债权人进行的一种补充通知方式,目的同样是保护债权人利益。故通知与公告制度相辅相成,从立法本意来看,公司减资时对已知或应知的债权人应当通知,不能在未先行通知的情况下直接以登报公告形式代替通知,否则仍属前述违反对债权人通知义务情形。

如在(2017)最高法民终422号案件中,最高人民法院的意见也就是如此,最高人民法院在该案中认为:“公司减资时,应当采取及时有效的方式通知债权人,以确保债权人有机会在公司责任财产减少之前作出相应的权衡并作出利益选择,公司则根据债权人的要求进行清偿或者提供担保。上述行为既是公司减资前对债权人应当履行的义务,同时也是股东对公司减资部分免责的前提。根据本案查明的事实,2015年11月12日,中储国投实业公司经股东会决议将注册资本由37,000万元减少至1000万元时,曲阳煤炭物流公司已于2015年8月20日将中储国投实业公司诉至法院,请求其偿还所欠3000万余元债务,并提供了煤炭购销合同、结算清单及增值税发票等凭证。而中储国投实业公司在曲阳煤炭物流公司起诉前已向曲阳煤炭物流公司支付了部分货款,并将曲阳煤炭物流公司开具的增值税发票进行了税务认证和抵扣。由此可见,中储国投实业公司对欠付曲阳煤炭物流公司案涉债务应属明知。在此情况下,该公司仅在报纸上刊登减资公告,未就减资事项采取及时、有效的方式告知曲阳煤炭物流公司,未向工商登记部门如实报告其负有大额债务未清偿的事实就办理了工商变更登记,其刊登公告的行为不能构成对已知债权人曲阳煤炭物流公司的通知,其并未完成法定的履行通知的义务,其行为不符合公司减少注册资本的法定程序,故中储国际控股公司提出曲阳煤炭物流公司不是已知债权人,上海昊阁公司减资程序合法的上诉理由不能成立,本院不予支持。”

第三节　投资人主张投资款转公司借款之效力

投资款和借款在法律上属于两个完全不同的法律概念。在部分 PE 投资协议中,约定在目标公司未能完成对赌目标时,投资人的投资款自动转为公司借款,则当目标公司未能完成对赌目标时,则投资人将以借款纠纷起诉目标公司,要求目标公司归还借款。在深圳瑞昊投资发展合伙企业(有限合伙)诉四川无声信息技术有限公司民间借贷纠纷案中,案涉的协议就约定投资款在条件成就时转为借款,法院最终认为,对赌协议具有对冲投资风险的重要作用,有利于鼓励民间资本投资实体经济,缓解民营企业融资难问题。但投资人的风险控制应当符合《公司法》的相关规定。在投资款已经转化为公司资本的情况下,法律虽然不禁止当事人签订事后协议对冲投资风险,但取回投资款的方式不能违反《公司法》的相关规定,侵害公司债权人利益。

一、案情简述

2017 年 3 月 8 日,深圳瑞昊投资发展合伙企业(有限合伙)(以下简称深圳瑞昊投资企业)与四川无声信息技术有限公司(以下简称四川无声公司)及其全部股东签订《增资协议》,约定:由深圳瑞昊投资企业出资 6000 万元分两次认缴四川无声公司新增注册资本，投资完成后深圳瑞昊投资企业占四川无声公司25%的股权。深圳瑞昊投资企业的第一期投资款3000万元支付后，四川无声公司于2017年4月27日将公司的注册资本变更登记为3725.67万元，其中，新增532.24万元注册资本由深圳瑞昊投资企业认缴，增加深圳瑞昊投资企业为公司股东，出资比例为14.29%。2018年5月15日，深圳瑞昊投资企业与四川无声公司签订《协议书》约定，如果四川无声公司未达到合同约定的经营目标，则深圳瑞昊投资企业的3000万元投资款转为对公司的借款，四川无声公司应当按照约定偿还本金和利息。随后，四川无声公司未达到双方约定的经营目标，未如期归还投资款，深圳瑞昊投资企业遂向法院提起诉讼。双方在诉讼中达成调解，四川无声公司同意向深圳瑞昊投资企业还款，并出具还款计划。四川无声公司也通过股东会决议，明确公司偿还借款本息后，深圳瑞昊投资企业可以选择通过股权转让或者减资的方式退出。法院对调解协议予以确认并出具调解书。诉讼中，深圳瑞昊投资企业仍为四川无声公司的股东。随后，深圳瑞昊投资企业申请强制执行，某公司履行部分还款。后因案外人提出第三人撤销之诉，认为案涉民事调解书侵害某公司债权人利益，人民法院经审查后启动再审程序，再审本案。本案中各方的交易结构见图2-4。

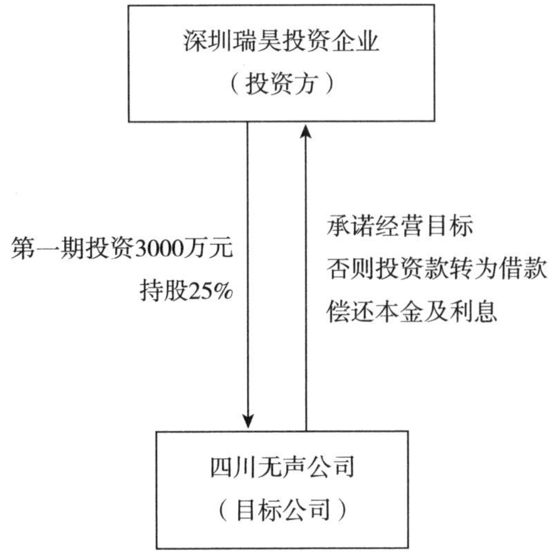

图2-4　本案中各方的交易结构

二、裁判观点

一审法院认为，对赌协议的签订应遵循特定时序，即投资方与融资方应在达成股权性融资协议之时或之前缔结此类协议。然而，本案中《协议书》的签订背景为投资款已经法定化，即投资已转化为目标公司的股权及资本公积金，故其不符合对赌协议的常规签订时点，不应适用《九民纪要》中关于对赌协议的规范。《协议书》试图将投资款转为借款，实质上可能导致投资人抽回出资并退股，此行为明显违反《公司法》关于禁止股东抽逃出资的强制性规定，故《协议书》应被认定为无效。

二审法院认为，尽管《协议书》签订于投资协议履行过程中，与传统对赌协议的签订时点存在差异，但其无条件履行的法律后果，即投资人取回投资款、获得相应利息并退出目标公司，实质上等同于目标公司回购投资人股权并退还其投入的资本公积金。这一后果与对赌协议无条件履行的效果并无本质区别，因此，《协议书》仍有可能适用《九民纪要》第5条关于对赌协议的规定，不宜直接认定其无效。二审法院进一步指出，当目标公司严格遵循《公司法》规定完成减资手续，且偿债资金的支付不违反公司资金使用相关法律规定时，《协议书》中关于投资款转为借款的约定即具备合法履行的前提条件。

再审法院认为，深圳瑞昊投资企业与四川无声公司签订《协议书》，约定将投资款转为借款，这一行为发生在四川无声公司同意解除《增资协议》、深圳瑞昊投资企业不再投入后续资金的特定背景下。随后，双方进一步签订了《借款偿还及调解协议书》，并由四川无声公司股东会作出临时股东会决议，这些后续行动可视为对已投入3000万元投资款转借款及相应股权变更的进一步安排。然而，鉴于四川无声公司尚未完成法定减资程序，深圳瑞昊投资企业依据《协议书》主张其投资款已经转为借款本息并要求四川无声公司偿还，实质上构成了变相抽回已投入公司并转化为注册资本和资本公积金的投资款，将导致公司资本减少，损害债权人利益，明显违反《公司法》(新《公司法》第53条)关于禁止股东抽逃出资的规定。因此，再审法院维持了四川省成都市中级人民法院驳回深圳瑞昊投资企业诉讼请求的判决，对深圳瑞昊投资企业与四川无声公司在诉讼中达成的调解协议书亦不予支持。

三、案例评析

本案涉及的核心法律争议在于：在投资义务履行完毕后，目标公司与投资人之间签订的以达成特定经营目标为条件的“投资转借款”协议，是否应被认定为对赌协议，以及其法律效力如何。尽管案件表面上表现为民间借贷纠纷，实质上却属于非典型对赌协议纠纷。与常规对赌协议签订时间（通常早于或与投资协议同时）不同，本案中的《协议书》是在首批投资义务履行完毕后，于投资行为进行过程中签订的风险对冲协议。协议约定，若目标公司未能达成预计经营目标，已经转化为公司股权及资本公积金的投资将转为投资人对公司的借贷债权。对于此类投资后签订的风险对冲协议，其是否适用《九民纪要》中关于对赌协议的规定，实践中存在分歧。

再审法院认为，本案《协议书》是在投资实际注入目标公司并转化为资本后，由目标公司、公司股东与投资人共同作出的风险对冲安排。尽管其签订时间与传统对赌协议有异，但其功能与目的，即通过设定特定经营目标，对投资风险进行事后的调整与分配，与一般对赌协议并无本质区别。因此，从实质内容和法律效果来看，该《协议书》应被视为对赌协议的一种特殊形态。所以，在未履行法定减资程序前，深圳瑞昊投资企业根据《协议书》要求四川无声公司直接以“借款”名义退还投资款，有违《公司法》关于公司股东不得抽逃出资的规定。

因此，本案按照对赌协议的有关规则处理，厘清了对赌协议的效力与实际履行可行性两个方面的关系。法院肯定了当事人之间签订对赌协议的效力，体现了司法对私权自治的尊重与谦抑干预原则。然而，对赌协议的履行并非无条件，必须符合法律规定。具体到本案，投资人欲收回投资，须遵循法定减资程序，否则将构成对《公司法》关于禁止股东抽逃出资规定的违反。据此，只有当目标公司依法完成减资手续，且支付偿债资金不违反公司资金使用相关规定时，协议中关于投资款转为借款的约定才具备履行条件。

本案判决不仅明确了投资后签订的“投资转借款”协议的对赌协议属性，还严格界定了其履行的法律边界，实现了对债权人利益的有效保护与公司自治权的尊重之间的平衡。判决结果强调商事主体在法律框架内自主安排交易模式与内容的重要性，对引导市场行为规范化，激发市场活力具有积极的示范效应。

第四节　目标公司对原股东的回购义务提供担保问题之分析

一、公司为对赌协议担保的特殊功能意义

海富案确立了投资者与目标公司直接对赌通常无效，而与股东对赌有效的基本原则。为了规避协议无效的风险，投资者便倾向于与公司实际控制人或大股东签订对赌协议，并要求目标公司提供担保。这种模式既规避了效力审查，又将目标公司财产纳入回购体系，确保投资者权益。

《九民纪要》提出了对赌协议效力与可履行性相分离的裁判标准。尽管协议可能被认定有效，但在实际履行中仍可能遭遇困境。因此，即使直接与公司对赌协议有效，投资者仍可能选择与个人对赌并由公司担保的模式，以期突破履行难题。在此背景下，担保合同的核心功能在于规避履行困境，保障投资方权益。

然而在效力层次上，此种对赌安排面临两个风险。一方面，担保合同本身受《公司法》的严格规制，多数关联担保因决议程序瑕疵和债权人善意缺失而无效；另一方面，最高人民法院逐渐倾向于穿透表面，将此类安排认定为实质与公司对赌，适用《九民纪要》的履行规定，揭示其虚假意思表示。

赌协议签订后，投资方与融资方形成利益共同体，成功实现对赌目标则双方共赢。然而，真正引发投资者深思的是对赌失败后的损失控制。因此，对赌主体是否为融资公司并非投资方关注的重点，关键在于回购财产体系是否足以支撑对赌义务履行。担保合同确保债权人债权实现的功能与投资方寻求风险控制的

真意相契合。[1]

二、公司为股东对赌提供担保的司法判决分析

以《九民纪要》的出台为界，最高人民法院对于此类组合式对赌协议的标志性裁判共有两个：瀚霖案[2]和杭州武林置业案。[3] 两个案件在担保合同效力的认定上遵循了相同路径，但截然不同的判决结果鲜明体现了《九民纪要》出台后司法裁判对于对赌协议履行所持的保守态度。尤其是在杭州武林置业案中，最高人民法院一反瀚霖案的法律关系的认定思路，以法律穿透思维探寻当事人之间的真实意思表示，进而确定合同的实质。

（一）瀚霖案：《九民纪要》出台前最高人民法院的态度

（1）案情简述

2011 年 4 月 26 日，山东瀚霖生物技术有限公司（目标公司，以下简称瀚霖公司）作为甲方、强某延等（投资方）作为乙方、曹某波（原股东）作为丙方签订了《增资协议书》及《补充协议书》。《增资协议书》中约定：强某延以 3000 万元向瀚霖公司增资，其中 400 万元为新增注册资本，其余 2600 万元作为瀚霖公司的资本公积金，增资后强某延持股 0.86%。

《补充协议书》中约定：曹某波承诺争取使瀚霖公司于目标日 2013 年 6 月 30 日前在国内主板或者创业板上市；如果没能按时完成上市，强某延有权要求原股东曹某波回购其所持瀚霖公司的股份，回购价格 $P=M\times(1+8\%)T$；瀚霖公司为曹某波回购强某延股份提供连带责任担保。《增资协议书》及《补充协议

[1] 参见孙光焰：《“对赌协议”的规范结构与法律表达研究》，法律出版社 2023 年版，第 262、263 页。

[2] 瀚霖案是瀚霖公司涉及的一系列对赌协议案件，本处仅指其与强某延之间的组合式对赌，即（2016）最高法民再 128 号民事判决书。

[3] 合肥中航新能源科技有限责任公司、杭州武林置业有限公司等合同纠纷案，最高人民法院（2020）最高法民终 762 号民事裁定书。

书》均由甲方瀚霖公司及其法定代表人、乙方强某延等、丙方曹某波等签章。

最终,对赌目标未能实现,强某延与曹某波签订了《股权转让协议》,按照协议约定了股权回购价款及方式。强某延诉至法院,请求曹某波履行《股权转让协议》,瀚霖公司承担连带保证责任。本案中各方的交易结构见图2-5。

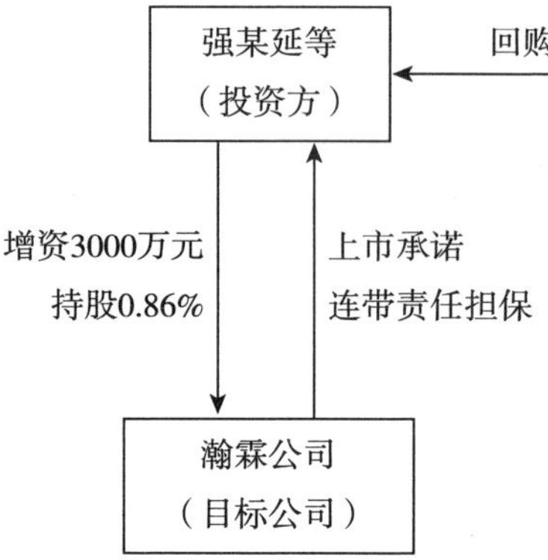

图2-5　本案中各方的交易结构

(2)裁判观点

一审中,瀚霖公司提供担保的合同被认定无效,原因有二:其一,强某延未能证明担保合同已经瀚霖公司的内部决议程序。一审法院将举证责任分配给债权人,同时考虑到强某延作为股东的身份,认为其具备举证能力,但由于其未能提供相应证据,因此认定担保合同无效。其二,一审法院认为签订担保合同的目的并非出于公司的经营发展需要,而是为了向公司外部的第三人提供担保,这可能会损害公司、公司其他股东以及公司债权人的利益。

二审法院的裁判着重于担保合同签订的目的,认为无论该担保合同是否经过决议都不会改变本质目的是使得股东强某延旱涝保收,此种公司提供担保的形式同与公司直接对赌的对赌协议并无不同,都存在投资者转嫁风险,损害公司中小股东和债权人利益的情形,应认定无效。

最高人民法院则认为,合同中明确载有必须经过或已经经过公司决策机关决议的条款,这足以表明强某延已经履行了形式上的审查义务。同时,瀚霖公司未能提供证据证明公司对外担保未经决议,因此最高人民法院认定担保合同的签订是无瑕疵的。即使未经决议,债权人也已经尽到了审慎的审查义务,属于善意第三人。对于一审、二审中所认定的合同无效的其他事由,最高人民法院认为这些并不属于《合同法》中的法定无效事由,原审法院的法律适用存在错误。而且,最高人民法院对于此种对赌安排持赞同态度:公司在对赌协议中提供担保的行为不仅符合投资人的利益,而且符合公司和全体股东的利益,瀚霖公司作为此次投资的最终获益者承担担保责任亦是合理的。故此,判决瀚霖公司承担连带清偿责任。

(3)案例评析

①在法律适用上,应适用《合同法》判定目标公司对股东回购承担担保责任条款的效力。

自“海富案”以来,司法实践中在论及目标公司对股东回购承担担保责任的问题时,往往以《公司法》的相关规定为法律依据,判定该等条款无效。无效的理由多涉及“因违反《公司法》强制性规定无效”“与我国《公司法》的相关规定有所冲突”“有违公司法相关资本维持原则的强制性规定”等。本案一审、二审法院亦遵循上述逻辑,引用《公司法》第 3 条(新《公司法》第 4 条)对股东承担责任的规定,强调公司作为独立法人,拥有独立财产,股东应依持股比例承担责任。据此,法院认为目标公司为股东回购提供担保,实质上使股东利益与公司经营脱钩,背离公司法精神,且严重损害公司其他利害关系人的利益,故判定此类担保条款无效。

然而,最高人民法院在判定目标公司对股东回购承担担保责任条款的效力时,回归至《合同法》的基础法律范畴,强调应严格遵循法定主义,即以《合同法》第 52 条等法定无效情形为依据进行效力判断。早在最高人民法院发布的《关于当前形势下审理民商事合同纠纷案件若干问题的指导意见》第 16 条体现了这样的审理思路,即“如果强制性规范规制的是合同行为本身……人民法院应当认定合同无效。如果强制性规定……规制的是某种合同的履行行为而非某类合同行为,人民法院对于此类合同效力的认定,应当慎重把握……”据此,如果强制性规定规制的是某种合同的履行行为而非某一类合同,法院对于此类效力的认定,就应慎重把握,不宜轻易认定为无效。

具体到目标公司承担回购担保责任的条款而言,我们认为,首先,公司与股东间关于股权回购或现金补偿的约定,属于具体的合同履行行为,而非某一类合同的概括性规定，因此应适用《合同法》关于履行行为的效力判断规则。其次，在民商事主体的经营活动所签订的合同效力认定中，应优先遵循《合同法》原则，尊重契约自由，维护交易稳定性。目标公司为股东回购提供担保，虽可能涉及公司内部利益分配问题，但只要不违反《合同法》的强制性规定，应尊重当事人的意思自治，保障交易安全。同时，应结合具体案件本着审慎原则适用《公司法》的有关规定。最后，若对目标公司回购担保责任条款"一刀切"式地宣告无效，可能导致合同相对方轻易利用法律漏洞，逃避其应承担的合同义务及法律责任，有悖于公平正义原则。

②最高人民法院从"对赌协议"的交易本质出发，判断协议的效力，符合契约自由的交易精神。

在本案中，最高人民法院首次明确了"在投资款全部投入目标公司，并供目标公司发展使用的情况下，目标公司本身是最终的受益者"的观点。这一裁判理念不仅体现了对 PE 投资及目标公司承担回购担保责任交易模式本质的深刻理解，也为后续类似案件提供了重要的裁判参考。

目前我国"对赌协议"的交易结构主要体现为投资者先期进行溢价投资，并设定一定的业绩或上市目标。如果未能实现这些指标，由原始股东或被投资公司对投资者进行现金补偿或回购投资者持有的股权，也存在由原始股东向投资者补偿股权的情形。对于溢价投资而言，投资者往往以目标公司的预测利润确定市盈率，进而计算出溢价增资金额。投资者投入该等增资后，大部分投资计入目标公司的资本公积金，只有少量投资款计入公司的注册资本，即投资者的持股比例。

目标公司实实在在地获得了投资者的投资款，使目标公司增加了现金流、降低了融资成本、增强了公司信用等。可见，在投资者投入资金后，目标公司是最直接的受益者。而若目标公司在受益后又认为，其因此承担的担保责任会给其造成损害，显然有"过河拆桥"之嫌，有违公平原则。

最高人民法院在本案中，穿透"对赌协议"的交易本质，认定目标公司获取投资者的资金是最终的受益者，值得其他审判机构借鉴。这一裁判理念不仅有助于保护投资者的合法权益，也促进了资本市场的健康发展。

③最高人民法院附条件认可目标公司对股东回购承担担保责任的条款效力。

最高人民法院认定目标公司应当对股东回购承担担保责任的第一个条件是投资人应对目标公司是否经过股东会决议尽到审慎注意和形式审查义务。因此,投资人应对目标公司是否经过股东会决议尽到审慎注意和形式审查义务。我们认为,投资人的该等注意义务,至少应从如下几个方面体现:目标公司的主体性质;被担保对象是否为目标公司的在册股东;投资协议中是否明确写明"目标公司承担担保责任已通过股东会决议通过"等类似内容;是否要求目标公司提供股东会决议文件等。

最高人民法院认定目标公司应当对股东回购承担担保责任的第二个条件是投资款项应全部用于公司的经营发展。我们认为,此种观点实则是最高人民法院直接穿透"对赌协议"本质,因为目标公司在得到投资者的投资款后,使其在经营发展中增加了现金流、降低了融资成本、增强了公司信用等。因此,目标公司为直接受益者。目标公司的担保行为为投资者投下"定心丸",增强了投资者的投资信心,吸引投资者向目标公司注入资金,使目标公司成为直接受益者。因此,该等担保行为不但未损害公司及股东的权益,反而有利于目标公司的实际发展需要。

(二)杭州武林置业案:《九民纪要》出台后最高人民法院的穿透思维

(1)案情简述

2015 年 11 月 26 日,国瑞公司与中金祺德公司签订《赣州经新投资中心(有限合伙)合伙协议》,约定两公司合伙设立经新投资中心,国瑞公司为有限合伙人,中金祺德公司为普通合伙人,由中金祺德公司执行合伙事务。

2015 年 12 月 2 日,中金祺德公司、国瑞公司、经新投资中心、中金智德公司签订《关于合肥中航新能源项目投资合作协议》,主要约定:经新投资中心向中航公司投资 2 亿元,并持有中航公司 11.11% 的股权,在相关约定事项触发后,经新投资中心可要求相关方收购(补充协议二确认回购义务人为实际控制人)其所持有的目标公司全部或部分股权。经国瑞公司确认,中金祺德公司委托中金智德公司代为执行经新投资中心的全部合伙事务。

2015 年 12 月,经新投资中心与中航公司、武林公司、咏华公司、浩荣公司、蒋某明、戚某慧签订《投资协议》,协议首部载明:经新投资中心为“投资人”,中航公司为“公司”或“被投资人”,蒋某明、戚某慧、武林公司、咏华公司、浩荣公司合称为“实际控制人”,《投资协议》约定了经新投资中心投资中航公司、对赌业绩标准、实际控制人的回购义务等内容。后经新投资中心与前述六主体又签订了《补充协议二》《补充协议三》。根据系列协议,在回购条件触发时,实际控制人、目标公司对回购事项所涉全部债务承担连带责任保证。

后投资人与回购义务人、连带责任保证人就回购事宜发生纠纷,诉至法院。本案中各方的交易结构见图 2 –6。

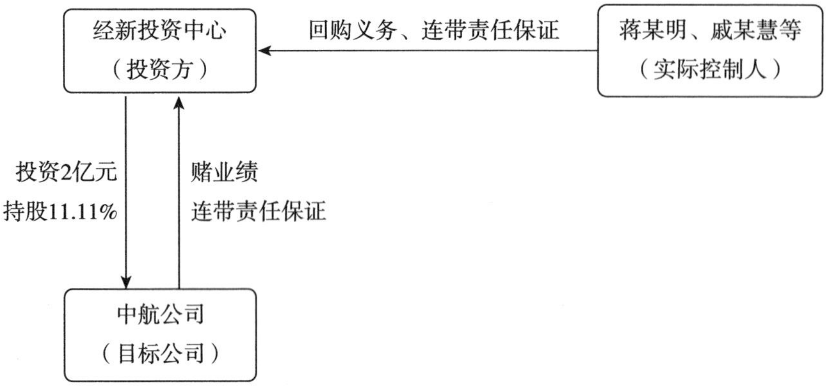

图 2 –6　本案中各方的交易结构

(2)裁判观点

针对业绩对赌中,目标公司就回购义务人(股东)的回购义务承担保证责任这一争议焦点,一审法院认为,由于中航公司承担的是保证责任而非股权回购责任,故中航公司的责任承担无须以其完成减资为前提。

二审法院认为,根据《公司法》第 16 条第 2 款(新《公司法》第 16 条)的规定,公司为公司股东或者实际控制人提供担保的,必须经股东会或者股东大会决议。然而,一审法院在未审理中航公司是否经过股东会决议的情况下,即认定担保有效,并判决中航公司承担连带保证责任,显然属于认定基本事实不清。在二审庭审期间,经法庭要求,几方当事人均未能提交足以证明中航公司为股东提供担保经过股东会决议的证据,庭审后也未提交。

同时,根据国瑞公司的诉讼请求和一审判决,中航公司需对武林公司、咏华公司、浩荣公司因案涉"对赌协议"发生的债务承担连带付款责任,即中航公司需承担回购本公司股权、支付经新投资中心投资收益的付款责任。对于投资方请求目标公司承担金钱补偿义务的,人民法院应当依照《公司法》第35(新《公司法》第53条)关于"公司成立后,股东不得抽逃出资"和第166条(新《公司法》第129条)关于利润分配的强制性规定进行审查。经审查,目标公司没有利润或者虽有利润但不足以补偿投资方的,人民法院应当驳回或者部分支持其诉讼请求。今后目标公司有利润时,投资方还可以依据该事实另行提起诉讼。本案中,国瑞公司诉请中航公司承担回购股权并支付股权收购款的连带责任,针对这一诉讼请求,一审法院既没有审理中航公司是否完成减资程序,也没有审理中航公司是否存在足够利润,在并未确认中航公司具备履行股份回购和金钱补偿责任条件的情况下,即以"中航公司所承担的是保证责任而非股权回购责任,中航公司的责任承担无须以其完成减资为前提"为由,判决中航公司承担连带保证责任,属于认定基本事实不清,适用法律不当。

(3)案例评析

瀚霖案的合同效力认定思路在本案中得以延续,一审法院在审查担保合同时,重点聚焦于公司内部决议程序的合规性。法院认为,担保合同未见瑕疵,公司应履行担保义务,这一判决思路与瀚霖案保持一致,即在担保合同效力认定中,首要关注公司内部决策的合法性。

然而,最高人民法院在二审中对一审判决进行了颠覆性的调整。法院指出,仅因合同性质为担保合同而忽视《九民纪要》中关于公司偿还能力的审查规定,属于法律适用的不当。最高人民法院明确,公司履行担保义务时,应适用《九民纪要》中关于公司对赌金钱补偿义务履行的相关条款。换言之,最高人民法院将公司作为担保人与作为对赌主体等同视之,两者均需承担对赌义务,故《九民纪要》中关于对赌协议实际履行的规则同样适用于担保合同。

在杭州武林置业案中,最高人民法院坚持将组合式对赌纳入《九民纪要》的调整范畴,强调金融审判中穿透式监管与法律穿透思维的重要性。金融交易的复杂性,如多层嵌套、循环交易、虚伪意思表示等现象,增加了司法裁判的难度。为了实现金融服务实体经济的目标,规范金融市场秩序,穿透式审判思维应运而生。该思维要求法官穿透表面交易结构，揭示当事人的真实意图，依据实际权利义务关系判断交易性质与效力，成为规制金融市场、引导金融交易回归法律预期的有效工具。

本案中，最高人民法院运用穿透式审判思路，揭示了组合式对赌安排实质上是公司与投资者对赌的一种形式，其结果可能导致公司经营困境与实体经济损害，且双方义务分配失衡。基于此，法院对对赌安排进行穿透式裁判，将其纳入《九民纪要》框架进行调整，旨在保护实体经济免受不当金融交易之害。

具体分析杭州武林置业案及瀚霖案两案的争议点，在于公司担保合同与对赌协议之间的关系是作为独立的法律关系存在，还是作为对赌环节的一部分。在瀚霖案中，最高人民法院主要关注担保合同本身，重点分析担保合同的法律效力，并没有将公司担保与对赌协议联系起来，而是倾向于将对赌的主体视为股东和投资者，公司的角色仅限于提供担保。相较之下，杭州武林置业案的裁决则有所不同，最高人民法院认为目标公司承担担保责任实际上构成了投资者与公司的对赌关系，突破了合同的相对性原则，因此需要深入分析合同背后的真正的法律关系，并据此适用相应的法律条款。因此，解决这一争议的关键在于明确三方当事人的真实意图。

三、目标公司提供担保应遵循的决策程序

在瀚霖案中，最高人民法院认为，本案焦点为公司担保条款的效力。“增资扩股、股权回购、公司担保本身属于链条型的整体投资模式……强某延已对瀚霖公司提供担保经过股东会决议尽到审慎注意和形式审查义务，瀚霖公司提供担保有利于自身经营发展需要，并不损害公司及公司中小股东权益，应当认定案涉担保条款合法有效。”

因此，对于此类链条型对赌纠纷，法院审理的重点是担保。结合《公司法》《民法典》、最高人民法院民二庭第五次法官会会议纪要、最高人民法院专委刘贵祥大法官2019年7月3日《在全国民商事审判工作会议上的讲话》以及最高人民法院《九民纪要》的内容，关于担保，法院依照如下的规则予以裁判。

(一)公司对外担保的一般性要求

链条型对赌交易中的担保,属于《公司法》第16条(新《公司法》第15条)所规范的对内担保范畴,即公司为其股东或实际控制人提供担保。根据该条款规定,公司对外提供担保时,应遵循公司章程的规定,由董事会或股东会作出决议。尤其在为股东或实际控制人提供担保的情形下,必须经过股东会决议,且被担保股东或受被担保实际控制人支配的股东,不得参与该决议的表决。此外,若公司章程对担保总额及单项担保数额有限额规定,公司提供的担保不得超出该限额。

该条款旨在对公司法定代表人及职务代理人的对外担保权限进行法定限制,以防止其滥用权力,损害公司及股东利益。法律规定公司对外担保须经公司机关决议,旨在确保担保行为符合公司真实意愿。对于债权人而言,接受公司担保前,应对担保行为是否符合公司真实意思表示进行合理甄别,而公司决议的存在,即为公司真实意思表示的直接证据。

根据上述规定,若公司法定代表人或其他公司人员未经公司决议擅自对外提供担保,其行为构成越权代表或无权代理,该担保对公司不产生法律效力。

(二)投资方负有形式审查义务

投资方在对担保相关文件进行审查时,负有形式审查义务。审查内容应包括:同意担保的决议是否由公司有权决议机构作出,是否符合法定或章程规定的多数通过要求,参与决议的股东或董事是否遵守《公司法》第16条第3款(新《公司法》第16条第3款)或第124条(新《公司法》第139条)关于回避表决的规定,以及参与决议的人员是否符合公司章程、营业执照的记载等。

(三)越权代表的适用

当目标公司的法定代表人或授权代表越权提供担保,且未经公司追认,不构成表见代表时,应依据《民法典》第504条关于法定代表人越权代表的规定,根据债权人在订立合同时的主观状态(是否善意)判断合同效力。若债权人善意,合同有效;反之,合同无效。在此背景下,若投资方在订立合同时明知法定代表人或授权代表越权,或与之串通,利用担保合同向目标公司转嫁商业风险,投资方应自行承担由此产生的损失。

(四)无须机关决议的例外情形

(1)金融机构开立保函或者担保公司提供担保

从《公司法》修订的历程看,第 16 条(新《公司法》第 15 条)的立法目的首先是确认公司具有对外提供担保的能力,其次才是对这种担保能力设定一定的限制条件。在早期的司法实践中,曾有错误观点认为,提供担保是一种特殊的经营行为,只有专门从事担保业务的公司才能为他人提供担保。因此,在 2005 年对《公司法》进行修订时,特意增加了第 16 条,以明确指出所有类型的公司都有对外担保的能力,但对公司提供对外担保的能力进行了适当的限制。因此,以提供担保为主要业务的担保公司,以及开展保函业务的银行和其他非银行金融机构,它们并不属于《公司法》第 16 条(新《公司法》第 15 条)所规范的对象。这些机构的对外担保行为本质上是为了公司的利益而进行的经营活动,因此,它们的担保行为不受该条款的限制。

(2)公司为其全资子公司开展经营活动提供担保

《公司法》第 16 条(新《公司法》第 15 条)的目的是防止以公司财产为他人进行担保损害公司及公司所有者的利益。但公司全资子公司的所有者权益归属于母公司,公司为全资子公司担保在实质上可以理解为是对自己的财产进行担保,并不会损害公司利益或公司股东利益。

(3)担保合同系由单独或者共同持有公司 2/3 以上对担保事项有表决权的股东签字同意

2/3 以上有权股东在担保合同上签字同意,就意味着公司完全可以通过批准此项对外担保的公司决议。即使公司章程对担保数额有限制,2/3 这一绝对多数的支持比例也可以通过修改此限额的章程修正案。基于此,债权人在接受担保时,可以根据交易的实际情况,在要求担保人 2/3 以上对担保事项有表决权的股东在担保合同上签字,以及要求担保人提供内部决议文件(根据担保人章程规定的担保决策权限确定是股东会决议或董事会决议)这两种方式之间,择一行使,以审查对方担保人的真实意思表示。

四、目标公司担保无效后的后果——通联资本管理有限公司诉四川久远新方向智能科技有限公司、成都新方向科技发展有限公司与公司有关的纠纷案[1]

(一)案情简述

2010年6月8日,通联资本管理有限公司(投资方,以下简称通联公司)、四川久远新方向智能科技有限公司(目标公司,以下简称久远公司)、成都新方向科技发展有限公司与公司(原股东,以下简称新方向公司)签订了《增资扩股协议》,久远公司同意向通联公司增发1500万股,每股认购价格2元,通联公司出资人民币3000万元。在《增资扩股协议》中,各方约定如目标公司无法如期完成IPO上市,则由新方向公司对通联公司所持股权进行回购。同时,久远公司承诺对新方向公司进行股权回购承担连带责任。

之后,由于久远公司未能如期完成IPO上市,作为投资方的通联公司认为依据《增资扩股协议》第6条约定,有关回购事项已经出现,通联公司有权要求久远公司、新方向公司回购通联公司持有的久远公司的股份。通联公司遂向成都市中级人民法院提起诉讼。本案中各方的交易结构见图2-7。

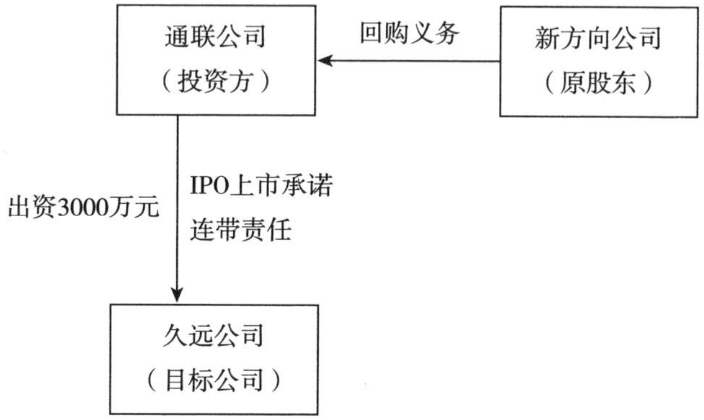

图2-7 本案中各方的交易结构

---

〔1〕 最高人民法院民事判决书(2017)最高法民再258号。

（二）裁判观点

一审法院认为，《增资扩股协议》系投资方与目标公司原股东达成的特定条件成就时的股权转让合意，该合意系当事人的真实意思表示，也不存在违反公司法规定的情形，认定新方向公司与通联公司达成的“股权回购”条款有效，且触发回购条件成就。此外，鉴于久远公司作为独立法人，已对新方向公司的回购义务作出书面担保承诺，一审法院判决久远公司应切实履行其担保责任，并判决新方向公司向通联公司支付股权回购款，同时目标公司对新方向公司的付款义务承担连带责任。

久远公司不服一审判决，向四川省高级法院上诉。四川省高级人民法院在审理中提出，应将《增资扩股协议》中约定的“连带责任”理解为“连带担保责任”，并依据《公司法》第 16 条第 2 款（新《公司法》第 15 条第 2 款）的规定，对久远公司提供的担保进行审查。由于久远公司未能提供股东会关于担保事项的决议，也未获得股东会的追认，且通联公司未能尽到基本的形式审查义务，四川省高级人民法院认定久远公司对通联公司不产生担保法律效力，因此判定目标公司不承担连带责任。

通联公司不服终审判决，向最高人民法院申请再审。最高人民法院认为，久远公司作为目标公司，在公司章程中未规定对外担保及对公司股东、实际控制人提供担保的议事规则。在股东会未对案涉回购担保事项通过决议且事后未予追认的情况下，久远公司法定代表人越权代表公司对外提供担保，而通联公司也未能尽到要求目标公司提交股东会决议的合理注意义务。因此，最高人民法院认定该担保条款无效，久远公司不承担连带回购责任。但是，考虑到通联公司和久远公司对“连带责任”条款无效均存在过错，最高人民法院判决目标公司承担相应的过错赔偿责任。

（三）案例评析

本案中的关键问题在于目标公司是否应就原股东对投资人负有的股权回购义务承担履约连带担保责任，若担保无效，责任如何承担。

本案中，担保条款最终被法院认定无效的理由集中在以下两个方面。

(1)公司对外担保的内部程序是否履行

在公司章程未明确公司对外担保的决策流程时,公司法定代表人使用公章的权限界限变得不明确。以本案为例,尽管《增资扩股协议》上有法定代表人的签名和公章,但在协议的签署和担保过程中,目标公司并未向通联公司提供任何股东会决议,也没有得到股东会的事后批准。这种行为违反了《公司法》第 16 条(新《公司法》第 15 条)的规定,即公司对外担保必须经过董事会或股东会、股东大会的决议。这可能导致目标公司及其股东的权益受到损害。

通联公司辩称在签订协议时自己无法知晓目标公司内部的决策程序。然而,久远公司和新方向公司反驳指出,久远公司在《增资扩股协议》中承诺对新方向公司的股权回购承担连带责任,尽管有法定代表人的签名,但并未得到股东会的决议批准,这一行为侵犯了其他股东的合法权益。在审理过程中,法院明确表示,《公司法》第 16 条(新《公司法》第 15 条)规定的公司对外担保的内部决策程序具有法律约束力,无论投资者是否为公司股东,是否了解公司内部的决策程序,均不能成为规避该规定的抗辩理由。

(2)投资人是否履行了审慎注意义务

法律对于投资人在接受目标公司为其股东或实际控制人提供担保时,是否负有审查担保事宜是否经过公司股东会决议的义务,以及未尽该审查义务是否影响担保合同的效力,并没有明确规定。在这种情况下,投资人是否负有合理注意义务以及是否履行了这一义务,需要通过论证和分析予以确定。根据《公司法》第 16 条(新《公司法》第 15 条)的规定,公司对外担保必须经过董事会或股东会、股东大会的决议。这一规定具有明确的法律效力,无论投资人是否为公司股东,是否知晓公司内部的决议程序,都不能成为规避该规定的抗辩理由。在司法实践中,最高人民法院在《九民纪要》中明确了判断公司对外担保效力的一般性规则,强调了债权人的合理审查义务。债权人在接受公司提供的担保时,应基于《民法典》第 504 条的规定,关注法定代表人的代表权限,对公司章程、公司担保决议等内部文件进行审查。这种审查不是公司章程对外效力的体现,而是基于法律规定的注意义务。

久远公司、新方向公司认为,通联公司作为一家专业投资机构,未尽到基本的形式审查义务,其不应属于善意的相对人。法院同样认为,通联公司未能尽到基本的形式审查义务，投资人在未对担保事宜是否经过股东会决议尽到基本的形式审查义务的情况下，投资人不能被认定为善意的相对人，因此法定代表人的代表行为对投资人不发生法律效力，担保条款无效。

在明确担保条款无效后，就担保条款无效的责任承担，法院遵循过错责任原则，即根据造成担保条款无效的具体原因，由过错方承担责任。本案中，通联公司因未尽到审慎注意义务，对担保条款无效存在过错；久远公司则因公司章程未规定对外担保议事规则，导致法定代表人越权代表公司承认对新方向公司的股权回购义务承担履约连带责任，同样应承担相应过错责任。《最高人民法院关于适用〈中华人民共和国民法典〉有关担保制度的解释》（以下简称《担保制度司法解释》第 17 条规定，主合同有效而担保合同无效时，担保人的赔偿责任应根据债权人与担保人过错程度的不同进行区分："（一）债权人与担保人均有过错的，担保人承担的赔偿责任不应超过债务人不能清偿部分的二分之一；（二）担保人有过错而债权人无过错的，担保人对债务人不能清偿的部分承担赔偿责任；（三）债权人有过错而担保人无过错的，担保人不承担赔偿责任。主合同无效导致第三人提供的担保合同无效，担保人无过错的，不承担赔偿责任；担保人有过错的，其承担的赔偿责任不应超过债务人不能清偿部分的三分之一。"

综上所述，股权回购义务中目标公司承担履约连带担保责任及其无效责任承担的关键问题，主要包括以下两个方面：一是目标公司对外担保的内部决议程序审查，即投资人应关注目标公司是否遵循法定或章程规定的内部决议程序，特别是股东会决议，以确保担保行为的合法性和有效性。若缺少必要决议程序，法定代表人或授权代表人的签署行为可能被视为越权，影响担保合同的效力。二是投资人对股东会决议的审慎审查义务，即投资人作为接受担保的一方，应对其合理注意义务的边界进行论证分析，明确其负有对目标公司担保行为是否经股东会决议进行审慎审查的义务，以及未履行该义务对担保合同效力的影响。

虽然担保合同失效可能会减少担保人应承担的赔偿责任，但是在主合同仍然有效的情况下，如果主债务人无法履行全部债务，担保人可能仍需根据过错责任原则承担全部债务的清偿责任。这表明，担保合同的无效并不一定会降低实际的债务风险。投资人和目标公司都有责任确保担保条款的有效性，因此双方都应审慎对待内部决议程序与审查义务的履行。

五、主张目标公司承担回购担保责任的思路与策略

（一）投资人是否尽到合理注意义务

投资人是否履行了应有的审慎注意义务，对投资合同的有效性及担保责任的确定至关重要。在司法实践中，投资人的审慎注意义务主要体现在对目标公司内部决策程序的仔细审查，以及对原有股东所作承诺和保证的合理依赖。因此，在签订投资合同的过程中，投资人应当主动收集并妥善保留所有能够证明其已经履行了审慎注意义务的证据。

以目标公司承诺对原股东股权回购义务承担连带责任为例，若目标公司未能向投资人提供相应的股东会决议，且该承诺未经股东会追认，投资人亦未履行基本的形式审查义务，则目标公司法定代表人未经授权的签字、盖章行为，可能无法产生预期的担保法律效力。

（二）目标公司全体股东共同签署投资合同的必要性

在投资人以溢价增资方式投资目标公司的情形下，尽管交易双方表面上为投资人与目标公司，但鉴于交易涉及目标公司原股东权利的限制及投资人可能享有的优先权等复杂事项，目标公司全体原股东共同签署投资合同具有显著的必要性。全体股东签署的投资合同，可以视同全体股东对相关担保事项达成一致同意，否则，难以认定全体股东实质上作出了与股东会决议相同的担保意思表示。

在投资人通过高价增资的方式入股目标公司的情况下，虽然交易的双方看似只有投资人和目标公司，但由于交易可能会触及目标公司原有股东权益的限制以及投资人可能获得的某些优先权利等复杂问题，因此，要求目标公司的所有股东共同签署投资合同是非常必要的。如果目标公司所有股东都签署了投资合同，会被视作所有股东对相关的担保事宜已经达成了一致意见。否则，难以认定全体股东实质上作出了与股东会决议相同的担保意思表示。

(三)从目标公司是受益方的角度解释,目标公司承担担保责任并非仅为原股东利益

在溢价增资交易中,目标公司作为融资方及实质受益者,其承担对原股东回购义务的担保责任,并非单纯为原股东利益服务,股东承担回购责任实际是承担了原应当由目标公司承担的责任,此时目标公司对股东回购义务承担担保责任,实属责任的回归。

首先,从投资资金的使用角度来看,投资者的资金直接进入目标公司,显著增强了公司的经营规模、市场竞争力及盈利能力。在此背景下,要求目标公司为其股东的回购义务提供担保,实际上是对投资者资金投入可能带来的潜在责任进行合理分配。这种做法既有助于保护投资者的利益,也符合法律上权利与义务相一致的原则。作为资金使用的直接受益方,目标公司承担相应的担保责任,既是对其风险承担的合理补偿,也是其作为交易主体应尽义务的体现。

其次,从《公司法》第 15 条(原第 16 条)的立法目的来看,该条款的核心在于防止大股东利用其在公司中的控制地位,为个人债务提供担保,从而损害公司和其他中小股东的权益。在溢价增资的情形中,目标公司为原股东提供的担保,目的在于确保投资者在特定条件未满足时能够安全退出,保护其投资资金。由于投资款项是用于公司经营,符合所有股东的利益,目标公司作为受益者承担担保责任,既是一种风险补偿,也是其应尽的义务。即使在没有股东会决议的情况下,考虑到担保行为有利于公司的经营发展,并未损害公司和中小股东的利益,并不违背《公司法》第 15 条的立法意图。这种理解与《公司法》的精神相一致,即在保护投资者权益的同时,确保公司治理的稳定性和股东间权利义务关系的平衡。

退一步而言,根据《担保制度司法解释》第 17 条,即使主合同有效而担保合同无效,且目标公司对担保条款无效有过错,其仍应承担不超过原股东不能清偿部分的一半的赔偿责任。

第五节　股权回购条款履行之出路

股权回购条款通常涉及较为复杂的法律和商业安排，需要在多个阶段进行有效管理和控制，定期与相关方沟通以便了解各方履行协议的进展情况以便做好事中跟踪和事后追责，具体而言，可以采取以下措施。

一、投资者审慎选择投资项目

通常情况下，投资者在选择投资项目时要经历初步审查筛选项目——深入开展项目尽职调查——谈判确定项目合同三个阶段。在投资一级市场狂热的时期，手握资金的投资者急于找到项目投资常常忽略项目筛选，在接触项目时便认为初步可行，在尽职调查阶段有时为节约投资成本更是草草了事，直至最后签订合同时仍不知问题所在，导致投资失败。

我们建议，投资者在初步筛选投资项目时应组织人员对市场需求和趋势进行研究分析，确保投资项目所在的市场有足够的需求以评估投资项目的长期潜力；了解竞争对手的情况和市场份额以确定项目的可行性和长期竞争力。在大概确认项目范围后选择目标项目时应聘请专业的中介机构对其财务和法律事宜进行充分的尽职调查，识别和评估项目可能面临的各种风险。对于在尽职调查中发现目标公司存在的问题时要积极与相关方沟通交流，并寻找应对解决方法，倘若不可行，应果断放弃，寻求其他项目。因投资者主要考虑投资报酬而非目标公司的经营控制权，故在确定投资合同之前应考虑项目的退出策略，包括投资回收时间、退出渠道和条件等而达到最终的投资目的。

总言之，投资者审慎选择投资项目的关键在于全面的尽职调查和评估，确保项目在多个方面都能够符合其投资战略和风险偏好，同时具备良好的成长潜力和可持续性，在充分考虑风险与回报之间平衡的基础上作出投资决策。

二、明晰股权回购型对赌协议条款

(一)明确减资事宜

在股权回购型对赌协议的法律实务中,目标公司的减资行为通常被视为履行其回购义务的一个先决条件。鉴于司法实践中对赌协议的有效性与履行可能性之间的密切关联,投资者在与目标公司签订此类协议时,应确保协议详细规定了目标公司在触发回购条件时的减资程序和回购投资者股权的具体步骤,以减少履行协议时可能遇到的障碍。笔者建议:首先,在股权回购协议中,应明确约定目标公司在减资时的责任,包括减资金额、时间和方式的具体内容。例如,协议可以规定目标公司在协议生效后的一定期限内作出减资决议,明确减资的具体数额或比例,并在满足股权回购条件后的特定时间内完成工商登记手续。其次,为保护投资者的权益,协议应明确指出,如果目标公司未能履行减资义务,应承担的违约责任及投资者可采取的救济措施。这可能包括支付违约金、赔偿损失,以及其他双方约定的救济方式。最后,在设定减资条款时,投资者应充分考虑目标公司章程中关于减资的规定,确保协议内容与公司章程保持一致,避免因违反公司章程而导致协议无效或被撤销。特别是在实践中往往大股东同意减资,而小股东不同意减资,有必要将公司小股东也纳入投资协议的签订主体。

(二)第三方的连带责任

实务中,投资者通常与目标公司的股东或实际控制人订立对赌协议。为增强协议履行的保障力度,建议除目标公司外,引入第三方对目标公司的股权回购义务承担连带责任。此类第三方通常为目标公司的股东及实际控制人。即使目标公司股东的回购意愿或能力受到质疑,投资者仍可通过向承担连带责任的第三方主张权利,确保回购义务的履行。就此部分上述已有论述,此处不再赘述。

三、选择合适的途径进行谈判或诉讼/仲裁

当股权回购型对赌协议因条件未成就或产生争议而无法履行时，各方应积极寻求解决方案。首先，应通过重新协商调整协议条款以适应新情况，如变更回购条件、延长回购期限等，旨在恢复协议的可执行性，防止争议升级。若协商未能达成一致，且涉及重大财务利益或协议有效性等核心问题时，诉讼成为必要选择。在诉讼前，投资者作为原告请求目标公司或承担连带责任的第三方履行回购义务时，应考虑诉前财产保全，以防止义务方转移财产，确保未来判决可以获得有效执行。在举证时，投资者需充分证明已完成出资义务，回购条件已被触发，且诉请的回购方具有履行回购的义务。在目标公司未履行回购义务、支付回购款前，投资者不应将股权转回目标公司名下，否则可能导致目标公司在未支付回购款的情况下取得股权，享有完整的股权权益（如收益权、投票权等），而投资者仅持有依赖目标公司减资才能实现的债权，且该债权实现与否高度依赖于目标公司的内部决策，对投资者不利。此外，股权回购权的性质及其行权期限是司法实践中的争议点。有法院认为，股权回购权在性质上属于请求权，应适用诉讼时效制度的约束。但也有法院认为，股权回购权系由当事人约定产生的形成权，应适用除斥期间的规则。因此，投资者在回购条件触发后，应在合理期限内行使权利，以避免因时效问题导致权利丧失。当然，在法院/仲裁庭支持投资人的回购请求权之后，由此而引发的公司治理难题是目前困扰目标公司及实际控制人的一大问题。

总体而言，针对无法履行的股权回购型对赌协议，各方应及早进行沟通并寻找解决策略，防止争议进一步加剧。在对赌协议签署阶段，双方应充分预见潜在风险并详尽规定应对措施。一旦发生争议，应依据实际情况选择恰当的协商或诉讼方式，以期达成各方利益的均衡。

第三章

目标公司业绩补偿责任司法实践中的热点与难点

通常的对赌条款,不仅有目标公司和/或控股股东、第三方的回购条款,也有业绩补偿条款。业绩补偿条款与回购条款的目的略有不同,回购条款是 PE 投资的底线,即对目标公司彻底失去希望而选择分手;业绩补偿条款通常的约定是在目标公司不能完成承诺业绩时,由补偿义务方向投资人进行金钱补偿或者股份补偿。在执行业绩补偿后,PE 投资人仍然作为目标公司的股东。

第一节　业绩补偿条款之法律性质辨析

业绩补偿条款,是指投资人与融资方在达成股权性融资协议时,为解决交易双方对目标公司未来发展的不确定性、信息不对称以及代理成本而设计的通过金钱补偿及/或股权补偿对未来目标公司的估值进行调整的协议。在业绩补偿条款中,投资人为业绩补偿权利方,与投资人进行业绩对赌的融资方(目标公司)为业绩补偿义务方。在司法实践中,业绩补偿义务方往往主张业绩补偿属于违约金而要求调低业绩补偿金额,而业绩补偿权利方则通常主张其为估值调整机制,而非违约金,因此应尊重意思自治。就此而言,司法实践中对业绩补偿条款的性质争议不一。

一、业绩补偿款是否可以视为义务人向投资人支付的违约金

过往的司法实践中,部分法院倾向于将现金补偿视为违约金,其理由主要基于以下两点:第一,就合同条款文义而言,现金补偿条款与违约责任条款一致,均包含了对未来某种不利后果的预设,即合同一方未能履行约定事项时需向对方支付一定金额。在目标公司未达成业绩目标时,其需承担的补偿责任与违约金责任无异,相当于目标公司违约时承担的违约责任。第二,目标公司违约行为的主观恶意及纠纷成因不同,因此若一律以双方约定为准则在部分情况下容易有失公平。我国违约金责任以补偿性为主、惩罚性为辅,将现金补偿认定为违约金,有利于对双方利益的均衡保护。因为此时既可有效约束违约方,防止其轻率违约,又能防止守约方滥用契约自由,借机获取超出实际损失的额外利润。

上述观点虽具有一定合理性,但将现金补偿等同于违约金有悖其本质属性。业绩补偿与违约金在法律性质与功能上有显著区别。违约金的数额通常由法院根据守约方的实际损失予以认定,旨在填补因违约行为导致的损失。相反,业绩补偿则是交易对价的有机组成部分,其旨在对目标公司的估值进行动态调整,而非直接补偿守约方的金钱损失。因此,将业绩补偿认定为违约金,可能导致如下问题:首先,目标公司可能援引违约金相关规定,从而使业绩补偿受到违约金规则的严格限制。这不仅削弱了对赌协议作为估值调整机制的有效性,还可能鼓励目标公司为获取融资而过度夸大业绩承诺。其次,在缔约阶段,双方均追求利益最大化,其真实意思表示应指向对目标公司股权的公允价值评估。而在双方无法达成一致估值时,业绩补偿恰可通过约定未来业绩目标及相应补偿机制,实现交易的估值调整。此时,如果允许目标公司在业绩承诺未实现时,通过违约金规则调低业绩补偿,则无异于默许其进行虚假业绩承诺。最后,股权投资款的确定往往依赖于对目标公司未来盈利或业务成长的预期。若投资价格无法根据实际业绩进行适时调整,则无法有效约束目标公司的不诚信行为,对 PE 构成明显不公。因此,业绩补偿应被视为附条件合同中的给付义务,而非违约责任,以确保对赌协议的估值调整功能得以有效发挥,维护 PE 的合理期待及合法权益。

二、业绩补偿款是否可以视为向投资人分红或利润分配

(一)业绩补偿款与分红款之区别

除违约金外,亦有法院将现金补偿认定为公司对作为股东的 PE 的利润分配。该种观点认为,PE 在诉请目标公司履行现金补偿义务时,已属目标公司股东,具有权利外观。现金补偿发生于目标公司存续期间,且 PE 获得该财产没有支付任何对价,故将这一财产移转行为只能解释为利润分配,因此需适用《公司法》对利润分配的程序要求。在公司有足够利润的情况下,公司向股东分配利润,属于公司自治事项,其他利害相关人不得干涉。相反,公司在没有利润或超出正常利润分配范围的情况下分配,就侵害了其他利害相关人的利益,需受资本维持、股东滥用权利、抽逃出资等规则的限制。

在《九民纪要》的指引下,多数法院都认定现金补偿为利润分配,但多仅以简略表述一带而过缺乏充分论证。但无论是理论界抑或实务界,对该观点均存有争议,认为现金补偿不宜被认定为利润分配。第一,PE 虽为股东,但其股权份额与出资款并不匹配,其主张现金补偿的请求权基础源于合同约定的债权请求权,而非股东身份。第二,业绩承诺与分红承诺性质迥异,前者系目标公司未达预期业绩目标时的现金补偿,后者系公司达到预期目标时的股利分配。第三,PE 并不会因为目标公司未达到业绩目标而丧失分红权,其依然有权基于股东身份取得分红。因此,现金补偿并非对 PE 分红损失的补偿。第四,现金补偿以 PE 的初始投资款和业绩目标为计算基数,而分红则以公司实际未分配利润和股东股权比例为计算基数,二者的底层逻辑完全不同。第五,业绩补偿款的支付取决于合同约定,条件成就时,义务人即应履行支付义务,无须经过股东会决议。而分红款的支付需经公司股东会决议程序。

(二)《九民纪要》逻辑下业绩补偿款之性质

关于金钱补偿义务,《九民纪要》指出:“投资人请求目标公司承担金钱补偿

义务的，人民法院应当依据《公司法》第三十五条关于‘股东不得抽逃出资’和第一百六十六条关于利润分配的强制性规定进行审查。经审查，目标公司没有利润或者虽有利润但不足以补偿投资人的，人民法院应当驳回或者部分支持其诉讼请求。今后目标公司有利润时，投资人还可以依据该事实另行提起诉讼。”此规定包含两层含义：其一，目标公司承担金钱补偿义务应符合《公司法》第 35 条关于禁止股东抽逃出资的规定以及第 166 条关于利润分配的强制性要求。其二，在目标公司存在可供分配利润的情况下，可对投资人进行金钱补偿。可见，《九民纪要》并未将金钱补偿等同于利润分配，只是指出补偿资金来源于公司利润。

在《〈全国法院民商事审判工作会议纪要〉理解与适用》一书中，最高人民法院民二庭进一步阐述了这一观点：“投资人欲从公司获得金钱补偿，其资金只能源自公司可分配利润。因此，只有在公司当前具备可分配利润的前提下，投资人的诉求才可能得到部分或全部支持。”同时，针对将金钱补偿视为利润分配的质疑，最高人民法院民二庭回应：“投资人在对目标公司投资时，应在协议中明确相关问题。本纪要旨在为当事人提供预期，而非将金钱补偿等同于利润分配。”可见，虽然现金补偿与利润分配在某些方面存在相似性，但最高人民法院并未认同“相当于分利润”的观点，仅是强调其补偿资金来源于公司利润。

此外，根据《九民纪要》对对赌协议的定义，增资协议中的对赌条款是投融资双方基于目标公司未来发展的不确定性、信息不对称而达成的估值调整约定。投资人以较高估值对目标公司增资后，仅一小部分资金成为注册资本，剩余溢出部分计入资本公积金。因此，当目标公司触发补偿条款时，本质上是按照对赌协议约定，将多收取 PE 的价款返还，使 PE 对目标公司的投资价格回归合理程度。此外，签订对赌协议是投融资各方在面对不确定性因素时作出的理性经济选择。若将金钱补偿等同于利润分配，将原本基于“合同之债”可请求的事项视为需经股东会或董事会决议的公司重大事项，将导致对赌协议的僵化，过度保护目标公司及债权人利益，与《九民纪要》倡导的“鼓励投资人对实体企业特别是科技创新企业投资，缓解企业融资难问题”的原则相悖。

事实上，《九民纪要》规定以利润进行金钱补偿的方式已充分保护了目标公司和债权人的利益。PE 在增资协议中以较高估值投入公司，目标公司及债权人均从中受益。当目标公司出现亏损需进行补偿时,仅是要求从利润中给付,并非直接从公司账面资产中支付,相当于为目标公司和债权人设立了一道保护屏障。

综上所述,《九民纪要》要求在符合法律规定的前提下,以“公司可分配利润”对 PE 进行补偿。

三、业绩补偿协议是一种附履行条件合同

我们认为,业绩补偿作为估值调整机制,即附履行条件合同可以从以下三个方面理解。

(一)业绩对赌目的:估值调整

违约金系违约方向守约方给付的赔偿款,而业绩补偿的目的在于对目标公司的估值进行调整,而非针对义务人违约的情形。业绩对赌并非单纯旨在实现承诺的净利润额,而是意图通过补偿机制返还 PE 出资中因业绩未达预期而产生的股权价值高估部分。换言之,业绩补偿旨在调整基于承诺业绩与实际业绩之间差异所导致的股权预估价格与实际价格之差额,从而实现对股权交易对价的动态调整。可见,业绩补偿的实质在于消除股权定价中的不确定性因素,确保投资人获得与实际业绩相匹配的股权价值。因此,业绩补偿本质上属于股权交易对价的组成部分,而非针对违约行为的赔偿。

(二)在业绩对赌协议中,融资方的合同义务是业绩承诺及业绩补偿,故不能将业绩承诺单独作为合同义务,将业绩补偿视为违约责任

PE 在要求目标公司履行业绩补偿协议时,实质上是在行使合同请求权——要求对方履行协议中约定的特定义务。业绩承诺与补偿约定共同构成了目标公司对赌责任的核心内容,并合力指向一个目标:当目标公司未能实现预期业绩时,目标公司负有向投资人提供补偿的合同义务。这一义务的履行并非源于违约行为,而是基于对赌协议本身设定的交易结构和风险分配机制。违约责任的承担则是在目标公司业绩未达标后未能按照约定履行补偿义务时,其行为构成

违约后需承担的责任。此外,中国证监会对上市公司重大资产重组中的业绩补偿机制亦持此立场。2019 年修订的《上市公司重大资产重组管理办法》(证监会令第 159 号)明确规定,交易对方在作出业绩补偿承诺后,必须严格履行补偿义务。对于超期未履行或违反业绩补偿协议、承诺的行为,证监会可以采取监管谈话、认定为不适当人选等措施进行监管。可见,证监会将业绩补偿协议或承诺视为合同义务的组成部分,而非独立的合同义务,更未将其与违约责任相混淆。

(三)业绩补偿协议是一种附履行条件合同

业绩承诺在对赌协议中的法律地位并非合同义务,而是作为触发金钱或股权给付义务的生效条件。因此,业绩补偿协议本质上为附履行条件的金钱给付合同,即当特定业绩条件未达成时,PE 有权要求目标公司履行金钱或股权给付义务。业绩承诺的违反并非直接导致违约责任,而是作为触发业绩补偿义务的条件,其功能在于为判断业绩补偿义务是否生效提供依据,从而实现估值调整的目的。

第二节　与目标公司业绩补偿条款效力认定的裁判路径

一、《九民纪要》前:无效——以海富案[1]为例

在《九民纪要》颁布前,投资人与目标公司约定的金钱补偿条款被法院认定为无效。以“海富案”为例,法院认为要求目标公司进行金钱补偿使得投资人可以取得相对固定的收益,而该收益脱离了目标公司的经营业绩,损害了公司和债权人利益,这一约定违反了《公司法》第 20 条(新《公司法》第 21 条)第 1 款的规

[1] 苏州工业园区海富投资有限公司与甘肃世恒有色资源再利用有限公司、香港迪亚有限公司、陆某增资纠纷再审案,最高人民法院再审民事判决书(2012)民提字第 11 号案。

定："公司股东应当遵守法律、行政法规和公司章程，依法行使股东权利，不得滥用股东权利损害公司或者其他股东的利益；不得滥用公司法人独立地位和股东有限责任损害公司债权人的利益。"因此，依据原《合同法》第 52 条第 5 项的规定之"违反法律、行政法规的强制性规定"，该约定无效。

（一）案情简述

2007 年 11 月 1 日前，甘肃众星锌业有限公司（以下简称众星公司）、苏州工业园区海富投资有限公司（以下简称海富公司）、香港迪亚有限公司（以下简称迪亚公司）、陆某签署《甘肃众星锌业有限公司增资协议书》（以下简称《增资协议书》）。该协议签订前，迪亚公司为众星公司的唯一股东，陆某为迪亚公司、众星公司的法定代表人。随后，海富公司与迪亚公司签署《中外合资经营甘肃众星锌业有限公司合同》（以下简称《合资经营合同》），合同约定，众星公司增资扩股后，由海富公司受让部分股权，从而使众星公司由外资企业转变为中外合资经营企业。此外，《合资经营合同》约定，若众星公司 2008 年的实际净利润未能达到 3000 万元人民币，则海富公司有权要求众星公司予以补偿，且在众星公司未能履行补偿义务时，海富公司有权要求迪亚公司履行补偿义务。

2007 年 11 月 2 日，海富公司向众星公司支付 2000 万元股权转让款。而后《合资经营合同》及《增资协议书》均经甘肃省商务厅批准同意，合资企业合营合同和章程自批准之日生效。2009 年 6 月，众星公司根据甘肃省商务厅的批复进行工商变更登记，公司名称变更为甘肃世恒有色资源再利用有限公司（以下简称世恒公司）。然而，因世恒公司 2008 年度实际净利润未能达到增资协议书中约定的该年度承诺净利润额，海富公司便向法院提起诉讼，请求判令世恒公司（目标公司）、迪亚公司（目标公司股东）向其支付补偿款。本案中各方的交易结构见图 3 - 1。

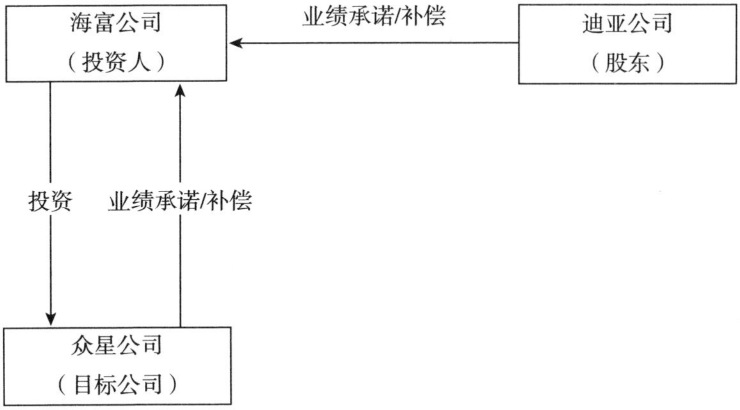

图3－1　本案中各方的交易结构

（二）裁判观点

一审法院认为,《增资协议书》系双方的真实意思表示,但第7条第2项内容即世恒公司2008年实际净利润完不成3000万元,海富公司有权要求世恒公司补偿的约定,不符合《中外合资经营企业法》第8条关于企业利润根据合营各方注册资本的比例进行分配的规定。同时,该条规定与《公司章程》的有关条款不一致,也损害了公司利益及公司债权人的利益,不符合《公司法》第20条第1款的规定。因此,根据《合同法》第52条第5项的规定,该条由世恒公司对海富公司承担补偿责任的约定违反了法律、行政法规的强制性规定,该约定无效,故海富公司依据该条款要求世恒公司承担补偿责任的诉请,依法不能支持。由于海富公司要求世恒公司承担补偿责任的约定无效,因此,海富公司要求世恒公司承担补偿责任失去了前提依据。同时,《增资协议书》第7条第2项内容与《合资经营合同》中相关约定内容不一致,依据《中外合资经营企业法实施条例》第10条第2款的规定,应以《合资经营合同》内容为准,故海富公司要求迪亚公司承担补偿责任的依据不足,依法不予支持。

二审法院则以投资风险共担原则为基准,认为该现金补偿条款"名为联营,实为借贷”,[1]故因违反相关金融法规而无效。其理由在于,正常的商业逻辑下,投资必然伴随着风险,即投资隐含着失败,但该案中海富公司通过业绩补偿条款消解了损失的可能性——若目标公司达到特定业绩,则投资人可以实现投资目标;反之投资人则可以通过可向目标公司主张业绩补偿,进而收回投资本金。即本案中海富公司就其投资行为无须承担任何投资风险。据此,二审法院判决目标公司仅需返还投资人未计入公司资本的资金和利息。

最高人民法院虽然同样认为该业绩补偿条款无效,但无效理由不同于一审及二审法院,更重要的是最高人民法院对业绩补偿条款的效力从主体上进行了区分。在投资人与目标公司签订业绩补偿条款后,根据该条款,投资人可以获得相对稳定的投资收益,且此类投资收益并不完全取决于目标公司的经营业绩,不论目标公司的经营业绩是否良好,投资人均可实现“旱涝保收”,因此该条款与投资行为的内涵相悖。此外,若目标公司需承担业绩补偿义务,则意味着特定股东(投资人)可以从目标公司无对价地获益,有损目标公司及其债权人利益,故而无效。在投资人与目标公司股东签订业绩补偿条款时,因业绩补偿主体为目标公司股东,与目标公司无关,故不会损及目标公司和债权人利益,法院应当予以支持。

(三)案例评析

本案是投资人与目标公司进行业绩对赌,并要求目标公司承担现金补偿的标志性案件,自终审判决后,除部分仲裁机构支持投资人与目标公司对赌有效外,多数法院均否认投资人与目标公司对赌的效力。

(1)最高人民法院再审判决明确认定 PE 投资者与目标公司的对赌协议无效

最高人民法院明确 PE 投资者与目标公司之间现金补偿条款无效,但理由不同于二审法院。最高人民法院认为,仅以“名为投资实为借贷”的理由便否定

[1] 《最高人民法院关于审理联营合同纠纷案件若干问题的解答》(失效)第 4 条第 2 项规定:“企业法人、事业法人作为联营一方向联营体投资,但不参加共同经营,也不承担联营的风险责任,不论盈亏均按期收回本息,或者按期收取固定利润的,是明为联营,实为借贷,违反了有关金融法规,应当确认合同无效……”

投资人与目标公司及其股东达成的业绩补偿条款，过于简单机械，不利于营造良好的融资环境。故最高人民法院在肯定对赌这一投资形式的基础上，认为应综合考量目标公司、股东及目标公司债权人利益，判定业绩补偿条款的效力。其认为，PE 投资者与目标公司的对赌条款实质上损害了公司及其债权人的利益，违反了《中外合资经营企业法》第 8 条关于企业利润分配的规定，构成原《公司法》第 20 条规定的股东滥用股东权利，因此业绩补偿条款违反了法律、行政法规的强制性规定，故而无效。

基于我国《公司法》确定的公司资本维持和法人独立财产原则，在公司存续期间，股东除通过分配利润程序或减资程序外，不得直接从公司取得财产，否则可能构成股东滥用权利，并损害公司及公司债权人的利益。而一旦承认投资人与目标公司达成的业绩补偿条款的效力，则可能使股东（投资人）在未经法定利润分配程序而直接从公司获得财产，违反了公司资本维持原则和股东权益保护原则。

在本案中，《增资协议书》第 7 条第 2 项约定，当世恒公司 2008 年净利润未能达到 3000 万元时，海富公司有权要求世恒公司直接给予其补偿，实质上赋予了海富公司在未经法定利润分配程序的情况下，直接从世恒公司获得财产权利。该条款不仅损害了公司及公司债权人的权益，而且违反了《中外合资经营企业法》第 8 条关于合营企业利润分配的规定。基于此，最高人民法院认定该条款无效。

（2）最高人民法院再审判决认可 PE 投资者与股东之间对赌协议约定的合法性

最高人民法院明确指出，当事人之间关于股东迪亚公司对投资者海富公司的补偿承诺，若不损害公司及公司债权人利益，且不违反法律法规的禁止性规定，应视为当事人的真实意思表示，故而有效，即对 PE 投资者与公司其他股东之间的对赌协议效力予以认可。这一观点在一定程度上肯定了业绩补偿条款作为估值调整机制的合理性，并兼顾了当事人的意思自治。

在 PE 投资过程中，业绩补偿条款常在 PE 投资者以溢价方式增资时被约定。溢价增资意味着原股东按照其持股比例分享了溢价部分的股东权益。若目标公司未达到约定的业绩目标，则表明投资人实际支付的股权价值高于目标公司增资时的实际股权价值。因此,PE 投资者与目标公司间达成的业绩补偿条款,便正是意图降低 PE 投资者因错误判断公司股权价值而承担的投资风险,并以此对目标公司进行激励和约束。因此,当目标公司未能达到业绩指标时,根据业绩补偿条款,原股东以自有财产补偿给 PE 投资者,并不会损害公司及其他股东、债权人的利益,也不违反法律、行政法规的强制性规定。相反,这一约定通过以业绩承诺的方式有效降低了 PE 投资者因溢价增资所承担的高风险,实现了商事交易的公平与合理性。

二、《九民纪要》后:并非当然无效——以浙江欧意智能厨房股份有限公司与周某某等公司增资纠纷[1]为例

《九民纪要》对认定投资人和目标公司间达成的金钱补偿条款的效力和其履行条件进行了区分,“投资人与目标公司订立的‘对赌协议’在不存在法定无效事由的情况下,目标公司仅以存在股权回购或者金钱补偿约定为由,主张‘对赌协议’无效的,人民法院不予支持,但投资人主张实际履行的,人民法院应当审查是否符合公司法关于‘股东不得抽逃出资’及股份回购的强制性规定,判决是否支持其诉讼请求”“投资人请求目标公司承担金钱补偿义务的,人民法院应当依据《公司法》第 35 条关于‘股东不得抽逃出资’和第 166 条关于利润分配的强制性规定进行审查。经审查,目标公司没有利润或者虽有利润但不足以补偿投资人的,人民法院应当驳回或者部分支持其诉讼请求。今后目标公司有利润时,投资人还可以依据该事实另行提起诉讼”。

(一)案情简述

2017 年,原告周某某与被告欧意智能厨房股份有限公司(以下简称欧意公司)达成股权增资协议,原告周某某对该公司以认购新股的方式增资,欧意公司

〔1〕 浙江省金华市中级人民法院(2021)浙 07 民终 2311 号。

新增 527 万股，每股价格 9.18 元，周某某认购 330 万股，支付 3029.4 万元。增资后欧意公司的注册资本 6980 万元，周某某占股 4.7%。同日，原告周某某与欧意公司及方某明、陈某玲签订补充协议，约定欧意公司及实控人承诺未来 3 年的营业收入及税后利润达到某一数额，如未达到，则欧意公司及其实际控制人将根据实际营业收入或税后净利润与目标值的差额，调高原告周某某的股权比例或给予原告周某某现金补偿，并约定了补偿的计算公式。此外，一旦欧意公司上市成功，上述承诺失效，否则继续有效。而后欧意公司没有依约按年度向原告周某某提供审计报告。后经原告周某某催促，2019 年才提供报表。但载明 2017～2019 年的营业收入和净利润均没有达到承诺的数额。按照现金补偿计算公式，欧意公司应补偿周某某 4762 万元。故原告周某某起诉，请求判令欧意公司及方某明、陈某玲支付补偿款 4762 万元。本案中各方的交易结构见图 3－2。

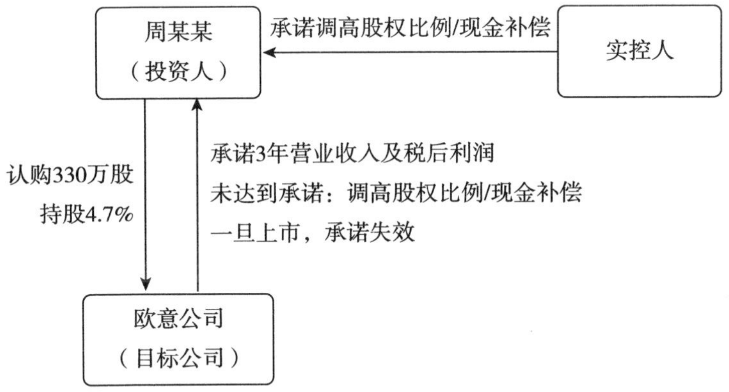

图 3－2　本案中各方的交易结构

（二）裁判观点

一审法院认为，原告周某某与被告欧意公司签订的增资扩股协议以及原告周某某与三被告共同签订的《补充协议》等一揽子协议为一个整体，明确约定了周某某增资入股后，各缔约方的权利与义务边界，包括被告欧意公司在获得增资款后的业绩承诺（营业额、净利润）以及未达到业绩承诺的估值调整方式，俗称“对赌协议”。根据协议约定，被告欧意公司及其实际控制人（被告方某某、陈某某）承诺，如欧意公司未能实现约定的营业收入或税后净利润目标，则被告欧意公司及其实际控制人将根据实际营业收入或税后净利润与目标值的差额，通过调整周某某的股权比例或直接现金补偿的方式进行估值调整的机制。法院认为，上述约定既包括周某某与欧意公司（目标公司）之间的对赌协议，也包括周某某与方某某、陈某某（目标公司股东）之间的对赌协议，且该约定均基于双方自愿、不违反法律、行政法规的强制性规定，应当认定有效；现原告已经选择在股权比例不变的情况下给予投资方现金补偿，法院予以确认。但该请求能否实际履行，需依据《公司法》关于禁止股东抽资及利润分配的规定进行审查。中汇会计师事务所出具的调查报告显示，欧意公司在2017～2019年持续亏损，不具有足额可分配利润，因此该诉请无法实际履行。至于现金补偿的具体数额，法院根据协议中约定的计算公式，采用税后净利润作为计算基数，并在综合考量投资规模、时间跨度及潜在风险后，对周某某主张的4761.99万元补偿金额予以认可。

二审法院进一步确认，上述增资扩股协议及补充协议均体现了协议各方当事人的真实意愿，且未违反法律、行政法规强制性规定，应认定有效，故各方均应按照合同约定履行相应义务。二审法院同样认为，欧意公司及其实际控制人对欧意公司（目标公司）2017～2019年作出的业绩承诺，属于合理的商业风险与收益分配安排，既未侵害公司或债权人利益，也未违反法律禁止性规定，故也应认定为有效。鉴于欧意公司无足额可分配利润，一审判决驳回周某某对欧意公司的补偿请求，同时判决由方某某、陈某某承担补偿责任，并无不当。因此，二审法院维持原判，驳回上诉。

（三）案例评析

（1）投资人与目标公司对赌协议的效力认定

海富案作为首例明确投资人与目标公司业绩对赌无效的标志性案例，其判决结果对司法实践产生了深远影响——多数法院持该观点。但这一司法趋势在江苏省高级人民法院于2019年作出的（2019）苏民再62号江苏华工创业投资有限公司与扬州锻压机床股份有限公司、潘某虎等请求公司收购股份纠纷案（以下简称华工案）再审民事判决中得以突破。华工案再审判决颠覆了海富案中的法院观点，转而支持投资人与目标公司间对赌协议的效力。这一判决结果与《九民纪要》的精神相契合。《九民纪要》明确指出，投资人与目标公司签订的对赌协议在不存在法定无效事由时，一方当事人仅以存在股权回购或金钱补偿约定为由主张协议无效的，人民法院不予支持。该案亦遵循了《九民纪要》之规定。

(2)投资人与目标公司对赌协议能否实际履行的认定

在投资人与目标公司业绩对赌协议被认定有效的情形下，投资人要求目标公司承担金钱补偿义务的诉求，是否能够得到支持，需结合《公司法》的相关规定进行具体分析。尤其是，此类诉求的履行必须符合《公司法》关于股东不得抽逃出资以及股份回购的强制性规定，以确保公司资本维持原则的贯彻，以及公司债权人利益的有效保护。

当投资人请求目标公司承担金钱补偿义务时，因投资人同时还是目标公司的股东，其和目标公司的关系一方面需受《民法典》的相关规定调整，另一方面也受《公司法》的相关规定规范。因此，目标公司若实际履行业绩补偿义务，就必须具有足额可分配利润，由可分配利润部分进行承担。否则，可能导致目标公司责任财产的不当减少，损害公司债权人的利益。因此，只有在目标公司有足额可分配利润的情况下，投资人的诉请才能得到全部或者部分支持。相反，如果目标公司不具有可分配利润，此时若支持投资人的诉请——目标公司向其承担业绩补偿责任，则有悖公司资本维持原则。因为，在目标公司没有足额可分配利润时，其不能实际履行业绩补偿条款，但该条款为双方当事人意思自治的结果，且不存在无效事由，故目标公司实际负有该义务。因此，其属于履行不能，且属于法律上的一时不能。但需要注意的是，此时的履行不能属于法定抗辩，而非单纯目标公司的抗辩权，不能由目标公司自行抗辩决定，而应由法院基于相应的程序规则依职权判定。因为抗辩权仅为目标公司的权利，其有权放弃行使，故应仅适用于涉及目标公司自身利益的场景。资本维持原则的首要目的在于维护不特定的公司债权人的利益，即公共利益，而非维护公司的私益。但值得注意的是，这里的利润，不仅包括公司当年的利润，也包括公司之前剩余未分配利润。

(3)投资人与目标公司对赌协议履行不能的法律后果

投资人与目标公司之间的业绩对赌协议，若因违反资本维持原则导致履行不能，此种不能属于法律上的一时不能，而非《民法典》第580条所规定的法律上或事实上永久不能履行。因此，此类履行不能并不影响金钱债务的发生，仅影响其履行期限。目标公司将来具备履行条件,如拥有可供分配的利润时,投资人有权基于新的事实另行提起诉讼,主张其权益。

然而,对于因资本维持原则导致的目标公司迟延履行业绩补偿义务,目标公司是否仍需承担迟延履行的违约责任,则需从资本维持原则的规范目的与目标公司的可归责性两个方面进行探讨。就资本维持原则而言,其规范目的在于,当公司资本(包括资产、利润等)低于法定标准时,避免公司资产流入股东,以维持公司资本,保护公司债权人利益。因此,资本维持原则被视为"公司财产向股东单向流出的拦水坝"。可见,资本维持原则的确会暂时使目标公司无法履行现金补偿义务,从而维护公司资本结构的稳定和债权人利益。然而,资本维持原则的适用并不涉及对因履行迟延而产生的违约责任的免除,因为其关注点主要在于对股东与公司间财产流动的限制,而非对违约责任的法律后果进行调整。从目标公司的可归责性上看,尽管目标公司是因法律强制性规定而陷入一时不能履行,即因法律规定而无法履行,而非不愿履行。但实质上,目标公司之所以不能履行业绩补偿条款,是因为其资产、利润状况低于公司法规定的底线标准。目标公司的资产、利润状况往往取决于其经营行为;换言之,目标公司无法履行的根本原因在于其自身的经营状况。如若因资本维持原则而免除目标公司迟延履行的违约责任,则无益于承认目标公司可以从自己的不当行为中获利,有损公平。况且,在签订业绩补偿条款时,目标公司明晰自身的经营能力,且投资经营具有风险,故目标公司理应预见,在投资人投资后,其可能无法使自身的经营业绩达到承诺的业绩条件,以及考虑到由此触发的法律后果——公司资本维持原则的相关规定及其可能的适用情况。因此,目标公司未达成其承诺业绩时,纵使因资本维持原则其可迟延履行,但仍应承担迟延履行的违约责任。当然,因迟延履行的违约责任通常表现为金钱债务,其履行自然也要受到资本维持原则的规制。

三、新《公司法》下业绩补偿是否构成抽逃出资、损害债权人利益

（一）抽逃出资

新《公司法》和《公司法》关于抽逃出资相关条款，如表 3－1 所示。

表 3－1　新《公司法》和《公司法》关于抽逃出资相关条款

《公司法》	新《公司法》
第三十五条　公司成立后，股东不得抽逃出资。	第五十三条　公司成立后，股东不得抽逃出资。 违反前款规定的，股东应当返还抽逃的出资；给公司造成损失的，负有责任的董事、监事、高级管理人员应当与该股东承担连带赔偿责任。

新《公司法》强化了股东及公司董监高抽逃出资责任，以强化对公司债权人的保护。《九民纪要》对此亦有明确规定，在投资人请求目标公司承担金钱补偿义务时，人民法院应依据《公司法》第 35 条（新《公司法》第 53 条）关于股东不得抽逃出资的规定以及第 166 条（新《公司法》第 210 条）关于利润分配的强制性规定进行审查。

股东的出资成为公司注册资本后，溢价部分计入资本公积。抽逃出资后，股东等额的出资额对应的公司资产相应减少，通常抽逃出资的表现有：通过控制的其他民事主体与公司之间的关联交易，增加交易成本，变相获得公司财产或伪造虚假的基础交易关系；将注册资金的非货币部分，在验资完毕后，将其一部分或全部抽走；未提取法定公积金和法定公益金或者制作虚假的财务会计报表虚增利润，在短期内以分配利润名义提走出资等。在对赌失败后，目标公司向投资人进行业绩补偿，与抽逃出资存在显著区别。首先，投资人的出资通常按一定估值进入公司的注册资本，其出资额占注册资本的比例较小，大部分投资款计入资本公积。若投资人仅按出资比例分配公司利润，其投资回报与实际经济利益明显不符。因此，投资人溢价投资的前提是对公司未来业绩预期以及上市预期。公司未能达到事先约定的业绩标准时，以公司利润对投资人进行补偿，将其视为抽

逃出资实属牵强。其次,抽逃出资通常表现为资金空转,即公司直接进行现金支出且无任何合法依据和明确用途,同时通过财务科目掩盖资金支出的事实。而对赌协议下的业绩补偿有明确的合同依据,其为双方在缔约过程中对经济利益和风险负担的预先约定。

在海富案中,最高人民法院未对海富公司投资款中进入资本公积的部分是否构成抽逃出资进行判断,而是认为返还本金缺乏法律依据。而在华工案中,江苏高院则认为对赌协议本质上是缔约过程中当事人对经济利益和风险负担的预先约定,而非抽逃出资行为。

综上所述,业绩补偿本身并非抽逃出资,而是投资人在出资时对未知经营风险进行预先经济利益分配的一种方式。对赌失败时,目标公司对投资人的现金补偿有合同依据,法律对此应持鼓励态度;对真实的抽逃出资行为,新《公司法》第 53 条新增了股东及公司董监高的法律责任,以遏制出资不实行为。因此,对赌协议下的业绩补偿与抽逃出资在法律性质、行为特征及法律后果上存在显著差异,应予以明确区分。

(二)损害债权人利益

《公司法》与新《公司法》均规定,公司股东滥用法人独立地位和股东有限责任,逃避债务,严重损害债权人利益的,应当对公司的债务承担连带责任,其为公司资本维持原则的体现,相关条款如表 3 – 2 所示。

表 3 – 2 《公司法》与新《公司法》关于损害债权人利益的条款

《公司法》	新《公司法》
第二十条　公司股东应当遵守法律、行政法规和公司章程,依法行使股东权利,不得滥用股东权利损害公司或者其他股东的利益;不得滥用公司法人独立地位和股东有限责任损害公司债权人的利益。 公司股东滥用股东权利给公司或者其他股东造成损失的,应当依法承担赔偿责任。 公司股东滥用公司法人独立地位和股东有限责任,逃避债务,严重损害公司债权人	第二十一条　公司股东应当遵守法律、行政法规和公司章程,依法行使股东权利,不得滥用股东权利损害公司或者其他股东的利益。 公司股东滥用股东权利给公司或者其他股东造成损失的,应当承担赔偿责任。 第二十二条　公司的控股股东、实际控制人、董事、监事、高级管理人员不得利用关联关系损害公司利益。 违反前款规定,给公司造成损失的,应当承担赔偿责任。

续表

《公司法》	新《公司法》
利益的，应当对公司债务承担连带责任。 第二十一条　公司的控股股东、实际控制人、董事、监事、高级管理人员不得利用其关联关系损害公司利益。 违反前款规定，给公司造成损失的，应当承担赔偿责任。	第二十三条　公司股东滥用公司法人独立地位和股东有限责任，逃避债务，严重损害公司债权人利益的，应当对公司债务承担连带责任。 股东利用其控制的两个以上公司实施前款规定行为的，各公司应当对任一公司的债务承担连带责任。 只有一个股东的公司，股东不能证明公司财产独立于股东自己的财产的，应当对公司债务承担连带责任。

目标公司承担业绩补偿责任是否会损害公司债权人利益需要根据投资人的投资方法不同分别讨论。如投资人是通过增资方式进行投资的，投资人的增资款直接进入目标公司，则目标公司获得投资后可以直接提高市场竞争力和经营能力。对于公司债权人而言，股东吸引投资并运用投资款以提升公司盈利能力，本质上并非意图逃避债务，而是旨在增强公司的偿债能力与经营能力，从而保障债权人利益的实现。而且公司股东因滥用权利对公司债务承担连带责任，需要满足严重损害债权人利益要件。是否严重损害债权人利益，需考虑债务总额占债务人收入的比例、债务对债务人经营活动的损害，包括但不限于签订债务相关合同时，债务人对债务的可得利益损失等，或是否对债务人的持续经营造成影响。不能单纯因为目标公司向股东承担业绩补偿责任而认定严重损害债权人利益。

第三节　可分配利润要求与业绩补偿之冲突

一、投资人请求目标公司承担金钱补偿义务须满足的条件

《九民纪要》指出，投资人在请求目标公司履行现金补偿义务时，须以目标公司具有可分配利润为前提。依据《公司法》第 166 条的规定（新《公司法》第

210 条),公司进行利润分配需遵循严格的法定程序。首先,分配利润应以净利润为基数,即在扣除所得税费用后,方能作为分配的基础。其次,若公司以前年度存在亏损且法定公积金不足以弥补,应优先用于填补亏损。最后,只有在满足上述条件后,按照法定要求提取法定公积金和任意公积金后的税后利润,方可进行分配。由此可见,股东在主张公司进行利润分配时,首要任务是举证证明公司存在可供分配的利润。

(一)目标公司须有可供分配的利润

根据《九民纪要》的规定,投资人请求目标公司承担金钱补偿义务的,人民法院应当依据《公司法》第 35 条(新《公司法》第 53 条)关于"股东不得抽逃出资"和第 166 条(新《公司法》第 210 条)关于利润分配的强制性规定进行审查。经审查,目标公司没有利润或者虽有利润但不足以补偿投资人的,人民法院应当驳回或者部分支持其诉讼请求。

目前司法实践中,若目标公司无可供分配的利润,法院一般会认定目标公司无法履行协议约定的付款义务,从而驳回投资人的诉讼请求,如表 3-3 所示案例。

表 3-3　目标公司无可供分配的利润的裁判

案件名称	案件基本事实	裁判观点归纳
(2020)浙 0782 民初 11846 号周某成诉浙江欧意智能厨房股份有限公司等公司增资纠纷案	周某成向欧意公司增资,并约定若欧意公司无法达成业绩目标,则欧意公司需回购周某成持有的股份或向周某成支付现金补偿。现欧意公司未达成业绩目标,周某成诉请欧意公司承担现金补偿义务。	案涉"对赌协议"不存在法定无效事由,应认定有效;根据会计师事务所出具的尽职调查报告,欧意公司的内账记载2017~2019 年公司都处于亏损状态,没有利润可供分配,故周某成主张欧意公司支付现金补偿还不具备条件。

(二)投资人应对目标公司有无可供分配利润承担举证责任

表 3－4　投资人应对目标公司有无可供分配利润承担举证责任的裁判

案件名称	案件基本事实	裁判观点归纳
(2020)浙 03 民终 2827 号永嘉县供销社企业总公司、温州供销联合国际贸易有限公司合同纠纷案	投资人永嘉公司向供贸公司增资,约定目标公司每年向投资人支付人民币 15 万元固定回报,目标公司股东陈某敏对此承担无限连带责任。	永嘉公司未提供证据证明目标公司有利润可供分配,应承担举证不利的后果,因此法院认定供贸公司不存在可分配利润,无法履行上述付款义务。
(2020)苏 0902 民初 1883 号朱某芳与盐城市新亚自控设备股份有限公司、王某章等股东出资纠纷案	朱某芳向目标公司新亚自控增资,并约定如果目标公司未达成业绩目标,则目标公司应承担金钱补偿义务。现目标公司未达成业绩目标,朱某芳诉请目标公司支付补偿款。	朱某芳提交了一篇文章《新亚自控 2016 年营收 1694 万元,净赚 301 万元》,载明“归属于挂牌公司股东的净利润为 301.09 万元”。新亚公司未到庭进行答辩,未能提供证据证明新亚公司没有利润或者虽有利润但不足以补偿投资人的,应承担举证不能的后果,故新亚公司应承担补偿义务。

从表 3－4 两案中可知,目前司法实践中,法院要求投资人就目标公司有无可供分配利润承担举证责任。虽然法院并未要求投资人提供公司内账或审计报告,但我们认为,如果投资者仅有新闻、文章等作为证据,如上述(2020)苏 0902 民初 1883 号案,一旦目标公司提交公司内账或审计报告等更加值得采信的反证,则法院很可能会认可目标公司提供的反证。

综上所述,投资人如欲使目标公司承担金钱补偿义务,应在诉争前便收集相关证据,通过行使股东知情权等方式审查目标公司的内部财务情况,或尽可能取得能够采信的目标公司审计报告等文件,确保目标公司有可供分配的利润。

二、对利润分配的理解

公司进行利润分配的前提条件较为严格,须在当年净利润的基础上扣除税费、弥补亏损并提取法定公积金后,方可确定可供分配的利润。若目标公司不具备可分配利润,投资人关于现金补偿的诉讼请求将难以得到法院支持。

“当年利润”作为反映公司某一财年内业绩累积结果的总账科目,具有一定的动态性。但《九民纪要》并未对利润分配的具体范围予以明确。此外,投资人在主张利润分配时,其诉求所指向的是自身所持股权对应的份额,还是对赌协议中特别约定的定向份额,抑或是其他同意对赌的股东所让渡的份额,均未得到清晰阐述,导致司法实务中对此存在争议。投资人主张现金补偿虽看似无须支付额外对价,但现金补偿本身实质上是股权投资合同对价体系的组成部分。对价的核心在于具备合理确定的经济价值,而非绝对的等价交换。投资人愿意以超额溢价换取少量股权,正是基于双方自愿达成的对价安排。目标公司通过吸收溢价资金,提高公司的经营能力。而现金补偿则可视为对溢价资金使用效益未达预期的对价补偿。对投资人而言,在目标公司业绩未达标时,目标公司实际的股权价值低于其购买价值,即其持有的股权减值,而现金补偿则旨在弥补这一资产减值损失。与此同时,对目标公司来说,支付补偿款并非单纯减少责任财产,因为该部分本就属于溢价,因此该部分补偿款应直接计入当期损益。损益类项目在期末结算后转入本年利润科目,而非利润分配科目。这意味着在利润分配前即应扣除应支付的补偿款,因为当期所有费用收入均应在期末计入本年利润,进而得出净利润。此后,本年利润才转入利润分配环节。根据业绩补偿条款的约定,目标公司是否承担业绩补偿与目标公司资产的损益状况紧密关联。当承诺业绩未达标时,目标公司资产应相应减值。因此,公司应以本年利润进行补偿,而非在年度利润分配后再行现金补偿。这样的安排既符合对赌协议的初衷,也遵循了会计处理的逻辑,确保了补偿行为与公司财务状况的紧密对应。[1]

---

〔1〕 参见艾敦义:《对赌协议失败后协议可履行性要求与“抽逃出资”的关系》,载《海南金融》2020年第10期。

三、利润作为现金补偿的来源

《公司法》第 168 条(新《公司法》第 214 条)规定,资本公积金不得用于弥补公司亏损。然而,随着资本公积金涵盖内容的日益丰富,其已不再仅限于代表资本溢价,而是包括与公司正常经营活动无关的收入,这些收入在特定条件下应被允许用于弥补亏损。

司法实践中,已有法院支持以资本公积金支付投资人的现金补偿案例。例如,在强某延、曹某波股权转让纠纷案中,最高人民法院即持此立场。资本公积金主要由股东出资溢价形成,其性质属于出资而非利润,与公司日常经营活动产生的现金流无直接关联。当满足特定条件时,资本公积金可以转化为资本。

《公司法》禁止将资本公积用于补亏,其初衷在于维护公司扩大再投资能力及保护债权人利益。然而,资本维持原则的公示性有限,外部债权人通常仅信赖注册资本,而不涉及资本公积。因此,资本公积已不属于禁止抽逃出资的范畴。据此,资本公积金作为现金补偿来源具有合理性,而《九民纪要》将补偿来源限定于利润,无疑在一定程度上限制了投资人应当享有的权益。这一规定有待进一步审视与调整,以适应资本公积金功能的多元化与司法实践的发展。

四、利润分配的程序要求

根据《公司法》的规定,业绩补偿协议的履行可能需要目标公司全体股东的一致同意。《公司法》第 166 条(新《公司法》第 210 条)明确规定,股东在分配利润时必须遵循法定程序和条件,且其权利应劣后于债权人。若违反上述规定进行利润分配,将构成不当得利,债权人有权诉请法院确认股东分红无效。若将投资人取得的现金补偿视为分红,且该分红为定向分红,未按照股东实缴出资比例进行,则需全体股东一致同意。

在司法实践中,若目标公司无可供分配利润,或虽有利润但不足以补偿投资人,法院通常会认定目标公司无法履行协议约定的补偿义务,从而驳回或部分支持投资人的诉讼请求。但需要注意的是,若将来目标公司具备足额利润,投资人仍可基于此事实另行提起诉讼。此时,投资人通常需证明以下三个要件:一是通过举证目标公司的财务数据,证明补偿条款约定的补偿条件已经全部触发;二是证明目标公司具备足够利润以补偿投资人;三是证明目标公司已经履行利润分配程序。关于第三个要件是否为必备条件,司法实践中尚未形成统一认识。

五、新《公司法》的"利润分配"规则增加了对业绩补偿的限制和潜在诉讼风险

首先,根据新《公司法》的规定,业绩补偿的履行可能需要目标公司全体股东的一致同意。新《公司法》第 210 条第 4 款明确规定:"公司弥补亏损和提取公积金后所余税后利润,有限责任公司按照股东实缴的出资比例分配利润,全体股东约定不按照出资比例分配利润的除外;股份有限公司按照股东所持有的股份比例分配利润,公司章程另有规定的除外。"鉴于《九民纪要》将业绩补偿的履行视同对投资者股东的定向利润分配,故其自然受到《公司法》关于利润分配规定的约束。据此,无论是有限责任公司还是股份有限公司,实施定向利润分配(即目标公司履行业绩补偿)可能需要全体股东一致同意(有限责任公司)或满足公司章程中关于利润分配的特别约定(股份有限公司)。

其次,新《公司法》增设了对违法定向分配利润的救济措施。实践中有观点认为,《九民纪要》仅要求履行业绩补偿以"目标公司有足额分配利润"为前提,至于目标公司支付金钱补偿是否违反《公司法》规定的内部决议程序,应视为目标公司的内部事务,无关乎投资者。然而,这一观点在新《公司法》下难以存在,其忽视了新《公司法》第 211 条的规定,内容为:"公司违反本法规定向股东分配利润的,股东应当将违反规定分配的利润退还公司;给公司造成损失的,股东及负有责任的董事、监事、高级管理人员应当承担赔偿责任。"

根据上述规定,即使目标公司在诉讼中未提出抗辩并已向投资者支付了金

钱补偿,目标公司其他小股东仍可根据新《公司法》第189条提起股东代表诉讼,要求投资者向目标公司返还所获金钱补偿。此外,其他小股东还可以主张对因投资者作为目标公司股东,在定向利润分配过程中存在过错,应向目标公司承担赔偿责任。综上所述,业绩补偿协议的履行不仅需要目标公司具备足额可分配利润,还需符合公司法关于利润分配的程序性要求,否则可能面临返还已分配利润及赔偿损失的风险。

但与此同时,新《公司法》也在另一个层面完善了业绩补偿的履行。新《公司法》第144条新增了股份公司发行类别股的规定:"公司可以按照公司章程的规定发行下列与普通股权利不同的类别股:(一)优先或者劣后分配利润或者剩余财产的股份……"类别股制度的明确使得业绩补偿型对赌可以解释为利润分配不再按照股权比例进行而是由投资人优先受偿直至达到约定数额,投资者取得了目标公司在利润分配上具有优先权的股权,使业绩补偿型对赌的存在更有法律支撑。但同时也明确了该类型的优先分配的特殊性,需提前在对赌协议及目标公司章程中进行条款设置与布局。

第四节　股权回购与业绩补偿同时适用之应对

实践中,投资人与目标公司签署的相关投资协议中往往会同时约定业绩补偿条款和股权回购条款,而当业绩补偿条款与股权回购条款被同时触发时,投资人往往向法院主张目标公司进行业绩补偿并要求其进行股权回购,对于该两项诉讼请求,各地各层级法院存在不同观点。

一、投资人同时主张股权回购与业绩补偿的裁判分歧

司法实践中,关于投资人能否同时主张股权回购与业绩补偿,法院裁判观点存在分歧。

支持投资人同时主张股权回购与业绩补偿的裁判依据主要有:(1)股权回

购条款与业绩补偿条款乃基于不同的触发条件，因此其行权条件与行权时间均不同，彼此独立且兼容并存，互不冲突。(2)股权回购、业绩补偿及违约金条款，各自服务于不同的合同目的，彼此间不存在法律上的排斥，均为投融资交易过程中各方自愿达成的有效条款，应受到法律保护。(3)股权回购与业绩补偿约定系商事主体基于意思自治对自身权益的安排，投资人同时主张股权回购与业绩补偿款具有明确的合同依据。(4)业绩补偿的主张并不以投资人股东身份的维持为前提，只要在约定的业绩未达标时，投资人仍保持股东身份，即有权独立主张业绩补偿，与是否回购股权无关。(5)业绩补偿条款与股权回购条款系各方当事人的真实意思表示，且未违反我国法律法规的强制性规定，应尊重并保障当事人的意思自治。

相反，不支持投资人同时主张股权回购与业绩补偿的法院裁判依据主要有：(1)当投资人同时主张股权回购款与金钱补偿时，司法保护应限于其实际投资本金及适当资金占用补偿之和的范围，否则可能导致综合投资回报率过高，偏离对赌协议的初衷。(2)法院在审理投资人请求目标公司承担金钱补偿义务时，应对目标公司的利润分配是否符合《公司法》等法律的强制性规定进行审查。若目标公司无利润或利润不足以补偿投资人，应驳回或部分支持其诉讼请求。(3)尽管协议未明确约定现金补偿与股权回购的行使方式，但两者行权条件均以目标公司经营利润指标下降为前提，存在重合之处，故二者属于择其一的关系。(4)业绩补偿与股权回购条款分别针对企业估值调整的不同情形，前者基于保持股东身份调整投资对价，后者则涉及估值下降时的退出机制，故投资人只能择其一主张。

二、主张业绩补偿所需考量的因素

主张业绩补偿时，主要需要对以下因素进行考量。

(一)股东身份对主张业绩补偿及股权回购的影响

股权回购与业绩补偿作为两种主要的估值调整方式，均旨在应对投资过程中目标公司实际业绩与预期之间的偏差。投资人主张股权回购,即意味着放弃所持有的目标公司股权,将自己持有的目标公司的所有股权予以转让。相较于股权回购的“断然退出”,业绩补偿则是一种更为温和的估值调整方式。它仅涉及对投资交易对价的调整,而未变更投资人的股东身份。从逻辑关系上看,如果投资人行使股权回购权,就失去了主张业绩补偿的基础。换言之,如果投资人同时主张业绩补偿和股权回购,其股东身份可能会成为障碍。

(二)公平原则的适用

对赌协议是否应受公平原则的严格限制,是判定对赌协议效力的关键。在判断对赌协议是否符合公平原则时,应从主客观两个方面进行分析。客观上,投资人与目标公司签订对赌协议时,通常不存在一方利用优势地位、信息不对称或不平等条件迫使对方接受协议的情况。投资人在投资前通常会对目标公司的经营状况进行审查与评估,其投资行为是基于对风险与收益的理性判断。但对赌协议对投资人而言并非无风险的“稳赚不赔”交易,其收益的实现依赖于目标公司将来的经营业绩。对于目标公司而言,虽然其需承诺给予投资人一定收益,但该收益的实现具有滞后性,且往往以投资人前期投入资金为前提。因此,双方在对赌协议中的利益关系相平衡,均为基于各自风险承担与收益预期的合理安排。主观上,双方签订对赌协议均是为了追求自身利益最大化,对协议的内容、形式、程序等要素均进行了充分考量。双方在平等协商的基础上达成共识,未违反公平原则。

进一步而言,业绩补偿为目标公司对投资人估值溢价的补偿,主要作用在于调整投资对价。在目标公司处于亏损状态时,业绩补偿金额可能超过投资人的投资金额,导致投资人除获得投资本金外,还可额外获得补偿金。若投资人在此基础上再主张股权回购,或同时主张业绩补偿与股权回购,可能获得超额收益,对目标公司而言则是难以承受之重。为了维护公平,有法院/仲裁庭会依据公平原则对股权回购价款进行调整。调整后的实际投资金额为原投资金额减去业绩补偿款,回购款的计算应以调整后的实际投资金额为本金,结合调整前后的资金占用情况分别计算利息。具体公式如下:回购款＝(原投资金额－业绩补偿金额)＋原投资金额×获得业绩补偿款前的投资年限×投资收益率＋(原投资金额－

业绩补偿金额）×余下投资年限×投资收益率。在（2019）苏 05 民终 9001 号案件中，苏州市中级人民法院就认为，各方签署的《投资协议书》合法有效，各方均应按约履行。对赌股东需承担不能完成进度承诺的现金补偿责任，且目标公司不能实现进度承诺时，投资人有权要求相关股东回购股权。从性质上看，上述约定的业绩补偿义务以及股权回购义务，均系《投资协议书》约定的事项未能完成时相关股东负有的义务，两条款处于并列地位，合同条款中并未约定投资人就进度不符时的现金补偿以及股权回购仅能择一主张，但业绩补偿款系违约金，在约定过高且原股东要求调低的情况下，应予以调整，才能既制约违约一方，又能防止另一方滥用契约自由获得额外利润。

虽然我国法律尊重当事人自愿订立的业绩补偿与股权回购条款，认为这两项条款均有效，但如果其违背公平性原则，成为投资人谋取私利的工具，丧失估值调整的初衷时，法律将予以限制。特别是若投资人利用不公平对赌条款故意促使股权回购或业绩补偿条件成就，以获取超额投资效益，导致企业融资成本增加，影响经济发展，法院将予以一定限制，将投资人可能获得的业绩补偿款及股权回购款的总额限制在其实际投资本金与适当资金占用补偿总和的范围内，以维护公平正义与市场稳定。

三、对赌协议同时约定股权回购与业绩补偿应关注的重点

近年来，法院/仲裁庭在审理涉及以回购方式退出投资的纠纷案件时，部分法院/仲裁庭倾向于支持投资人依协议约定，同时支持股权回购款与业绩补偿金。除非协议中存在特殊约定，否则不强制要求在计算股权回购款时扣除已取得的业绩补偿金及分红。因此，当投资协议中同时约定股权回购与业绩补偿条款，且不存在择一适用等特殊条款时，在目标公司未能达到特定业绩时，PE 投资者可以同时主张的费用包括但不限于股权回购款、业绩补偿金、延期支付股权回购款或业绩补偿的违约金，以及为维权支出的必要费用。基于此，投资者在签署投资协议时应注意以下事项。

（一）将股权回购、业绩补偿义务主体约定为企业股东或实控人

根据《九民纪要》的规定，法院仅在目标公司完成减资程序或具有充足利润的特定条件下，支持投资人要求目标公司回购股权或支付业绩补偿金。然而，对于义务承担主体为目标公司股东或实际控制人的，法院并未要求履行此程序。因此，为了简化行权程序，投资人可以在投资协议的估值调整条款中明确约定，股权回购与业绩补偿义务主体为目标公司的股东或实际控制人，以便行权。

（二）注意保持“股东”身份

对赌协议作为一种金融工具，其主要是为应对交易双方在投资目标公司过程中所面临的不确定性、信息不对称以及代理成本过高等问题。在投资人与目标公司签订对赌协议后，其法律地位呈现出双重性：一方面，投资人成为目标公司的股东，享有股东权利并承担相应义务；另一方面，投资人基于对赌协议的约定，实质上成为目标公司的债权人，有权在特定条件成就时主张股权回购或业绩补偿。

在司法实践中，投资人同时主张股权回购与业绩补偿时，法院对投资人提出请求的顺序和其股东身份的认定尤为关注。部分裁判观点强调，投资人主张业绩补偿价款时，必须具备股东身份。基于此，投资人设计对赌协议中的股权回购条款与业绩补偿条款时，应确保股东身份与行权时间的逻辑衔接。一方面，投资人可以将股权回购的触发时间设定在业绩补偿条件成就之后，确保在主张业绩补偿时，投资人仍保有股东身份；另一方面，即使约定的股权回购触发时间早于业绩补偿条件的达成，投资人亦可不先行使回购请求权，而是待业绩补偿条件满足后再行使回购请求权，以此避免因丧失股东身份而无法主张业绩补偿款。

（三）明确股权回购、业绩补偿条款为适用不同情形的独立条款

在前述法院同时支持业绩补偿及股权回购的判决书中，部分法院认为股权回购、业绩补偿条款属于适用于不同情形、相互独立的条款，两者成就条件互不矛盾、可以并列适用。因为，业绩补偿条款主要针对目标公司未能达到约定经营业绩的情况，旨在对投资者因企业经营不善导致的预期收益损失进行补偿。而

股权回购条款则是在目标公司未能实现特定长期目标时,为投资者提供一种退出机制。鉴于此,投资人可在估值调整条款中明确区分股权回购与业绩补偿的适用条件,强调两者并非互斥选择,投资者在退出投资时有权同时主张这两项权利。

具体而言,针对股权回购的条件,除了通常约定的被第三方收购或首次公开募股等情形外,投资人可根据目标公司所处行业的特殊性,增设特定的监管批准程序作为触发条件。例如,在生物医药行业,可以设定目标公司取得生产许可、药品注册批准、临床试验批准等作为回购触发事件。此外,目标公司的主营业务无法正常运营、控制权发生变更等重大不利变化,亦可纳入股权回购的触发条件。而业绩补偿的设定应与目标公司的估值及经营目标紧密关联,可以包括但不限于以下指标:合理的营业收入、净利润、息税前利润等财务类指标,以及市场拓展进度、研发成果达成等非财务类指标。总而言之,应该避免对股权回购与业绩补偿设置单一的同类条件。

(四)投资协议中延期支付违约金的比例约定

就延期支付股权回购款、业绩补偿金的违约金数额,法院/仲裁庭支持的比例各不相同,且无统一的依据,更多为法院/仲裁庭的自由裁量权。

(五)合理约定违约金计算方式

在对赌协议中,双方当事人通常会对目标公司或股东未及时履行股权回购义务或业绩补偿设定违约金。在尊重当事人意思自治的前提下,法院/仲裁庭倾向于参照《最高人民法院关于审理民间借贷案件适用法律若干问题的规定》(修订前)规定的年利率24%或一年期贷款市场报价利率(LPR)的4倍作为原则性上限标准,以调整违约金。与此同时,法院亦倾向于将投资收益与违约金作为一个整体进行评价,确保投资综合回报率原则上不超过年利率24%(修订前)或4倍LPR的标准。然而,《九民纪要》第50条明确指出,借款合同以外的双务合同中,给付行为中的价金不应被视为借款合同项下的还款义务,因此判断违约金是否过高并非当然适用民间借贷利率上限。

部分法院还会参考投资人对于估值调整条款触发的过错程度、股权回购款或业绩补偿金是否足以覆盖投资人的损失等因素,以延期支付违约金的计算方式调整各方的利益损失。

因此,对于逾期支付股权回购款或业绩补偿的违约金计算,应与年化投资收益率相结合再考虑其上限的合理性,或者针对具体的违约事项约定明确的违约金,以争取获得法院的支持。

第五节　投资人参与目标公司经营管理是否影响业绩补偿的认定

作为目标公司的股东,投资人往往在一定程度上参与公司的经营管理活动。同时,对赌协议中设定的补偿条件往往与目标公司的经营业绩紧密相关,如公司上市时间、特定业务规模、特定期间内的净利润或营业收入等。在这种情况下,当投资人主张目标公司承担补偿责任时,目标公司可能主张,因投资人已参与公司经营管理,其不应再以公司经营状况为由要求主张补偿责任;而投资人则可能认为,其为公司介绍业务、参与融资谈判、提供经营建议等行为,本是为公司发展付出的“义务劳动”,有益于公司,故不能因此而无法主张应有权利。

一、投资人参与公司经营管理对业绩补偿影响的司法实践

投资人出资成为目标公司股东后,当然依法享有并有权行使《公司法》所赋予的表决权、知情权等股东权利,以维护其权益。尽管在实践中,目标公司有时会以投资人参与公司经营为由,试图抗辩并减免其回购义务,但此类抗辩通常难以获得法院/仲裁庭的支持。具体分析如下。

(一)投资人向目标公司委派董事一般不影响股权回购

投资机构在进行股权投资时,往往基于对目标公司原经营团队能力、经营方向及发展前景的信任,无意过度干预公司的日常经营。然而,为了实现有效的监

督与投后管理,及时掌握公司的经营动态,投资人通常会选择向目标公司委派董事。这种委派行为在司法实践中被普遍认为不会对投资人行使股权回购权构成实质影响。这是因为通常投资人委派的董事数量未占据董事会多数席位,其参与公司经营管理的行为,不会对目标公司的经营造成实质性干扰,属于正常的公司治理活动。

(二)目标公司丧失经营管理权通常不影响其承担业绩补偿义务

尽管投资人的投资决策通常基于对目标公司原经营团队的信任,但是在公司后续的运营过程中,原股东由于各种原因离任的情况并不罕见。但此类变动原则上并不影响业绩补偿义务的履行,因为目标公司的业绩补偿义务主要源于合同约定,其承担义务的基础并非其股东身份或高管身份,而是其作为合同当事方对业绩补偿条款的承诺。因此,即使目标公司丧失经营管理权,其基于合同约定的业绩补偿义务并不当然因此而解除。但值得注意的是,已经有学者认为管理股东承担补偿义务/对赌业务的默示前提条件是维持其管理权。

(三)总体而言,在投资人一般程度参与公司经营管理的情况下,只有构成恶意促使回购条件成就,法院才有充足理由否认投资人的回购权

在公司融资时,投资人通常占据相对优势地位,故在相关交易文件中约定豁免业绩补偿义务的情形极为罕见。法院在审理此类案件时,如目标公司以投资人参与目标公司经营为抗辩理由,则法院通常要求目标公司承担举证责任,证明投资人存在恶意促成回购条件的行为。否则,法院通常不予采纳其抗辩意见,判决其依约履行业绩补偿义务。

综上所述,只要投资人正常行使股东权利,适度参与公司经营与投后管理,法院通常不会以此为由否定投资人主张目标公司承担业绩补偿条款的诉请。

二、影响目标公司承担业绩补偿义务的重要因素

（一）对赌协议是否明确约定投资人的经营管理权限

对赌协议中对于投资人和目标公司的经营管理权限是否有明确、具体的约定是判断目标公司能否主张减轻或免除业绩补偿义务应当考虑的首要因素。既然对赌协议有效且约定投资人参与目标公司的经营管理也并不违反法律法规的强制性规定，那么投资人是否有权参与目标公司的经营管理理应尊重当事人意思自治，即应当首先以对赌协议中约定的投资人与目标公司各自的经营管理权限作为判断依据。

基于意思自治原则，只要对赌协议的内容系当事人双方的真实意思表示，且不违反法律法规的强制性规定，那么当事人各方均有权按照约定行使各自的权利。详而言之，当对赌协议明确约定投资人有权参与目标公司的经营管理时，那么投资人据此行使相应权利，即使对业绩目标的实现产生影响，亦不构成违约。目标公司在签订协议时，理应对投资人参与经营管理可能导致的业绩风险有所预见，并承担相应后果。因此，在对赌失败时，目标公司无权以投资人参与经营管理为由，主张减轻或免除其业绩补偿义务。

（二）原目标公司股东是否丧失目标公司控制权

若对赌协议已经明确约定由原目标公司股东全面负责目标公司的经营管理，则目标公司能否主张减轻或免除业绩补偿义务的关键因素在于，投资人参与目标公司的经营管理是否导致原目标公司股东直接丧失对目标公司的控制权。

所谓目标公司的控制权，是指能够对目标公司经营管理中的重大决策产生实质影响，即对目标公司的一切重大事项拥有实质上的决定权。投资人参与目标公司经营管理是否导致原目标公司股东丧失目标公司的控制权可以从以下三个方面进行判断：一是投资人参与经营管理后，原目标公司股东所持有的目标公司的股权比例是否出现大幅度下降，导致其表决权显著减少。二是目标公司管

理层人员在投资人参与经营管理后是否发生显著变化，如董事会、监事会、财务负责人、总经理等关键岗位是否均由投资人的委派人员占据，或绝大多数管理层人员受投资人控制。三是评估投资人参与经营管理是否直接排除了原目标公司股东的经营管理权限，导致其无法按照协议约定行使对目标公司的管理职能。如满足上述要件，则应当认定原目标公司股东丧失了对目标公司的控制权。

在原目标公司股东被动丧失目标公司控制权后，我们认为目标公司/原目标公司股东即无须继续履行业绩补偿义务。首先，丧失控制权意味着，对赌协议履行的基础和前提条件发生根本性变化。在此情况下，仍要求目标公司承担业绩补偿责任，有悖于公平原则。其次，投资人签订对赌协议的主要目的是获取投资收益，通过业绩补偿将经营风险转移至目标公司。而目标公司的主要目标则是利用投资人资金，按照协议约定有效经营目标公司，以提升经营能力。若投资人过度干涉，导致原目标公司股东丧失控制权，却仍要求其承担可能因投资人管理不善导致的业绩不达标责任，实质上加重了目标公司的经营风险，有悖公司法关于风险与收益相匹配的原则。

第六节　目标公司净利润为负值时对补偿金额的认定

一、业绩补偿额认定的形式

对赌协议中，当事人在业绩补偿计算公式中经常以净利润、营业收入等作为计算基数，且该等基数与最终的补偿金额或补偿股比之间时常为负相关的关系，也即在触发业绩补偿条件后，公司盈利越多，业绩补偿额越小；反之，业绩补偿额越大。由此可能导致在公司亏损的时候，投资人依对赌协议所得补偿额反倒比公司有盈利时更高，且亏损越多，补偿金额越高。因此，司法实践中有观点认为投资人在公司亏损时要求目标公司按照业绩补偿条款进行补偿有失公平。

（一）按照实际的净利润为零计算补偿金额

部分法院认为，一方面，基于诚信原则、公平原则以及投资原理，股东不应从公司亏损中获益，故而对以亏损净利润计算现金补偿金额的做法应持否定态度；另一方面，当目标公司出现亏损时，其给投资人造成的损失与净利润归零时的损失在实质上并无二致，皆表现为公司无可分配利润。在此情形下，实际净利润为负值应被视为目标公司未能完成任何业绩。因此，在公司亏损时，以净利润为零作为计算补偿金额的基准，具有其合理性。

这一裁判观点实际立足于合同正义。当净利润为负时，将其视为目标公司未完成任何业绩，以零作为计算依据，可以避免出现目标公司亏损越严重，投资人获得的补偿越多的悖论现象，从而实现公平正义。例如，浙江杭州中院在（2014）浙杭商终字第 2488 号[1]民事判决中明确指出："《增资扩股补充协议》第 2.2 条约定的'实际净利润'，虽可能涵盖负数情况，但与公式中的'实际完成额'并非同一概念。在双方约定目标利润为 7700 万元时，若实际净利润为 7700 万元，杭州中宙公司无须进行补偿；而当实际净利润为零时，杭州中宙公司需补偿 870 万元。然而，当实际净利润为负数时，应视为浙江中宙公司未完成任何业绩。若将负的净利润等同于公式中的'实际完成额'并据此计算补偿金额，将导致浙江中宙公司亏损越大，富丽泰泓投资获得的补偿越多，明显违背诚实信用与公平合理原则。"

（二）按照实际的净利润负值计算补偿金额

部分法院则认为，应充分尊重当事人的意思自治，按照当事人在协议中约定的方式进行计算，即在目标公司出现亏损时，以实际的负值净利润计算补偿金额。该裁判观点实则着眼于合同自由，落脚于意思自治。强调在处理业绩补偿问题时，应立足于当事人意思自治，尊重其在协议中对负值净利润补偿计算方式的明确约定。

---

[1] 杭州中宙科技有限公司诉苏州富丽泰泓投资企业等合同纠纷案。

(三)小结

就上述裁判观点而言,我们认为按照实际的净利润负值计算补偿金额更值得赞同(除非利用公式计算出现巨大的失衡)。因为若补偿金额计算公式明确应以实际净利润进行计算,应尊重当事人意思自治,按照实际负值净利润计算业绩补偿金额。首先,对赌本身是估值调整机制,目的在于确保投资人免遭因信息不对称、高估股权价值产生的损失。双方约定的业绩目标正是投资人在投资时对目标公司进行估价的依据,在目标公司业绩未实现的情况下,由对赌方按照约定支付业绩补偿额,才能真正实现估值调整的目的。其次,对赌双方通常均为商主体,相较于民事主体,法律无须对其提供更高强度的保护,而应尊重其意思,故双方如自愿约定的业绩补偿公式未排除净利润为负值的情况,则应依据双方的真实意思按照负值计算业绩补偿额。最后,之所以部分法院将净利润调整为零进行计算,可能是为了防止计算出的现金补偿额高于投资本金,对此可以直接通过以投资本金为上限加以解决,而不能背离当事人约定直接介入基数的选择。

典型案例
——杭州中宙科技有限公司诉苏州富丽泰泓投资企业等合同纠纷案

案情回顾

2011年1月20日,富丽泰泓投资与浙江中宙公司签订《增资扩股协议》,主要约定如下:浙江中宙公司有意向富丽泰泓投资发行且富丽泰泓投资有意认购数量为100万股的新增股份。同日,富丽泰泓投资与杭州中宙公司、浙江中宙公司签订《增资扩股补充协议》,各方主要约定:富丽泰泓投资根据《增资扩股协议》,以8.7元/每股的价格对目标公司即浙江中宙公司增资100万股,合计增资人民币870万元,占增资后公司总股本的1.5152%;除特别说明外,本协议中的财务数据以浙江中宙公司聘请的会计师事务所(目前为浙江中汇会计师事务所有限公司)核定的审计数为准;浙江中宙公司的业绩目标为在富丽泰泓投资增资后，2011 年度净利润实现 4000 万元，2012 年在 2011 年的基础上实现净利润增长 40% 以上，如果 2011 年和 2012 年实际净利润总和低于 7700 万元，对低于 7700 万元的部分，由杭州中宙公司以现金方式进行补偿。合同签订后，富丽泰泓投资于 2011 年 1 月 25 日向浙江中宙公司缴纳增资款 870 万元，浙江中宙公司在工商部门办理了注册资本和股权变更登记，富丽泰泓投资持有浙江中宙公司 1.5152% 的股权。2013 年 4 月 30 日，中汇会计师事务所出具审计报告，2011 年浙江中宙公司的母公司净利润为 –36,627,216.63 元，合并项下的净利润为 –37,191,305.44 元，2012 年浙江中宙公司的母公司净利润为 –43,529,097.13 元，合并项下的净利润为 –50,029,300.79 元。本案中双方的交易结构见图 3 –3。

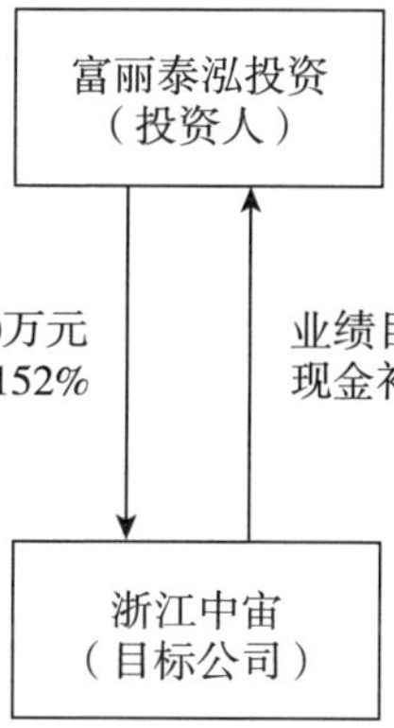

图 3 –3　本案中双方的交易结构

裁判观点

一审法院认为，富丽泰泓投资与杭州中宙公司、浙江中宙公司之间签订的《增资扩股协议》《增资扩股补充协议》，系当事人的意思表示真实，未违反法律强制性效力性规定，确认合法有效。《增资扩股补充协议》约定，浙江中宙公司应保证 2011 年、2012 年实际净利润总和在 7700 万元以上，否则由杭州中宙公司承担对苏州富丽泰泓投资的补偿义务，该约定对双方有约束力，当事人均应依约履行。现浙江中宙公司 2011 年、2012 年两年的实际净利润总和未达到 7700 万元,根据协议约定该补偿条件成就,故杭州中宙公司依约应于2012年4月30日公司合并报表审计完成后的60天内,将补偿款支付给富丽泰泓投资,富丽泰泓投资以2011年、2012年两年合并项下的净利润之和-87,220,606.23元为依据计算补偿款,理由成立,原审法院予以支持。杭州中宙公司关于应向浙江中宙公司而非富丽泰泓投资承担补偿义务及因2011年、2012年实际利润为负数,故补偿款计算前提不存在的抗辩,理由不成立,原审法院不予采纳。浙江中宙公司实际业绩未达到《增资扩股补充协议》的约定目标,虽与当时行业整体状况有关,但市场环境变化、企业整体利润下滑属于企业从事商事活动的行业经营性风险,不符合情势变更法定要件,故杭州中宙公司关于适用不可抗力和情势变更条款终止补偿条款的抗辩,无事实和法律依据,原审法院不予采纳。因《增资扩股补充协议》约定由杭州中宙公司承担补偿义务,故富丽泰泓投资对浙江中宙公司的诉讼请求,理由不成立,原审法院不予支持。浙江中宙公司关于不承担补偿义务的抗辩,理由成立,原审法院予以采纳。杭州中宙公司未向富丽泰泓投资支付补偿款,富丽泰泓投资有权要求其支付相应的违约金,故原审法院对富丽泰泓投资关于违约金的诉讼请求的合理部分予以支持。

二审法院认为,富丽泰泓投资与杭州中宙公司签订的《增资扩股补充协议》系意思表示真实,内容未违反法律、行政法规的效力性强制性规定,依法确认有效。根据《增资扩股补充协议》第2.2条约定,如果浙江中宙公司2011年和2012年实际净利润总和低于7700万元,杭州中宙公司对低于7700万元的部分,按照公式"(1-实际完成额/承诺额)某增资方增资款总额"计算补偿款,并在2012年度公司合并报表审计完成后的60天内,以现金方式支付补偿款。根据会计师事务所出具的审计报告,浙江中宙公司2011年、2012年两年合并项下的净利润之和为-87,220,606.23元,根据《增资扩股补充协议》约定,杭州中宙公司应当向富丽泰泓投资进行补偿。本案的争议焦点是在浙江中宙公司利润为亏损的情况下,如何计算杭州中宙公司应当支付的补偿金额。杭州中宙公司认为最大的补偿金额应当不超过富丽泰泓投资的增资款总额即870万元,而富丽泰泓投资则认为应当将浙江中宙公司的全部亏损额作为基数计算补偿金额。对此,二审法院认为,《增资扩股补充协议》第2.2条约定的"实际净利润",理解上的确可能包括负数的情况,但是在公式中约定了"实际完成额",两者并非同一概念。在双方约定目标利润为7700万元的情况下，全部完成即实现实际净利润7700万元时，根据公式，杭州中宙公司无须进行补偿，而当实际净利润为零时，杭州中宙公司的补偿金额达到870万元。当实际净利润为负数时，应当视为浙江中宙公司没有实际完成额。由于浙江中宙公司的实际净利润为负数，如果将负的净利润直接等同于公式中的“实际完成额”，并以此计算杭州中宙公司的补偿金额，则可能出现浙江中宙公司亏损越多，富丽泰泓投资获得的补偿越多之现象，有违诚实信用和公平合理原则。另外，根据双方《增资扩股补充协议》约定，杭州中宙公司应在2012年公司合并报表审计完成后的60天内支付补偿款，逾期支付的，杭州中宙公司应按照逾期支付金额的日5‰向富丽泰泓投资支付违约金。根据查明的事实，浙江中宙公司2012年度审计报告出具时间为2013年4月30日，故杭州中宙公司应在2013年7月1日起开始支付违约金。

二、不同业绩补偿形式的阈值设置

业绩补偿作为估值调整方式，其旨在目标公司未达到业绩目标的情况下，投资人通过获取业绩补偿来调整股权对价，以保障其权益。但业绩补偿的范围须受到限制，即应为补偿范围设置上限阈值，否则可能出现目标公司亏损越多，投资人越受益的不合理情形。依据补偿标的的不同，可以将业绩补偿区分为现金补偿和股权补偿两种形式，两者的上限应有所区别。

（一）关于现金补偿的阈值

若直接依据对赌协议中的现金补偿计算公式计算补偿金额，则可能出现补偿金额超出投资本金的情形。例如，若协议未明确排除净利润为负值的计算情况，目标公司实际业绩严重下滑，导致净利润为负，按照约定公式计算出的补偿金额可能超出投资本金。再如，在连续多年未达业绩目标的情况下，按照协议逐年累计计算现金补偿，其总额可能超出投资本金。尽管从计算角度来看，投资人获得超出投资本金的补偿有合理依据，但就价值判断而言，审判实践中存在两派不同观点。

（1）业绩补偿金额以投资人投资本金为限

现金补偿条款本为估值调整机制，故其计算公式应确保计算结果切实回应估值调整需求，否则将有悖于估值调整的本质。而且一旦现金补偿金额超出投资本金，投资者在经历调整后所获取股权的对价将变为负值，这也与股东对公司承担有限责任的原则相悖，因为股东持有公司股权的价值至多为零。因此，现金补偿金额应以投资者投资本金为上限，以确保补偿的合理性。在考虑投资收益的情形下，业绩补偿的上限以投资本金加合理投资收益为限也具有合理性。以（2014）浙杭商终字第2488号案例为例，杭州市中级人民法院认为，由于浙江中宙公司的实际净利润为负数，如果将负的实际净利润直接等同于公式中的“实际完成额”，并以此计算杭州中宙公司的补偿金额，则可能出现浙江中宙公司亏损越多，富丽泰泓投资获得的补偿越多之现象，有违诚实信用和公平合理原则。最终法院认定业绩补偿金额应当以投资人的投资本金为限。

（2）业绩补偿金额按照计算即使超过投资本金，法院/仲裁庭遵循意思自治原则

各方在签署对赌协议时约定了业绩补偿的计算公式，在对赌协议并未约定业绩补偿上限的情形下，应尊重协议签署各方的意思自治原则。以喀什诚合基石创业投资有限公司等与卜丽君股权转让纠纷案［（2021）京01民终10624号］为例，北京市第一中级人民法院认为，业绩补偿条款系双方自由协商的结果，双方对后续可能发生的补偿事实及补偿金额应均有预期。相关协议中就业绩补偿金额问题，并未作上限性限制的明确约定，则就没有上限要求。因此，即使投资人要求业绩补偿义务人补偿的金额超出其投资本金也系合理请求。最终法院认为只要协议双方未约定业绩补偿金额的上限，那么即使业绩补偿金额超过投资人的投资本金，也系合理请求。

在此基础上，可以进一步得出以下观点。

（1）亏损数额不应纳入计算依据

以常见的现金补偿公式为例，现金补偿金额＝（1－实际利润/承诺利润）×投资金额。当实际利润为零时，现金补偿金额等于投资金额，即投资者全额收回投资款，但仍持有目标公司股权。然而，若将亏损数额纳入计算依据，（1－实际利润/承诺利润）的值将大于1，导致现金补偿金额超过投资本金，显然违背了补

偿金额不应超过投资本金的原则。

（2）逐年考核的补偿款应当累加

在考量业绩承诺的实现情况时，若现金补偿公式采用逐年考核方式，则应累计计算补偿总额，以确保补偿的合理性。具体计算步骤如下：次年现金补偿金额 = (1 - 次年实际利润/次年承诺利润) × 投资金额 - 首年现金补偿金额。换言之，每一年度的实际盈利若未达承诺标准，其短缺部分将按比例折算为应补偿金额，且在连续多个考核年度内，各年计算出的补偿金额需累加汇总。但总补偿额不应超越投资者最初投入的资本额度，确保补偿措施既公平补偿投资者损失，又不至于过度给目标公司造成负担。

（3）现金补偿不应计算"资金占用成本"

实践中，部分对赌协议在现金补偿之外约定"资金占用成本"，即在估值调整完毕后，返还高估部分投资时，要求承担投资期间的资金成本；我们认为，这样的约定无疑过度加重了目标公司的负担。

第一，该观点突破了股东投资风险原则。同意返还资金占用成本，实质上是对股东投资风险的规避，背后隐藏的是股东的股权投资款权属尚未完全转移至公司，仅是"借给"公司使用。这与溢价投资时，超出增资注册资本部分计入资本公积的会计处理逻辑相矛盾，不符合股东投资风险与收益相匹配的基本原则。

第二，这一观点可能导致总返还金额超过投资本金。如若现金补偿金额计算中包含资金占用成本，在现金补偿金额等于投资款的情形下，投资者最终获得的总返还金额可能超出其投资本金，明显违背了补偿金额不应超过投资本金的限制。

（二）关于股权补偿的阈值

相较于现金补偿，股权补偿在对赌协议中的处理更为复杂。现金补偿遵循相对明确的投资逻辑，而股权补偿则需应对目标公司亏损导致股权贬值的情况。如此简单参照现金补偿思路，以投资人所持股权数额作为股权补偿上限，可能导致投资人无法通过业绩补偿实现对估值的合理调整。例如，投资人通过股权转让取得目标公司4%股权（当时对应股权价值为1000万元）。后因目标公司业绩不达标，目标公司依约应补偿8%股权，此时该等股权对应价值仅为500万元，远低于投资本金。因此，若机械地以投资人所持股权为限进行限制，既缺乏法律依据，也与投资逻辑相悖。

对此，司法实践中也存在部分法院不考虑阈值，而直接依据公式计算并支持投资人的请求。我们认为此种做法也值得商榷，此时仍然有必要为股权补偿设置上限，否则当净利润为负值时，在特定的计算公式下，可能出现应补偿股权比例超过100%，或超出补偿义务人所持的目标公司股权的不合理后果。

基于此，笔者认为股权补偿的阈值设置可以考虑以下两点：一是设定补偿上限为补偿义务人所持有的且可转让的股权。此时，即使投资人所获补偿超出该范围，亦无法实际履行，因此此种设限不会损害投资人权益。若对赌协议同时约定股权补偿与现金补偿，当股权补偿无法全部实现时，则可支持投资人在该范围内转为请求现金补偿，以维护其权益。二是将股权补偿所对应的股权估值设定为不超过投资本金。不过这一方法可能引发争议，因为其较难区分公司估值与股权价值——公司估值主要依赖市场判断而非财务指标，鉴定难度大。

第四章

实际控制人回购及业绩补偿责任的热点与难点

第一节　实际控制人回购责任以及补偿责任裁判规则的演变

在“海富案”之前，中国法院对对赌协议的裁判规则并不统一，但有一些案例显示法院认为对赌条款属于保底条款，PE 基金在目标公司实现上市目标情况下获得高额收益退出，如不能上市或者实现业绩目标，PE 基金也可以通过要求目标公司或者实际控制人回购的方式实现退出，因此对赌协议中的条款使投资方无论目标公司经营业绩如何都能获得固定收益，违反了投资的基本风险共担原则，被认定为无效。

但对赌条款对于促进 PE/VC 行业的投资无疑具有决定性的作用，毕竟投资者与管理者之间存在严重的信息不对称，也不能苛求外部投资人在高溢价投资的情况下与实际控制人风险共担。就在社会各界就此事宜莫衷一是，众说纷纭之际，最高人民法院再审的海富案犹如定海神针一样，确立与控股股东对赌有效，与目标公司对赌无效的裁判原则。在该案中，投资方海富公司与目标公司世恒公司签订了含有对赌条款的增资协议。业绩未达标时，海富公司要求世恒公司按照约定进行现金补偿和股权回购。最高人民法院认为，投资方与目标公司股东之间的对赌协议有效，因为这是双方真实意思的表示，且不违反强制性法规。然而,投资方与目标公司之间的对赌协议被认定无效,因为它可能导致投资方获得固定收益,脱离了公司的经营业绩,损害了公司及其他股东和债权人的利益。最高人民法院在2012年11月底的这个判决,为PE/VC大胆投资扫清了法律障碍,促进了行业的发展,从而间接支持了目标公司的科技创新与技术进步。

就在人们沉淀于"海富案"所构建的规则中时,2019年4月"华工案"出现了。"华工案"的再审法院为江苏省高级人民法院,作为地方的高级人民法院颠覆了最高人民法院通过"海富案"确立的裁判规则。地方法院通过判例否定最高人民法院的判例,这相当罕见。法律界的专业人士都应当知道,江苏省高级人民法院对"华工案"的再审判决,绝非标新立异的自作主张,而应当是请示最高人民法院的结果。在华工案中,江苏华工创业投资有限公司与扬州锻压机床股份有限公司签订了对赌协议。目标公司未能在规定时间内上市时,华工公司要求扬锻公司履行股权回购义务。江苏高院在此案中改变了之前的观点,认定投资方与目标公司之间的对赌协议有效。法院认为,只要对赌协议不违反强制性法规,且履行对赌义务不会损害公司债权人利益,该协议就应当有效。当时就有业内同行分析,这代表了一个新的审判动向,即逐步为公司对赌效力"松绑"。

最高人民法院在2019年11月8日发布的《九民纪要》对于对赌协议的裁判口径果然进行了调整,确认了双有效原则,即与股东对赌有效,与目标公司对赌有效原则。纪要中,最高人民法院首次对投资方与目标公司签订的对赌协议效力问题,给出了明确的指导原则:"投资方与目标公司订立的'对赌协议'在不存在法定无效事由的情况下,目标公司仅以存在股权回购或者金钱补偿约定为由,主张'对赌协议'无效的,人民法院不予支持。"这个备受争议的问题,终于尘埃落定了。大家需要再牢记《九民纪要》,因为这次会议不仅讨论了对赌条款,而且还包括公司纠纷、担保纠纷、金融消费者权益保护、证券纠纷、信托纠纷等重磅金融领域的裁判规则。

就目标公司的实际控制人/股东而言,似乎根据上述裁判规则,既然签署了对赌条款,承担责任应当是无比确定的事情,那么为什么我们还要多此一举地设立专门一章进行讨论呢?

一方面,在《九民纪要》发布后,大家似乎把焦点都放在了投资方与目标公司的对赌争议中。特别是在司法实践层面,通常情况下,从履行能力的角度讲,绝大多数人都会认为,目标公司的履行能力会比实际控制人强。故即便有实际控制人的保证条款,投资方也更倾向于积极向目标公司主张回购责任。但是,回归到实践层面,大家才得以对《九民纪要》有更深刻的理解,越来越多的人意识到,最高人民法院在明确了投资方与目标公司签订的协议原则上有效的同时,在操作层面,最高人民法院也给出了操作原则:"人民法院应当审查是否符合公司法关于'股东不得抽逃出资'及股份回购的强制性规定,判决是否支持其诉讼请求。"这就意味着,投资方与目标公司之间签订的对赌协议即便是有效的,在实际操作中,由于股权回购需要履行减资流程,现金补偿需要目标公司有利润的门槛条件,如果条件未成就,投资方也很难从目标公司真正实现退出目的。因此,我们仍然要关注目标公司的实际控制人/股东承担责任的难点问题,以便涉案当事人各方了解裁判规则,具体问题具体分析。

另一方面,大家还记得本书第一章提到的雷龙科技的郭某吗?姑且不论事情的是非曲直,毕竟他提出了值得法律人深思的问题。不仅如此,我们也注意到实际控制人在PE投资协议中承担回购责任或者补偿责任的表现方式在实践中也是五花八门,甚至许多条款还约定了实际控制人/股东承担责任的一些前提条件。例如,我们曾在案例中看到投资人与管理层股东约定,"如果届时因法律、政策限制或其他原因导致上述股权回购无法执行或者无效时,投资人有权要求管理股东按照相当于回购价格的金额以及与回购方式相同的方式来收购投资人持有的被回购股权,管理股东共同负责完成收购"。这样条款规定的前提条件如何理解?管理股东为两人以上共同收购是否为连带责任?管理股东像雷龙科技的郭某一样不再担任总经理的情形下,又该如何裁判回购责任。这些难点问题的思考与处理,关乎投资者能否收回或者部分收回其投资,更关乎承担回购责任管理股东的人生。绝大部分的管理股东在创业中,在创业不成功的情况下,还要承担巨额回购责任的他们,可以想见,又要承受多大的压力?

第二节　实际控制人回购义务及业绩补偿的司法难点分析

虽然在《九民纪要》中确立了对赌协议的效力,但是在履行层面确有诸多障碍,目标公司对赌的司法裁判要点自然从合同效力转入合同可履行性。例如,估值调整机制中的股权回购,只能通过减资的途径才能实现,但是在减资过程中,目标公司的全体股东很难达成一致意见,这就给投资方主张的股权回购造成了实质性障碍;在业绩补偿中,目标公司因长期亏损,投资方也很难以业绩补偿获得支持。诸如此类的问题,势必引发很多司法实践争议。在司法实践中,对赌协议的审理难点主要体现在对赌协议的法律性质辨析、业绩补偿条款的法律性质辨析等方面。首先,对赌协议的商业属性需要厘清,对其实质应称为"估值调整机制",旨在解决信息不对称问题,确保投资方对融资方股权的初始估值与公司本身的发展潜力和真实价值尽可能匹配。其次,业绩补偿条款的法律性质辨析也是司法实践中的难点之一,涉及现金补偿和股权补偿等多种形式,以及这些补偿方式是否合法、合理的问题。这些难点需要通过对对赌协议的具体内容、相关法律法规的理解以及司法实践中一个个鲜活的实践案例具体体现和解释,以确保对赌协议的合法性和合理性,保护投资方和融资方的合法权益,本节将具体列举股权回购与业绩补偿中的典型问题,进行辨法析理。

多名目标公司股东向投资方承担对赌责任,责任方式约定不明时的司法认定

——刘某嵬等与兴众公司、施某升公司合同纠纷案

案情回顾

2017 年 2 月 24 日,刘某嵬、胡某武、阮某祺、刘某骅以刘某嵬科技团队的名义(甲方),与施某升公司(乙方)、兴众公司(丙方)签订的《股权投资协议》约

定：三方共同出资设立索立牢公司，兴众公司出资2000万元认购形成20%股权，协议签署时施某升公司出资6000万元占60%的股权，刘某嵬科技团队出资2000万元形成20%的股权，兴众公司的20%股权作为创业股权，在符合一定条件时作为奖励（第4.3款）；兴众公司在持股期间，如发生特定情形或者其他违约情形，有权选择退出，并要求其他股东以其投资成本加上银行同期贷款利息（按实际年对应的贷款利率）之和计算的价格收购全部股权，原则上其他股东按照所持股比例收购，股东协商确定收购比例的除外，兴众公司选择退出，有权提出撤资请求，其他股东或者目标公司在收到书面请求之日起一个月内与兴众公司达成协议并付清全部收购款或者撤资款（第4.4款）；兴众公司选择退出索立牢公司，其他股东未按照本协议及时给付回购款，每迟付一天兴众公司有权要求按照迟付金额不超过日3‰的标准支付逾期付款违约金（第10.4款）；刘某嵬团队及施某升公司不得以弄虚作假的方式骗取兴众公司的投资资金，如发现有该情况，则索立牢公司、刘某嵬科技团队、施某升公司全额退回兴众公司的投资资金，并将投资资金的50%作为违约责任赔偿。

同年5月10日三方再次达成《补充协议》，约定：索立牢公司的其他股东承诺自补充协议签订之日起18个月内将施某升公司迁址安徽省芜湖市三山区境内，否则即使索立牢公司符合《股权投资协议》第4.3款，不予实施创业股权奖励，且兴众公司有权按照第4.4款选择股权退出（第11条）。

2017年5月18日至7月7日，兴众公司分6笔汇入索立牢公司2000万元。索立牢公司与施某升公司签署8份《定制设备订购合同》，总价达3.6亿余元，索立牢公司多次向施某升公司支付设备预付款达2000多万元，其账户资金已所剩无几。兴众公司曾于2018年11月向索立牢公司发出律师函，要求其向施某升公司催收定制设备，但被拒收。2018年11月20日兴众公司向施某升公司、刘某嵬、阮某祺、胡某武、刘某骅发出告知函快递，要求其按照《补充协议》的约定将施某升公司迁址至三山区境内，但因无法联系上各方而被退回。索立牢公司至今未开展生产经营活动。

关于施某升公司是否已经履行了《补充协议》迁址芜湖三山区的约定，施某升公司仅提交了股东大会决议，没有提供迁址落地的其他证据，故不能认定该项事实。

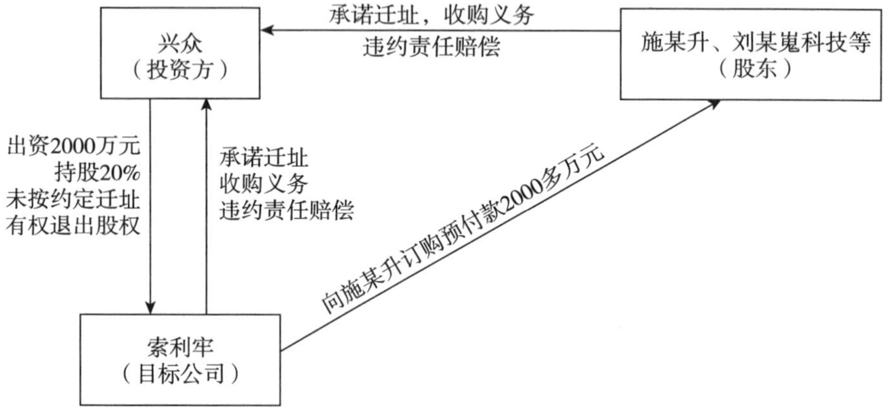

图 4-1　本案中各方的交易结构

争议焦点及裁判观点、结果

1. 一审阶段

☞ 争议焦点

围绕原、被告的辩论意见,主要争议焦点为刘某嵬、胡某武、刘某骅、阮某祺以及施某升公司是否存在违约情形,应当承担何种法律责任。

☞ 裁判观点

(1)刘某嵬科技团队、施某升公司在《补充协议》中承诺自补充协议签订之日起 18 个月内将施某升公司迁址至芜湖三山区境内,而 18 个月期满后施某升公司并未实现依约迁址,存在违约情形,应当按照合同约定履行回购股权的义务;(2)虽然刘某嵬、刘某骅、胡某武、阮某祺各自的股权比例在投资协议中作了明确约定,但是 4 人系作为刘某嵬科技团队共同与兴众公司签订投资协议,故应当共同承担回购义务。

☞ 裁判结果

裁判结果(部分):刘某嵬、胡某武、刘某骅、阮某祺于判决生效之日起 10 日内向兴众公司支付股权转让金 500 万元,并于起按照日 3‰支付逾期付款违约金至实际清偿之日(最高不超过 150 万元)。

2. 二审阶段

☞ 争议焦点

判决刘某嵬、阮某祺、刘某骅、胡某武共同承担股权回购义务，并共同向兴众公司支付股权转让金和违约金是否正确。

☞ 裁判观点

（1）刘某嵬、阮某祺、刘某骅、胡某武是以刘某嵬科技团队名义并非以各自独立主体进行民事法律行为，不能以未实际参与经营管理作为免责事由；（2）《股权投资协议》关于共管账户中资金的管理和使用、办理出资和工商登记手续、投资资金的退还、创业奖励的设置和奖励均是针对刘某嵬科技团队，未将刘某嵬、阮某祺、刘某骅、胡某武分开对待。虽然刘某嵬、刘某骅、胡某武、阮某祺各自的股权比例在《股权投资协议》中作出约定，但系刘某嵬科技团队的内部约定，不能作为认定对外承担责任方式的依据。

☞ 裁判结果

维持原判。

3. 再审阶段

☞ 争议焦点

刘某嵬、阮某祺、刘某骅、胡某武共同承担股权回购义务，并共同向兴众公司支付股权转让金和违约金是否正确。

☞ 裁判观点

案涉《股权投资协议》签订主体为三方，即甲方刘某嵬科技团队，乙方施某升公司，丙方兴众公司。《股权投资协议》对“科技团队”的解释是“指拥有自主知识产权、具有国际先进或国内一流水平科技成果，落户芜湖创业的人才团队。包括刘某嵬等核心成员”。说明刘某嵬、阮某祺、刘某骅、胡某武是以刘某嵬科技团队名义并非以各自独立主体进行民事法律行为。虽然刘某嵬、刘某骅、胡某武、阮某祺各自的股权比例在《股权投资协议》中作出约定，但系刘某嵬科技团队的内部约定，不能作为认定对外承担责任方式的依据。

☞ 裁判结果

驳回再审申请。

案例评析

1. 从各股东在案涉投资协议中的主体身份，以及投资协议中约定的权利义务判断，案涉股东是处于同一身份地位的整体进行民事法律行为，不能割裂成独立个体

无论此前的司法实践，还是现行的法律规定，对于投资方与目标公司的股东或者实际控制人订立的对赌协议的效力及履行均无争议，即倘若不存在法定的无效事由，原则上应当认定是有效的。进一步地，既然没有效力争议，那么，各股东作为对赌责任的主体，向投资方应承担连带责任，按份责任抑或其他责任？在司法实践中，对此问题，存在争议。

本案中，从案涉投资协议签订的主体看，投资协议签订主体为三方，即甲方刘某嵬科技团队，乙方施某升公司，丙方兴众公司；且《股权投资协议》对"科技团队"的解释是"指拥有自主知识产权、具有国际先进或国内一流水平科技成果，落户芜湖创业的人才团队"。科技团队包括刘某嵬、胡某武、阮某祺、刘某骅。显然，刘某嵬、胡某武、阮某祺、刘某骅作为一个整体进行民事法律行为，而非单独的个体。

从案涉投资协议的权利义务约定看，协议中关于共管账户中资金的管理和使用、办理出资和工商登记手续、投资资金的退还、创业奖励的设置和奖励均是针对刘某嵬科技团队，未将刘某嵬、阮某祺、刘某骅、胡某武分开对待。由此亦可以看出刘某嵬、阮某祺、刘某骅、胡某武作为一个整体履行案涉投资协议，共同承担相关义务。

法院结合上述两方面因素，综合认定刘某嵬、胡某武、阮某祺、刘某骅均应共同作为承担对赌责任的主体，而不能区别对待。

2. 案涉投资协议虽有按股权比例回购的约定，但刘某嵬、胡某武、阮某祺、刘某骅作为承担对赌责任的整体团队，按照合计股权比例进行回购。在合计股权比例范围内，4 名股东个体，对投资方承担共同责任

本案中，涉及多名股东作为对赌责任的承担主体，就会产生各股东对投资方应当承担何种责任的问题。在承担责任的方式上，根据法律规定，分为连带责任和按份责任。

《民法典》第 177 条规定:“二人以上依法承担按份责任,能够确定责任大小的,各自承担相应的责任;难以确定责任大小的,平均承担责任。”按份责任是各责任人对权利人及各责任人之间均只对自己应承担的责任份额负责。

《民法典》第 177 条规定:“二人以上依法承担连带责任的,权利人有权请求部分或者全部连带责任人承担责任。连带责任人的责任份额根据各自责任大小确定;难以确定责任大小的,平均承担责任。实际承担责任超过自己责任份额的连带责任人,有权向其他连带责任人追偿。连带责任,由法律规定或者当事人约定。”连带责任的各责任人对外均要对权利人承担全部责任,至于各责任人之间应承担的责任份额则由其内部决定,已对外承担责任的责任人,对承担的超出其责任份额的部分可以向其他责任人行使追偿权。《民法典》再次明确了连带责任须有充分的法律规定或明确的合同约定。

回归到本案中,案涉投资协议约定:“兴众公司在持股期间,如发生特定情形或者其他违约情形,有权选择退出,并要求其他股东以其投资成本加上银行同期贷款利息(按实际年对应的贷款利率)之和计算的价格收购全部股权,原则上其他股东按照所持股比例收购,股东协商确定收购比例的除外。”仅从该条款约定而言,刘某嵬、胡某武、阮某祺、刘某骅似乎应当就回购事宜承担“按份”责任,即按各自的股权比例确定回购责任比例。

但是,审理法院是把刘某嵬、胡某武、阮某祺、刘某骅视为一个整体来看待的。法院认为,刘某嵬、胡某武、阮某祺、刘某骅合为“甲方”,协议中约定的“其他股东按照所持股比例收购”,是指甲方和乙方施某升公司。甲方合计在公司持股 20%,故甲方应当按其在公司的合计 20% 的持股比例向投资方承担回购义务,即甲方作为一个整体承担“按份责任”。但“甲方”团队内的个人股东作为独立个体,则应当在该 20% 的比例范围内向投资方承担“共同”的回购责任,而不能按其各自独立的股权比例承担“按份责任”。

如前所述,根据《民法典》的规定,连带责任必须有法律规定或明确的合同约定。案涉投资协议中,明确约定了“按份责任”。但重点在于“按份责任”的承担主体是一个团队。具体到每名股东而言,都有义务承担这个团队应承担的回购份额。鉴于每名股东之间没有明确的连带责任约定,法院在无法认定股东之间要承担连带责任的情况下,随即认定每名股东对投资方都有义务承担 20% 的回购责任。

因此，在承担责任的问题上，案涉投资协议虽有按股权比例回购的约定，但刘某嵬、胡某武、阮某祺、刘某骅作为承担对赌责任的整体团队，按照合计股权比例进行回购。在合计20%的股权比例范围内，刘某嵬、胡某武、阮某祺、刘某骅，对投资方承担共同责任。

3. 在共同责任中，刘某嵬、胡某武、阮某祺、刘某骅可以按照事先约定的股权比例相互追偿

我国《民法典》并未具体明确“共同责任”的概念，在《民法典》中规定的“夫妻共同债务”实际上对应的责任承担方式就是“共同责任”。另外，在一些法规或司法解释中也存在“共同责任”的内容；比如，《最高人民法院关于审理民间借贷案件适用法律若干问题的规定》第23条规定，在特定情况下出借人可以请求借款人单位与其法定代表人/负责人“共同”承担还款责任。共同责任系学理上的概念，通说认为共同责任系连带责任和按份责任的上位概念。

若相对于“单独责任”而言，“连带责任”“按份责任”等似乎均可划入“共同责任”的范畴。这意味着，“共同责任”可以是一个宽泛的概念。共同责任本身在法律上的概念是模糊的，虽然共同责任与连带责任有一些相似之处，但是共同责任不像连带责任那样允许股东对超出其承担责任的部分享有追偿权。

在没有法律明确规定的情况下，刘某嵬、胡某武、阮某祺、刘某骅在向投资方共同承担了20%的回购责任后，4个股东之间如何追偿的问题，就缺少法律依据，具有一定的不确定性。在本案中，法院并未处理4个股东之间如何追偿的问题，这对于向投资方承担了回购责任的股东而言，如何向其他股东追偿，无疑是一个棘手问题。

我们认为，案涉投资协议中约定：“原则上其他股东按照所持股比例收购，股东协商确定收购比例的除外。”从案涉投资协议的内容看，透露出4名股东的意思表示，我们更倾向于理解为4名股东分别按照各自的持股比例承担回购责任。再看法院判决，虽然法院已经作出生效判决，4名股东对投资方，共同承担20%的回购责任。但是法院亦认为，“刘某嵬、刘某骅、胡某武、阮某祺各自的股权比例在《股权投资协议》中作出约定，但系刘某嵬科技团队内部约定”，这就意味着，虽然共同责任没有明确的法律规定，不过法院也为4名股东之间的追偿问题提供了救济途径,各方在向投资方承担了超出自己的持股比例的回购责任后,可以按照各自的持股比例,向其他股东追偿。

借鉴意义

1. 多名目标公司股东共同参与对赌的情况下,要注意特别指明承担对赌责任的主体,避免使用“创始团队”“原股东”“创始股东”等笼统表述

在对赌交易安排中,投资方为了保障自己未来能够有效退出对赌,当然希望承担对赌责任的主体越多越好,从而充分保护投资方的资金权益。目标公司及股东,在对赌谈判阶段,为了能够获得投资方的资金支持,往往会尽可能地满足投资方提出的对赌条件,相较于对赌失败的法律后果,会将更多的关注点放在目标公司的业绩目标上。在此情况下,目标公司及股东很容易忽略对赌失败后的法律责任问题,特别是在细节处理上,例如,本案例涉及的多名目标公司股东共同参与对赌,最终的责任承担者并未在投资协议中约定明确。

对此,建议无论是投资方还是目标公司及股东,都应注意在投资文件中的行文表述。投资文件中的“甲方”或“乙方”是指某个团队、多名创始人股东或多名原股东等特定名称时,应注意明确每个独立个体各自应承担的法律责任。避免使用笼统表述,从而产生歧义。

2. 在投资文件中,正确使用法律用语,明确各股东承担对赌责任的方式,权责清晰,保障对赌交易的安全性和稳定性

如前所述,根据法律规定,二人以上承担责任的方式有两种,连带责任和按份责任。其中,《民法典》第 177 条规定,“二人以上依法承担连带责任的,权利人有权请求部分或者全部连带责任人承担责任。连带责任人的责任份额根据各自责任大小确定;难以确定责任大小的,平均承担责任。实际承担责任超过自己责任份额的连带责任人,有权向其他连带责任人追偿。连带责任,由法律规定或者当事人约定。”在无明确约定的情况下,对赌交易中,法院通常不会直接认定各股东对投资方承担连带责任。

那么,在对赌交易安排中,从投资方的角度,在投资文件中明确约定多名相关股东就对赌义务承担连带责任,无疑更能保护投资方的投资利益,这样投资方就有权决定向任何一个承担对赌责任的股东主张全部或部分回购/现金补偿责任。

由此产生一个问题,《民法典》第177条规定的"由法律规定或者当事人约定"的表述中,所谓"当事人约定",是否必须在投资文件中明确写明"连带责任"4个字?有学术界的观点认为,"当事人约定"绝不应解释为法律条款或者合同条款明确使用"连带债务(责任)"的字样。"当事人约定",既包括当事人明确使用"连带责任"的表述,也包括当事人约定债权人有权请求任何一个债务人履行全部给付义务,或者约定数个债务人就同一给付共同向债权人负责,甚至在合同条款欠缺上述任何一种表述时,仍可通过当事人的意思表示进行解释,依据合同条款的体系、合同目的及其他相关事实推断出当事人存在此类合意。对此,在司法实践中,有少数法院采用了学术界的这种观点,虽然各方在投资文件中没有写明"连带责任"的字样,但结合对赌交易背景、投资文件的上下文表述等,综合判断各股东对投资方承担的是连带责任。

虽然如此,我们仍然建议在投资文件中,采用精确的法律用语,明确写明"连带责任"抑或"按份责任"的字样。各股东就回购股权/现金补偿承担连带责任的,还可以进一步明确各股东之间相互追偿的责任分担方式,或在其他法律文件中另行约定。各股东对投资方承担"按份责任"的,列明各股东按照何种比例承担回购股权/现金补偿的责任,这样清晰地表述,不仅可以避免部分股东承担不公平的回购责任,同时也能避免因责任分担不明而带来目标公司股权结构不确定的风险。

对赌回购权之法律性质及行使期限的判断标准

——东华科技与淮化集团合同纠纷案

案情回顾

东华科技公司、淮化集团公司均为淮化股份公司的发起人。2007年11月12日,东华科技公司作为甲方与乙方淮化集团公司签订一份《股份回购协议》,协议载明:为推动乙方的股份制改造暨上市工作进程,应主发起人乙方的要求,甲方同意作为发起人之一，出资4500万元参与发起设立淮化股份公司。协议约定：(1)甲方承诺按照股份公司组建工作团队，以货币方式投入资本金4500万元，并配合乙方完成股份公司的注册、验资等设立工作。(2)乙方承诺股份公司若在成立四年内不能成功上市，则甲方有权视其上市前景及经营状况自主选择股份退出时机。(3)在不改变股份公司组织形式的前提下，若甲方要求退出股份公司，则由乙方以现金方式回购甲方全部股份或负责推荐其他公司购买。(4)股份回购时，若回购当期的每股净资产高于股份设立之时的每股净资产，回购价格即以回购当期的每股净资产计算；若回购当期的每股净资产低于股份设立之时的每股净资产，回购价格按甲方投入的资本金，即4500万元加上银行同期存款利息计算等。

2007年12月20日，东华科技公司出资4500万元配合设立淮化股份公司。2007年12月26日，淮化股份公司在淮南市工商行政管理局登记注册成立，东华科技公司持有淮化股份公司的股权比例为4.99%。

2018年6月26日，东华科技公司向淮化集团公司发出《回购函》，要求淮化集团公司回购东华科技公司持有的淮化股份公司的全部股权。2018年7月2日，淮化集团公司向东华科技公司回函，称："贵公司要求我公司回购股份的事项重大，我公司应向控股股东皖北煤电做专题汇报……还需向淮化集团公司及淮化股份的其他股东告知此事，征询他们的意见……"本案中各方的交易结构见图4－2。

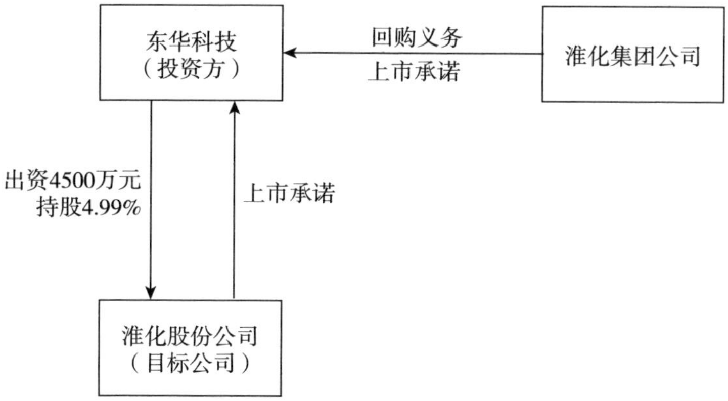

图4－2　本案中各方的交易结构

争议焦点及裁判观点、结果

1. 一审阶段

☞ 争议焦点

围绕原、被告的辩论意见，主要争议焦点为：东华科技公司要求淮化集团公司回购其所持淮化股份公司的股权，是否已超过行使期限。

☞ 裁判观点

(1)从东华科技公司主张的权利性质看。东华科技公司向淮化集团公司主张的权利，系双方当事人因合同约定产生的权利义务，对于淮化集团公司而言，是基于案涉协议形成的合同之债，也即，东华科技公司主张的权利为债权。(2)从债权的时效性看。因债权为一种请求权，作为权利人，若对其权利行使时间不加以限制，任由权利无期间地搁置，则会导致民事法律关系长期处于不确定状态，因此，债权的行使应在合理时间内完成，否则，将因时效而消灭。(3)从东华科技公司主张权利的情况看。自东华科技公司可以请求淮化集团公司购买股权的条件成就，至其向淮化集团公司提出该主张，时间超过6年，显然已经超过合理的期限。(4)从东华科技公司选择行使权利的时点看。在起诉状中，东华科技公司称“近年来淮化股份公司经营压力较大，经营业绩持续波动，尤其是2016年、2017年连续两年出现大幅亏损”；在答辩意见中，淮化集团公司称“2014年之后，淮化股份公司因市场环保等因素出现亏损”“淮化股份公司因生产环保问题已停产半年，淮化集团公司和其他股东在积极寻求发展途径，努力使淮化股份走出困境”。上述陈述表明，淮化股份公司目前正处于经营困难期，需要各股东相互扶持，保持企业的相对稳定，以期渡过难关。此时，若东华科技公司退出淮化股份公司，对淮化股份公司无任何益处。

☞ 裁判结果

驳回东华科技公司的诉讼请求。

2. 二审阶段

☞ 争议焦点

东华科技公司要求淮化集团公司回购其持有的淮化股份公司股份是否超出合理期限。

☞ 裁判观点

对于当事人意思自治行为理应予以尊重，但是为了确保商事交易的稳定性，避免权利义务处于不确定状态，债权人亦应在合理期限内主张权利。东华科技公司作为淮化股份公司的股东，对上述经营状况均为明知，且其本身系上市公司，对淮化股份公司是否符合上市条件亦能作出合理判断，其于 2018 年 6 月方要求淮化集团公司回购股权，显系怠于行使权利，理应承担相应的后果。

☞ 裁判结果

维持原判。

3. 再审阶段

☞ 争议焦点

东华科技公司要求淮化集团公司回购其持有的淮化股份公司股份是否超出合理期限。

☞ 裁判观点

（1）案涉股权回购协议对东华科技公司要求淮化集团公司回购目标公司股权并未约定履行期限，根据《合同法》第 62 条第 4 项“履行期限不明确的，债务人可以随时履行，债权人也可随时履行，但应当给对方必要的准备时间”的规定，东华科技公司在给淮化集团公司留有必要准备时间的情况下，可以随时要求履行。本案不存在东华科技公司对淮化集团公司所享有的股权回购请求权超过期限或时效的法律问题，因此，其该项权利并不因股权回购条件成就 6 年内未行使而归于消灭。（2）民事权利的放弃须有明确的意思表示，默示意思表示只在法律有明确规定及当事人有特别约定的情况下才能发生法律效力。在既无明确约定又无法律特别规定的情况下，不宜推定当事人对权利的放弃。东华科技公司对淮化集团公司所享有的股权回购请求权既未消灭，也未放弃，其在本案中的诉讼请求应予支持。

☞ 裁判结果

（1）撤销安徽省高级人民法院（2019）皖民终 540 号民事判决和安徽省合肥市中级人民法院（2018）皖 01 民初 1289 号民事判决；

（2）确认东华科技公司对淮化集团公司享有 4500 万元及利息之债权（利息计算方法为：以 4500 万元为基数，以中国人民银行同期存款利率为标准，自 2007

年12月21日始至2019年9月2日之日止)。

案例评析

1.在司法实践中,法院的倾向性意见为,对赌回购权的法律性质系请求权,适用诉讼时效制度

对赌交易安排中,在满足协议约定的回购条件时,投资方有权要求目标公司和/或原股东以约定价格回购投资方所持目标公司股权。对此,大家的关注点更多在于回购主体及回购价款上,却忽略了一个问题,投资方向回购义务人主张权利是否有行权期限?由于意识不到位,在投资文件中约定不明的情况常有发生,因此就会产生一定争议。在司法实践中,对赌回购权的行使期限也是颇具争议的问题。要厘清这一问题,首先要明确对赌回购权的法律性质究竟是什么,经过检索,法院对回购权的法律性质也有不同的理解,主要有以下三种不同观点。

(1)对赌回购权系请求权,适用诉讼时效制度

请求权,是指法律关系的一方主体请求另一方主体为或者不为一定法律行为的权利。权利人不能对权利标的进行直接支配,只能请求义务人配合。在债权请求权范围内,适用诉讼时效制度。根据《民法典》第188条规定:"向人民法院请求保护民事权利的诉讼时效期间为三年。法律另有规定的,依照其规定。诉讼时效期间自权利人知道或者应当知道权利受到损害以及义务人之日起计算。法律另有规定的,依照其规定。但是,自权利受到损害之日起超过二十年的,人民法院不予保护,有特殊情况的,人民法院可以根据权利人的申请决定延长。"

在本案的一审、二审阶段,法院认为,东华科技公司向淮化集团公司主张的权利,系双方当事人因合同约定产生的权利义务,对于淮化集团公司而言,是基于案涉协议形成的合同之债,也即,东华科技公司主张的权利为债权,债权为一种请求权。

(2)对赌回购权系形成权,适用除斥期间

形成权,是指权利人依单方意思表示就能使民事法律关系发生、变更与消灭

的权利，其效力的发生不需要相对人作出某种辅助行为或共同行为，解除权、撤销权、抵销权等是典型的形成权。《民法典》第564条规定："法律规定或者当事人约定解除权行使期限，期限届满当事人不行使的，该权利消灭。法律没有规定或者当事人没有约定解除权行使期限，自解除权人知道或者应当知道解除事由之日起一年内不行使，或者经对方催告后在合理期限内不行使的，该权利消灭。"

在"崔某龙与廖某杰等股权转让纠纷案"[(2023)沪01民终5708号]中，上海市一中院认为，"对赌"中的股权回购权本质上是赋予了投资方在特定条件下以单方意思表示形成股权转让关系的权利，当基础条件成就且权利存续时，一旦权利人及时、合法地发出回购通知，则双方之间即按照事先约定的对价产生股权转让合同关系，回购义务人并无缔约选择权。因此，"对赌"回购权行使的法律效果实际上是相当于解除了《投资认购协议》，使投资者取回了投资本金及利息，放弃了股东资格，故应适用除斥期间的规则，其除斥期间的认定可以类推适用上述法律规定的一年期间。

(3)不拘泥于诉讼时效抑或除斥期间，但须在"合理期限"内行使权利

上海二中院《2015—2019年涉"对赌"纠纷案件审判白皮书》认为，即使投资方与目标公司未约定超期行权后果，甚至未明确约定权利主张期间的，为保护"对赌"义务方的合理信赖以及避免权利长期处于不稳定状态，投资方也应在合理期限内及时行权，避免因自身懈怠行为而在诉讼中无法得到法院支持。

结合目前的司法实践，虽然法院对此问题的裁判不统一，但是倾向性意见认为，对赌回购权的法律性质系请求权，适用诉讼时效制度。我们亦认为，将对赌回购权的法律性质认定为请求权更符合其本质特征，具体有如下两点理由。

(1)从投资方主张的权利属性看，是基于当事人之间的合同约定。在对赌交易中，投资方行使回购权，要求目标公司/股东回购股权时，会作出两个行为：向目标公司/股东作出回购股权的意思表示及要求支付回购款。对此，是否能够达到投资方的回购目的，有赖于目标公司/股东是否同意履行及如何履行回购款的给付义务。事实上，目标公司/股东势必会根据与投资方签订的投资协议，进行各种抗辩，以求达到免责或减少支付回购款的目的。由此可见，投资方与目标公司/股东之间最终产生的权利义务，是基于各方当事人的合同约定。

(2)从请求权、形成权的法律特征看，回购权符合请求权的法律特征。请求

权,是指法律关系的一方主体请求另一方主体为或者不为一定法律行为的权利。权利人不能对权利标的进行直接支配,而只能请求义务人配合。形成权,是指权利人依单方意思表示就能使民事法律关系发生、变更与消灭的权利,其效力的发生不需要相对人作出某种辅助行为或共同行为。显然,投资方向目标公司/股东主张支付回购款,履行回购义务时,必须需要目标公司/股东配合,在配合的过程中,目标公司/股东还势必会进行抗辩。无论如何,投资方单方的权利主张,并不可能使目标公司/股东必然成为回购义务人,导致民事法律关系的变化。因此,回购权更符合请求权的法律特征。

最后,需要特别强调的是,2024 年 8 月,最高人民法院在法答网精选答问(第九批)中对于"对赌协议"中股权回购权性质及其行权期限如何认定的问题也给出了明确的答复:"1. 如果当事人双方约定了投资方请求对方回购的期间,比如约定投资方可以在确定未上市之日起 3 个月内决定是否回购,从尊重当事人自由意志的角度考虑,应当对该约定予以认可。投资人超过该 3 个月期间请求对方回购的,可视为放弃回购的权利或选择了继续持有股权,人民法院对其回购请求不予支持。投资方在该 3 个月内请求对方回购的,应当从请求之次日计算诉讼时效。2. 如果当事人双方没有约定投资方请求对方回购的期间,那么应在合理期间内行使权利,为稳定公司经营的商业预期,审判工作中对合理期间的认定以不超过 6 个月为宜。诉讼时效从 6 个月之内、提出请求之次日起算。"我们认为,最高人民法院的这一公开解答,虽然其法律效力并非司法解释,但代表了最高人民法院的指导意见,即督促投资人在合理的期间内提出回购请求,从而稳定目标公司的经营预期。如本书第一章的分析,该解答会加速 PE 投资人行权的进程,预计未来几年 PE 司法退出案件会呈现井喷式增长。

2. 投资方主张回购权的诉讼时效起算时间,根据投资文件的约定、投资方的行权情况以及《民法典》等有关"诉讼时效"之规定等因素进行综合判断

诉讼时效,指民事权利受到侵害的权利人在法定的时效期间内不行使权利,则当该时效期间届满时,债务人获得诉讼时效抗辩权。换言之,在法定的诉讼时效期间届满之后,权利人行使请求权的,债务人行使诉讼时效抗辩权时,人民法院对权利人的诉求就不再予以支持保护。如前所述,由于对赌回购权的法律性质系债权请求权,当事人的权利保护制度适用诉讼时效。

《民法典》第188条规定:“向人民法院请求保护民事权利的诉讼时效期间为三年。法律另有规定的,依照其规定。诉讼时效期间自权利人知道或者应当知道权利受到损害以及义务人之日起计算。法律另有规定的,依照其规定。但是,自权利受到损害之日起超过二十年的,人民法院不予保护,有特殊情况的,人民法院可以根据权利人的申请决定延长。”

在对赌交易中,诉讼时效自投资方知道或者应该知道权利受到损害之日起计算。那么,如何理解“投资方知道或者应该知道权利受到损害之日”?投资方主张回购权的起算时间究竟如何计算?在司法实践中,亦有不同观点。

(1)诉讼时效自投资方知道或应当知道股权回购条件成就之日起算

在浙江省高级人民法院审理的(2019)湘民申3778号案中,各方约定以目标公司2014年的财务状况作为回购条件之一,目标公司2014年财务状况详细记载于2015年5月31日股东会披露的《审计报告》,投资人作为该次股东会的发起人明知目标公司2014年的财务状况,应当知道其就是否主张股权回购享有选择权。投资人于2018年8月提起诉讼,诉讼时效届满。

(2)诉讼时效自合同约定的回购权行使期限届满而未行权之日起算

在安徽省池州市中级人民法院审理的(2016)皖17民终632号案中,合同约定以“目标公司未能在2013年6月30日提出上市申请”作为回购条件,同时约定投资人可在回购条件成就后6个月内选择行使回购权。此后,回购条件成就。法院认为,根据合同约定,截至2014年1月31日前,投资人均可向回购义务人提出回购请求,自2014年2月1日起,投资人知晓或应当其权利被侵害,诉讼时效自此开始计算。

(3)诉讼时效自回购义务人支付价款的履行期限届满或明确拒绝支付之日起算

湖南省长沙市中级人民法院在(2018)湘01民终2413号案中认为,该案中目标公司未能于2014年9月1日或之前上市,此时投资人才有权选择是否行使和何时行使股权回购请求权。投资人2017年3月8日向回购义务人发函主张回购,合同约定“在投寄后7日视为已经送达通知人”,故应视为投资人于2017年3月15日向回购义务人提出了股权回购要求。根据合同约定的3个月履行期,应从2017年3月15日起3个月后的次日开始计算投资人行使股权回购请求权的诉讼时效。回购义务人主张自 2014 年 9 月 1 日起算诉讼时效,法院不予支持。

我们认为,对于此问题,不宜"一刀切",从投资方、目标公司/股东签订投资对赌协议约定、各方履行、主张权利的情况以及法律关于"诉讼时效"的规定等因素综合判断,以求达到各方当事人的交易公平。

(1)有约定的,从约定

在对赌协议中,对投资方回购权的行使期限有特殊约定的情况下,应首先尊重相关当事方的意思自治,则诉讼时效自债务履行期限届满之日起开始计算。例如,在(2016)京 03 民终 9162 号案件中,《合作及委托投资协议》中约定:如路桥公司 2008 年 6 月 30 日前未获中国证监会上市审核通过,则甲方有权要求乙方一次性原价回购上述股份。该协议明确约定了履行期间,即乙方(高能公司)应当在 2008 年 6 月 30 日前促使路桥公司获得中国证监会上市审核通过,此期间经过,则甲方便获得请求乙方回购的权利,故法院判定该"2008 年 6 月 30 日"即为履行股权回购义务的期限届满之日。自此,甲方作为请求股权回购的权利人可以向股权回购的义务人乙方高能公司要求回购股权。故在本案中,股权回购请求权的成立条件成就之日即履行股权回购义务的期限届满之日,为股权回购请求权诉讼时效的起算节点。如果在此后三年内债权人未行使其权利的,则诉讼时效届满,其再提出请求而对方以诉讼时效抗辩时,法院将难以支持其诉讼请求。

(2)没有约定的,诉讼时效自回购义务人支付价款的履行期限届满或明确拒绝支付之日起算

《最高人民法院关于审理民事案件适用诉讼时效制度若干问题的规定》(以下简称《诉讼时效司法解释》)第 4 条规定:"未约定履行期限的合同,依照民法典第五百一十条、第五百一十一条的规定,可以确定履行期限的,诉讼时效期间从履行期限届满之日起计算;不能确定履行期限的,诉讼时效期间从债权人要求债务人履行义务的宽限期届满之日起计算,但债务人在债权人第一次向其主张权利之时明确表示不履行义务的,诉讼时效期间从债务人明确表示不履行义务之日起计算。"

借鉴意义

1. 在投资文件中，建议合理设置投资方主张回购权的行使期限及行使路径，避免对赌当事人之间的权利义务失衡

在投资文件中，对回购权的行使期限如何约定，取决于对赌当事人之间如何博弈。从投资方的角度讲，自然避免设置行使期限，投资方可以在任何时间内要求回购义务人履行回购义务，并避免使用“必须”“应当”等义务性用语，更有利于投资方。相反，从回购义务人的角度讲，建议明确约定“投资方行使回购权的时间限制”、“投资方行权时的通知义务”以及“投资方逾期行使回购权的法律后果”，例如，约定：“在协议约定的回购情形发生后，如投资方要求回购义务方回购的，则应在协议约定的回购情形发生之日起的30日内书面通知回购义务方履行回购义务；如投资方未在前述期限内及时主张或行使回购权利的，则投资方的该等权利即视为已消灭，届时投资方不得再行向回购义务方主张相关权利。”在涉及投资方的用语及措辞上应尽量使用“应当”“必须”或其他义务性和限制性的表述。

但是，我们认为，为避免对赌退出产生纷争，无论双方作出何种行使期限的安排，仍然要在投资文件中清晰明了地约定。虽然对行使期限进行开放式约定更有利于投资方，但是我们认为，在任何商事交易中，保护交易的稳定性是各方当事人的责任，保护交易稳定，也有利于交易的公平性。因此，我们更倾向于在投资文件中明确约定投资方向回购义务人主张回购权的行使期限及主张路径，保障交易的稳定和公平。

2. 投资方应积极主张对赌回购权，并注意留存行权过程中产生的法律文件，为未来可能提起的仲裁/诉讼做准备

就投资方而言，为了有效维护及实现自身的合法权益，并避免就行使回购权的权利被相关方质疑、抗辩或挑战，在对赌回购条款的履行过程中，应特别关注：(1)在行权时间上，在对赌协议中约定的回购情形触发之后，应及时按照对赌协议的约定主张或行使回购权利，包括在对赌协议约定的期限(如有)内向回购义务方制发要求其履行回购义务的通知函、在回购义务方怠于或拒绝履行回购义务时及时对回购义务方提起仲裁/诉讼法律程序等；(2)在行权方式上，应尽量采取书面文件的形式，且明确主张的权利内容，包括但不限于主张回购的意愿、回购的价款以及回购义务人的回复期限等。

投资方、实际控制人之间的经营管理权分配与对赌责任承担的关系
——瑞锋投资与劳莱斯门业公司合并纠纷案

案情回顾

2009年12月10日，上海瑞锋门业有限公司、上海瑞锋建筑装饰工程有限公司、门瑞建材公司作为转让方，艾某锋作为转让方的股东，神飞公司作为投资方，共同签署《资产收购协议》（以下简称收购协议）。

收购协议第1.1款约定：投资方和转让方股东共同在上海市设立一家有限责任公司（以下简称收购方），用来收购并经营转让方名下的目标资产。本次资产收购的对价全部由收购方用其注册资本金支付给转让方。收购方的注册资本金应为人民币3000万元（以下币种相同），其中投资方或其关联方（包括但不限于张某东、黄某军，具体以投资方届时的指定为准）现金注资2700万元，持有收购方90%的股权，转让方股东现金出资300万元，持有收购方10%的股权。

收购协议第5条约定：收购方对目标资产的经营、运作将由转让方股东负责。转让方股东担任收购方的总经理一职，其职责、权限、薪酬待遇由双方另行协商确定。收购方设董事会，董事会由三名董事组成，转让方股东有权任免一名董事，剩余的两名董事（包括董事长）由投资方任免。收购方将向投资方承租其位于松江区的产业园区内的部分厂房用于生产和经营，租金以市场价的对折支付给收购方。收购协议的落款部分，在转让方一栏内，加盖瑞锋门业公司、上海瑞锋建筑装饰工程有限公司、上海门瑞建材有限公司的公章；在投资方一栏内，加盖神飞公司的公章。

2009年12月16日，上海瑞锋门业有限公司、上海瑞锋建筑装饰工程有限公司、门瑞建材公司作为转让方，与神飞公司签署《补充协议》。《补充协议》明确：

(1)转让方和投资方就设立上海劳莱斯门业有限公司(暂定名,最终以相关工商行政管理局核准的名称为准),即“收购方”,并通过收购方收购转让方名下目标资产的事宜于2009年12月10日签署了资产收购协议;(2)根据框架协议第1.2款和第3.5款的约定,收购方将于转让方完成第一笔资产的交割后10个工作日内,以现金形式,向转让方或者转让方指定的第三方全额支付第一笔对价款,即300万元(最终金额由转让方股东和投资方在投资方的财务顾问完成对转让方的财务尽职调查后根据调查报告予以调整和确定,多退少补)……2009年12月18日,神飞公司通过网银向上海瑞锋建筑装饰工程有限公司的账户汇入100万元,收购协议的转让方共同向神飞公司出具收据一份,明确该款项为资产收购定金。

2010年4月26日,劳莱斯门业公司成立,公司类型为有限责任公司(国内合资),公司注册资本3000万元。公司的经营范围包括:钢木制品、各类门窗、工艺门、防火防盗门、家具等。公司的股东或发起人包括:黄晓军(认缴出资1050万元)、神飞公司(认缴出资1950万元)。同年5月5日,劳莱斯门业公司向客户出具情况说明,内容为:“上海门瑞建材有限公司”因业务需要扩大规模,现两家合作成立新公司,公司名为“上海劳莱斯门业有限公司”。因消防资质证书正在申请变更中,时间关系尚未过户完毕,故现在“上海劳莱斯门业有限公司”所用的消防资质证书为“上海门瑞建材有限公司”的证书。

瑞锋投资公司、瑞锋建设公司、门瑞建材公司认为,在其交付转让资产后,神飞公司却以种种理由拒绝支付第一笔资产转让款300万元,亦拒绝艾某锋担任劳莱斯门业公司总经理,神飞公司还拒绝履行按市场价50%的租金标准将其位于松江区的部分厂房租赁给新公司的义务,致使艾某锋无法参与新公司的日常经营活动,亦无法取得新公司的经营权。2011年、2012年春节,瑞锋投资公司、瑞锋建设公司、门瑞建材公司曾多次要求神飞公司、劳莱斯门业公司支付资产转让款1800万元,两公司则以有形资产不值300万元,新公司经营业绩未达到合同约定的支付无形资产的条件为由,拒绝支付上述转让款,瑞锋投资公司、瑞锋建设公司、门瑞建材公司认为侵害了其合法权益,故提起本案诉讼,请求判令神飞公司、劳莱斯门业公司共同支付资产转让款1800万元,神飞公司、劳莱斯门业公司共同支付逾期支付转让款的违约金360万元(其中300万元,按照日3‰的标准，计算两年；另 1500 万元，按照日 3‰的标准计算 6 个月；两项之和仅主张 360 万元）。

劳莱斯门业公司反诉称，其 2010 年、2011 年的经营业绩未达到协议的约定，故无须就无形资产支付任何转让款。但是，有形资产部分价值仅为 692,092.82 元（以评估价格减去部分被法院扣押及查封的有形资产价值），而其已支付 140 万元，瑞锋投资公司、瑞锋建设公司、门瑞建材公司应返还多支付部分。瑞锋投资公司、瑞锋建设公司、门瑞建材公司在协议履行过程中存在诸多的违约行为，致使其遭受巨大的损失，故请求判令：(1) 瑞锋投资公司、瑞锋建设公司、门瑞建材公司返还其转让款 707,907 元；(2) 瑞锋投资公司、瑞锋建设公司、门瑞建材公司偿付其逾期返还转让款的利息损失（以 707,907 元为基数，自 2010 年 5 月 25 日始计算至实际清偿日止，按照中国人民银行同期贷款利率计算）；(3) 瑞锋投资公司、瑞锋建设公司、门瑞建材公司赔偿其实际损失 7,269,666.51 元。本案中各方的交易结构见图 4－3。

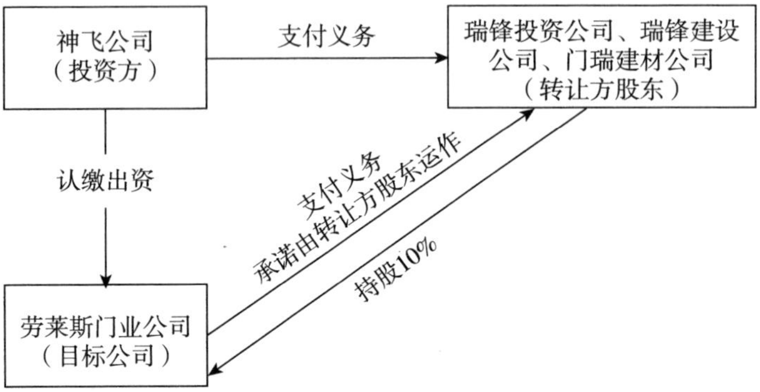

图 4－3　本案中各方的交易结构

争议焦点及裁判观点、结果

1. 一审阶段

☞ 争议焦点

围绕原、被告的辩论意见，主要争议焦点为：神飞公司在收购协议及补充协议的履行过程中，是否存在阻止协议第 4.5 款中条件成就的行为。

☞ 裁判观点

根据证据规则的相关规定，当事人对自己的主张应当提供相应的证据予以证实。从瑞锋投资公司、瑞锋建设公司、门瑞建材公司提供的证据分析，尚无法证明神飞公司存在阻碍条件成就的行为；反之，根据神飞公司提供的证据，却能证明神飞集团公司为改善劳莱斯门业公司的经营状况，为劳莱斯门业公司的贷款提供帮助，并按照协议的约定为劳莱斯公司解决经营场所的租赁等事实。故瑞锋投资公司、瑞锋建设公司、门瑞建材公司认为神飞集团公司存在阻碍条件成就的行为，证据不足，难以支持。

因此，依据收购协议的相关约定，收购方支付无形资产的条件尚未成就，其无须支付转让方相应对价。

☞ 裁判结果(部分)

驳回瑞锋投资公司、瑞锋建设公司、门瑞建材公司全部诉讼请求。

2. 二审阶段

☞ 争议焦点

无形资产转让款是否应当支付。

☞ 裁判观点

虽然根据两被上诉人提交的审计报告表明，劳莱斯门业公司 2010 年度、2011 年度的经营业绩未达到系争资产收购协议关于支付无形资产转让款的条件，但是法院注意到，系争资产收购协议第 5 条约定：收购方对目标资产的经营、运作将由转让方股东负责。转让方股东担任收购方的总经理一职，其职责、权限、薪酬待遇由双方另行协商确定。由此可见，转让方即三名上诉人不但出让资产，还负有对目标资产进行经营、运作的权力与责任。正如两被上诉人辩称的，艾某锋及两上诉人向其承诺可以给劳莱斯门业公司创造业绩，以劳莱斯门业公司的经营业绩作为收购方的付款条件，并设定有形资产的价格以评估为准。故应当认定，出让方股东艾某锋是否担任劳莱斯门业公司总经理并负责经营该公司是双方约定的实现公司业绩的前提。总经理是公司经营的实际运作人，对公司经营至关重要。如出让方股东担任劳莱斯门业公司总经理，公司经营收益未达约定的，其后果理应由出让方即三名上诉人承担，两被上诉人可按协议约定拒付相应款项。本案中，两被上诉人未按约任命三名上诉人的股东担任总经理负责劳莱斯门业公司经营,直接影响到对劳莱斯门业公司能否达到约定的付款条件。现两被上诉人不能提供证据证明劳莱斯门业公司任命或通知了出让方股东艾某锋担任该公司总经理并负责公司经营、运作,对其辩称是艾某锋拒绝担任总经理,法院不予采信。

我国《合同法》第45条第2款规定,当事人为自己的利益不正当地阻止条件成就,应视为条件已成就。两被上诉人未按约任命三名上诉人的股东担任总经理负责劳莱斯门业公司经营,应当为其行为承担违约赔偿责任。原审法院对此认定不当,二审法院予以纠正。考虑到本案中,即使出让方股东担任了劳莱斯门业公司总经理并负责公司经营,能否达到收益目标亦均有可能。如果视为条件完全成就,则有失双方利益平衡,故法院依据三名上诉人已转让资产(主要为生产许可证照)等实际损失为基础,酌定两被上诉人向三名上诉人赔偿损失300万元。两被上诉人辩称三名上诉人未向其交付全部人力资源及其他无形资产,对此法院认为,任何人无权强制劳动者与企业建立劳动关系,两被上诉人没有证据证明三名上诉人具体存在何种拒不转让其他无形资产的情形,况且,在两被上诉人未任命出让方股东担任总经理负责劳莱斯门业公司经营的情形下,上述无形资产实际上无法以交付的方式转移,故两被上诉人的上述辩称,不能成立,应不予采信。

☞ 裁判结果(部分)

(1)维持上海市松江区人民法院(2013)松民二(商)初字第261号民事判决第二项、第三项;

(2)撤销上海市松江区人民法院(2013)松民二(商)初字第261号民事判决第一项;

(3)被上诉人上海劳莱斯门业有限公司、神飞公司应于本判决生效之日起10日内向上诉人瑞锋投资公司、瑞锋建设公司、门瑞建材公司支付违约赔偿金人民币300万元。

案例评析

1. 对赌协议未约定经营管理权的分配，对赌义务人即便因投资方干扰无法参与目标公司的经营管理，也并非必然成为对赌失败的免责事由

从对赌投资的商业逻辑讲，投资方通过对赌安排，受让目标公司股权后，往往取得了公司的控制权（纯财务投资除外），以保障实现自己的投资回报。但是为了实现业绩对赌目标，回购义务人往往会要求投资方保障其对公司的经营管理权，如在协议中对回购义务人在董事会的配置、担任职务等进行明确约定。然而在履行过程中投资方由于对回购义务人的“不放心”，可能并不会给予回购义务人完全自主的“经营管理权”。主要表现为两种方式：一是不给予回购义务人经营管理权，导致回购义务人未实际担任目标公司的职务，或未实际获得相应的董事席位；二是通过股东会干扰董事会独立行使经营管理权。基于此，回购义务人取得的经营管理权与公司控制权有何区别？在对赌过程中，回购义务人如何行使经营管理权？投资方对回购义务人行使经营管理权的干扰以及干扰到何种程度，才要承担相应的违约责任？对以上问题具体分析如下。

（1）公司控制权与经营管理权的区别

控制权通常指的是企业负责人或大股东对公司的实际控制，这种控制体现在对公司的重大决策和方向上的影响力。在民营企业中，控制权往往掌握在老板手中，而在上市公司中，最终控制者可能通过交叉持股等方式获得控制权。控制权的核心在于对公司的决策和方向有决定性的影响，包括但不限于人事任免、重大投资决策等。

经营管理权则涉及企业日常运营管理的各个方面，包括但不限于生产、销售、人事管理、资金使用等。这是对所有权人财产的占有、使用权利，包括对财产的处分权。经营管理权可以是所有者自主行使，也可以由非所有者代理行使，后者与所有权在主体和权能上都是分离的，享有相对独立的地位。

公司控制权与经营管理权的区别主要体现在控制权的行使主体、作用范围以及对所有权的关系上。控制权更多地关注于公司的战略方向和重大决策，而经营管理权则侧重于公司的日常运营和管理。

(2)经营管理权分配与实现对赌业绩关联性的表现形式

经营管理分配已经成为对赌协议的重要内容,由此衍生出各种经营管理权分配与对赌责任承担之关联性的约定条款。实务中,这类纠纷频发,例如2020年轰动全网的创业者郭某对赌纠纷案以及2019年新华医疗与成都英德的对赌业绩补偿纠纷案,均涉及目标公司经营权分配与对赌责任承担的问题。

将实务结合司法案例,经营管理权分配与实现对赌业绩关联性的表现形式大体有如下几种:

①对赌义务人担任公司总经理并负责经营该公司系实现对赌业绩的前提。在(2014)沪一中民四(商)终字第105号上海瑞锋建设工程有限公司等诉上海劳莱斯门业有限公司等公司合并纠纷案中,法院经审理查明:投资方和转让方股东签订资产收购协议,约定双方共同设立一家有限责任公司(以下简称"收购方"),用来收购并经营转让方名下的目标资产。投资方向转让方股东支付第二笔资产转让对价的前提,是收购方连续两年均达到业绩目标。系争资产收购协议还约定了转让方股东对目标资产的经营和运作权,以及由转让方股东担任收购方的总经理。但实际上,投资方并未按约定任命转让方股东担任收购方总经理,并以2010年、2011年的经营业绩未达到协议约定为由拒绝支付第二笔资产转让对价。法院认为,总经理是公司经营的实际运作人,对公司经营至关重要,并进一步认定,转让方股东是否担任收购方总经理并负责经营该公司系实现对赌业绩的前提。因此,法院认为投资方未按约任命转让方股东担任收购方总经理负责目标资产经营,直接影响到对赌业绩的实现,因而依据《合同法》第45条第2款的规定,投资方应当为其行为承担违约赔偿责任。

②对赌义务人担任公司董事长是业绩补偿目标实现的重要条件。在(2019)川民终1130号京福华越(台州)资产管理中心、恒康医疗集团股份有限公司等股权转让纠纷一案中,转让方向受让方转让标的公司的全部股权,转让方及其实际控制人同时与受让方签订《业绩补偿之补充协议》作出业绩承诺。协议履行过程中,受让方作出暂停原实际控制人董事和董事长职务的决定。其后,受让方起诉要求转让方及其实际控制人向其支付业绩补偿金。四川省高级人民法院认为,指定原实际控制人担任董事长管理目标医院,方能控制目标医院未来的经营风险及实现承诺的目标医院业绩,原实际控制人担任公司3年董事长是

《业绩补偿之补充协议》实现的重要条件。其被暂停职务后，即无法参与和控制目标医院的运营，也难以实现对目标医院经营业绩的控制和预期，继续履行《业绩承诺之补充协议》关于业绩不达标将进行补偿的约定丧失了基础，受让方暂停实际控制人董事长职务导致《业绩承诺之补充协议》中业绩补偿条款无法继续履行，其行为构成根本违约，依照《合同法》第 94 条第 4 项的规定业绩补偿条款应予解除。

③没有合同约定，但对赌义务人不能控制公司，却承担因公司业绩下滑所带来的损失赔偿责任违反权利义务对等原则和公平原则。在(2018)鲁民初 103 号新华医疗与成都英德对赌协议纠纷案中，成都英德的创始股东对收购方新华医疗作出业绩承诺，但是，业绩目标未能实现，新华医疗起诉要求其支付双倍业绩补偿。山东省高级人民法院认为，收购方参与标的公司的经营管理显然并不符合对赌协议的一般做法，也不符合合同法的一般原则。如果创始股东不能控制公司却承担因公司业绩下滑所带来的损失赔偿，既违反权利义务对等原则，也违反公平原则。鉴于标的公司业绩下滑是多重因素造成的，法院酌定创始股东应负担一倍业绩补偿的 70% 责任(新华医疗的诉请只获得了 35% 的支持)。

(3)对赌协议未约定经营管理权的分配，对赌义务人因投资方干扰无法参与目标公司的经营管理，能否必然成为对赌失败的免责事由。

在实务中，投资方与对赌义务人就经营管理权的分配问题，未必会在对赌协议中明确约定。例如，在华菱津杉(湖南)创业投资有限公司与北京瑞丰投资管理有限公司、王某英合同纠纷案中，法院的裁判要旨：王某英为支持其主张，提交了华菱津杉公司人员参与审议《推选公司第七届董事会成员的》等议案的相关证据，但该证据均不能证明向某伟参加三环公司董事会会议，以及华菱津杉公司的派出人员到三环公司任职与三环公司连续三年亏损并至今未上市之间存在因果关系，故王某英提出华菱津杉公司导致回购条件不正当成就的抗辩意见无事实依据。最终，法院判令被告应根据投资协议的约定，向原告履行股权回购义务。

由此可见，在投资方与对赌义务人没有明确约定的情形下，对赌义务人即便受投资方干扰，失去/部分失去公司经营管理权，也并非必然成为对赌失败的免责事由。结合司法实践，法院会综合如下几个方面因素，判断投资方实施了干扰行为，使得对赌义务人失去/部分失去对目标公司的经营管理权，是否成为对赌失败的免责事由：(1)对赌交易文件中，是否明确约定了“因投资方干扰导致对赌义务人未能参与目标公司的经营管理的，投资方不再享有股权回购/业绩补偿的请求权”之类似条款；(2)投资方参与经营是否有不当目的或者不当行为，如是否存在使目标公司经营状况恶化的动机，是否存在违规操作、阻碍交易、损害公司利益等妨碍目标公司正常经营的行为，是否存在为自身利益不正当地促成对赌条件成就的情形；(3)投资方的介入行为与目标公司未达业绩之间是否存在因果关系。

2. 对赌条款中明确将实际控制人/股东参与公司经营管理作为回购条件之一，投资方不当阻止的，投资方应承担相应的违约责任

在本案中，由于当事人明确约定了收购方对目标资产的经营、运作将由转让方股东负责。故法院认为，出让方股东艾某锋是否担任劳莱斯门业公司总经理并负责经营该公司是双方约定的实现公司业绩的前提。我国《合同法》第45条第2款规定，当事人为自己的利益不正当地阻止条件成就，应视为条件已成就。两被上诉人未按约任命三名上诉人的股东担任总经理负责劳莱斯门业公司经营，应当为其行为承担违约赔偿责任。

《民法典》第159条规定：“附条件的民事法律行为，当事人为自己的利益不正当地阻止条件成就的，视为条件已经成就；不正当地促成条件成就的，视为条件不成就。”这就意味着，如果对赌条款中明确约定，将实际控制人/股东参与公司经营管理，作为满足回购条件之一，那么，投资方在受让标的股权后，实际上，其作为目标公司股东，也有义务协助实际控制人/股东成为公司经营管理者，其若不当阻止，导致回购条件未能满足，投资方也就失去了回购的权利。

借鉴意义

商事行为的规则主要依据参与者的自行约定，对赌交易安排中的经营管理权分配问题也不例外。

对此，我们理解，投资方既然选择投资目标公司，就势必想要和目标公司共同走一程，捆绑成利益共同体，从而达到自己投资获益的目的。那么，无论是投资方还是实际控制人/原股东享有目标公司的经营管理权，根本出发点一定是为了目标公司能够蓬勃发展，实现利益共赢。因此，我们从中立的角度，就对赌交易中，经营管理权的分配与对赌责任的承担问题提出如下建议。

1. 对赌条款中明确投资方、实际控制人/原股东在目标公司中的角色定位

如前所述，公司控制权与经营管理权是有区别的。投资方在投资目标公司时，实际上也是投资了这个目标公司所处的行业，投资方相较于目标公司而言，未必会像目标公司的实际控制人/原股东那样深耕某个领域或行业多年，在实践操作上，投资方未必有实际控制人/原股东那样精细化。但投资方（纯财务投资除外）又要把控目标公司的发展方向，避免投资受损。因此，在对赌交易安排上，可以考虑投资方享有公司一定程度的股东权利，具体形式包括但不限于投资方派人参加股东会，在股东会享有一票否决权等；而实际控制人/原股东享有经营管理权，具体形式包括但不限于保障实际控制人/原股东享有董事会席位，行使日常的经营管理权，不受投资方约束、实际控制人/原股东享有业绩对赌期内总经理的提名权等。

2. 对赌条款中明确经营管理权分配事项与对赌责任承担之间的关系

尽管有前述确保实际控制人/原股东在业绩承诺期间对目标公司的经营管理权的约定，但投资方出于并购整合、战略协同等考虑，仍有可能剥夺原始股东的经营管理权或者变更目标公司的经营方针或战略，而一旦目标公司的经营方针或战略变更，即使原始股东仍然担任总经理职务，也有可能影响对赌业绩的实现。

因此，双方可以进一步约定哪些行为属于"投资方介入，导致实际控制人/原股东丧失目标公司经营管理权"，诸如超越权限行使一票否决权、重大事项决策未与实际控制人/原股东进行协商等。与之相匹配的，还要明确法律责任，即实际控制人/原股东若丧失目标公司经营管理权或者其经营管理权受到干扰，其不再受到对赌条款的约束，亦即不再履行业绩补偿或股权回购的义务。明确相应的法律后果，能够最大限度保障实际控制人/原股东利益，避免其陷入被动境地。

股权回购义务是否属于夫妻共同债务的司法认定
——郑某旗与霍利企业等股权转让纠纷案

案情回顾

霍利企业成立于2017年1月24日，为有限合伙企业，执行事务合伙人为深圳前海霍恩基金管理有限公司。夜光达公司成立于2003年10月29日，经营范围为研发、生产、销售：反光材料、反光服装、镀铝膜；布料后整理加工(不含印染、漂染)，许某旗系该公司的法定代表人。根据夜光达公司章程所载，截至2018年7月24日，霍利企业、许某旗均为夜光达公司股东，持股数分别为860,000股(持股比例1.158%)、15,020,863股(持股比例20.234%)。

2017年4月17日，许某旗与霍利企业、夜光达公司签订了《转让协议》，约定许某旗将其持有的夜光达公司860000股股份以每股29.86元转让给霍利企业，霍利企业支付给许某旗25,679,600元整作为购买许某旗持有夜光达公司的上述股份的价款等内容。同日，许某旗与霍利企业签订了《补充协议》，该补充协议的主要内容如下：如夜光达公司未能在2017年12月31日前完成中国A股IPO上市申报或未能在2020年12月31日前完成中国A股IPO上市，则霍利企业有权向许某旗转让其在本次转让取得的夜光达公司全部或部分股份，许某旗必须予以购入，回购或转让价款的支付时间应为在收到霍利企业回购或转让通知后1个月内；回购或转让价格=霍利企业实际投资额×[1+10%×实际缴纳出资日起至相关方实际支付回购价款之天数÷360]-霍利企业已经获得的补偿款及分红。达到补充协议中的上述条款条件且霍利企业提出转让其股权给许某旗的通知满1个月后，如许某旗未按照上述条款支付股权回购价款，视为许某旗违约，需每日按照应付款项的0.1%向霍利企业支付违约金。霍利企业已支付诉争协议项下的全部股权转让价款25,679,600元。

夜光达公司未能在2017年12月31日前完成中国A股IPO上市申报。许某旗作为夜光达公司的董事长，于2019年6月13日向夜光达公司股东发出《谅解函》。霍利企业于2019年6月13日向许某旗邮寄《通知函》，载明“要求许某旗先生按照《福建夜光达科技股份有限公司股份转让协议之补充协议》及‘补充协议’的相关条款，连本金带补偿收益现金回购交易的全部股份……”等内容，许某旗于2019年6月15日收到上述通知函。2019年7月16日，霍利企业委托广东金桥百信律师事务所向许某旗邮寄了《律师函》，要求许某旗履行支付股权回购款及承担违约责任等。

另查明，2003年12月25日，许某旗与郑某爱在晋江市民政局办理结婚登记，至今仍为夫妻关系。霍利企业至今未获得任何补偿款及分红。

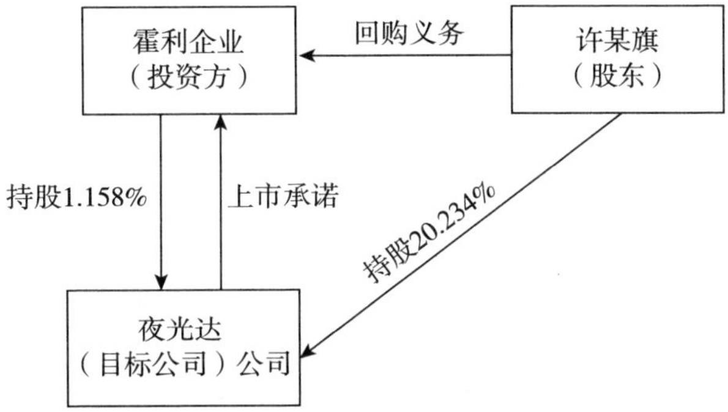

图4－4　本案中各方的交易结构

争议焦点及裁判观点、结果

1. 一审阶段

☞ 争议焦点

围绕原、被告的辩论意见，主要争议焦点为：本案债务是否为许某旗、郑某爱的夫妻共同债务。

☞ 裁判观点

根据《最高人民法院关于审理涉及夫妻债务纠纷案件适用法律有关问题的解释》第3条“夫妻一方在婚姻关系存续期间以个人名义超出家庭日常生活需要所负的债务，债权人以属于夫妻共同债务为由主张权利的，人民法院不予支持，但债权人能够证明该债务用于夫妻共同生活、共同生产经营或者基于夫妻双方共同意思表示的除外”之规定，虽然本案系许某旗、郑某爱在婚姻关系存续期间以许某旗个人名义超出家庭日常生活需要所负的债务，但从霍利企业提供的《福建夜光达科技股份有限公司》招股说明书的“历史沿革”一章、内资企业登记基本情况表、股东决定、《福建夜光达科技股份有限公司现有职工履历表》、夜光达公司2017年半年度报告、夜光达公司第一届监事会第三次、第四次会议决议等证据可以体现郑某爱长期任职于夜光达公司，并出任监事会主席一职，足以证明本案债务系用于许某旗、郑某爱夫妻的共同生活、共同生产经营，故本案债务应依法认定为许某旗、郑某爱的夫妻共同债务。

☞ 裁判结果(部分)

(1)许某旗、郑某爱应于判决生效之日起10日内向霍利企业支付股权回购款及相应违约金[其中，股权回购款的计算方式为：霍利企业实际投资额25,679,600元×(1+10%×霍利企业实际缴纳出资日2017年8月4日起至许某旗、郑某爱实际支付回购价款之天数÷360)－霍利企业已经获得的补偿款及分红0元；违约金以每日应付款项为基数，自2019年7月16日起至8月19日按照中国人民银行同期同类贷款利率上浮30%计算，自2019年8月20日起至实际付清款项之日止按照同期全国银行间同业拆借中心公布的贷款市场报价利率上浮30%计算]；(2)驳回霍利企业的其他诉讼请求。

2. 二审阶段

☞ 争议焦点

股权转让项下的债务是否构成夫妻共同债务。

☞ 裁判观点

案涉股份虽然登记在许某旗一人名下，但案涉股份系郑某爱与许某旗的夫妻共同财产，郑某爱长期以股东身份、监事身份、监事会主席身份、财务副总身份与许某旗共同经营夜光达公司。

《最高人民法院关于适用〈中华人民共和国婚姻法〉若干问题的解释(一)》第17条第2项规定：“夫或妻非因日常生活需要对夫妻共同财产做重要处理决定，夫妻双方应当平等协商，取得一致意见。他人有理由相信夫或妻一方作出的处理为夫妻双方共同意思表示的，另一方不得以不同意或不知道为由对抗善意第三人。”案涉债务源于交易行为，有相应的对价。因此，对许某旗与郑某爱夫妻共有并共同经营的公司股权，无论许某旗或郑某爱任何一方与他人订立股权转让协议，对另一方都具有约束力。

☞ 裁判结果（部分）

维持原判。

案例评析

1. 认定股权回购义务是否属于夫妻共同债务的核心要素在于夫妻是否共同参与经营，要从任职情况、经营利润共享、知情与否等进行综合判断

2014 年的小马奔腾案引起了社会的广泛关注，案中创始股东李某以个人名义签订了对赌协议，在对赌协议到期后的次日突然去世，其配偶金某因此承担对赌失败而产生的巨额债务。该案也引起了企业家的高度关注，其中的核心法律问题值得深入思考：因对赌产生的股权回购义务是否属于夫妻共同债务？

本案，与“小马奔腾”的审理思路类似。法院认定股权回购义务属于夫妻共同债务的理由总结有 4 点：(1)案涉股权存续在夫妻婚姻关系存续期间；(2)股权回购义务人的配偶在目标公司担任核心要职，夫妻二人共同经营企业，因经营或任职公司所获得的收入属于夫妻共同财产；(3)股权回购协议是出于经营目标公司的商业目的，因此产生的债务应属公司生产经营所负债务；(4)股权回购义务人的配偶明知且同意股权回购事宜。基于上述 4 点，支付股权回购款的债务系夫妻共同债务。

那么，在法律规定层面，因对赌产生的股权回购义务认定为夫妻共同债务的法律依据有哪些呢？

《民法典》第 1064 条规定：“夫妻双方共同签名或者夫妻一方事后追认等共同意思表示所负的债务，以及夫妻一方在婚姻关系存续期间以个人名义为家庭日常生活需要所负的债务，属于夫妻共同债务。夫妻一方在婚姻关系存续期间以个人名义超出家庭日常生活需要所负的债务，不属于夫妻共同债务；但是，债权人能够证明该债务用于夫妻共同生活、共同生产经营或者基于夫妻双方共同意思表示的除外。”根据该条文，认定为夫妻共同财产的法律特征有三个：“共签共债”“日常家事代理制度的债务”“法定条件推定的夫妻共同债务”。

天津市高级人民法院关于印发《天津法院民间借贷案件审理指南（试行）》

的通知(津高法〔2020〕22 号)第 15 条规定,【共同举债意思表示的审查重点】认定是否存在夫妻共同举债的意思表示,重点审查以下几个方面:(1)夫妻双方是否在借贷合同中作为债务人共同签字;(2)非借款方事后是否补签还款方案、保证书或在庭审过程中表明对该债务进行追认;(3)是否存在其他共同举债意思表示的情形,包括但不限于:非借款方作出口头承诺,或者通过电话、短信、微信、电子邮件等形式予以认可。第 17 条规定【共同生产经营的审查重点】认定夫妻一方借款是否用于夫妻共同生产经营,重点审查以下几个方面:(1)夫妻一方负债系用于个体工商户或农村承包经营户经营的;(2)夫妻一方从事经营、投资,另一方虽未直接参与经营、投资但分享了经营、投资收益的;(3)其他可被认定为夫妻共同生产经营的情形。

《浙江省高级人民法院关于妥善审理涉夫妻债务纠纷案件的通知》(浙高法〔2018〕89 号)根据《解释》第 3 条的规定,对“夫妻共同生产经营”的情况很复杂,较常见的有夫妻双方共同决定生产经营事项、一方授权另一方决定生产经营事项等情形。审判实践中,判断经营活动是否属于夫妻共同生产经营,要根据经营活动的性质以及夫妻双方在其中的地位作用等综合认定:(1)负债期间购置大宗资产等形成夫妻共同财产的;(2)举债用于夫妻双方共同从事的工商业或共同投资;(3)举债用于举债人单方从事的生产经营活动,但配偶一方分享经营收益的。

《浙江省高级人民法院关于妥善审理涉夫妻债务纠纷案件的通知》还规定:“司法实践中还需注意,浙江作为民营企业大省,民间资金活跃,经商文化和投资氛围较为浓厚。对一些案件中,负债用于夫妻一方以单方名义经商办企业,或进行股票、期货、基金、私募等高风险投资的,不宜一律以‘不能排除收益用于共同生活’为由,‘一刀切’地认定为夫妻共同债务。尤其在夫妻长期分居、矛盾激烈等情况下,如果有独立收入来源的配偶一方抗辩对举债人的经营或投资行为完全不知情,且未分享经营或投资所得的,应谨慎认定债务性质为夫妻共同债务。”

上海一中院在《夫妻共同债务类案件的审理思路及裁判要点》(发布于 2020 年 9 月 9 日)中认为,家庭日常生活、夫妻共同生活、共同生产经营界定是存在难度的,共同生产经营标准界定难表现在:《民法典》及相关司法解释中提出的“夫妻共同生产经营”,与《公司法》《合伙企业法》等法律及司法解释中规定的“共同经营”含义不尽相同。判断生产经营活动是否属于夫妻共同生产经营的标准在司法实践中并不统一。

“夫妻共同生产经营”的审查要点包括三个要素:债务款项专用性(债务专用于生产经营)、夫妻经营共同性、经营利润共享性。其中,夫妻经营共同性,是指生产经营活动系夫妻双方基于共同意志协力经营的,实践中表现为夫妻共同决策、共同投资、分工合作、共同经营管理。夫妻经营共同性以合意参与为核心要素,在共同经营要素的认定上应适当放宽标准。经营利润共享性,是指无论生产经营活动是否产生盈利结果,经营收益一贯为家庭主要收入或用于夫妻共同生活。有明确证据可以确定债务款项专用性和夫妻经营共同性时,则对经营利润共享性可无须再作审查;当夫妻经营共同性难以认定时,可以依据债务款项专用性、经营利润共享性判定该债务是否属于夫妻共同债务。

根据上述法律规定及地方司法观点,我们理解,认定股权回购义务是否属于夫妻共同债务的核心要素在于夫妻是否共同参与经营。对此可以从以下三种表现形式进行综合认定:(1)夫妻一方从事经营、投资,而另一方在该企业任职的;(2)另一方虽未在所涉企业有登记形式的任职,但实际参与经营管理,在经营管理文件中签字,以及/或被企业高级管理人员认可为管理层人员;(3)另一方虽未参与经营管理,但在夫妻关系存续期间,夫妻共同购置大宗商品或共同投资等使用超出日常生活的大额资金的;(4)另一方虽未参与经营管理,但是对企业经营管理中的重大决策是明确知晓的。

2. 认定股权回购义务属于夫妻共同债务的举证责任分配

根据《民法典》第 1064 条的规定,认定为夫妻共同财产的法律特征有三种:“共签共债”“日常家事代理制度的债务”“法定条件推定的夫妻共同债务”。

在对赌交易中,投资方想要证明股权回购义务属于回购义务人的夫妻共同债务,就要举证证明。通常,有下列三种情形,对于投资方而言,举证难度并不大:(1)夫妻双方在对赌交易文件上签字确认;(2)夫妻一方在对赌交易文件上签字,但配偶在股东会决议上签字确认或事后签署了《承诺函》的类似法律文件,以证明配偶一方知晓对赌协议;(3)夫妻一方在对赌交易文件上签字,但配偶在目标公司担任核心要职的。上述情形下,都能够通过显而易见的法律文件,且投资方能够轻而易举地根据掌握的证据来证明。

按照上文我们的理解，如果不存在上述情形，投资方也许就要证明因对赌产生的收益由夫妻共享。由夫妻共享的意思是指超出家庭日常生活需要，也可以是从事投资等大宗交易。其中，对“家庭日常生活需要”的界定，最高人民法院民一庭负责人表示，国家统计局有关调查资料显示，我国城镇居民家庭消费种类主要分为食品、衣着、家庭设备用品等8大类。家庭日常生活的范围，可以参考上述8大类家庭消费，根据夫妻共同生活的状态（如双方的职业、身份、资产、收入、兴趣、家庭人数等）和当地一般社会生活习惯予以认定。对于超出“家庭日常生活需要”的债务，就需要债权人举证证明，即如果债权人能够证明夫妻一方所负债务用于夫妻共同生活、共同生产经营，或者基于夫妻双方共同意思表示的，可以认定为夫妻共同债务，否则对其主张不予以支持。

但是由于夫妻生活的私密性，投资方想要举证夫妻双方将款项用于共同生活或者共同生产经营通常较为困难。在司法实践中，上海某投资管理合伙企业与陆某公司增资纠纷上诉案中，法院认为，首先，协议内容非夫妻共同意思表示；其次，从增资的2000万元款项的流转情况来看，对应款项并未用于两人的夫妻共同生活；最后，上海某投资管理合伙企业未能对两人共同生产经营予以充分的举证证明。因此不认定为夫妻共同债务，投资方自然要自行承担举证不能的后果。

借鉴意义

1. 对赌交易中，标的股权在婚姻关系存续期间，未签署协议的一方在目标公司任核心要职，如无相反证据证明标的股权仅归一方所有的，即存在股权回购义务被认定为夫妻共同财产的风险

从标的股权的存续时间来看，本案中，许某旗取得目标公司股权时处于婚姻关系存续期间，且许某旗、郑某爱并未约定婚姻关系存续期间所得财产归各自所有，故该股权应认定为夫妻共同财产；从对赌文件的签署时间看，对赌协议的签订、回购债务的形成均在夫妻关系存续期间；从郑某爱是否知情来看，郑某爱长期任职于夜光达公司，并出任监事会主席一职。夜光达公司的股权结构又按照回购协议的约定实际发生了变更,故郑某爱对许某旗承担股权回购义务理应知情。

2. 从夫妻利润共享的角度讲,配偶一方参与目标公司的经营管理,是作为投资方举证股权回购义务被认定为夫妻共同财产的有利证据

从公司法层面分析,持股比例是判断股东对公司经营决策话语权的重要标准之一,但仍需结合诸如担任职务、公司类型等因素综合认定,特别是在当前商业背景下,在涉及已经多轮融资的目标公司时,单一股东持股比例超50%的情况较为少见,此时更不应仅以持股比例作为判断夫妻共同债务的唯一标准。在本案中,虽然郑某爱并非目标公司的股东,但其担任监事会主席,从公司治理的角度讲,监事会主席系公司高级管理人员,其在公司决策方面的重要性不应被否定,其对目标公司决策具有一定的话语权,符合商业逻辑和经营模式。

在此情形下,许某旗承诺股权回购义务可以看作对增资的对价和条件,其负担该义务是为了目标公司和自己可以获得更多的经济利益,该利益将及于郑某爱,因此投资方按照协议向目标公司实缴出资,夫妻二人属于该对赌投资的受益人,即郑某爱是本次投资的利润共享人。投资方可以此作为举证股权回购义务被认定为夫妻共同财产的有利证据。

业绩补偿与股权回购能否同时适用的司法辨析
——普凯天吉等与宏力集团等公司增资纠纷案

案情回顾

2011年11月,普凯天吉、普凯天祥与山东宏力空调设备有限公司(以下简称宏力空调,即宏力热泵的前身)签订《关于山东宏力空调设备有限公司之增资协议》,双方约定:普凯天吉、普凯天祥以33,378,350元为对价认购宏力空调新增注册资本,其中3,295,000元计入宏力空调的注册资本,其余30,083,350元计入宏力空调的资本公积。其中,普凯天吉以现金17,453,116.11元认购目标公司本次新增注册资本的1,722,913.73元,普凯天祥以现金15,925,233.89

元认购目标公司本次新增注册资本的1,572,086.27元。2011年12月19日,普凯天吉、普凯天祥分别向宏力空调支付增资款人民币17,453,116.11元、15,925,233.89元。

2011年11月,普凯天吉、普凯天祥作为甲方、宏力空调作为乙方、宏力集团作为丙方,三方签订《补充协议》。该协议第2.2款约定:"本协议所述'净利润'均指扣除非正常性损益之前及之后的税后净利润较低者,且未考虑将来会计政策变更因素和股份支付因素。"第2.3款约定:"乙方2012年经审计净利润未达到4500万元(因券商设计规划因素除外),则甲方有权要求丙方给予现金补偿,补偿金额=3337.835万元×(1-2012年净利润/5000)。甲方要求进行前述约定的补偿,应向丙方发出通知,被要求方应在收到甲方通知后90日内完成相应补偿……"第2.4款约定:"经甲乙丙三方一致同意,至乙方成功在国内A股公开发行上市前,甲方不要求乙方进行利润分配。"第3.1款约定:"除去不可抗力,公司在2014年12月31日前因任何其他事件导致公司不能在中国境内A股市场公开发行并上市的,甲方有权在该事件发生后提前要求回购投资方股权,回购价格按照甲方投资成本加计同期贷款利息确定。甲方向乙方提出回购要求之日起九十日内,丙方应当按照本协议约定的条件收购甲方所持股权。"宏力空调2012年度的净利润没有达到4500万元。

2015年5月4日,普凯天吉、普凯天祥出具《山东宏力热泵能源股份有限公司股东承诺函》,承诺在宏力热泵挂牌之前,普凯天吉、普凯天祥不会按照《补充协议》向宏力集团及/或宏力热泵提出现金补偿、利润分配、股权回购、股权转让限制、反稀释等要求。本承诺在下列任何日期最早到来(以先到者为准)之次日自动失效:(1)宏力热泵新三板成功挂牌之日;(2)2015年8月25日。

截至2018年4月13日,宏力热泵共有39名股东,与宏力热泵挂牌时的股东人数相比,增加了9名股东。4位做市商共持有宏力热泵的股权比例为9.6807%。本案中各方的交易结构见图4-5。

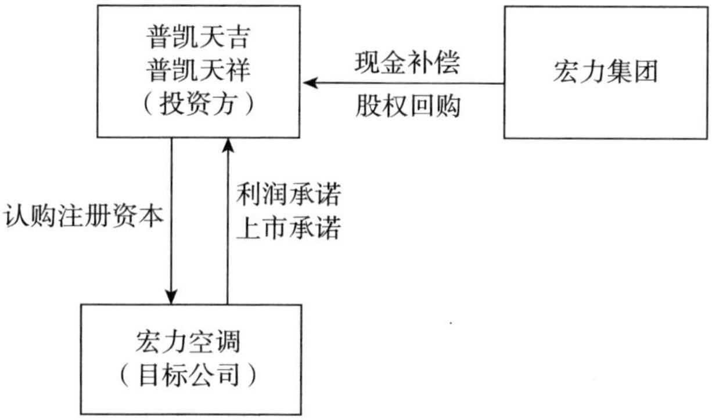

图 4-5　本案中各方的交易结构

争议焦点及裁判观点、结果

1. 一审阶段

☞ 争议焦点

围绕原、被告的辩论意见，主要争议焦点为：(1)关于普凯天吉、普凯天祥要求支付补偿款的诉请是否成立；(2)股份回购条款是否存在变更或者因不可抗力致使不能实现合同目的而解除的情形。

☞ 裁判观点

(1)法院认为，普凯天吉、普凯天祥请求宏力集团支付补偿款的计算依据不足；(2)普凯天吉、普凯天祥与宏力集团及宏力热泵签订的《补充协议》是有效合同，合同约定的宏力集团收购普凯天吉、普凯天祥股份的义务是双方之间的独立法律关系。该补充协议签订后，普凯天吉、普凯天祥以其在公司一系列决议中的投票行为表明了不再履行股份收购协议的意思表示，宏力集团同样以其在公司一系列决议中的投票行为作出与普凯天吉、普凯天祥一致的意思表示，双方之间的股份收购协议因双方的一致投票行为而发生变更。因此，普凯天吉、普凯天祥的股权回购请求依据不复存在。

☞ 裁判结果(部分)

驳回普凯天吉、普凯天祥关于宏力集团支付补偿款以及股权回购的诉讼

请求

2. 二审阶段

☞ 争议焦点

宏力集团应支付的股权回购款及业绩补偿款的数额。

☞ 裁判观点

各方就《补充协议》中关于业绩补偿和股权回购的约定均未予以变更和解除,且业绩补偿和股权回购的约定并未违反法律规定,各方均应按约定履行。

☞ 裁判结果(部分)

(1)撤销山东省潍坊市中级人民法院(2016)鲁 07 民初 24 号民事判决;

(2)宏力集团支付普凯天吉、普凯天祥业绩补偿款 14,372,900 元;

(3)宏力集团支付普凯天吉股权回股款,并受让普凯天吉持有的山东宏力热泵能源股份有限公司的全部股份;

(4)宏力集团支付普凯天祥股权回股款,并受让普凯天祥持有的山东宏力热泵能源股份有限公司的全部股份。

3. 再审阶段

☞ 争议焦点

同时支持业绩补偿和股权回购是否矛盾问题。

☞ 裁判观点

根据案涉《补充协议》的约定,业绩补偿适用的条件是宏力热泵 2012 年净利润达不到 4500 万元的情形,股权回购适用的条件是宏力热泵不能于 2014 年 12 月 31 日前在 A 股上市,两者适用条件和约定的行权时间并不相同。业绩补偿条件成就之时,案涉股权回购条件尚未成就,普凯天吉和普凯天祥仍为宏力热泵的股东,并不存在宏力集团主张的普凯天吉和普凯天祥不是股东,不享有业绩补偿权利,同时支持业绩补偿和股权回购权利也并不存在矛盾。

☞ 裁判结果

驳回宏力集团的再审申请。

案例评析

1. 股权回购与业绩补偿系两种不同的法律关系,不存在竞合关系

最高人民法院发布的《九民纪要》指出,“实践中俗称的‘对赌协议’,又称估值调整协议,是指投资方与融资方在达成股权性融资协议时,为解决交易双方对目标公司未来发展的不确定性、信息不对称以及代理成本而设计的包含了股权回购、金钱补偿等对未来目标公司的估值进行调整的协议”。可见,股权回购或业绩补偿均是估值调整的安排。但实际上,二者“调整”估值的方式和程度有所区别。

(1)股权回购,是投资方与回购义务人(公司/原股东)针对目标公司股权的债权法律关系

股权回购,指的是交易方约定,在满足一定条件时,公司/原股东以约定价格回购股东(投资方)所持有的公司股权,是一种资本运作方式,通过买回本公司发行在外的股权改变资本结构。投资方主张股权回购即意味着选择将其持有的目标公司股权转化为对回购义务人的债权,根本性地“调整”至没有投资的状态。可见,股权回购虽然也是估值调整方式,但是其是投资方与公司/原股东针对目标公司的股权回购,并由公司/原股东支付股权回购价款的债权法律关系。

(2)业绩补偿,是补偿义务人补偿投资方的估值溢价款,属于交易对价的一部分,而非分红款抑或违约金

业绩补偿通常与目标公司的利润情况紧密关联,业绩补偿款是补偿义务人补偿投资方的估值溢价款,属于交易对价的一部分。

在实践中,因为业绩补偿通常与目标公司的利润情况挂钩,又存在一定的补偿功能,因此许多人往往将业绩补偿与公司分红款、违约金混淆和混用,实则有较大区别,具体分析如下。

①业绩补偿与分红款的区别

付款义务主体不同:支付分红款的义务主体是目标公司,而支付业绩补偿款的义务主体并不必然是目标公司,有可能是股东;计算方式不同,分红款的计算方式由《公司法》严格规定,业绩补偿款的计算方式由合同约定;实现程序不同,公司进行盈余分配通常需经过股东会决议,而业绩补偿只需条件成就,义务人即

应当向投资方支付业绩补偿款。

②业绩补偿与违约金的区别

在翟某伟、青海国科创业投资基金合同纠纷案[案号:(2022)最高法民申418号]中,就业绩补偿是否被认定为违约金的问题,最高人民法院的裁判观点是:“对赌协议中的业绩补偿款系针对目标公司未来三年经营的不确定性,对其利润进行估值,给实际控制人设定实现净利润目标的合同义务,该义务具有不确定性。因此,协议约定如果目标公司未达到既定业绩目标由实际控制人对投资方支付业绩补偿款本质上是合同义务所附条件,而不是一方不履行合同义务的违约责任,依法不应适用违约金调整的规定。”

显然,违约金是合同项下约定的一方违约后应当向守约方给付的赔偿款。进一步地,根据法律规定,法院有权在具体案件中以守约方的实际损失为标准,对合同约定的违约金予以调整;业绩补偿属于交易对价的一部分,目的在于对目标公司的估值进行调整,而非针对义务人违约的情形。

但值得注意的是,如果投资协议同时约定了业绩补偿和股权回购,考虑到投资人的终极退出武器是回购,且一般的股权回购条件是投资本金再加上5%~10%的年化利息。在司法实践中,我们注意到有的PE司法退出案例中仅业绩补偿款及其延迟支付违约金就已经等同于投资本金,在此情况下如果再叠加股权回购款,是否会显失公平?在许多现实的案件中,PE投资人并不是通过一个案件同时主张业绩补偿和股权回购,而是先主张业绩补偿,再另案主张股权回购。在一个案件中同时主张业绩补偿和股权回购与分两个案件主张业绩补偿和股权回购,对于裁判者内心深处追求公平与公正的天平一定会有巨大的影响。尽管从PE投资协议约定而言,业绩补偿与股权回购是泾渭分明的两个独立条款,但对于裁判者而言,如果裁决控股股东承担业绩补偿加股权回购等同于三四倍投资金额(以10年为期,相当于年化30%乃至40%收益),就一定妥当吗?在扬州万安燃气有限公司等合同纠纷二审[审理法院:北京市高级人民法院;案号:(2020)京民终677号;裁判日期:2021年12月27日]中,法院认为:“应当注意到《股权转让及增资协议》及《补充协议》的本质是昆颉中心对万安公司的投资,昆颉中心的关注重心应当是如何提高万安公司的经营业绩进而使其股权增值,最终实现投资价值,而不应当是寄希望于投资失败进而从交易对手处获取超额补偿。具体而言,在不考虑股权转让变现的情况下,假如万安公司 2018 年度经营利润实现承诺的 2250 万元,扣除法定公积金,昆颉中心通过分红仅可获取约 600 万元,远远低于前述根据《补充协议》相关约定计算得出的补偿金额。一审法院认为,《补充协议》中约定的业绩补偿款虽名为'补偿',但根据约定内容,支付该部分费用显然具有强制性,因此'业绩补偿款'的法律性质实际属于合同法第一百一十四条规定的违约金。鉴于现昆颉中心主张的违约金数额过分高于其实际损失(实际损失可参照昆颉中心可得分红之差额进行衡量),且向艺公司与樊某安抗辩提出昆颉中心主张 2300 余万元业绩补偿款明显超出合理范围,应视为其向一审法院申请减少违约金,故一审法院依据合同法第一百一十四条第二款之规定,对向艺公司与樊某安应当承担的违约金数额予以调整,酌情确定向艺公司与樊某安向昆颉中心支付业绩补偿款 280 万元。……正确的商业价值观应当是以投资成功作为预期,而不能寄希望于投资失败从而获取超额收益。事实上,虽然昆颉中心是以溢价价格对万安公司进行股权投资,但相应溢价价值就体现在承诺业绩中,也就是说假如万安公司实现了承诺业绩,昆颉中心可正常获取的收益足以覆盖其投资溢价。反过来说,企业某一年度经营业绩不理想可能存在诸多偶然因素,并不必然造成该企业价值的严重贬损。据此,一审法院对昆颉中心关于其系溢价投资、业绩对赌条款实质是对目标公司估值的重新调整,故严格按照合同约定进行补偿不存在显失公平之情形的意见不予采信。结合前述论断,一审法院认为参考万安公司实现业绩承诺时昆颉中心可得分红核定其实际损失,并在此基础上判定向艺公司、樊某安应当承担的违约金数额,并未损害昆颉中心所应享有的溢价利益。"

综上所述,业绩补偿与股权回购虽然在对赌协议中都具备估值调整的功能,原则上二者是针对不同事实/条件发生,产生不同的法律后果,存在本质区别,并不必然存在竞合关系。但不可忽视的事,在许多案例中,当两者的叠加产生巨大失衡效应时,如何妥善处理两者的关系,值得法律界的同人进一步深思。

2. 业绩补偿与股权回购能否同时主张的司法裁判现状

当业绩补偿条款和股权回购条款的条件同时成就时,投资方向目标公司/原股东同时主张业绩补偿和股权回购能否得到法院支持,目前司法实践尚未完全统一裁判规则。

表 4-1　业绩补偿与股权回购能否同时主张的司法裁判现状

裁判立场	案件	裁判观点
支持	(2019)粤 06 民终 187 号	业绩补偿条款是其作为商事主体对利益权衡的结果,且其作出的业绩补偿承诺并不违反法律、行政法规的强制性规定,应予支持
	(2017)赣民终 159 号	双方在合同中约定的业绩补偿款,与股份回购款并非同一事项,不应从股份回购款中扣除
	(2018)粤 0605 民初 1086 号	认可业绩补偿和股权回购不是同一法律关系,但认为可以就其逾期利息予以调整
反对	(2015)浙绍商初字第 13 号	业绩补偿金的性质等同于分红款,在合同约定股权回购款应当扣除分红的前提下,不再同时支持业绩补偿
	(2018)沪 0115 民初 45869 号	业绩补偿和股权回购均具有违约金的性质,应当综合考量
	(2017)京 01 民初 814 号	业绩补偿以股东身份为前提,而股权回购则会导致不再拥有股东身份,两者存在矛盾

可见,支持的观点认为"对赌协议"中业绩补偿及股权回购约定系双方的真实意思表示,未违反法律法规的强制性规定。二者属于不同的法律关系,业绩补偿与股权回购,在条件均成就的情况下可以同时得到支持。

反对的观点认为,一方面,投资方要求大股东和目标公司履行协议约定的业绩补偿义务的前提是投资方享有股东身份。投资方在保持目标公司股东身份不变的情况下,要求回购股权,实质是退出目标公司,不再拥有股东身份,两者存在矛盾。投资方在主张股权回购的同时即丧失了要求目标公司进行业绩补偿的权利。另一方面,对赌条款的首要目的与出发点是用该激励机制督促目标公司正常的经营发展壮大,从而实现投资方的投资回报,而非让 PE 投资机构获得投资的绝对保障或者获取较高的投资回报。

司法裁判的判断标准从来就不是一成不变的,也不是教条僵化的,而是应根据社会环境、经济发展、伦理道德等因素不断地推陈出新,与时俱进。在后疫情时代,面对长周期的经济调整叠加地缘政治的影响,企业家们在负重前行,最高人民法院通过其对 PE 投资人行使回购权的合理期限的解答已经表明其裁判理念在逐步向保护企业和企业家进行倾斜。我们有理由认为,就对赌协议那些事,从海富案确立的与控股股东对赌有效原则，过渡到与控股股东、目标公司对赌的双有效原则，再到逐渐提出 PE 行使回购权的期限，默示的管理权在业绩补偿以及对赌协议中的作用等，这些细微的调整都昭示着司法裁判在追求公平与正义的道路上，从未停息。

借鉴意义

1. 就 PE 投资人而言，在对赌条款中，建议明确约定业绩补偿与股权回购的适用原则、适用条件以及适用对象等

根据上述案例及分析，建议对赌交易当事人在对赌条款中，就投资方是否可以同时主张业绩补偿与股权回购的问题予以明确；分别明确业绩补偿与股权回购的适用条件；为了避免歧义，明确业绩补偿款与股权回购款之间的关系及计算逻辑，即股权回购款是否可以扣除业绩补偿款，或者业绩补偿款是否可以从其他分红款之类的款项中扣除，抑或业绩补偿款是否可以与违约金相抵扣等。

2. 就控股股东而言，建议在与 PE 投资人签署合同时，需要更加审慎地注意"业绩补偿 + 股权回购"条款

如前所述，目前司法实践的主流是支持"业绩补偿 + 股权回购"双有效的原则，我们亲历过一个控股股东仅仅是业绩补偿就被裁决支付等同于投资金额的案例。站在目标公司控股股东的角度，一位优秀律师能够在融资合同中，就 PE 投资人提出的回购条款作如下修改："回购价款 $P = M \times (1 + R\% \times T)$ - 自交割日起的分红金额（如有）- 业绩补偿金额（如有）。其中，P 为回购价款，M 为拟回购股权所对应之实际投资额，T 为自交割日至甲方执行选择回购权并且回购价款全部支付之日的自然天数除以 365，R 为 8。"或者增加如下表述："为避免疑问，在投资人选择要求控股股东回购其持有的目标公司股份/股权的情况下，业绩补偿条款自动失效。"如果你是一名企业家，如果你碰巧读到了本书也碰巧看到了这里，相信你一定会有所感悟和收获。

业绩补偿与违约金的差异化及司法裁判规则
——翟某与国科基金合同纠纷案

案情回顾

国科基金系华信公司引入的投资人，翟某伟系华信公司的大股东也是实际控制人，在国科基金完成向华信公司投资1600万元后，2016年9月30日，国科基金、周某民、翟某栋（甲方）与翟某伟（乙方）签订《补充协议》，其中第6条乙方的陈述与保证约定："业绩承诺及估值调整：第6.1.1条2016年度业绩承诺及估值调整，若公司经具有证券期货从业资格会计师事务所审计的2016年度实际净利润未达到最低承诺业绩20,000,000元的90%，则甲方有权要求乙方对甲方以其自有资金、现金分红或自筹资金进行补偿现金或股权方式补偿（择其一）。现金补偿公式为现金补偿金额＝甲方各自的投资额×[1－2016年度实际净利润/20,000,000]；"与上述内容同理，第6.1.2条、第6.1.3条分别约定了2017年度、2018年度的业绩承诺及估值调整。第6.1.4条还约定，乙方应在公司聘请的具有证券期货从业资格的审计机构审计的年度审计报告出具日后，且甲方向乙方发出要求支付现金补偿款的书面通知后的3个月内向甲方支付该年度补偿金额等。本案中各方的交易结构见图4－6。

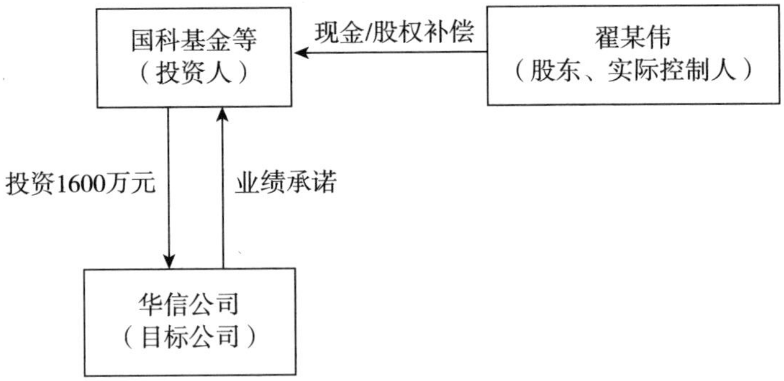

图4－6 本案中各方的交易结构

争议焦点及裁判观点、结果

☞ 争议焦点

(1)本案应否适用公平原则;(2)本案应否适用《合同法》第114条违约金调整规定对本案合同约定的业绩补偿款进行调整。

☞ 裁判观点

(1)股权性融资协议的目的是解决交易双方对目标公司未来发展的不确定性、信息不对称以及代理成本而设计的包含了股权回购、金钱补偿等对未来目标公司的估值进行调整的协议,系资本市场正常的激励竞争行为,双方约定的补偿金计算方式是以年度净利润在预定的利润目标中的占比作为计算系数,体现了该种投资模式对实际控制人经营的激励功能,符合股权投资中股东之间对赌的一般商业惯例,不构成"明股实债"或显失公平的情形,依法不应适用公平原则对当事人约定的权利义务进行干预调整。虽然依据协议约定计算的三年业绩补偿款总额高出投资本金,但因该约定是双方自由协商的结果,融资方应承担该商业风险。

(2)股权性融资协议约定的业绩补偿款系针对目标公司未来三年经营的不确定性,对其利润进行估值,给实际控制人设定实现净利润目标的合同义务,该义务具有不确定性。因此,协议约定如果目标公司未达到既定业绩目标由实际控制人对投资方支付业绩补偿款本质上是合同义务所附条件,而不是一方不履行合同义务的违约责任,依法不应适用违约金调整的规定。

☞ 裁判结果

驳回翟某伟的再审申请。

案例评析

1. 业绩补偿的概念、实务类型、计算方式及其内在逻辑

业绩补偿是并购交易中一种常见的对赌协议,鉴于目标公司未来盈利能力的不确定性,投资方在收购时要求交易对方在目标公司未来业绩不达承诺标准时对投资方予以补偿,以此降低信息不对称对目标公司估值的影响,本质上是在寻求交易双方利益的平衡和尽可能地确保交易公平。补偿的方式包括现金补偿和股份补偿,实践中现金补偿更为常见。除了通过委派董监高对公司的一些重大事项进行表决外,大部分投资方并不实际参与公司的日常经营管理,而公司实际上由大股东、实际控制人管理,业绩补偿可以有效地降低投资方的投资风险,缓解由于信息不对称给投资方带来的估值偏离实际价值的损失。

在交易实务中,业绩补偿期限一般为投资后的三年,对于标的资产作价较账面价值溢价过高的,视情况延长业绩补偿期限。在补偿主体方面,根据利益主体享有的估值溢价等原因,往往由交易双方或目标公司自行协商确定。在补偿方式方面,主要为现金补偿、股份补偿,以及"现金 + 股份"补偿。具体而言,业绩补偿的方式可以分为五大类:(1)现金补偿;(2)股份补偿;(3)"现金 + 股份"补偿,但优先以现金补偿;(4)"现金 + 股份"补偿,但优先以股份补偿;(5)同时以"现金 + 股份"补偿。最终确定何种补偿方式,取决于投资方与目标公司/原股东之间的博弈,以求达到一定的利益平衡。

(1)现金补偿的常见计算方式及内在逻辑

补偿金额 = (当年业绩指标 - 实际实现的当年业绩) ÷ 当年业绩指标 × 已投资金额 - 投资方当年累计分得的红利(如有);或者,补偿金额 = 已投资金额 × (1 - 实际实现的当年业绩 ÷ 当年业绩目标) - 投资方当年累计分得的红利(如有)。

这种计算方式具有相当的代表性,其逻辑也是比较清楚的,即按照未能兑现的业绩比例计算补偿金额。但是,这种计算方式通常适用于一次性补偿的情况。有的投资方与目标公司/原股东会约定分年度多次补偿的方式,在此情况下,常见的计算方式是当期净利润承诺应补偿总金额 = [(截至当期期末累积承诺净利润数 - 截至当期期末累积实现净利润数) ÷ 承诺期限内各年的承诺净利润总和] × 本次交易合计支付的对价 - 已补偿金额。这种计算方式中的"累积"显然更多地考虑到分年度多次计算补偿金额以及补偿的整体结算问题,较第一种计算方式更为合理。

(2)股份补偿的常见计算方式及内在逻辑

与现金补偿不同,股份补偿的确定,通常有两种方式:(1)计算补偿的股份数量，这种计算的常见公式为：补偿的股份数 = 投资完成后的持股数量 ×（当年业绩指标 ÷ 实际实现的当年业绩 - 1）。其中，投资完成后的持股数量 = 目标公司注册资本 × 原持股比例（注：其中目标公司的注册资本是指投资款注入后的注册资本）；（2）计算补偿的股份比例，这种计算的常见公式为：股份补偿比例 = 投资款 ÷（实际实现的当年业绩 × 原 PE 值）- 原持股比例；或者，股份补偿比例 =（1 - 实际实现的当年业绩 ÷ 当年业绩指标）× 原持股比例。

显而易见地，现金补偿具有明确性和即时性，能够迅速解决争议，确保投资方的利益得到直接的经济补偿；股份补偿涉及股权转移的问题，从计算到执行层面，都较为复杂。对于 PE 投资人而言，往往只是目标公司的加油站，并非一辈子的同生共死。因此，在业绩补偿上，投资方更倾向于选择现金补偿的方式。因此，本章的分析亦着重于业绩补偿中的现金补偿问题。

2. 业绩补偿的法律性质及司法实务

在司法实践中，对业绩补偿的法律性质存在一定争议，由此形成了两种截然不同的裁判观点。

表 4-2　对业绩补偿的法律性质的两种裁判观点

裁判立场	案件	裁判观点
业绩补偿本质上是合同义务所附条件	（2022）最高法民申 418 号	最高人民法院认为：股权性融资协议约定的业绩补偿款系针对目标公司未来三年经营的不确定性，对其利润进行估值，给实际控制人设定实现净利润目标的合同义务，该义务具有不确定性。因此，协议约定如果目标公司未达到既定业绩目标由实际控制人对投资方支付业绩补偿款本质上是合同义务所附条件，而不是一方不履行合同义务的违约责任，依法不应适用违约金调整的规定
	（2015）民申字第 2593 号	最高人民法院认为：案涉业绩补偿条款非基于违约产生，其性质并非违约金，且黎某健在一审期间也未主张调减，故黎某健关于应调整业绩补偿条款所涉金额的理由缺乏依据

续表

裁判立场	案件	裁判观点
业绩补偿本质上属于违约金	(2016)粤民申2202号	广东省高院认为:一审、二审法院认定齐桓公司、晋文公司、楚庄公司主张本案业绩补偿金的前提是基于邓某晖、马某欣违反了《补充协议》约定的合同义务,且从《补充协议》中'……'等条款的文意来看,业绩补偿金系齐桓公司、晋文公司、楚庄公司与邓某晖、马某欣对南菱公司未达到利润目标而设定的补偿款项,其性质符合违约金的法律特征并无不当
	(2019)京04民初256号	北京四中院认为:《补充协议》中约定的业绩补偿款虽名为"补偿",但根据约定内容,支付该部分费用显然具有强制性,因此"业绩补偿款"的法律性质实际属于《合同法》第114条规定的违约金

对此问题,不同的司法裁判观点会直接影响裁判结果。在本案例中,最高人民法院认为业绩补偿的法律性质就是合同义务所附条件,投资方能否获得业绩补偿具有不确定性,因此,是不能适用违约金的调整规则的;而部分司法观点则认为业绩补偿的法律性质就是违约金,可以适用违约金的裁判规则,如果约定畸高,就要予以调整。

就法律理论而言,我们倾向于将业绩补偿的法律性质定性为合同义务所附条件更符合商业逻辑,业绩补偿与违约金的表现形式和内涵不同。理由有二。

(1)从合同权利义务的角度讲,在对赌协议中,交易当事人往往约定一个业绩指标,投资方为补偿义务人(目标公司/原股东)设定一个指标条件,例如,在本案中,当事人各方约定的业绩条件是"2016年度业绩承诺及估值调整,若公司经具有证券期货从业资格会计师事务所审计的2016年度实际净利润未达到最低承诺业绩20,000,000元的90%,则甲方有权要求乙方对甲方以其自有资金、现金分红或自筹资金进行补偿现金或股权方式补偿",这是交易各方设定的业绩指标条件,如果目标公司能够达到,根本就不存在业绩补偿的问题了;反之,按照各方约定,由目标公司/原股东向投资方进行业绩补偿。因此,显然,业绩补偿的条件作为"或有债务"而存在,属于投资方所获取交易对价的组成部分。在业绩指标未达标时,才触发业绩补偿的条件,此时,补偿义务人就要依约履行合同义务即业绩补偿。

（2）从业绩补偿功能的角度讲，业绩补偿本身在对赌交易中具有估值调整的功能。特别是其中的现金补偿，旨在向投资方补偿交易对价中的高估价值，即基于承诺业绩得出的股权预估价格与基于实际业绩得出的股权实际价格之差额。举例，现金补偿常见的计算方式为：补偿金额 =（当年业绩指标 - 实际实现的当年业绩）÷ 当年业绩指标 × 已投资金额 - 投资方当年累计分得的红利（如有）；或者补偿金额 = 已投资金额 ×（1 - 实际实现的当年业绩 ÷ 当年业绩目标）- 投资方当年累计分得的红利（如有）。由此可以看出，现金补偿存在的目的在于补偿投资方未能兑现的业绩目标，如果将补偿金额按照违约金的适用规则予以调整，就违背了业绩补偿本身存在的意义。

3. 目标公司“净利润为负”时，计算业绩补偿的裁判规则

虽然诸如市场占有率、产量、新技术的研发等非经营性指标也可能作为衡量目标公司股权价值的标准，但多数交易都将“扣非净利润”约定为业绩目标，因为营利性是公司的本质特征，衡量公司价值的最主要的标准就是其盈利能力，具有商业合理性。在对赌交易中，扣非净利润更是投资方最关切的指标，业绩补偿的计算自然也和净利润挂钩。

如上文所述，业绩补偿的功能在于向投资方补偿交易对价中的高估价值，即基于承诺业绩得出的股权预估价格与基于实际业绩得出的股权实际价格之差额。反观，即使目标公司亏损，实际上只要未满足破产的情形，公司的估值均高于零，也就是说，投资方享有的股权仍具有相应的价值。此时，再按照通常约定的业绩补偿公式计算出的补偿额显然已经有悖于估值调整的目的。那么当目标公司实际净利润为零或为负（目标公司出现亏损），或出现连续亏损时，计算业绩补偿的裁判规则又是什么呢？

（1）目标公司实际净利润为负数，业绩补偿额超出了实际投资额，应视为实际净利润为零，业绩补偿额即实际投资金额

在（2014）浙杭商终字第 2488 号中，杭州中宙公司认为最大的补偿金额应当不超过富丽泰泓投资的增资款总额即 870 万元，而富丽泰泓投资认为应当将浙江中宙公司的全部亏损额作为基数计算补偿金额。对此，杭州中院认为，因浙江中宙公司的净利润之和为负数，如果将负的净利润直接等同于公式中的“实际

完成额”，并以此计算杭州中宙公司的补偿金额，则可能出现浙江中宙公司亏损越多，富丽公司获得的补偿越多的现象。在此种计算方式下，富丽公司获得的现金补偿额明显超过其基于投资行为的合理期待利益。故以负数的净利润直接计算补偿金额有违诚实信用和公平合理原则。当实际净利润为零时，杭州中宙公司的补偿金额就是投资金额 870 万元。

（2）按照补偿条款计算出负数的股权补偿额时，法院不予支持

在（2015）辽民二初字第 00029 号案中，辽宁高院认为，在业绩补偿条款合法有效的前提下，以尊重当事人意思自治为原则，认可现金补偿公式计算所得的结果，但因计算结果为负数，故法院认为无法支持上海盛彦要求宋某新给予 2013 年补偿款及利息的诉讼请求。

上述两个判例，从表面上来看，裁判规则不尽相同。杭州中院将亏损的实际净利润调整为零，意在防止目标公司亏损越多，需要支付给投资方的现金补偿款越多的现象。在（2015）辽民二初字第 00029 号判决中，辽宁高院没有对亏损的实际净利润进行调整，因此依照《增资补充合同》约定计算所得的现金补偿为负数，控股股东无须就本年度的业绩对赌支付任何现金补偿。但是究其本质，裁判的内在逻辑存在一致性：业绩补偿条款的实质是由目标公司实际控制人或原股东以现金方式补足投资后目标公司股权预期增值与实际增值之间的差额，该差额的上限应为实际投资款。若在目标公司出现净利润为零或业绩亏损时，如果允许亏损投资方取得高于实际投资款的补偿款，将严重违背估值调整的目的。前述两个法院针对目标公司实际业绩亏损的情况所作出的不同判决，通过法官的自由裁量权明确业绩补偿以实际投资额为限，防止极端情况下业绩补偿条款继续履行可能违背诚实信用、公平合理原则，是当前司法裁判的主流观点。

借鉴意义

对赌交易各方谨慎选择估值调整机制，以保障对赌协议条款的可履行性

在对赌交易中，无论是业绩补偿还是股权回购，可能会涉及目标公司履行减资程序，对于目标公司未依约履行前述程序时是否具有可诉性的问题，最高人民法院民事审判第二庭认为，公司减资程序属于公司自治事项，司法不介入为宜；

对于金钱补偿的方式，则涉及公司是否有可以分配利润的举证责任的问题，对此投资方应当承担举证责任，证明目标公司有可以分配的利润。在目标公司未履行减资程序或投资方未举证证明目标公司存在利润时，人民法院将驳回投资方要求目标公司履行股权回购、股权补偿或现金补偿的诉讼请求。

因此，在对赌条款设计上，为了最大限度地实现估值调整目标，投资方能够实际获得补偿，建议注意如下几点：(1)避免仅与目标公司对赌，尽量分散风险，增加具有法律及事实上具有履行能力的当事方作为对赌义务人，如目标公司的控股股东、实际控制人、创始股东、管理股东等；(2)若仅能选择与目标公司对赌，在协议中对目标公司回购股权时如何进行减资程序、相关主体的配合义务及违约责任作出具体约定，同时明确投资方对目标公司经营情况、财务状况的知情权，便于投资方后期完成对目标公司有可以分配的利润进行举证；(3)与目标公司的控股股东、实际控制人、创始股东、管理股东等对赌时，尽可能要求目标公司对前述义务人在对赌协议下全部付款义务(包括但不限股权回购款、违约金)承担连带保证责任。

总而言之，如何就业绩补偿与回购条款的设定和适用寻找一个合理的平衡，既能使投资方的合理利益有所保障，又不使融资方负担过度的义务。不能仅依靠司法手段的调节，更需要企业家对市场的理性对待，交易双方对交易模式、交易架构的调整。

第五章

情势变更及不可抗力在对赌纠纷中适用的要点与难点

第一节　不可抗力及情势变更规则辨析

一、不可抗力及情势变更规则的区分适用

作为应对合同履行过程中不可预见情形的两种特殊制度,不可抗力规则与情势变更规则存在千丝万缕的联系,但在法律适用层面也存在本质的区别。具体区别体现在以下几个方面。

(一)构成要件不同

根据《民法典》第 180 条,[1]不可抗力制度强调同时具备"三不"要件,即不

[1] 《民法典》第 180 条规定:"因不可抗力不能履行民事义务的,不承担民事责任。法律另有规定的,依照其规定。不可抗力是不能预见、不能避免且不能克服的客观情况。"

能预见、不能避免、不能克服。相比较而言,《民法典》第533条[1]关于情势变更的规定则只强调"两不",分别为不可预见、不能承受。[2]

在具体表现形式上,适用不可抗力规则的事件往往体现为自然灾害(如地震、台风、洪水、海啸、旱灾等)、社会事件(如战争、暴乱等);适用情势变更规则的事件类型则更加广泛,诸如法律法规或政策变化、政府规划调整、价格异常涨落、货币严重贬值等。

(二)对合同履行影响程度不同

根据《民法典》第180条规定,适用不可抗力制度应达到"不能履行民事义务"的程度,也即客观上履行不能。但情势变更制度只要求"继续履行合同对于当事人一方明显不公平",也即客观上能够履行,但实际履行明显有失公平。

(三)法律后果不同

现有司法实践应用不可抗力的基本规则是,因不可抗力造成损害的,当事人一般不承担民事责任,[3]即违约责任及侵权责任的免除;在不可抗力致使合同目的不能实现的情况下,当事人还可以解除合同。[4] 但情势变更规则体现为变更或者解除合同,从而实现当事方合同权利义务的再平衡。上海市第一中级人民法院曾对此进行过较为明确的阐述,在分众晶视广告有限公司等与上海分众数码信息技术有限公司广告合同纠纷案中[审理法院:上海市第一中级人民法院;案号:(2021)沪01民终16356号;裁判日期:2022.07.29],法院认为:"适用不可抗力制度的法律效果体现为免责,即对于因不可抗力造成的履行不能,免除全部或部分责任,但并不导致合同内容变更,合同一时不能履行的,影响消除后

---

[1] 《民法典》第533条规定:"合同成立后,合同的基础条件发生了当事人在订立合同时无法预见的、不属于商业风险的重大变化,继续履行合同对于当事人一方明显不公平的,受不利影响的当事人可以与对方重新协商;在合理期限内协商不成的,当事人可以请求人民法院或者仲裁机构变更或者解除合同。"

[2] 最高人民法院民法典贯彻实施工作领导小组主编:《中华人民共和国民法典合同编理解与适用》,人民法院出版社2020年版,第481页。

[3] 杨立新:《中华人民共和国民法典条文要义》,中国法制出版社2020年版,第140页。

[4] 《民法典》第563条规定:"有下列情形之一的,当事人可以解除合同:(一)因不可抗力致使不能实现合同目的……"

仍应继续履行。”

二、不可抗力及情势变更规则的关联

虽然不可抗力及情势变更制度存在上述区别，但二者并非泾渭分明、互斥适用的关系。由于情势变更制度对突发事件的认定门槛更低，对合同的履行影响更小，使得两种制度有了衔接适用的可能性。这一点从立法机关对情势变更制度的迭代更新中可见一斑。

情势变更制度最早被规定在《最高人民法院关于适用〈中华人民共和国合同法〉若干问题的解释（二）》第26条内容为：“合同成立以后客观情况发生了当事人在订立合同时无法预见的、非不可抗力造成的不属于商业风险的重大变化，继续履行合同对于一方当事人明显不公平或者不能实现合同目的，当事人请求人民法院变更或者解除合同的，人民法院应当根据公平原则，并结合案件的实际情况确定是否变更或者解除。”可见，在情势变更制度的适用早期，不可抗力与情势变更制度表现为互斥的关系。这种互斥关系意味着，一旦确定为不可抗力情形，情势变更的考量便被排除在外。

然而，这种互斥性带来了一个问题：对于那些不可抗力事件虽然对合同履行产生了影响，但并未达到完全无法履行的程度，即履行虽然困难但并非不可能的情况，现行法律并未提供明确的解决方案。这在一定程度上造成了立法上的空白，使得当事人在面对此类情况时缺乏明确的法律指引。

因此，《民法典》对情势变更制度进行了重大改变，将“非不可抗力造成的”这一否定性要件彻底删除，自此情势变更制度的适用范围被显著扩大。诸多法学专家对此也秉持一致观点，例如，崔建远教授认为：“正因为情势泛指作为合同成立基础或者环境的客观情况，包括不可抗力，……不可抗力发生，没有导致合同不能履行，但继续履行合同显失公平，基于情势变更制度可变更乃至解除合同。”韩世远教授认为：“不可抗力对于合同履行的影响并非总能达到不能实现合同目的的程度。在这类情形下并不发生解除权。……只是由于不可抗力的影响，合同的内容可能需要变更调整。……不可抗力与情势变更有着不同的作用，二者并非必然冲突，而是功能互补。”王轶教授认为：“不可抗力是一个原因，……不可抗力事项的发生，致使继续履行合同对于一方当事人明显不公平的，得适用情势变更制度。”

第二节　不可抗力及情势变更规则在对赌纠纷中适用的司法观点

表 5－1　不可抗力及情势变更规则在对赌纠纷中适用的司法观点

法院	公开观点
最高人民法院	《最高人民法院关于依法妥善审理涉新冠肺炎疫情民事案件若干问题的指导意见（二）》（法发〔2020〕17 号） 第 14 条第 1 款　对于批发零售、住宿餐饮、物流运输、文化旅游等受疫情或者疫情防控措施影响严重的公司或者其股东、实际控制人与投资方因履行“业绩对赌协议”引发的纠纷，人民法院应当充分考虑疫情或者疫情防控措施对目标公司业绩影响的实际情况，引导双方当事人协商变更或者解除合同。当事人协商不成，按约定的业绩标准或者业绩补偿数额继续履行对一方当事人明显不公平的，人民法院应当结合案件的实际情况，根据公平原则变更或者解除合同；解除合同的，应当依法合理分配因合同解除造成的损失。
北京市第一中级人民法院	《疫情之下企业经营风险与法律应对》 对于对赌风险，我们建议：第一，对于已经签订协议的当事人，可依据协议约定及法律规定变更合同，延长履行期限或调整履行目标。第二，可根据协议约定或法律规定，采取解除合同的方式。第三，对于陷入“合同僵局”的情况，依据《民法总则》《合同法》等相关规定，全面考量疫情对个案中对赌协议履行的影响，合理地分配对赌风险。
广西壮族自治区高级人民法院民二庭	《关于审理涉及新冠肺炎疫情民商事案件的指导意见》 九、审理涉新冠肺炎疫情的与公司有关纠纷案件问题： 4. 股权投资业绩对赌中的情势变更规则适用。在股权投资的业绩对赌中，融资方以疫情为由主张变更对赌内容或者解除合同的，法院可以从行业性质、盈利模式等方面分析疫情与目标公司的经营收益是否存在直接的因果关系，综合判断是否适用情势变更规则。

续表

法院	公开观点
贵州省高级人民法院	《贵州民营企业涉疫情上市合同履行中的法律风险提示书》 因疫情防控影响企业资金流，导致不能按期还贷，能否主张因不可抗力免责？涉及民营企业的融资借贷类合同主要包括金融借款合同、民间借贷合同（含企业间借贷、P2P 网络借贷）、小额贷款合同、典当合同、融资租赁合同、股权性融资的对赌协议等形式。鉴于该类合同的主要义务为“金钱给付”，新冠肺炎疫情与合同履行之“金钱给付”之间无法建立法律上的因果关系，因此，一般来说该类合同无法主张不可抗力抗辩。当然，新冠肺炎疫情会对企业资金链产生重大不利影响。鉴于此，中国人民银行、财政部、银保监会、证监会、外汇局联合下发了《关于进一步强化金融支持防控新型冠状病毒感染肺炎疫情的通知》（银发〔2020〕29 号），明确要求，“对受疫情影响较大的批发零售、住宿餐饮、物流运输、文化旅游等行业，以及有发展前景但受疫情影响暂遇困难的企业，特别是小微企业，不得盲目抽贷、断贷、压贷。对受疫情影响严重的企业到期还款困难的，可予以展期或续贷”。“对于在金融租赁公司办理疫情防控相关医疗设备的金融租赁业务的，鼓励予以缓收或减收相关租金和利息，提供医疗设备租赁优惠金融服务”。因此，民营企业可依据上述政策要求积极与银行等金融机构开展协商工作，降低违约风险。同时，尽管上述规定不能作为诉讼中的免责抗辩，但可以作为申请人民法院对违约责任予以酌减的理由之一。

第三节　不可抗力及情势变更规则在对赌纠纷中适用的重点与难点解析

不可抗力及情势变更规则看似简单，但司法实践中应用到具体案件中的难度极高，其中涉及许多值得探讨的实操问题，例如，不可抗力与情势变更规则该如何选择与衔接适用、如何构建突发事件与目标公司业绩不达标/未能如期上市之间的因果关系、当事方作出的不利自认能够在何种程度上影响不可抗力与情势变更规则的适用、不可抗力制度项下的通知义务该如何理解与认定、对赌纠纷中能否二次适用不可抗力/情势变更制度。本章将具体列举涉及不可抗力及情势变更规则适用的典型对赌纠纷，对该等问题进行深入分析。

对赌纠纷中不可抗力与情势变更制度的选择与衔接适用问题

——新同德合伙企业、天智公司等新增资本认购纠纷

案情回顾

2017年2月9日，新同德合伙企业（甲方）、天智公司（乙方）与权某峰（丙方）、四禾元公司签署《增资协议书》，约定：新同德合伙企业以投后估值59,500,000元对天智公司进行5,000,000元增资。增资完成后甲方持有乙方的股权比例为8.4%。此外，第5条约定，“任何一方遇不可抗力造成部分不能或全部不能履行本协议项下的义务将不视为违约，但应在条件允许的情况下采取一切必要的补偿措施，以减少因不可抗力造成的损失”。

2017年12月12日，各方签署《增资协议书之补充协议》，其中第5条约定了业绩对赌条款：“丙方承诺公司的业绩目标为：(1)乙方2018年的经营目标为经审计后的主营业务收入不低于7,000,000元人民币，净利润不低于1,050,000元；(2)乙方2019年的经营目标为经审计后的主营业务收入不低于41,000,000元人民币，净利润不低于7,500,000元；(3)乙方2020年的经营目标为经审计后的主营业务收入不低于70,000,000元人民币，净利润不低于16,500,000元。”第7条约定了股权回购条款：“在下列情形下，甲方有权要求丙方按照本协议的约定回购其持有的公司股权，丙方应当予以配合执行；7.1.1经审计的2019～2020年当年或累计实际净利润未达到本协议约定的业绩目标的70%。7.1.6公司未能在2020年12月31日前挂牌、上市、被并购或没有其他投资人回购甲方股份。7.3回购价格：股权回购价格应为甲方（从实际缴纳出资日起至丙方实际向甲方支付回购价款之日）按年复利10%计算的投资本金和收益之和与执行回购时按甲方股权比例计算应享有的净资产两者中较高者，乙方对上述责任承担连带责任。”第9条丙方的承诺：“9.9条对本合同涉及丙方或者乙方的权利义务或责任，包括但不限于任何对甲方的支付或者其他义务，均由丙方和乙方承担连带责任。”

2017年2月14日，新同德合伙企业按照约定向天智公司指定账户转入

3,000,000元;2018年1月3日,新同德合伙企业按照合同约定向天智公司指定账户转入剩余2,000,000元;合同签订后因四川省创新剑业股权投资基金合伙企业(有限合伙)向天智公司增资了3,000,000元,增资后天智公司估值由59,500,000元变更为62,500,000元,新同德合伙企业持有天智公司的股份比例变更为8%。

天智公司2019年度审计报告及2019～2020年的财务报表均显示该公司的业绩未达到《增资协议书之补充协议》第5条业绩与对赌条款中约定的标准。2021年6月11日新同德合伙企业向权某峰发出《股权回购通知》,要求权某峰依照协议履行股权回购义务,2021年6月15日天智公司、权某峰针对《股权回购通知》答复新同德合伙企业同意股权回购,回购的方式按照《增资协议书之补充协议》第7.3款第二种计算方式执行,即"回购时按甲方股权比例计算应享有的净资产"。双方就股权回购方式产生争议,原告向四川省崇州市人民法院提起诉讼,请求判令权某峰按照协议约定,以7,305,318.72元价格(即按年复利10%计算的投资本金和收益之和)回购原告持有的天智公司股份,并由天智公司承担连带责任。本案于2021年7月1日立案。

本案中各方的交易结构见图5-1。

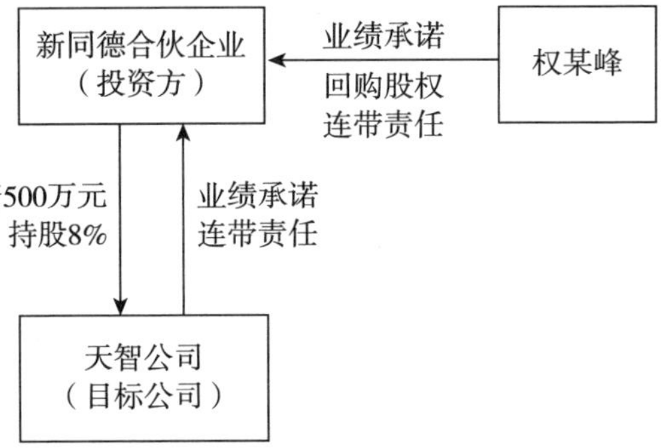

图5-1 本案中各方的交易结构

争议焦点及裁判观点、结果

☞ 争议焦点

1. 权某峰应按照《增资协议书之补充协议》第7.3款约定的何种方式回购

新同德合伙企业所持天智公司股份？即按照“年复利10%计算的投资本金和收益之和”抑或是“执行回购时按甲方股权比例计算应享有的净资产”标准进行回购？

2.天智公司未能实现对赌目标是否系不可抗力造成？权某峰是否应承担股权回购和赔偿责任？

☞ 裁判观点

2021年10月8日，四川省崇州市人民法院作出判决，认为：

1.关于权某峰回购新同德合伙企业所持天智公司股份的方式问题，根据《增资协议书之补充协议》第7.3款，新同德合伙企业有权在两种回购方式中选择回购价值较高者，即新同德合伙企业主张以其实际缴纳出资日起至权某峰实际向新同德合伙企业支付回购价款之日按年复利10%计算的投资本金和收益之和为回购价格符合合同约定。

2.关于权某峰辩称依照合同约定天智公司不能达成业绩与实现对赌目标，是因为不可抗力造成，因此不承担股权回购和赔偿责任能否成立问题，根据合同约定：“任何一方遇不可抗力造成部分不能或全部不能履行本协议项下的义务将不视为违约，但应在条件允许的情况下采取一切必要的补偿措施，以减少因不可抗力造成的损失。”该条款为免除违约责任的约定，合同对不可抗力的情形也进行了约定，权某峰以市场发生变动、政策发生重大变动、市场遇冷和经济下行及新冠疫情等因素系不可抗力为由，主张其不应承担违约责任及股权回购义务，本案中新同德合伙企业并未主张违约责任，而是主张权某峰依约履行回购义务，合同中各方约定股权回购条件成就新同德合伙企业就有权要求权某峰回购其股权，并未约定不可抗力可以阻却股权回购条件的成就，故权某峰的抗辩理由并不符合合同约定和法律规定，法院对权某峰该抗辩理由不予以采信。

☞ 裁判结果

（1）权某峰于本判决生效之日起10日内向新同德合伙企业支付股权回购款5,000,000元及收益（收益计算方式：以3,000,000元为基数从2017年2月14日起按年利率10%计算至欠款付清之日止，以2,000,000元为基数从2018年1月3日起按年利率10%计算至欠款付清之日止）；新同德合伙企业于本判决生效之日起10日内将其在天智公司8%的股份过户至权某峰名下，并由新同

德合伙企业和权某峰相互协助办理相关工商登记手续;

(2)天智公司对本判决第一项确定的由权某峰支付新同德合伙企业股权回购款债务承担连带清偿责任;

(3)驳回新同德合伙企业的其他诉讼请求。

案例评析

本案对不可抗力规则、情势变更规则在对赌纠纷中的适用逻辑进行了较为明确的解释。结合本案法院的裁判观点,我们理解在突发事件影响了对赌目标实现的情况下,适用情势变更原则更为妥当,原因是:(1)如前所述,不可抗力规则适用的前提是突发事件导致合同义务不能履行。在投资对赌的案件背景下,合同义务体现为实际控制人/控股股东回购股权或者支付业绩补偿款,均为金钱给付义务,因此几乎不可能存在履行不能的情形。上海市高级人民法院曾在《关于涉新冠肺炎疫情案件法律适用问题的系列问答(四)(2022年版)》中明确阐释过这一观点,"以金钱给付为内容的合同,一般不宜以疫情属不可抗力为由减轻或免除偿还欠款的责任"。(2)从法律后果上讲,在此类对赌争议中适用不可抗力规则也是有失公允的。如前所述,适用不可抗力规则的法律后果要么体现为违约责任的免除,要么体现为合同解除。如果将回购义务/业绩补偿款支付义务作为违约责任看待并直接免除,那么相当于因突发事件造成的全部法律后果均由投资人承担;类似的,如法律后果体现为解除合同,那么由于投资合同与对赌合同(条款)具有可分割性,仅解除对赌合同(条款)的法律后果也是由投资方单方承担突发事件造成的全部损失,无论如何都有违公平原则。

借鉴意义

综合我们过往的办案经验,我们认为在对赌纠纷中,情势变更规则往往是目标公司、控股股东的优选抗辩策略。不可抗力规则虽然在理论上提供了一种免除法律责任的路径,但其适用条件极其严格,不仅要求突发事件同时满足"三不"条件,还需要对合同义务造成履行不能的极端影响,对目标公司、控股股东的举证要求极高。尤其在企业面临的只是政策变化等影响时,倘若目标公司、控股股东还强硬适用不可抗力制度,以期完全免除自身的法律责任,则很可能适得其反,导致抗辩效果的"过犹不及"。在此种情况下,情势变更抗辩对目标公司、控股股东而言是更聪明的选择,一方面降低了自身举证难度,另一方面也能够展现出对合同履行的积极态度和对公平原则的尊重,更有可能在法院/仲裁审理中获得支持。

因此,我们理解在特殊事件影响了对赌目标实现的情况下,适用情势变更规则是更符合对赌法律性质并且更合理的抗辩策略。当然,如果特殊事件的严重程度达到了不可抗力的"三不"标准(如新冠疫情),那么将涉及不可抗力制度与情势变更制度的衔接适用。也即新冠疫情作为符合"三不"要件的不可抗力事件,对对赌条款的履行构成了情势变更。在过往的办案过程中,我们曾邀请多名权威法学专家对该问题的法律适用进行论述,最终也采取了此种不可抗力制度与情势变更制度衔接适用的法律逻辑。

业绩对赌纠纷中适用不可抗力/情势变更制度降低业绩补偿款
——LZ 股份公司与韩某、ZB 公司合同纠纷

案情回顾

2018 年 2 月 22 日,CH 投资公司与韩某、ZB 公司签订股权转让协议,约定韩某将其所持 WQ 服饰公司 51% 的股权、WD 服饰公司 51% 的股权转让给 CH 投资公司,转让价款 10,800 万元(WQ 服饰公司、WD 服饰公司合称目标公司);ZB 公司将其所持目标公司 40% 的股权质押给 CH 投资公司,担保范围为韩某因履行其在本协议项下业绩补偿承诺而产生的补偿;韩某对目标公司 2018 ~ 2020 年度的净利润作出承诺——2018 年实际净利润不低于 2300 万元,2019 年实际净利润不低于 2760 万元,2020 年实际净利润不低于 3800 万元;ZB 公司同意并承诺,ZB 公司对韩某履行前述业绩补偿承诺亦承担连带责任;由于本协议第 8 条所列示的不可抗力原因,导致目标公司未达成约定净利润的,则无须向 CH 投

资公司补偿。如韩某未按照CH投资公司要求的期限全额支付业绩补偿款的，每延迟一日，韩某应向CH投资公司支付应补偿现金数总额的5‰作为违约金。

此后，CH投资公司与韩某、ZB公司、CHZH投资公司、CHSJ投资公司、DJ公司签订《补充协议（一）》，约定将CH投资公司收购WQ服饰公司、WD服饰公司各51%股权的交易方案调整为由CH投资公司及CHZH投资公司、CHSJ投资公司、DJ公司受让韩某所持WQ服饰公司股权并对WQ服饰公司进行增资，之后由WQ服饰公司使用增资款收购WD服饰公司100%股权。WQ服饰公司2018年实际净利润将自2018年1月1日起模拟合并WD服饰公司财务报表计算，修改应补偿金额的计算公式；本协议未作修改的事宜均以原协议为准。

2020年，LZ股份公司与DJ公司、韩某、ZB公司签订《股份收购协议（一）》，约定DJ公司将其持有的WQ服饰公司8.4%股权转让给LZ股份公司，转让价格2459.3万元；《股权转让协议》与《补充协议（一）》合称原协议。DJ公司根据韩某在原协议中作出的目标公司2018～2020年业绩承诺而享有的全部权利主张全部由LZ股份公司享有。

2020年，CHZH投资公司、CHSJ投资公司、申某、LZ股份公司与韩某、ZB公司、CH投资公司签订《补充协议（二）》，约定《股权转让协议》与《补充协议（一）》合称原合同；2019年12月27日CH投资公司将其所持有的全部WQ服饰公司股权及其在原合同项下的权利转让予申某，2020年DJ公司将其所持全部WQ服饰公司股权及其在原合同项下的权利转让予LZ股份公司；2018年目标公司实际净利润为6979693.93元，少于承诺净利润，韩某应赔付22,115,833.63元，计算公式为[(23,000,000－6,979,693.93)/(23,000,000＋27,600,000＋38,000,000)]×(105,644,500＋16,666,700)，韩某通过更改其在WQ服饰公司与赔偿相等金额的债权所有人的方式履行赔偿约定；原合同及其他相关协议中的其他剩余条款均不变。

2020年，LZ股份公司与ZHCH投资公司、CHSJ投资公司、韩某、ZB公司、WQ服饰公司、申某签订《收购协议（二）》，约定ZHCH投资公司将其持有WQ服饰公司4.5%股权、CHSJ投资公司将其持有WQ服饰公司2.1%股权转让给LZ股份公司，转让价1281.62万元；《股权转让协议》与《补充协议（一）》合称原协议，ZHCH投资公司、CHSJ投资公司根据韩某、ZB公司在原协议中作出的目标公司 2018～2020 年业绩承诺而享有的全部权利主张全部由 LZ 股份公司享有。

立信会计师事务所出具的 2018 年、2019 年、2020 年财务报表审计报告载明,2018 年度 WQ 服饰公司净利润为 6,979,693.93 元,2019 年度 WQ 服饰公司净利润为 28,993,307.17 元,2020 年度 WQ 服饰公司净利润为 11,802,017.92 元。

2022 年 6 月 15 日,LZ 股份公司等合计持有 WQ 服饰公司 51% 股权的各方公司共同向韩某、ZB 公司发出公函,称其应补偿总金额为 5635.84 万元,但目前仅收到 500 万元,故要求以不低于 1.573 亿元的对价完成对控股股权的收购。

各方曾于转股沟通群有如下内容:2020 年 3 月 16 日,韩某:"今年的疫情实际情况,企业活着已是目标,请把利润考核取消,更附实际,更具长远。"李律师:"是的,还请陈某帮助转达。"LZ 股份公司陈某:"明白,将转达。"3 月 17 日,李律师:"陈某,您好,股权转让协议我和穆律师看了,请您查收,关于对赌受疫情影响取消的事情,我们相信申总说的,之后可以与韩老师协调处理好,我们会按照韩老师意见先配合安排办理股权转让。"LZ 股份公司陈某:"经过询问我们律师,疫情在原协议项下本就构成了'无法预料且不可克服的不可抗力'。如果在本协议的不可抗力描述中加入的话,对此的认定没有什么影响。反而影响到了基金,基金今天审阅了协议,认为是 LZ 股份公司想用这个不可抗力拒绝在期限内支付股权转让对价,因此不同意添加。所以想跟几位商量,在本协议中是否可以不添加这个描述? ……"李律师:"因为之前我们就一直要求韩老师发出不可抗力的函件,但是韩老师非常信任申总,所以暂时没有发出,但如果要按原协议约定来,我们得考虑一下发不可抗力的函件了,不然对 WQ 服饰公司没有保障啊,请理解我们。……或者 LZ 股份公司能否出一个沟通函,沟通疫情引起的不可抗力处理的问题。就对赌问题而言,我们有个基本沟通,这样我们也放心一些。"

后续安排汇报群有如下内容:2021 年 3 月 3 日,LZ 股份公司陈某:"我刚发的协议是关于后续安排的,主要内容如下:1. 将 2020 年对赌延续至 2021 年完成;2. 如未完成对赌则退回投资前估值;3. 未完成对赌、未成功挂新三板并退出,则回购。韩老师及各位领导请参考协议具体条款,有疑问我将随时解答。"

LZ 股份公司遂向北京市顺义区人民法院提起诉讼,请求判令韩某向 LZ 股份公司支付 2020 年度业绩补偿人民币 24,506,920 元、延期付款违约金人民币

2,450,692元,并由ZB公司对此承担连带责任。本案于2022年8月12日立案。本案中各方的交易结构见图5-2。

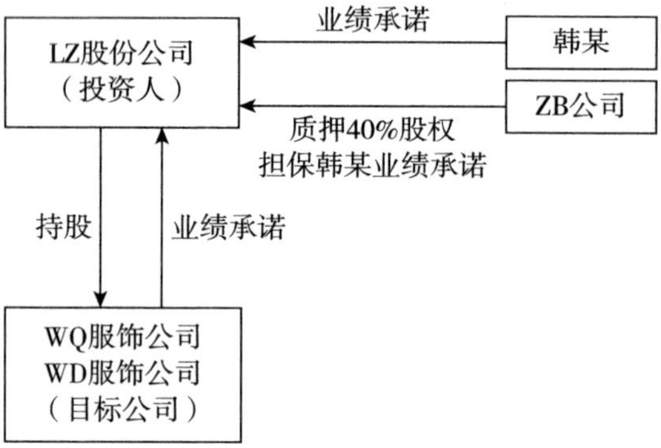

图5-2 本案中各方的交易结构

争议焦点及裁判观点、结果

1. 一审阶段

☞ 争议焦点

本案是否应适用不可抗力制度,免除控股股东业绩补偿义务。

☞ 裁判观点

2023年6月,北京市顺义区人民法院作出一审判决,认为:

股权转让协议载明,不可抗力事件是指受不可抗力影响一方不能合理控制的,无法预料或即使可预料到也不可避免且无法克服,并于本协议签订日之后出现的,使该方对本协议全部或部分的履行在客观上成为不可能的任何事件。新冠疫情符合前述条件,应属合同约定的不可抗力,且该不可抗力的发生系各方均应知晓的。涉案业绩考核年度为2020年度,此系疫情暴发后的第一年,疫情较为严重,且初期尚需摸索应对疫情的方式、策略,对企业的影响较大。各级政府出于防控需求,纷纷提出关闭或限制开放大中型商场的方案,加之各种隔离政策,使品牌服装线下门店客流紧缩,企业用工难度加大。另外,在遭遇疫情的不利影响时,消费者的消费能力和消费意愿降低,涉服装作为非必须经常更换之用品,其销售情况必然遭受打击。故一审法院认为,疫情与涉案业绩考核未达标之间存在因果关系，且影响重大。股权转让协议明确约定，由于该不可抗力原因，导致目标公司未达成约定的净利润，无须向甲方补偿。故 LZ 股份公司无权要求韩某支付业绩补偿款，亦无权要求 ZB 公司承担连带责任。

☞ 裁判结果

驳回 LZ 股份公司的全部诉讼请求。

2. 二审阶段

☞ 争议焦点

目标企业未能实现业绩目标是否完全由新冠疫情导致；一审法院适用不可抗力制度免除控股股东全部业绩补偿义务是否正确。

☞ 裁判观点

2023 年 11 月 10 日，北京市第三中级人民法院作出二审判决，认为：

结合 2020 年疫情对服装行业生产经营的影响程度，可以认定 2020 年疫情及疫情防控措施对 WQ 服饰公司的生产经营在部分期间及部分地区构成一定的影响，但并未达到全年均无法生产经营的程度，WQ 服饰公司在该年大部分期间及地区仍处于正常生产经营状态。综合考虑疫情及疫情防控措施对 WQ 服饰公司业绩影响的实际情况，二审法院对 LZ 股份公司诉讼要求韩某支付的业绩补偿款，酌情予以部分支持。一审判决未考虑疫情影响的程度问题，判决全部免除韩某的业绩补偿责任，不符合法律规定，二审法院予以纠正。

☞ 裁判结果

（1）撤销北京市顺义区人民法院作出的一审民事判决；

（2）韩某于本判决生效之日起 7 日内给付 LZ 股份公司 2020 年度业绩补偿 1800 万元；

（3）韩某于本判决生效之日起 7 日内给付 LZ 股份公司延期付款违约金（以 1800 万元为基数，自 2022 年 8 月 11 日起计算至实际给付之日止，按照全国银行间同业拆借中心公布的同期贷款市场报价利率计算）；

（4）ZB 公司对前述第二项、第三项债务承担连带给付责任。

案例评析

1. 本案中,双方律师在二审阶段就疫情与目标公司未达成业绩目标之间的因果关系进行了重点举证,也是二审法院的审理重点

本案中,LZ 股份公司在上诉阶段提交了一系列证据驳斥疫情与目标公司未实现业绩目标之间的因果关系,具体包括但不限于:(1)用以证明目标公司经营不力的相关证据:目标公司对外进行信托投资且未能成功赎回本息、遭受损失的相关公开判决;(2)用以证明行业整体情况的证据:宏观角度,诸如国家对该行业的政策支持、国家统计局公开的宏观数据、券商的行业研报;微观角度,诸如同行业其他竞争对手(海澜之家、太平鸟等)业绩上涨的报道、公告;(3)用以证明主流裁判趋势的证据:最高人民法院以及各级地方法院关于受疫情影响的对赌纠纷作出的司法解释以及司法政策、在先类案的判决书/裁决书。

作为应对,韩某、ZB 公司提交了下列证据用以强调疫情对目标公司经营造成的不利影响:(1)投资人对目标公司经营具有监督、决策权限的相关证据:股权转让协议关于公司治理的相关条款、投资人委派至目标公司人员的社保缴纳记录、签署的承诺书;(2)投资人作出的不利自认:LZ 股份公司投资部员工在微信群中,曾表示新冠疫情构成不可抗力,受疫情影响取消对赌;(3)用以证明疫情对生产经营造成不利影响的证据:政府公告、商场营业通知;(4)用以证明行业整体情况的证据:同行业其他公司业绩显著下滑的财务报表、公开报道。

基于上述证据,最终二审法院认定疫情及疫情防控措施对目标公司的生产经营在部分期间及部分地区构成一定的影响,但并未达到全年均无法生产经营的程度。也即,二审法院否定了一审法院认为疫情与未能达成业绩目标之间存在 100% 因果关系的观点,仅认可其中的部分因果关系,并据此判决韩某应当支付 LZ 股份公司部分业绩补偿款 1800 万元,该等金额大概为 LZ 股份公司诉请业绩补偿金额的 70% 。

2. 对赌纠纷中主张适用不可抗力/情势变更制度,各方在突发事件发生后作出的自认,往往会成为法院/仲裁庭关注的核心证据

本案中,LZ 股份公司曾在疫情发生后,通过微信聊天的方式表示,新冠疫情构成不可抗力并且同意对赌受疫情影响取消。尽管各方并未将该等意思表示通过书面补充协议的方式进行固定，但在一审阶段，法院据此认为，《股权转让协议》第 8 条的制式不可抗力条款，应当解释为由于不可抗力原因导致目标公司未达成约定净利润的，无须向投资人补偿。LZ 股份公司上诉后，虽然二审法院撤销了一审判决，但仍旧适用情势变更原则，对业绩补偿款、违约金等款项的计算标准进行了调减，我们理解 LZ 股份公司作出的自认也在其中起到了重要作用。

如前所述，业绩对赌纠纷中适用不可抗力/情势变更规则成功减免对赌责任的概率极低。最重要的一点是，突发事件与目标公司未实现业绩目标之间的因果关系较难构建。当事人作出的自认之所以如此重要，就在于该等自认可以成为认定因果关系最直接的证据。

本案为投资人曾作出对己方不利自认的代表性案例，但法院最终仍判决控股股东承担责任；与此同时，我们也检索到了两例目标公司、控股股东曾作出不利自认的案件，在这种情况下，法院的判决当然都据此认为不应因疫情免除实控人、控股股东的对赌责任。具体如下：

在杨某先、李某蓉等合同纠纷二审［审理法院：广东省广州市中级人民法院；裁判日期：(2023)粤 01 民终 23950 号；案号：2023. 11. 29］中，法院认为："杨某先提出《增资协议》履行期间出现新冠疫情不可抗力的问题。一方面，金宇公司的登记经营范围包括有色金属、稀土、非金属矿的冶炼及销售，收集、处理危险固态废弃物等，现有证据不足以证明新冠疫情及疫情防控措施对公司完成《增资协议》项下经营业绩要求造成何种直接影响。杨某先在上诉状中自称疫情期间公司营业收入持续上涨，也与其主张疫情对《增资协议》履行造成不利影响相矛盾。"

在王某刚与大业传媒集团有限公司等合同纠纷一审［审理法院：北京市朝阳区人民法院；裁判日期：2022. 06. 22；案号：(2021)京 0105 民初 94851 号］中，法院认为："关于大业传媒公司称因新冠疫情导致项目终止，属于不可抗力的意见，在大业××公司发布《大业××公司 2020 年第一次临时股东大会决议公告》明确载明了终止本次股票发行事宜的原因，并非因新冠疫情的发生，故对大业传媒公司的此项意见，本院不予采信。"

当然，在当事人作出对己方不利自认的情况下，也不必然导致败诉结果。参考本案例，作出不利自认的一方可以尝试从以下几个角度进行抗辩：(1)该等不利自认只是口头表述，并未以书面补充协议的方式进行固定；(2)该等不利自认只是磋商阶段的过程，并非沟通结果；(3)作出该等不利自认的主体只是公司员工，其意思表示无法代表公司。

3. 业绩对赌纠纷中主张适用不可抗力制度，免除全部业绩补偿责任，获支持的难度极大。尽管如此，法院/仲裁庭仍会综合考虑案件事实，适用情势变更原则，对业绩补偿款、违约金等款项计算标准进行调减，从而平衡各方权益

如上所述，本案中二审法院认为疫情与目标公司未能实现业绩目标之间存在部分因果关系，并据此将业绩补偿款调减了30%。事实上，据我们观察，绝大多数受疫情影响的对赌纠纷都呈现类似情况，疫情势必对目标公司经营造成不利影响，严重程度有所差别，但其未能完成业绩承诺往往也杂糅了其他因素，几乎不太可能构建100%的因果关系，这就导致不可抗力制度在此类案件中适用的空间极小。最终法院/仲裁庭能否支持控股股东关于调减业绩补偿款的请求，以及能在多大程度上对该等款项进行调减（从现有公开样本观察来看，最终酌减比例往往在5%～30%不等），核心就取决于控股股东能在多大程度上证明疫情与业绩不及预期之间的因果关系。

此外，法院/仲裁庭往往还会通过调减逾期付款违约金的方式平衡双方权益，其背后的逻辑是在违约金显著高于实际损失（此种情况下体现为资金占用损失）的情况下，法院/仲裁庭可以对此主动调整。例如，本案中，各方约定逾期支付业绩补偿价款的，应当按照每日5‱（大致相当于年化18%的水平）的标准支付逾期付款违约金。最终二审法院综合考虑疫情对合同履行的影响，对违约金标准进行酌定，调减为全国银行间同业拆借中心公布的同期贷款市场报价利率。

借鉴意义

1. 业绩对赌纠纷中主张适用不可抗力/情势变更制度，因果关系证据链条的构建往往是决定成败的重中之重

对目标公司及控股股东而言，如何在处理业绩对赌纠纷过程中构建因果关系证据链条至关重要，本案对此具有较好的启发意义。我们结合本案以及过往办案经验，提出如下举证思路供读者参考。就因果关系而言，目标公司及控股股东的举证方向主要包括以下几个。

(1)在突发事件发生之前，目标公司符合业绩承诺要求。如目标公司、控股股东能够举证证明在突发事件发生之前目标公司的业绩一直以来都符合业绩承诺要求，甚至有稳定增长趋势，能够极大限度地从侧面印证，后期业绩下滑是不可预见的突发事件导致的，而非公司经营管理不善等自身原因导致。司法实践中，存在大量反面案例，由于目标公司在突发事件发生之前就迟迟无法完成业绩目标，这种情况下尽管突发事件加剧了其经营难度，也难以成功以情势变更为由进行抗辩。例如，在王某与云南工投私募股权投资基金合伙企业、深圳市世博兴云旅游投资中心等股权转让纠纷案二审［审理法院：云南省昆明市中级人民法院；案号：(2023)云01民终17799号；裁判日期：2023.11.14］中，法院认为："新冠疫情虽然不可预见，但并不导致《股权收购协议》无法履行，且目标公司贵州东城在疫情发生前已连续三年未完成对赌业绩指标，被告在疫情发生后也未提出解除合同，对被告的上述主张，一审法院不予支持。"

(2)在突发事件发生之后，目标公司经营情况遭受了哪些消极影响。目标公司、控股股东可以从宏观、微观两个角度出发予以证明。宏观角度，可以提供目标企业所在行业受疫情影响严重的相关研报、公开报道、同行业企业业绩下滑明显的相关案例；微观角度，常见的消极影响包括：由于交通中断、原材料供应不足，进而造成目标企业生产停摆；疫情导致原材料供应价格上涨，目标企业生产成本显著增加；客户受疫情影响，取消与目标企业之间的订单、解除合同、订单量显著降低；高管或高级技术人员因疫情、出入境限制政策无法进行现场指导，导致项目被迫停摆。

(3)投资人曾作出的不利自认。如前所述，投融资双方在突发事件发生后，往往会进行商业磋商，这一过程中应当高度关注投资人是否曾作出过不利自认。特别地，在投资方为上市公司的情况下，目标公司、控股股东还可以特别关注投资方在公告文件中是否自认过突发事件对目标公司生产经营造成的不利影响，该等表述(如有)将成为目标公司、控股股东提出情势变更抗辩的重要利器。

相对而言，投资人可以从以下几个角度进行举证，对因果关系予以驳斥。

(1)在突发事件发生之前，目标公司连续多年未能达成业绩承诺；

(2)微观角度,目标公司经营不力的相关证据,投资人可以检索目标公司的消极舆情、涉诉情况、行政处罚,从而向法院/仲裁庭说明目标公司未能达成目标的主要原因并非疫情,而是目标公司经营不力;

(3)宏观角度,目标企业所在行业整体向好的相关新闻报道、行业研报,以及国家对行业的扶持政策等,以及同行业其他竞争对手业绩上涨的报道、公告。

2. 对赌纠纷中,关于突发事件对对赌目标产生的影响,各方在磋商中应高度谨慎,避免以任何方式作出不利自认

在突发事件发生后,投资人与目标公司、控股股东往往会就该等事件对公司经营的影响情况进行沟通。部分目标公司,或许还可能处于上市申请阶段,或者作为上市公司的子公司,因此不可避免地需要就经营情况进行公开披露。在这些沟通以及公开披露过程中,各方都应保持高度审慎,避免作出对己方不利的自认表述。对于书面文件,在正式发送前应当经过内部法务部门或法律顾问的审查,事先以未来应诉的视角对该等文件进行审查,以确保不会无意中作出不利自认;对于口头沟通,应当对高管人员、经办人员进行法律培训,向其强调不利自认的法律风险。

3. 类案生效判决/裁决可能成为法院/仲裁庭的重要参考依据

本案中,LZ 股份公司提交了 CH 公司与韩某、ZB 公司之间股权转让纠纷的生效仲裁裁决书作为证据。在该仲裁案件中,韩某、ZB 公司提出不可抗力抗辩并主张据此全部免除业绩补偿责任。但由于 LZ 股份成功举证证明目标公司未达成业绩目标并非全部由新冠疫情导致,而是交织了经营决策失误等其他因素。因此,最终仲裁庭实质上适用了情势变更规则,以公平原则为基础,参考各方面因素对目标公司业绩造成的影响,酌情将业绩补偿金额调减了 12%。在本诉讼案件中,LZ 股份公司提交该仲裁裁决书,认为两案在基本案情、请求权基础、争议焦点、实体请求等方面基本一致,根据《关于统一法律适用加强类案检索的指导意见(试行)》及相关规定,应认定两案属于类案范畴。

尽管最终二审法院在裁判观点中并未提及该等裁决案件,但我们认为该证据对二审改判也起到了至关重要的作用。鉴于目标公司往往会在融资过程中引入多家投资机构,并与该等投资机构约定较为一致的对赌条款,因此一旦发生疫情等突发事件,控股股东往往需要接二连三地应对一系列纠纷。当然,根据融资轮次的不同、各方谈判地位的差距，具体约定内容可能会存在差别，但对赌的基本逻辑是较为一致的。鉴于此，我们为控股股东提出以下建议：(1)务必在首次面临该等对赌纠纷时就保持高度警惕，并力争最好结果，否则任何一例不利判决书/裁决书都可能成为第一枚倒下的多米诺骨牌，为后续案件埋下隐患；(2)对于仲裁案件而言，控股股东应自行做好保密工作，避免仲裁裁决被其他投资人获取；对于诉讼案件，可尝试以涉及商业秘密为由申请不公开审理，至于判决书是否公开这一问题，考虑到目前司法公开工作不断优化、深化，仍需要根据政策变化进行动态观察；(3)当在后案件与在先类案被相同法院/相同仲裁委员会受理的情况下，可能发生的情况是两案被分配到相同的法官/相同的首席仲裁员，这种情况下想要扭转乾坤可以说比登天还难。我们在办案过程中就遇到过这种情况，客户在委托我方之时已经有了在先不利裁决，两个案件由相同的仲裁委员会管辖，并且最终被分配了相同的首席仲裁员。在进行实体答辩之前，我们先对首席仲裁员提出了回避申请。首先指出在先案件裁决的不当之处，进一步提炼两案在主体、请求权基础、基本事实等方面的高度相似性，从而认为首席仲裁员难免在后案审理中存在主观预判，受制于自身在先裁决观点的约束，因此难以秉持公正、客观的态度审理本案。最终，在我方坚定地数次提出回避请求后，首席仲裁员主动提出回避，仲裁委重新为本案指定了首席仲裁员，从程序角度降低了在先类案的不利影响。

上市对赌纠纷中适用不可抗力/情势变更制度降低回购价款/顺延对赌期限
——某合伙企业与某通讯公司合同纠纷案

案情回顾

2018年8月3日，申请人某合伙企业与被申请人某通讯公司、案外人某软件公司(以下简称目标公司)、某投资公司签署《股份转让协议》，某合伙企业以人民币4000万元的对价受让了某投资公司持有的目标公司0.22222%股份。考虑到目标公司彼时经营状况持续向好，各方在《股份转让协议》第8条中约定了对赌条款——“在本协议签署之后36个月的期限届满时，如果目标公司未能上市且未处于中国证监会上市审核期间，则投资人有权要求将其持有的标的股份转让给控股股东或其指定方。如投资人要求将其持有的标的股份转让给控股股东或其指定方，转让金额为投资人实际投资金额及其收益之和，收益按年息6%（单利）计算，期限以投资人投资日至控股股东或其指定方支付回购款项当天的实际天数计算（每年按360天计）。”

《股份转让协议》签署后，目标公司随即着手开展上市筹备工作。2019年8月，目标公司聘请的券商、审计、律师等中介机构赴目标公司业务所涉的十几个海外国家开展了尽职调查，对主要项目所在国的大使馆、代理商/经销商、行业主管机构进行了访谈，同时完成了站点核查、库存盘点、银行函证等工作。

为使目标公司尽快符合科创板上市的标准及审核要求，2019年6月17日，申请人、被申请人与目标公司、某投资公司签署了《股份转让协议之补充协议》（以下简称《补充协议一》），其中第1条约定：“各方一致同意，自本补充协议生效之日起，终止《股份转让协议》……第8条……；该等条款不再执行。”第2条约定：“各方一致同意，自本补充协议生效之日起，《股权转让协议》……第8条……对各方不再有任何法律约束力，各方无权依据该等条款向其他方提出任何权利主张或要求，而无论其据以提出权利主张或要求的行为发生在本补充协议生效之日、之前或之后。”

2019年6月18日，申请人、被申请人与案外人目标公司、某投资公司签署《关于有关条款效力恢复的协议》（以下简称《补充协议二》），根据《补充协议二》，若目标公司未能在2019年12月31日之前提交科创板上市申请，则《补充协议二》自动生效，包括但不限于《股份转让协议》第8条在内的条款将自动恢复法律约束力，同时《补充协议一》将自动解除，不再执行。

截至仲裁申请之日，目标公司未能上市且未处于中国证监会上市审核期内，申请人认为回购条款已被触发，于2022年7月9日提起仲裁，请求被申请人按照《股份转让协议》的约定向申请人支付股份回购款。

案件审理过程中，被申请人提出反请求，请求将《股份转让协议》第8.1款中约定的对赌期“在本协议签署之后36个月的期限届满时”变更为“自本案首次开庭之日起满两年之日时”。本案中各方的交易结构见图5-3。

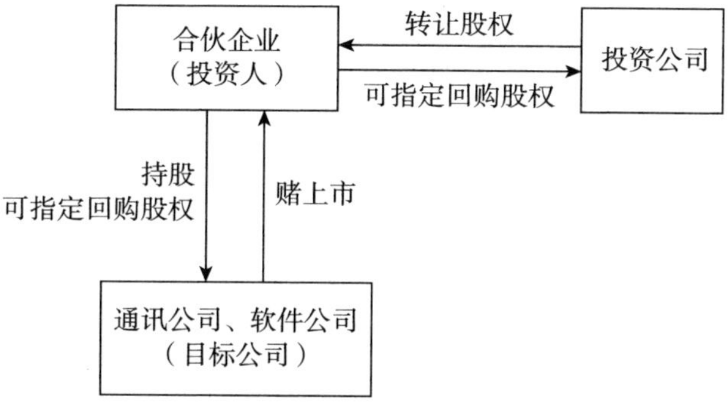

表 5－3　本案中各方的交易结构

争议焦点及裁判观点、结果

☞ 争议焦点

1.《股份转让协议》《补充协议一》《补充协议二》是否均合法有效；

2. 本案是否应适用情势变更规则对回购价款予以调减或者对对赌期限予以顺延。

☞ 裁决观点

2023 年 6 月 29 日，仲裁庭作出裁决，认为：

1. 在资本市场企业申报上市过程中，投资人与拟上市公司和/或控股股东签订附带估值、回购条款的投资协议，估值、回购条款等股东特殊权利在申报上市时附条件终止、在未成功上市后自行恢复是常见的操作方式。以上操作方式兼顾了投资人投资风险控制和满足企业申报上市中同股同权的证券市场要求。《股份转让协议》《补充协议一》《补充协议二》均为当事方的真实意思表示，且现有证据无法证明该等协议约定内容涉及金融安全、市场秩序等公序良俗。因此，被申请人以《补充协议二》规避金融监管秩序，违反公序良俗而归于无效的理由无法成立。

2. 被申请人提供的证据可以证明目标公司在海外业务在 2020 年年初至 2021 年年底受到新冠疫情影响，营业利润在 2019～2021 年连续 3 年下降，但并未显示券商后续是否继续推进目标公司上市工作，如未推进的理由和考虑。并且被申请人 2019 年、2020 年利润额均超过各板块上市隐形门槛,以及被申请人未证明以下事项:(1)是否因目标公司营业利润下降而直接构成科创板上市条件的阻碍;(2)是否因目标公司营业利润下降而直接构成其他板上市条件的阻碍;(3)目标公司在疫情期间曾经向监管部门正式递交过上市申请,以及可能的正式上市申请因疫情影响未获进展。加之,公司上市受多重因素的影响,新冠疫情并非构成阻碍上市进程的必然因素,因此,仲裁庭认为,在案证据不足以证明目标公司营业利润受新冠疫情影响而下降直接阻碍目标公司上市。综上,仲裁庭对引用不可抗力或情势变更而延长本案合同项下对赌期的主张不予认可。

3. 本案在案证据显示新冠疫情及其防控措施对目标公司的盈利水平及盈利能力有影响,但就盈利影响如何直接导致上市或者上市努力受阻,在案证据无法充分证明。基于此,仲裁庭无法支持被申请人援引不可抗力条款而延长本案合同项下对赌期限的主张。

4. 在分析被申请人能否援引情势变更或者不可抗力条款作为在合同约定期限内免予承担回购责任的有效抗辩事项时,被申请人提交的证据客观可以证明目标公司在海外经营业务在 2020 年年初至 2021 年年底受到新冠疫情影响,营业利润在 2019 ~ 2021 年连续三年下降。综上,仲裁庭根据公平原则适当缩短合同约定的收益期间的计算。

☞ 裁决结果

(1)被申请人回购申请人持有的目标公司 737,145 股股份,向申请人支付截至 2022 年 7 月 11 日的回购款 42,255,342.47 元(包括回购款本金 40,000,000 元加暂计至 2022 年 7 月 11 日的收益 2,255,342.47 元),以及自 2022 年 7 月 12 日至被申请人实际支付之日止,以 40,000,000 元为基数、按照年利率 6% 的标准计算的收益;

(2)被申请人向申请人支付本案中申请人产生的律师费 100,000 元;

(3)驳回被申请人的全部反请求。

案例评析

1. 对赌纠纷中依据情势变更制度主张将目标上市时点、业绩对赌期间进行顺延,获支持的难度极高

截至目前,我们在公开范围内尚未检索到成功依据情势变更制度将目标上市时点、业绩对赌期间进行顺延的案例。我们理解,背后的核心原因是,法院/仲裁庭变更合同的逻辑基础往往是判断突发事件对未能达成业绩目标/未能如期上市之间的因果关系,根据因果关系的大小进而对业绩补偿款项/回购款项金额进行相应的调减。此种调整逻辑更加具有确定性,且在说理上更容易成立。相较而言,目标上市时点、业绩对赌期间顺延之后,目标公司的实际经营情况、上市筹备情况究竟将进展如何,存在高度不确定性,究竟从何时开始延期?究竟该延期多久?难以根据因果关系大小进行量化对应,同时也不利于一次性解决纠纷。因此,根据我们的实务经验,目标公司、实际控制人依据情势变更规则请求将目标上市时点、业绩对赌期间进行顺延,获得支持的概率极小。但在各方选择诉讼/仲裁前的商业磋商阶段,此种调整方案则具有较大适用空间。

2. 主张适用情势变更制度是否必须以反诉/反请求形式提出

最高人民法院在《中华人民共和国民法典合同编理解与适用》一书中对第533条“情势变更制度”的适用分析中提出,人民法院或仲裁机构变更或解除合同应当基于当事人请求。但该等“请求”是否可以仅以抗辩的形式提出,还是必须以反诉/反请求的方式提出,答案尚不清晰。根据我们的办案经验,如果目标公司、实际控制人主张对回购价款、业绩补偿款进行调减的,往往作为抗辩理由提出即可;但如果请求对限期上市时点、业绩对赌期间进行顺延,或者对协议约定内容进行实质改变的,则必须通过反请求的方式提出。

例如,在本案中被申请人拟适用情势变更规则主张对上市对赌期限予以顺延,仲裁庭曾在庭审中特意对该问题进行释明,认为如提出适用情势变更制度并希望据此对上市对赌期限进行顺延,应当以反请求的方式正式提出。根据我们的办案经验,此种情况下反诉/反请求费用的计算标准,往往与本诉/本请求的回购款/业绩补偿款金额一致。

针对该问题,我们还检索到一例最高人民法院的代表性案件,供读者参考。

在唐山宏成房地产开发有限公司、中国农业银行股份有限公司三河市燕郊支行合同纠纷二审案[审理法院:最高人民法院;案号:(2019)最高法民终2号;裁判日期:2019.06.14]中,被告主张,《土地使用权转让合同》约定由被告办理土地过户手续,但由于土地管理、规划、税收等相关政策及土地市场发生了重大变化,因此原合同条款约定和履行基础早已发生重大变化,被告已经实际丧失原合同部分条款的履行能力,并据此主张变更合同。法院在裁判观点中认为:"人民法院确定合同是否变更或者解除的前提是当事人向人民法院提出明确的请求。本案中,农行燕郊支行虽然提交《请求变更或解除合同申请书》,主张《土地使用权转让合同书》应当变更,但是在2018年3月13日庭审笔录中其已明确表示不作为反诉,而是作为抗辩理由提出,即农行燕郊支行所称的合同变更并未作为诉讼请求提出,故一审法院对此不予审理并无不当。"

3. 公平原则在涉疫情对赌案件中的适用

本案中,尽管仲裁庭最终并未支持被申请人基于情势变更规则提出的降低回购价款的抗辩,以及顺延对赌期限的反请求,但是,鉴于被申请人还是在一定程度上证明了新冠疫情对目标公司在海外经营业务造成的不利影响,最终仲裁庭通过缩短合同约定的收益期间的方式,间接降低了股权回购价款。经计算,调减比例大约为15%。因此,受本案启发,我们发现尽管不可抗力规则、情势变更规则在对赌案件中的适用难度很大、条件严苛,但是司法实践中法院/仲裁庭往往会考虑疫情对目标公司限期上市、经营业绩造成的影响,并有可能通过公平原则的适用平衡各方之间的权利义务,具体体现可能包括缩短回购价款计算的收益期间(如本案)、降低逾期支付回购价款/业绩补偿款的违约金计算标准(例如,LZ股份公司与韩某、ZB公司合同纠纷)等。

借鉴意义

观察上述案件可以发现,对目标公司及控股股东而言,在处理限期上市对赌纠纷过程中构建因果关系证据链条是非常大的挑战。我们结合本案以及过往办案经验,提出如下举证思路供读者参考。在限期上市对赌案件中,目标公司、控股股东如提出情势变更抗辩,应当着重举证证明以下问题:

1. 在突发事件发生之前，目标公司已经完成了哪些上市准备工作；

2. 在突发事件发生之前，目标公司已经符合了哪些上市条件；

3. 突发事件发生后，对上市准备工作的推进造成了哪些消极影响；

4. 突发事件发生后，对上市条件的达成造成了哪些消极影响。

可见，相较业绩对赌类案件而言，限期上市类对赌案件中，目标公司、控股股东主张适用情势变更规则的因果关系举证责任更重、认定更加严苛，被法院/仲裁庭驳回的概率较高。我们为目标公司、控股股东提供可借鉴的举证思路如下。

1. 在突发事件发生之前，目标公司已经完成了哪些上市准备工作，以及已经符合了哪些上市条件

一般而言，拟上市企业需要经历聘请中介机构、股份改制、财务审计、合规审查、制作招股说明书、提交上市申请及证监会审核等准备阶段。此外，根据拟上市交易所的不同，目标企业需要满足相应的上市条件，包括但不限于盈利要求、持续经营能力要求等。

在上海利保华辰投资中心（有限合伙）与郭某慰股权转让纠纷案［审理法院：上海市长宁区人民法院；案号：（2022）沪 0105 民初 18985 号；裁判日期：2023.04.10］中，被告辩称因受新冠疫情及国家对教育培训行业的政策变化等不可抗力的影响，目标公司未能在合同约定时间内公开发行股票并上市，并据此请求法院解除《增资合同》。本案中，法院从以下两个方面进行了详细分析：其一，疫情及政策变更发生之前，目标公司未能完成必要的上市准备工作："在案证据表明，完成合同约定的上市条件需在 2022 年 5 月 31 日之前三年即完成公司改制，将有限公司改制为股份有限公司，且持续经营 3 年以上。即第三人在 2019 年 5 月就应完成公司改制并启动上市流程。审理中，被告及第三人确认第三人公司在 2022 年 5 月 31 日前并未启动上市申请及相应流程。"其二，疫情及政策变更发生之前，目标公司业绩并不符合上市要求："结合被告及第三人提供的第三人 2018 年至 2022 年的财务资料，2019 年年底第三人的净利润均为负值，也不符合上海证券交易所上市条件中的最近 3 个会计年度持续盈利的财务指标要求。故第三人公司没有完成合同约定的上市义务，新冠疫情的影响并非主要原因。"

2. 突发事件发生后，对上市准备工作的推进造成了哪些消极影响，以及对上市条件的达成造成了哪些消极影响

对此，目标公司、控股股东可以从两个方面进行举证：其一，举证证明突发事件对上市准备工作造成的不利影响，如尽调工作难以如期开展等；其二，举证证明突发事件对目标公司生产经营造成的不利影响，致使其不再符合上市条件，包括但不限于盈利水平、盈利稳定性不满足要求。

相应地，投资方往往可以从以下两个角度举证应对：其一，投资方可以就目标公司所在行业的整体上市情况进行举证，例如该行业在对赌年度有多少家企业成功上市、多少家企业甚至实现了净利润增长，从而切断突发事件与目标企业未能成功上市之间的因果关系。但针对这一观点，目标公司、控股股东也可以进一步举证证明目标公司生产经营的特殊性，毕竟即便在同一行业内，不同企业的盈利模式也存在区别，产品与服务存在个体差异性，地域因素也不尽相同，因此对因果关系的论证不能根据行业的整体情况一概而论，还是应当回归到目标公司自身具体问题具体分析。其二，投资方可以举证证明目标公司未能如期上市是目标公司、控股股东履职不当、经营决策错误等自身因素导致的。

可见，目标公司、控股股东如想要在限期上市类对赌案件中提出情势变更抗辩，其举证难度相当高，需要对突发事件发生前后的上市工作进展以及目标公司的经营情况进行全面举证。投资方反驳目标公司、控股股东的证据则较为容易，毕竟能够证明疫情与上市之间存在具体因果关系的直接证据非常罕见。例如，在宁波明道先锋投资合伙企业、彭某武股权转让纠纷一案［审理法院：湖北省武穴市人民法院；案号：(2021)鄂1182民初740号；裁判日期：2021.12.20］中，法院认为："2020年初突发的新冠疫情对美天公司的生产经营可能会带来一定影响，但2020年湖北境内仍新增上市公司9家，其中还包括与美天公司同类的生物公司，故新冠疫情并不必然导致案涉原、被告签订的对赌协议所涉的IPO申请履行不能。且案涉补充协议二成立至新冠疫情发生前也已历时两年有余，美天公司并未实质性向证监会提交IPO申请。新冠疫情得到有效控制，且复工复产至今又一年有余，美天公司依然还未能向证监会提交IPO申请。"

对赌纠纷中适用不可抗力/情势变更制度的通知义务
——上海狮旌案与万唯影业案对比分析

上海狮旌案案情回顾

2019 年 8 月 16 日,周某金与狮旌公司签订《电影〈七七之夏〉投资收益转让协议》。协议约定:狮旌公司系电影出品方,具有该片在所持份额内权益转让的权利,周某金在对电影项目进度和风险充分了解的基础上,自愿就狮旌公司所持份额进行权益转让。电影总投资 4000 万元,周某金投资 12 万元,占投资总额比例的 0.3%,持有影片 0.3% 可分配收益。影片暂定公映日期为 2020 年。狮旌公司承诺在 2020 年 12 月 31 日前完成影片的上映工作,若未完成,则狮旌公司按周某金出资金额并加上年化 10% 收益,于 2021 年 6 月 30 日前对周某金份额进行回购。协议签署后,周某金向狮旌公司支付了该等 12 万元款项。

2019 年 12 月 20 日,双方又签订一份《电影〈七七之夏〉投资收益转让协议》,约定电影总投资 5000 万元,周某金投资 8 万元,占投资总额比例的 0.16%,持有影片 0.16% 可分配收益。其余条款与前述合同一致。协议签署后,周某金向狮旌公司支付了该等 8 万元款项。

在两份协议中,双方均约定了不可抗力条款,对不可抗力的定义、遭受不可抗力影响一方的通知义务、法律后果等进行了明确约定。截至本案审理之时,涉案影片《七七之夏》尚未拍摄完成,未取得公映许可证,尚未上映。

周某金认为狮旌公司未能按期完成影片上映工作并应依约回购其所持份额,故提起本案诉讼,本案于 2021 年 8 月 3 日立案。2021 年 9 月 24 日,上海市闵行区人民法院作出一审判决。狮旌公司不服该判决,向上海市第一中级人民法院提起上诉。2021 年 12 月 16 日,上海市第一中级人民法院作出二审判决(驳回上诉,维持原判)。本案中各方的交易结构见图 5-4。

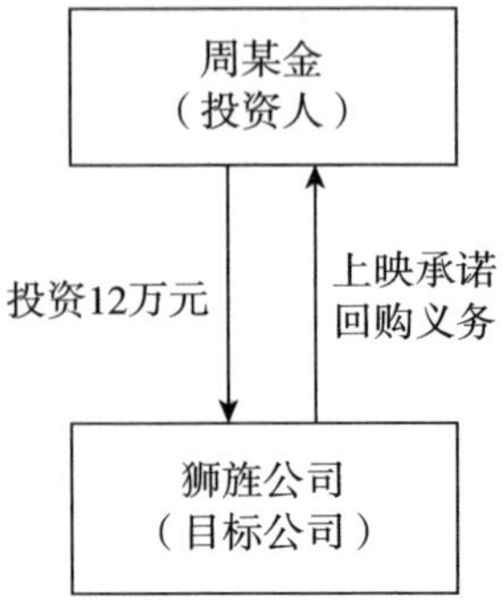

图 5-4　本案中各方的交易结构

上海狮旋案争议焦点及裁判观点、结果

☞ 争议焦点

电影未能拍摄完成是否系新冠疫情造成的，能否适用不可抗力条款予以免责？

☞ 裁判观点

新冠疫情可归属于法律上的不可抗力，但《电影〈七七之夏〉投资收益转让协议》约定，狮旋公司对周某金负有通知义务，且不可抗力事件或其影响终止或消除后，双方需立即恢复履行各自的义务；如不可抗力事件及其影响持续 30 日以上并且致使协议任何一方丧失继续履行协议的能力，任何一方有权解除协议。狮旋公司未向周某金尽到通知义务，现全国已全面复工复产，若狮旋公司现已丧失履行协议的能力，周某金也有权依约解除协议。

☞ 裁判结果

(1)确认周某金与狮旋公司之间的两份《电影〈七七之夏〉投资收益转让协议》于 2021 年 8 月 10 日解除；

(2)狮旋公司于判决生效之日起 10 日内返还周某金投资款 20 万元；

(3)狮旋公司于判决生效之日起 10 日内支付周某金以 12 万元为基数自 2019 年 8 月 17 日起至实际清偿之日止按年利率 10% 计算的收益，以及以 8 万元为基数自 2019 年 12 月 21 日起至实际清偿之日止按年利率 10% 计算的收益。

万唯影业案案情回顾

2018 年 11 月 14 日，李某纺与万唯影业公司签订《影视版权认购合同书》，李某纺支付 300 万元版权转让款，获得电影《真假美猴王之战神归来》版权总收益纯利润的 2% 收益权。2018 年 11 月 17 日，李某纺与万唯影业公司签订《补充协议》，约定《影视版权认购合同书》签订后 2 年内影片无法在院线完成上映，万唯影业公司需返还李某纺版权认购款，并按李某纺实际支付给万唯影业公司的金额，按每年 8% 的利息作为违约金。2020 年 12 月 5 日，电影《真假美猴王之战神归来》正式更名为《真假美猴王之大圣无双》，并在全国上映。由于影片未能在补充协议约定的期限内上映，李某纺向一审法院起诉请求万唯影业公司返还投资款 300 万元及违约金，本案于 2021 年 4 月 21 日立案。万唯影业公司辩称，疫情属于不可抗力，根据《影视版权认购合同》约定发生不可抗力时各自承担责任，故万唯影业公司无须承担责任，李某纺应自行承担风险。

2021 年 8 月 24 日，北京市海淀区人民法院作出一审判决。李某纺不服该判决，向北京市第一中级人民法院提起上诉。2022 年 1 月 25 日，北京市第一中级人民法院作出二审判决(驳回上诉，维持原判)。

万唯影业案争议焦点及裁判观点、结果

☞ 争议焦点

电影未能如期上市，是否应当适用不可抗力制度，免除回购责任。

☞ 裁判观点

本案中，万唯影业公司虽上映影片的时间确实晚于合同约定的时间，但其提出晚于合同约定的时间上映影片系因国家对新型冠状病毒感染的防控措施，因万唯影业公司的此项抗辩具有合理性，其逾期上映影片确属因不可抗力不能履行民事义务，因此不应承担民事责任。双方约定的影片上映时间后很短时间内即 2020 年 1 月，全国范围内暴发疫情，导致涉案影片无法在约定时间后相对合理的期间内上映，属于由于疫情原因导致影片延期上映。

根据《合同法》第118条规定，当事人一方以不可抗力不能履行合同的，应当及时通知对方，以减轻可能给对方造成的损失，并应当在合理期限内提供证明。本案中，万唯公司未及时通知李某纺其由于疫情原因不能按照约定时间上映影片，万唯公司确存在不妥之处，法院予以批评。但及时通知对方因不可抗力不能履行合同仅影响因未及时通知可能造成的其他损失的赔偿问题，不影响迟延履行一方因不可抗力免责的认定。且影片上映属于公开行为，即使万唯公司未及时通知李某纺迟延履行，李某纺也能够知晓涉案影片是否上映以及何时上映。万唯公司虽未通知李某纺影片延期上映，但其未通知客观上不会进一步造成李某纺损失的扩大。故李某纺以万唯公司未及时通知为由主张万唯公司不可抗力抗辩意见不成立的上诉理由于法无据，法院不予采纳。

☞ 裁判结果

驳回李某纺的全部诉讼请求。

案例评析

目标公司、控股股东是否就疫情等突发事件及其不利影响履行了通知义务，系法院/仲裁庭适用不可抗力/情势变更规则的重点考量因素之一，但并非决定性因素。通说认为，通知义务系《民法典》第590条规定的附随义务，未履行通知义务的，应当向相对方赔偿因未尽该义务而造成的损失。

我们可以发现，上述两例案件案情高度相似。二者均以电影限期上映为对赌目标，均受疫情影响未能在约定期限内完成电影上映，且被告均未履行不可抗力规则的通知义务。两案中，原告均提出观点认为，被告未履行通知义务，因此不应适用不可抗力规则对被告予以免责。对此，两案的法院均在裁判观点部分就该问题进行了重点说理。但值得关注的是，两案最终的判决结果却大相径庭，前案中法院支持了原告的全部诉讼请求，后案中法院驳回了原告的全部诉讼请求。

这表明，目标公司、控股股东是否就疫情等突发事件及其不利影响履行了通知义务，确实属于法院/仲裁庭适用不可抗力/情势变更规则的重点考量因素之一，但并非决定性因素。

那么究竟该如何理解“通知义务”呢？对后案的裁判观点进行深度解读或许对我们探究这一问题有较大帮助，二审法院认为：“万唯公司虽未通知李某纺影片延期上映，但其未通知客观上不会进一步造成李某纺损失的扩大。”也即通知义务实际上是不可抗力制度下的附随义务，未履行通知义务造成的法律后果是，当事人应当就未能及时通知为相对方造成的损失承担赔偿责任。事实上，这与《民法典》的规定以及目前主流司法观点也是一致的。《民法典》第590条第1款规定：“当事人一方因不可抗力不能履行合同的……因不可抗力不能履行合同的，应当及时通知对方，以减轻可能给对方造成的损失，并应当在合理期限内提供证明。”广西壮族自治区高级人民法院民二庭在《关于审理涉及新冠肺炎疫情民商事案件的指导意见》第8条中明确指出：“关于未及时或未尽通知义务的归责问题。债务人未及时履行通知义务或者未尽通知义务，债权人因此受到损失的，如果未及时履行通知义务或者未尽通知义务与债权人损失存在因果关系，债务人应对债权人损失承担责任。”

仔细对比两案可以发现，两案在事实层面存在的显著不同是：前案中，双方约定电影目标上映时间为2020年12月31日，但直至2021年年底案件审理之时，被告仍然尚未完成电影拍摄，未取得公映许可证，距离上映遥遥无期，此时疫情已经发生近两年，影院已经逐步放开，这说明疫情并非电影未能如期上映的核心原因；但后案中，双方约定电影目标上映时间为2020年11月17日，影片在约定期限后一个月内（2020年12月5日）就完成了上映，裁判者从心证角度会更加认同延期上映确实是疫情原因导致，况且逾期并没有对原告造成明显损害。

因此，对比两案我们可以发现，是否履行通知义务对于能否适用不可抗力制度而言，既不是充分条件，也不是必要条件。“不是充分条件”，是指不可抗力制度的适用，最终仍应回归到投资人是否因此遭受了损失，该损失与突发事件之间有无因果关系的认定上，及时通知只是目标公司、控股股东基于诚信原则应当履行的基本义务；“不是必要条件”，是指即使没有履行通知义务，也不必然意味着不可抗力制度就无法适用，如果目标公司、控股股东能够证明突发事件符合不可预见、不可克服、不可避免的要件，且没有造成明显损失，或者虽然因此造成损失但该等损失并非由于未能及时通知而产生，那么仍有可能适用不可抗力规则。当然，该等证明标准的要求是极高的。也正因如此，本案为我们通过公开数据库检索到的期限对赌案件中唯一一例以不可抗力为由抗辩成功的案件，这充分说明了以不可抗力作为抗辩的难度。

借鉴意义

在突发事件发生且有可能影响对赌目标实现的情况下，目标公司、控股股东应当及时履行通知义务，以最大限度保障后续适用不可抗力制度免责或适用情势变更规则变更或解除对赌安排的权利。我们就具体操作要点建议如下。

1. 通知方式

根据我们的办案经验，实践中较为常见的通知方式包括邮寄、短信、微信、电子邮件等，目标公司、控股股东应当尽可能采取多种方式同时发送，避免丢件、未妥投等情况发生，如协议中有明确的通知条款载明了相对方的联系方式，应确保通知到该对象。在跟踪签收信息确保妥投后，应当及时留存所有的通知文件以及送达凭证，以备后续处理纠纷过程中使用。值得强调的是，我们发现在司法实践中，该等通知义务的履行认定标准往往并不严苛，在当事方难以找到点对点定向通知的证据时，目标公司对外披露的定期报告、审计报告、公开进行的记者问答等，都可以作为履行通知义务的相关证据。例如，在江苏五洋停车产业集团股份有限公司、济南天辰机器集团有限公司等合同纠纷案［审理法院：江苏省徐州市铜山区人民法院；案号：（2021）苏0312民初13108号；裁判日期：2022.05.30］中，法院认为："三被告虽未提供证据证明其在不可抗力发生情形后及时通知了五洋公司，但三被告解释称给予了口头告知并进行了协商，虽然五洋公司不予认可，但该新冠疫情为全国公众所知悉的全国性突发卫生公共事件，五洋公司在其2020年第一季度业绩报告'业绩变动原因说明'中也提到其公司净利润同期下滑的原因系受疫情影响，在其2020年年度审计报告中也载明'天辰机器公司未能完成本年度业绩承诺的原因系受疫情影响和原材料价格上涨'，且五洋公司董事长也在中国证券监督管理委员会官网答记者问中明确表明了新冠疫情系天辰机器公司未完成净利润承诺数的原因之一。"

2. 通知内容

对于目标公司、控股股东而言，应尽可能将突发事件的具体情况以及所造成的影响全面告知投资人，同时提供相应证明性文件。在此之后，目标公司、控股股东应当对突发事件进行动态观察，一旦情况进一步恶化，应当就该等情况进行再次通知。同时，在突发事件可能影响对赌目标实现的情况下，目标公司、控股股东应当在通知中明确表态，请求对原对赌安排进行变更、解除或其他主张。

3. 通知时间

《民法典》第590条对通知时间仅作出了“及时通知”的原则性规定，但实践中各方往往在投资协议的不可抗力条款中约定，遭受不可抗力的一方应当在×天内将相关情况及时通知相对方。在实际操作中，目标公司、控股股东应当关注该等约定并依约在特定期限内履行完毕通知义务。

对赌纠纷中能否二次适用不可抗力/情势变更制度
——某某集团、裴某兵与某某有限公司合同纠纷

案情回顾

2019年5月13日，某某集团（甲方）与某某公司（乙方一，持有目标公司51%股份）、裴某兵（乙方二，持有目标公司49%股份）签订《发行股份购买资产协议》，约定甲方向乙方定向发行股份购买乙方所持有的某某旅游开发有限公司（下称目标公司）的100%股权，乙方同意以其持有的目标公司股权认购甲方发行的股份。根据资产评估有限公司出具的《资产评估报告》，在评估基准日2018年12月31日按收益法评估的估值价格为9079.81万元，经双方协商一致，确定某某集团100%股权交易价格为9079.81万元。

同日，某某集团（甲方）与某某公司（乙方一）、裴某兵（乙方二）签订《盈利预测补偿协议》约定：“各方同意，本次交易的盈利承诺期间为2019年度、2020年度、2021年度，承诺净利润数额分别为2019年不低于800万元，2020年不低于950万元，2021年不低于1150万元。……乙方承诺，根据《专项审核报告》所确认的结果，若目标公司在补偿期内任一会计年度截至当期期末累计实现的扣除非经常性损益后的净利润小于截至当期期末承诺净利润的，则乙方应对之间

的差额按照交易双方约定进行补偿。具体补偿方式如下:……乙方优先以本次交易取得的股份进行补偿,股份不足时,再以现金方式补偿,乙方当期应补偿的股份数量按照以下公式进行计算:乙方当期应补偿的股份数量=当期补偿金额/本次交易发行价格;当期补偿金额=(截至当期期末累计承诺净利润-截至当期期末累计实现净利润)÷盈利承诺期各年的累计承诺净利润数×标的资产交易对价-累计已补偿金额。……盈利承诺期内,如发生不能预见、不能避免、不能克服的任何客观事实,包括但不限于地震、台风、洪水、火灾、疫情或其他天灾等自然灾害,导致承诺期内,目标公司当年截至当期期末的累计实现净利润小于目标公司相应年度截至当期期末的累计承诺净利润,经各方协商一致,且在符合法律、法规及监管部门意见的基础上,可以书面形式对约定补偿金额进行调整。"

2019年8月16日,目标公司办理股东变更登记。2019年9月,某某集团以7.03元/股的价格向某某公司、裴某兵共计发行股票12,915,802股(裴某兵6,328,743股,某某公司6,587,059股),并办理了股份登记手续。

经审计,2019年度,目标公司归属于母公司所有者的净利润894.96万元,扣除非经常性损益和募集配套资金投入对目标公司净利润所产生的影响额后归属于母公司所有者的净利润为831.1万元,超过了2019年度的业绩承诺。

2020年,新型冠状病毒感染的疫情暴发。受疫情影响,目标公司未完成业绩承诺。经审计,2020年度归属于母公司所有者的净利润为7.11万元,扣除非经常性损益和募集配套资金投入对目标公司净利润所产生的影响额后属于母公司所有者的净利润为-485.46万元。据此,三方协议变更合同,于2021年4月23日签订《盈利预测补偿补充协议》,约定:"受新型冠状病毒肺炎疫情的影响,2020年业绩难以完成。根据相关监管规定,并经各方当事人协商一致,各方就本次交易业绩承诺期相关事宜进行调整。本次交易承诺期间为2019年度、2021年度、2022年度,承诺净利润数额分别为2019年度不低于800万元,2021年度不低于950万元,2022年度不低于1150万元。"

2022年4月,某某集团委托某某某会计师事务所对2021年度业绩承诺完成情况进行专项审计,该所出具的《专项审计报告》认为,《关于某某旅游开发有限公司2021年度业绩承诺完成情况的说明》符合深圳证券交易所的相关规定，如实反映了目标公司2021年度业绩承诺完成情况。《关于某某旅游开发有限公司2021年度业绩承诺完成情况的说明》记载："某某旅游开发有限公司2021年度归属于母公司所有者的净利润1,083,144.47元，扣除非经常性损益和募集配套资金投入对目标公司的净利润所产生的影响额后归属于母公司所有者的净利润为-400,665.06元，未达到2021年度的业绩承诺。"中天国富证券有限公司作为案涉交易的独立财务顾问，认为："目标公司2021年度实现净利润-400,665.06元，截至2021年累计实现净利润7,910,334.94元，对应同期累计实现承诺净利润为17,500,000元，差额-9,589,665.06元，未完成业绩承诺，触发业绩补偿程序，业绩承诺方应根据已签署的业绩承诺相关协议文件，履行业绩承诺补偿义务。"某某资产评估有限公司核查认为："目标公司2021年度实际实现扣除非经常性损益后的净利润与承诺净利润数之间差异数为-958.97万元。"目标公司未实现业绩承诺的原因为："2021年，在全国局部疫情零星散发及常态化管控的背景下，景区开放与游客出行受限，旅游业作为聚集性高、流动性大、跨区域性强的行业，受影响明显。目标公司以旅游景区经营为主业，疫情反复导致的跨省团队游熔断、景区封控、游客出行意愿降低等情形对某某公司正常经营造成冲击。"

2022年，某某集团以目标公司未能实现业绩承诺为由，向宜昌市伍家岗区人民法院提起诉讼，请求某某公司、裴某兵以返还所持有的某某集团股份的方式进行业绩补偿，同时返还其在持有某某集团股份期间累计获得的分红收益。本案中各方的交易结构见图5-5。

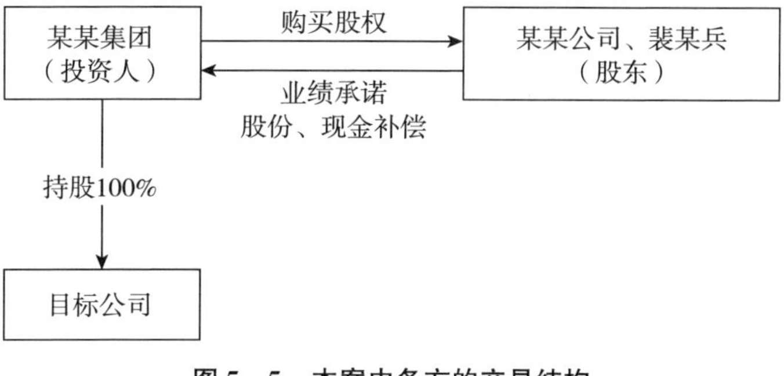

图5-5 本案中各方的交易结构

争议焦点及裁判观点、结果

1. 一审阶段

☞ 争议焦点

本案应否适用情势变更原则,对业绩补偿数额予以调整。

☞ 裁判观点

2023 年,宜昌市伍家岗区人民法院作出一审判决,认为,各方签署《补充协议》时,新冠病毒感染的疫情很大程度上有所缓解,旅游市场处于恢复阶段,但《补充协议》签订后疫情呈发散特征、疫情防控常态化,景区开放与游客出行受限,对于普通商事交易主体而言存在一定预见难度。某某公司以旅游景区经营为主业,疫情反复导致跨省团队游熔断、景区封控、游客出行意愿降低、消费意愿降低,对某某公司的正常经营造成巨大冲击,系某某公司未达到 2021 年度业绩承诺的主要原因。如果令某某公司、裴某兵再按照《盈利预测补偿补充协议》进行业绩补偿,显失公允。一审法院综合考虑各方面因素,确定某某公司、裴某兵按照《盈利预测补偿补充协议》约定标准的 40% 进行业绩补偿。

☞ 裁判结果

(1)裴某兵于判决生效之日起 10 日内向某某集团交付某某集团股份 1,423,088 股,某某集团以 1 元的价格回购,并于取得该股份之日起 10 日内予以注销,裴某兵应当协助办理股票过户转移登记手续;

(2)裴某兵于判决生效之日起 10 日内向某某集团返还分红收益 154,865.50 元,并以 154,865.50 元为基数,自 2022 年 6 月 7 日起至偿清之日止,按照全国银行间同业拆借中心公布的同期贷款市场报价利率支付资金占用费;

(3)某某公司于判决生效之日起 10 日内向某某集团交付某某集团股份 1,481,174 股,某某集团以 1 元的价格回购,并于某某集团取得股份之日起 10 日内予以注销,某某公司应当协助办理股票过户转移登记手续;

(4)某某公司于判决生效之日起 10 日内向某某集团返还分红收益 161,186.54 元,并以 161,186.54 元为基数,自 2022 年 6 月 7 日起至偿清之日止,按照全国银行间同业拆借中心公布的同期贷款市场报价利率支付资金占用费;

(5)驳回某某集团的其他本诉请求;

(6)驳回裴某兵的反诉请求。

2. 二审阶段

☞ 争议焦点

本案应否适用情势变更原则,对业绩补偿数额予以调整?

☞ 裁判观点

2023 年 12 月 11 日,湖北省宜昌市中级人民法院作出二审判决,认为,2021 年 4 月 23 日,案涉当事人签订《盈利预测补偿补充协议》时,新冠疫情已发生一年有余,很多涉疫举措已经成为旅游行业常态化的管理措施,上诉人裴某兵作为参与对赌的成熟商事主体,对疫情导致的履行障碍应该有相当的预判,应将疫情可能造成的影响纳入与某某集团签订补充协议的判断和考量之中。而且,从交易的性质而言,对赌本身属于“高风险、高收益”交易,明知交易性质不确定,协议各方亦自行设定了复杂的公式,分配潜在风险,对于此类风险最适宜的方式是将其交给市场,如此市场主体会在交易中碰撞风险并逐渐成熟。对风险投资型金融产品标的物的合同,过度的制度保护不仅浪费司法资源,而且对于矛盾的解决并无助益。因此,本案不适用情势变更原则,应严格按照双方所签协议及补充协议执行。

☞ 裁判结果

(1)撤销宜昌市伍家岗区人民法院(2022)鄂 0503 民初 1794 号民事判决;

(2)裴某兵于本判决生效之日起 10 日内向某某股份有限公司交付某某股份有限公司股份 3,557,721 股,某某股份有限公司以 1 元的价格回购,并于取得该股份之日起 10 日内予以注销,裴某兵应当协助办理股票过户转移登记手续;

(3)裴某兵于本判决生效之日起 10 日内向某某股份有限公司返还分红收益 387,163.75 元,并以 387,163.75 元为基数,自 2022 年 6 月 7 日起至偿清之日止,按照全国银行间同业拆借中心公布的同期贷款市场报价利率支付资金占用费;

(4)某某有限公司于本判决生效之日起 10 日内向某某股份有限公司交付某某股份有限公司股份 3,702,934 股,某某股份有限公司以 1 元的价格回购,并于某某股份有限公司取得股份之日起 10 日内予以注销,某某有限公司应当协助办理股票过户转移登记手续;

(5)某某有限公司于本判决生效之日起10日内向某某股份有限公司返还分红收益402,966.35元,并以402,966.35元为基数,自2022年6月7日起至偿清之日止,按照全国银行间同业拆借中心公布的同期贷款市场报价利率支付资金占用费;

(6)驳回某某股份有限公司的其他本诉请求;

(7)驳回裴某兵的反诉请求。

案例评析

该等案例对于理解不可抗力/情势变更规则要求的"不可预见性"具有较高的参考价值。无论是不可抗力制度,还是情势变更制度,都要求突发事件必须发生于合同订立之后,其背后的原因不言而喻,无论是投融资双方约定限期上市对赌还是业绩承诺对赌,具体的上市目标时间点以及业绩目标都是基于投资协议生效时点的经济情况、市场环境、目标企业经营状况决定的,且根据诚信原则交易各方有合理理由信赖相对方已全面审慎地将全部因素纳入考量。

"不可预见性"的要求在理解与适用层面并不存在明显困难,但值得从本案提炼出的衍生规则是:在投资对赌纠纷中,倘若投融资双方已经在情势变更事件发生后签署过补充协议延长对赌时点或者降低对赌目标,那么即便情势再度恶化,也很难再次依据情势变更规则再度修改补充协议的相关约定。类似的案例还有天元天润投资集团有限公司、农芯智能科技(山东)有限公司等股权转让纠纷[审理法院:山东省济南高新技术产业开发区人民法院;案号:(2022)鲁0191民初4244号;裁判日期:2020.10.10],法院认为,"新冠疫情开始于2020年年初,天元公司与农芯公司、王某、贾某琪、徐某国已于2021年1月26日签订《补充协议》对业绩指标的考核节点进行了调整,即双方已针对新冠疫情等情况对合同条款进行了变更,现农芯公司、王某、贾某琪再以新冠疫情予以抗辩,于法无据,且有失公允,本院不予采信。"

借鉴意义

我们理解，疫情发生后如投融资双方能秉持合作共赢的态度友好协商，那么往往会签署《补充协议》，对原投资协议中的对赌条款进行修改，例如对业绩对赌目标进行顺延或者降低、对限期上市时间点进行顺延。短期来看，此种调整对于目标公司、控股股东是较为有利的。但新冠疫情提醒了我们，突发事件及其影响的持续时间、动态发展趋势，往往并不完全在我们的预料范围之内。因此，在签署《补充协议》变更对赌安排之时，目标公司、控股股东有必要将目光放得更加长远，应当同步考虑到，《补充协议》签署后极有可能导致的结果是——未来难以依据不可抗力/情势变更规则再次主张变更对赌安排。

基于此，我们建议目标公司、控股股东可以考虑在《补充协议》中纳入关于不可抗力/情势变更的相关约定，为未来二次主张变更对赌安排留下余地。以新冠疫情为例，我们提供以下表述供参考："各方一致确认，本补充协议项下对原协议对赌安排进行的调整，系基于截至本补充协议签署之时已知的新冠疫情以及疫情防控措施的影响。如本补充协议签署之后，新冠疫情严峻程度以及防控措施严格程度进一步提高，双方仍应友好协商，秉持公平原则对本补充协议项下的对赌安排进行调整。"

相应地，从投资人的角度出发，投资人在签署《补充协议》调整对赌安排之时已经作出了让步，那么为了加强对赌安排的确定性，避免突发事件进一步恶化带来的不利影响，投资人可以考虑在签署《补充协议》之时纳入相关条款，对目标公司、控股股东再度请求变更对赌安排的权利予以限制。以新冠疫情为例，我们提供以下表述供参考："目标公司及控股股东确认，已充分考虑并接受新冠疫情严峻程度及其防控措施严格程度进一步提高的相关风险，本补充协议中对原协议对赌安排的任何调整均为一次性和最终性的。目标公司、控股股东在此明确放弃未来以此为由要求进一步修改对赌安排的权利。"但我们仍要提示投资人注意，不可抗力规则、情势变更规则系法律明确规定的制度，并且依托于公平原则制定。因此，如果《补充协议》签署之后，突发事件确实发生了超出各方预料范围的极端变化，那么目标公司、控股股东仍有权利主张再次调整对赌安排，但该等约定对于提高"不可预见性"的认定门槛会有一定的帮助。

第六章

PE司法退出中的财产保全实务

在经过磋商和协调之后,PE 一旦选择通过提起诉讼或仲裁的方式实现退出,在启动司法程序的同时,是否同步进行财产保全?财产保全当然可以给控股股东以及目标公司施加最大的压力,迫使其尽快进行回购。在本书的第一章,我们已经谈到后疫情时代 PE 司法退出的特点之一是 PE 大部分会选择同步进行财产保全。PE 进行财产保全的行为,通常属于无奈之举。启动司法程序实现回购权或者业绩对赌条款,作为深谙金融市场规则的 PE 当然比企业家更理解查封账户以及资产的财产保全行为对目标企业运营的影响,很可能会导致一个还能正常经营的企业的迅速崩盘。如果被投资的企业因为财产保全行为导致的流动性枯竭而无法正常经营,PE 最终的投资大概率也无法回收,毕竟目标公司才是那只能下金蛋的鸡。在当下的环境当中,LP 对管理人履职尽责的要求也很高,有很多 LP 还因此起诉 GP。因此,PE 即便不愿,也不得不使用财产保全这把"双刃剑"。

本章的主要内容就是讨论如何舞动这把"双刃剑",其基本内容包括财产保全程序如何启动?在哪里启动?如何查找财产线索?如何提供担保?诉责险是怎么回事?诉责险的费用如何承担等内容。

第一节　财产保全的管辖问题

在诉讼/仲裁过程中，当事人可以向法院申请保全对方的财产，以确保将来的生效法律文书得到有效执行。可以申请保全的主体可以是本诉的原告也可以是反诉的原告，即只要对对方有明确的财产类诉讼请求，即可以申请法院保全对方财产。财产保全包括诉前保全、诉讼保全、仲裁前保全、仲裁保全和执行前保全等。无论是诉讼案件还是仲裁案件，具体的财产保全行为只能由有管辖权的人民法院作出，通常分为地域管辖和级别管辖。

一、一般情况下的财产保全管辖法院选择

在向人民法院提起的 PE 退出案件，一般由受理案件的人民法院进行财产保全。《民事诉讼法》第 103 条第 1 款规定："人民法院对于可能因当事人一方的行为或者其他原因，使判决难以执行或者造成当事人其他损害的案件，根据对方当事人的申请，可以裁定对其财产进行保全、责令其作出一定行为或者禁止其作出一定行为；当事人没有提出申请的，人民法院在必要时也可以裁定采取保全措施。"第 104 条规定："利害关系人因情况紧急，不立即申请保全将会使其合法权益受到难以弥补的损害的，可以在提起诉讼或者申请仲裁前向被保全财产所在地、被申请人住所地或者对案件有管辖权的人民法院申请采取保全措施。……"

如果投资协议约定了仲裁条款，选择由仲裁的方式解决争议。其财产保全程序又该如何启动？最高人民法院《关于人民法院执行工作若干问题的规定(试行)》(以下简称《执行规定》)第 11 条规定："在国内仲裁过程中，当事人申请财产保全，经仲裁机构提交人民法院的，由被申请人住所地或被申请保全的财产所在地的基层人民法院裁定并执行。"第 12 条规定："在涉外仲裁过程中，当事人申请财产保全，经仲裁机构提交人民法院的，由被申请人住所在地或被申请保全的财产所在地的中级人民法院裁定并执行；……"值得注意的是，仲裁机构

并不能直接作出财产保全的裁定交由人民法院执行，仲裁机构会将当事人的财产保全申请转交有管辖权的人民法院作出裁定并执行。根据上述法律和司法解释的规定，财产保全应由被申请人住所地或者被保全财产所在地的法院进行管辖。相较诉讼程序的财产保全而言，仲裁程序的财产保全由于存在转交关系，要复杂很多。在司法实务中，对于仲裁程序中的财产保全申请，法院通常也仅同意接受由仲裁机构转交相关文书而拒绝申请人直接提交。在申请保全的文件出现问题的情况下，法院也是通过书面文件的方式将问题反馈给仲裁机构，再由仲裁机构通知当事人。这样一个文件的流转流程必然导致文件的起草输出方与文件的最终接受与裁判方之间存在巨大的信息鸿沟与沟通障碍。不仅如此，各地方法院对于仲裁机构转交的财产保全申请的审核口径有很大区别，一些地方法院对于仲裁机构转交的财产保全申请，支持力度大，不轻易否定；也有地方法院对于仲裁机构转交的财产保全申请，需要当事人再论证提交财产保全必要性的证据。因此，在目前仲裁庭缺乏财产保全决定权的情形下，仲裁程序中的财产保全流程长，耗时多。

此外，一个仲裁案件有多个被申请人，其住所地和财产所在各不相同，如何转交相关法院？即使在仲裁案件当中，存在一个被申请人，其名下的股权和房产分处不同城市，又该如何进行财产保全？财产保全申请人如果存在多种财产且分属异地才能满足足额保全的情况，事实上，有经验的律师会通过仔细地分析被申请人的财产线索，采取组合式的财产保全方案，毕竟仲裁机构一般情况下会配合申请人选择向哪些法院提交财产保全申请书。但值得注意的是，当事人在向仲裁委员会提交相关仲裁保全材料时应明确具体的人民法院名称。在进行多个法院同步保全工作的情况下，律师团队的工作量将会非常大。

《执行规定》第 9 条规定："在国内仲裁过程中，当事人申请财产保全，经仲裁机构提交人民法院的，由被申请人住所地或被申请保全的财产所在地的基层人民法院裁定并执行。"第 12 条规定："在涉外仲裁过程中，当事人申请财产保全，经仲裁机构提交人民法院的，由被申请人住所地或被申请保全的财产所在地的中级人民法院裁定并执行；……"据此，涉外仲裁案件的财产保全法院应为被申请人住所地或者被申请保全的财产所在地的中级人民法院。但现行有效的《仲裁法》第七章尽管规定了涉外经济贸易纠纷、涉外运输、涉外海事纠纷，涉外仲裁委员会等内容,但并未对涉外仲裁案件进行定义。值得注意的是,《民事诉讼法》第 289 条规定:“当事人申请采取保全的,中华人民共和国的涉外仲裁机构应当将当事人的申请,提交被申请人住所地或者财产所在地的中级人民法院裁定。”

因此,作为上位法的《民事诉讼法》关于仲裁案件财产保全的口径与《执行规定》并不一致。《民事诉讼法》以机构是否为涉外仲裁机构为判断标准,《执行规定》则以是否为涉外案件为判断标准。以中国国际经济贸易仲裁委员会(CIETAC)为例,CIETAC 的受案范围除了国际的或涉外的争议案件、涉及香港特别行政区、澳门特别行政区或台湾地区的争议案件,还可受理国内争议案件。这直接导致了像中国国际经济贸易仲裁委员会这样知名的仲裁机构的国内案件的财产保全程序在全国地方法院执行不尽一致,有的地方是中级人民法院管辖,有的地方则是基层人民法院管辖。

此外,个别省市明确规定仲裁保全案件均由中级人民法院或专门法院管辖。根据《北京市高级人民法院关于仲裁执行案件统一由中级人民法院管辖的通知》(京高法发〔2006〕357 号)的相关规定,京内仲裁保全全部由中级人民法院管辖;同时,根据《最高人民法院关于北京金融法院案件管辖的规定》的相关规定,金融民商事纠纷的仲裁保全案件由北京金融法院管辖。

根据《江苏省高级人民法院关于审理民商事仲裁司法审查案件若干问题的意见》(失效)第 46 条:“仲裁机构根据仲裁法第二十八条的规定,提请人民法院采取财产保全措施的,由财产所在地的中级人民法院按照民事诉讼法的相关规定和《江苏省高级人民法院关于财产保全担保审查、处置若干问题的暂行规定》办理”,但上述文件实施至 2022 年 1 月 24 日废止,即自该文件失效后,江苏省国内仲裁财产保全由中级人民法院管辖便失去了法律依据。然而,江苏省内办理国内仲裁财产保全,实践中存在继续沿用中级人民法院管辖的情况,比如苏州范围内仲裁程序中的保全,不分国内还是国外,仍然全部由苏州市中级人民法院受理,基层人民法院只受理劳动仲裁相关的保全。

《厦门仲裁委员会财产保全指引》也规定在厦门地区,受理财产保全的法院为厦门市中级人民法院。

2019 年 9 月 26 日,最高人民法院发布《最高人民法院关于内地与香港特别行政区法院就仲裁程序相互协助保全的安排》(法释〔2019〕14 号,以下简称《仲裁保全安排》)。因此,无论是内地仲裁机构抑或是香港的仲裁机构均可以根据《仲裁保全安排》,向香港或者内地的法院申请财产保全。

二、特殊情况下的财产保全管辖法院选择

(一)财产线索跨区域的仲裁案件

在申请财产保全时,如果所有被申请人的住所地均位于同一法院的管辖区域内,申请人可以直接向该住所地的法院提交财产保全申请。该法院将负责执行保全措施,或者在需要时委托其他法院执行。特别需要注意的是,住所地法院辖区内必须存在至少一项明确的财产线索,以便法院能够采取相应的保全措施。若缺乏财产线索,法院可能会拒绝受理申请,并指导申请人向财产实际所在地的法院提出申请。以深圳国际仲裁院的《仲裁案件财产保全指引》为例,被保全人的财产所在地判断不明晰的,当事人应优先向被申请人住所地的人民法院申请财产保全。在两地(区)以上均有财产线索的,当事人可向便于识别的主要财产所在地人民法院申请办理保全。

涉及的被申请人超过一人,并且他们的住所地与财产所在地分散在不同的法院管辖区域时,申请人有权向各个财产所在地的法院分别提出保全申请。这种做法允许每个法院对其管辖区域内的财产进行保全。然而,法律要求申请人在向多个法院申请时,确保总保全金额不超过仲裁/诉讼请求的总额,以避免构成超额保全。

就律师的工作实务而言,在目前的司法实践中,律师大多并未单独就财产保全工作单独收费。但随着财产保全工作的重要性日益增加且工作量日益加大,许多律师事务所开始就财产保全程序单独收费。特别是对财产保全需要大幅度跨地域以及诸多种类的财产需要进行财产保全如股权、银行账号、房产等工作量很大的案件,我们注意到许多客户甚至愿意委托两家以上的律师事务所开展财产保全工作,也愿意为此支付超过诉讼/仲裁阶段的律师费。表 6 - 1 是我们曾

经经历的一个财产保全案件的分析表，读者可以由此有一个直观的感受。

表 6-1　财产保全案件的分析（举例）

被申请人名称	住所地	管辖法院	保全经济价值/重要性初步判断
M 集团股份有限公司	哈尔滨高新技术产业开发区	哈尔滨市松北区人民法院	高/高 经营最主要主体
控股股东 XMM	哈尔滨市南岗区	哈尔滨市南岗区人民法院	高/高 创始人
重要管理股东 HT	成都市彭州市	成都市彭州市人民法院	低/高
北京 RT 投资管理合伙企业（有限合伙）	北京市海淀区玉泉山闵庄路 3 号清华科技园	北京市第一中级人民法院	高/高
珠海 RT 投资管理合伙企业（有限合伙）	珠海市横琴新区宝华路	横琴粤澳深度合作区人民法院	低/低
哈尔滨 RT 投资合伙企业（有限合伙）	哈尔滨高新技术产业开发区	哈尔滨市松北区人民法院	中/中
北京 RT 技术有限公司	北京市海淀区玉泉山闵庄路 3 号清华科技园	北京市第一中级人民法院	中/高 重要子公司 （100% 持股）
深圳 RT 技术有限公司	深圳市宝安区西乡街道	深圳市宝安区人民法院	中/高 重要子公司 （100% 持股）

在以上这个案例当中，M 集团公司与控股股东 XMM 以及重要管理股东 HT 均承担了回购责任，但投资协议同时又约定了控股股东 XMM 以及重要管理股东 HT 承担保证责任，此外，北京 RT、珠海 RT、哈尔滨 RT 系员工持股平台也承担保证责任，北京 RT 和深圳 RT 系公司的重要经营性子公司。在设计财产保全方案时，律师团队不仅会根据各被申请人的重要性以及经济价值作出基础性判断，还需要考虑当地法院对于仲裁机构转交的保全申请的审核口径。无论如何，对于一个需要协调数地法院才能完成的财产保全案件，可以想见其工作量之大。当然，如果被保全人有存款、不动产、股权（股份）、机器设备等多项财产可供保全的，人民法院通常会要求申请保全人明确被保全财产的先后顺序，并尽可能在

实现保全目的的情况下,选择对被保全人生产生活影响较小且方便执行的财产进行保全。

特别地,在涉及内地与香港特别行政区或澳门特别行政区的仲裁案件中,根据《最高人民法院关于内地与中国香港特别行政区法院就仲裁程序相互协助保全的安排》第3条的规定,如果被申请人的住所地、财产所在地或证据所在地分布在不同的法院辖区内,申请人必须选择其中一个法院提出保全申请,而不得向两个或以上的法院分别提出申请。虽然在以上安排中未规定被申请人在管辖法院所在地之外的内地其他地方的财产应当如何保全,但是参考《执行规定》,笔者认为管辖法院可以委托异地法院保全或者由该法院赴异地执行保全。

综合上述情况,申请人在面对财产线索跨区域分布的案件时,应根据案件的具体情况,审慎选择适当的管辖法院进行财产保全申请,以确保保全措施的有效执行。

(二)上市公司股票保全的管辖法院确定

依据《民事诉讼法》第104条的规定,诉前财产保全的申请应向被保全财产所在地、被申请人住所地,或对案件具有管辖权的人民法院提出。在涉及上市公司股票作为被保全财产的情况下,如何确定"被保全财产所在地"曾经引发很大的争议。

在司法实践中,部分地方法院主张以股票上市地的中国证券登记结算有限责任公司(以下简称中登公司)分公司认定财产所在地,其理由是中登公司相当于股东的公示登记机关,既然上市公司的股东注册登记在中登分公司登记,那么其财产所在地就可以视为交易所所在地。持该观点的法院进而认为上海、深圳当地的法院有管辖权。另一种观点认为,股票上市地的中登公司分公司仅仅是股东登记,而绝非工商登记,因此认为应以股票发行公司的住所地作为财产所在地的法院。两种截然不同的观点曾经在实务界引发巨大的争议和混乱,最高人民法院在《最高人民法院执行局关于法院能否以公司证券登记结算地为财产所在地获得管辖权问题的复函》([2010]执监字第16号)中一锤定音地明确发行人公司的住所地法院对此类案件具有管辖权。

在该复函中,最高人民法院指出,尽管中登公司作为证券交易的集中登记、存管与结算服务机构,但其仅存管股权凭证,并不等同于股权本身。鉴于股权与其发行公司之间存在不可分割的联系。最高人民法院认为,上市公司股票的"被保全财产所在地"应被认定为股票发行公司的住所地。最高人民法院的这一复函为处理上市公司股票保全案件提供了明确的依据,确保了法律适用的统一性。

(三)最高人民法院国际商事法庭的财产保全管辖

在特定类型的案件中,财产保全的申请可由最高人民法院直接管辖。根据现行有效的《最高人民法院国际商事法庭程序规则(试行)》,当涉及的案件是由中国国际经济贸易仲裁委员会、深圳国际仲裁院、上海国际经济贸易仲裁委员会、北京仲裁委员会、中国海事仲裁委员会 5 家仲裁机构受理,并且满足以下条件之一时:

(1)案件的标的额达到人民币 3 亿元以上;

(2)案件具有其他重大影响,属于国际商事纠纷。

当事人有权在仲裁程序启动前或进行中,向最高人民法院国际商事法庭提出证据保全、财产保全或行为保全的申请。这一规定是最高人民法院为构建"一站式"国际商事纠纷多元化解决机制的一部分,旨在为当事人提供更为高效和集中的司法服务。该机制的建立,体现了司法支持仲裁的司法理念,有助于中国打造仲裁高地,提升中国仲裁机构在国际商事仲裁中的吸引力和竞争力。

第二节　财产保全的具体程序

对于诉前财产保全和仲裁财产保全,财产保全案件原则是先由人民法院的立案庭接受申请,在申请人提交了担保措施(在当下,由保险公司出具担保函已经成为常态,保险公司的保费通常为被保全的财产总额的 5‰ ~ 15‰,具体根据案件的金额会有商谈空间)后,经过保全的必要性审查后,出具保全裁定移交执行局实施财产保全。如果是诉中财产保全,一般是在审判庭出具保全裁定后,移交执行局实施财产保全。

财产保全的申请从材料准备到财产线索的收集，再到法院的审查与批准，每一步都至关重要。接下来，我们将结合法律法规和实践经验详细介绍财产保全程序的各个环节。

一、材料清单

（一）诉讼财产保全

目前诉前诉中财产保全均可通过“人民法院网上保全系统”（https://baoquan.court.gov.cn/）进行线上申请。

申请人需要准备的材料，以北京大兴区人民法院《立案指引之财产保全》为例，如果是诉前财产保全，申请人需要准备以下材料：

（1）诉前财产保全申请书。

《最高人民法院关于人民法院办理财产保全案件若干问题的规定》（以下简称《保全规定》）第1条第1款规定：“当事人、利害关系人申请财产保全，应当向人民法院提交申请书，并提供相关证据材料。

申请书应当载明下列事项：

（一）申请保全人与被保全人的身份、送达地址、联系方式；

（二）请求事项和所根据的事实与理由；

（三）请求保全数额或者争议标的；

（四）明确的被保全财产信息或者具体的被保全财产线索；

（五）为财产保全提供担保的财产信息或资信证明，或者不需要提供担保的理由；

（六）其他需要载明的事项。”

下面是一份财产保全申请书模板。

财产保全申请书

申请人:姓名,性别,年龄,民族,职业,住址,电话。

被申请人:姓名,性别,年龄,民族,职业,住址。

申请事项(以下条件为选择项):

1. 账户:请求法院依法冻结被申请人×××名下的×××银行账户(账号为:××××)内存款人民币××元;

2. 房产:请求法院依法查封被申请人×××名下的位于×××××号房产(产权证号:××××××);

3. 车辆:请求依法查封被申请人×××名下的车牌号为××××的车辆。

事实理由:

按照时间顺序写清楚保全的原因,同时简要叙述案件的事情经过。

申请人:(签字)

年　月　日

(2)申请人主体证据材料。

自然人需要提交本人身份证复印件;法人或其他组织需要提交营业执照复印件、法人身份证明及法人身份证;有委托代理人的,需要提交授权委托书及相关材料。

(3)情况紧急说明及证据。

针对被申请人转移财产、无能力偿还、债务居多等方面书写情况紧急说明,情况紧急的相应证据可以是通过相关App、网站等方式查询出的被申请人涉及诉讼、执行信息,被限制高消费、列入失信被执行人信息,被申请人在网上出售房产、车辆等涉案标的的信息等。

(4)明确具体的财产线索。

例如,提供被保全银行账户的账户名称、账号、开户行全称等证据;提供被保全房产的具体地址及房产证号等证据;提供被保全车辆的车牌号码及车辆登记信息等证据。

(5)起诉状及相关证据材料。

(6)担保书、保单等材料。

《保全规定》第6条规定,申请保全人或第三人为财产保全提供财产担保的,应当向人民法院出具担保书。担保书应当载明担保人、担保方式、担保范围、担保财产及其价值、担保责任承担等内容,并附相关证据材料。第三人为财产保全提供保证担保的,应当向人民法院提交保证书。保证书应当载明保证人、保证方式、保证范围、保证责任承担等内容,并附相关证据材料。对财产保全担保,人民法院经审查,认为违反《民法典》《公司法》等有关法律禁止性规定的,应当责令申请保全人在指定期限内提供其他担保;逾期未提供的,裁定驳回申请。

如果是诉讼中的财产保全,申请人需要准备以下材料:

(1)诉中财产保全申请书(同诉前保全申请书模板)。

(2)明确具体的财产线索。

(3)担保相关材料。

(二)仲裁财产保全

根据《保全规定》第3条的规定,仲裁过程中,当事人申请财产保全的,应当通过仲裁机构向人民法院提交申请书及仲裁案件受理通知书等相关材料。大部分仲裁机构收到申请人的保全材料后会出具函件,连同保全材料直接寄送给相应法院。但是有些仲裁机构和法院会要求当事人自行携带仲裁委的函件及保全文件到法院进行财产保全立案。因此,在申请财产保全之前,建议当事人先向仲裁机构和保全法院咨询,确定财产保全材料的提交方式是通过仲裁委寄送法院,还是当事人自己携带呈送法院。

通常情况下申请人申请财产保全必须提交的材料包括(见表6-2):仲裁申请书、证据材料、代理人委托手续材料、财产保全申请书两份(一份仲裁委留存,另一份交法院)、财产线索等。关于财产保全担保材料(一般为担保公司或保险公司的保单保函),申请人可以在向仲裁机构递交保全申请材料时一并提交,由仲裁机构转交法院,也可以在法院审核保全材料时直接提交给法院。具体材料清单、材料模板、材料要求及材料份数可以在各仲裁委的官网及仲裁规则中进行查询、下载。下面以北京仲裁委员会、深国仲材料要求为例，见表 6－2。

表 6－2　一般情况下需要准备的材料

序号	材料名称	要求
1	财产保全申请书	申请书一般应载明下列事项： 申请保全人与被保全人的身份、送达地址、联系方式； 请求事项和所根据的事实与理由； 请求保全数额或者争议标的； 明确的被保全财产信息或者具体的被保全财产线索； 转交法院的名称、地址； 其他需要载明的事项。
2	财产线索清单	常见财产线索主要包括银行账户、不动产、股权、车辆、知识产权等。
3	仲裁申请材料	授权材料、仲裁申请书、证据目录、证据材料等全套仲裁申请材料。
4	担保文件	仲裁申请保全时，为避免保全错误给被申请人造成损失，申请人还需提交相应担保，实践中多由申请人购买诉责险，以保险公司出具担保函的形式向法院提供担保。但需注意的是，实践中不同法院，甚至不同法官对担保材料的审查要求都存在差异，故建议申请人与承办保全案件的具体法官联系，确认担保材料的要求后再行投保，以免因此造成损失。

1. 北京仲裁委员会

根据北京仲裁委员会（以下或简称北仲）的要求，当事人在确认具有管辖权的法院后，应在仲裁立案或案件受理之后，向仲裁委员会提交保全材料。仲裁委员会随后会将材料转交给相应的法院。以下是适用于京内法院的保全材料要求概览：

（1）保全申请书（2 份）：

申请书应当注明“此致北京仲裁委员会并转交××法院”，请确保法院名称准确无误。

对于京外法院，需指明收件人（若无具体收件人则写立案庭）、地址及联系方式。

法人或其他组织申请人需加盖公章并注明提交日期；自然人申请人需亲笔签字并注明提交日期。

申请书内容应明确指出为仲裁保全，避免使用“诉讼”等不相关表述。

(2)申请人主体资格材料(1份)：

自然人申请人需提供身份证正反面复印件于一张A4纸上。法人或其他组织申请人需提供营业执照、法定代表人或负责人的身份证明书，以及身份证复印件，所有材料均需加盖公章。

(3)授权委托手续(1份)：

律师代理人需提供授权委托书、律师事务所函和律师执业证复印件。

公司员工代理人需提供授权委托书、身份证复印件以及《劳动合同书》或其他在职证明，所有材料均需加盖单位公章。

提交对象应明确为“法院”，避免出现“北京仲裁委员会”名称；授权委托书应包含“授权申请财产保全”的内容及申请人或代理人的送达地址和联系方式。

(4)被申请人身份证明材料、送达地址、联系方式(1份)：

自然人被申请人需提供身份证复印件或其他身份证明材料。法人或其他组织被申请人需提供营业执照复印件或企业信用信息查询材料等。

(5)管辖权证明材料(1份)：

提供证明材料，证实提交法院对被保全财产所在地或被申请人住所地财产具有管辖权。

(6)财产线索材料(1份)：

提供精确且具体的财产线索，并由代理人签字或加盖公章。财产线索包括但不限于房产证、股权凭证、车辆凭证等的复印件，或相关财产的权属证书号和具体信息。

(7)保全必要性证据或说明(1份)：

提交证据或说明，展示由于被申请人的行为或其他原因可能导致裁决无法执行或难以执行的情况。

(8)担保材料(1份)：

法院审核通过保全材料后，将通知当事人补交担保材料，该材料也可以在申请仲裁保全立案阶段一并提交。

(9)仲裁案件材料(1套)：

根据北仲“立案材料自查清单”准备所需材料，包括仲裁申请书和含有仲裁协议的合同等。

对于向京外法院申请保全的情况，申请人应事先咨询当地法院，了解应向哪个级别的法院提交申请，并确认法院对保全材料是否有特殊规定。

2. 深圳国际仲裁委员会

根据深圳国际仲裁委员会的《仲裁案件财产保全指引》，当事人应按照附件《深圳国际仲裁委员会财产保全材料清单》（见表6－3，以下简称《材料清单》）内容准备保全材料，同时在材料清单目录中勾选已提交的保全材料（原则上材料所需份数为1份，法院另有要求的除外）。

清单中的第3、4项内容由仲裁院单独出具给法院。《材料清单》及所附材料由仲裁院移送法院，申请人应在仲裁院所需的立案材料之外另行准备上述材料，并提交2份财产保全申请书，落款处需写明“此致深圳国际仲裁院转××人民法院”。当事人按《材料清单》准备的授权委托书、所函应致法院。《材料清单》中第18、19、20项内容采用法院版本，当事人可以从法院的文书模板中自行下载使用。

涉外当事人的主体资格证明材料、授权文件和在境外形成的重要证据材料均需要进行认证或公证。申请人需自行提供明确具体的财产线索，财产线索的整体估值不得超过案件标的额（估值方法可参见深圳市中级人民法院公众号介绍），有多个线索的应进行优先排序。

表6－3　深圳国际仲裁委员会仲财产保全材料清单

	序号	材料名称	份数	每份页数	原件或复印件	提交（√）
协助保全相关材料	1	保全申请书			原件	
	2	财产线索			原件	
	3	关于当事人申请财产（证据）保全致人民法院的函	1	1	原件	√
	4	仲裁案件受理通知书	1	1	原件	√
	5	仲裁申请书			原件	

续表

	序号	材料名称	份数	每份页数	原件或复印件	提交(√)
申请人主体资格证明文件	6	(自然人)有效身份证明文件(居民身份证、深圳市居住证、户口簿、护照或港澳台同胞回乡证)涉外、涉港澳主体需要公证部门公证、认证或者在仲裁院面签,在仲裁院面签的需要由仲裁院面签人员签字确认				
	7	(法人、其他组织)营业执照和工商注册查询证明(近10日内),涉外、涉港澳台主体需要公证部门公证、认证				
	8	(法人、其他组织)组织机构代码证(统一社会信用代码)或查询证明				
	9	(法人、其他组织)法定代表人或负责人身份证明书			原件	
	10	(法人、其他组织)法定代表人或负责人有效身份证明				
授权委托相关材料	11	授权委托书 (应注明授权权限;申请人为涉外、涉港澳台主体时,提交经公证部门公证、认证的授权委托书)			原件	
	12	代理人身份证明(律师执业证、实习证或其他有效身份证明)				
	13	律师事务所函			原件	
被申请人主体资格证明文件	14	(自然人)有效身份证明文件(居民身份证、深圳市居住证、户口簿、护照或港澳同胞回乡证)				
	15	(法人、其他组织)工商注册查询证明(近10日内)				

续表

<table>
<tr><th></th><th>序号</th><th colspan="2">材料名称</th><th>份数</th><th>每份页数</th><th>原件或复印件</th><th>提交（√）</th></tr>
<tr><td rowspan="7">证据材料</td><td>16</td><td colspan="2">仲裁协议或包含仲裁协议的合同、协议、其他书面证明文件（包括其他证据材料）</td><td></td><td></td><td></td><td></td></tr>
<tr><td rowspan="6">17</td><td rowspan="6">财产线索的证据材料</td><td>房产（提交于申请前7天的产权信息查询单或房地产证复印件，提供不动产所有权人名称、产权证号或者预售网签证号、不动产坐落等信息）</td><td rowspan="6"></td><td rowspan="6"></td><td rowspan="6"></td><td rowspan="6"></td></tr>
<tr><td>车辆（提交于申请前7天的产权信息查询单，提供车牌号/车辆登记管理机关、车辆名称等信息）</td></tr>
<tr><td>股权［提供具体公司名称、组织机构代码（社会统一信用代码）及注册机构、出资额度和股权份额等信息］</td></tr>
<tr><td>银行［提供开户行（具体到分行或者支行）、账户持有人、账户号码、币种等信息］</td></tr>
<tr><td>证券（提供相应账户信息及交易场所或证券公司名称及地址）</td></tr>
<tr><td>其他（由主审法官审核）</td></tr>
<tr><td rowspan="3">送达地址确认书和诚信承诺书</td><td>18</td><td colspan="2">申请人送达地址确认书</td><td></td><td></td><td></td><td></td></tr>
<tr><td>19</td><td colspan="2">申请人对被申请人送达地址的确认书</td><td></td><td></td><td></td><td></td></tr>
<tr><td>20</td><td colspan="2">当事人诚信仲裁、诉讼承诺书</td><td></td><td></td><td></td><td></td></tr>
<tr><td>担保材料</td><td>21</td><td colspan="2">经审核后保险公司出具的保单、保函或由金融监管部门批准设立的具有独立偿付债务能力的金融机构及其分支机构提供的独立保函</td><td></td><td></td><td></td><td></td></tr>
</table>

二、财产线索

根据《保全规定》第10条规定，当事人、利害关系人申请财产保全应当提供明确的财产信息或具体财产线索。对于当事人提供明确财产信息的，执行法院需尽到谨慎审查义务。不同于强制执行阶段，当下许多法院要求申请财产保全的一方，提供财产线索，法院自身不会通过其强大的执行系统查找财产线索。就具体操作实务而言，依据财产保全申请书的书写体例及保全范围，业内又将财产保全分为“小裁定”和“大裁定”。通常情况下，小裁定的表述方式是请求保全某某标的物，直接写请求查封、扣押、冻结某某具体标的物。如果发现这个标的物没有保全到，需要查封、扣押、冻结被告的另一处财产，当事人需要再递交一份保全申请书，并履行相应的手续，而人民法院需要再立一个保全案件、出一份保全裁定。对比而言，大裁定则是申请财产保全的一方，只是模糊地申请人民法院查封冻结被申请人等值于人民币×××万元的财产，然后附上申请人自己掌握或者调查的财产保全线索，法院据此作出的保全裁定业内称为“大裁定”。在当事人第一次提供的财产线索没有保全到的情况下，可以再向法院提供其他保全的财产线索，是同一个保全案件，法院无须再立一个保全案件，当事人自然也无须再交保全费、再提供一次财产担保。从便利当事人的角度，降低保全费用以及担保费用的角度，律师当然应当按照大裁定的体例起草申请书，但在实务中部分地方法院不接受按照出大裁定的体例书写的申请书。因此，律师只能退而求其次，采取小裁定的书写体例。

(一)财产线索范围

在财产保全实务中，出于保全效率和效果的考量，执行法院一般会要求申请保全人书面提供详细的财产权利归属及负担、估价、占有使用情况等内容。对于不同类别的财产，要求提供的线索内容一般如下。

1. 账户线索

(1)银行账户：开户行(明确到支行)、户主名称、账号号码；

(2)微信账户或支付宝账户：户主名称、账户号码、个人页面截图信息。

2. 房地产线索

(1)房产：产权人、不动产权证编号、产权证复印件、具体位置、协助执行单位(如不动产登记中心、房管局、住建委等)的名称、地址、联系人、联系方式。

(2)土地：使用权人、土地证编号、使用权证复印件、四至信息。

(3)矿权:权利人名称、权证编号、权证复印件、矿区四至信息。

3. 公司股权线索

(1)有限公司:股东名称、持股比例、对应出资金额、公司的统一社会信用代码、工商登记的营业地址、有限公司的企业信用信息报告。

(2)股份有限公司(上市)股东名称、持股数量、证券简称、代码、申请冻结股数、登记机关(例如,中国证券登记结算×××分公司)。

(3)股份有限公司(非上市):股东名称、持股数量、托管机关名称(如有托管)、申请冻结股数;对于未托管的股份公司,还需要提供公司的联系人、联系方式、地址、申请冻结股数。

4. 债权线索

债权金额、债务人名称、债务人的联系方式、地址、申请冻结的债权金额。

5. 无形资产线索

权利人信息、专利权、商标权、著作权等。

6. 基金份额线索

(1)契约式基金:份额持有人名称、基金名称、管理人名称、管理人的联系方式、是否登记备案。

(2)有限合伙基金:份额持有名称、持有份额、基金名称。

7. 债券与信托线索

(1)债券产品:债券持有人名称、债券名称、债券份额、债券托管机构、托管人的联系方式。

(2)信托产品:信托计划份额持有人名称、持有份额、信托计划名称、信托公司名称、信托公司联系人。

(二)财产线索的挖掘和获取

无论如何,一旦决定在启动司法程序的同时进行财产保全,在目前的司法实践环境下,作为申请人首先要面临的问题是如何找到被保全人的有效财产线索。如果 PE 司法退出是一场法律战争,那么获得被保全人的有效财产线索则是战争的眼睛。

针对我们前文提及的 7 个种类的财产类型,可以从如下角度进行整理和发掘。

1. 账户线索

(1)银行账户:梳理与对方的所有投资合同与业务往来记录,整理其中的银行账户信息,关注支票、本票、汇票、发票等票据;搜索对方的招投标公告,获得银行账号信息;通过企查查等平台检索,获得纳税账号信息、在条件许可时申请调查令。具体而言,企查查、天眼查等企业信息查询网站,可以提供企业的发票抬头信息,其中一般会包含银行账户信息,这是获取某家企业银行账户较为便利的方式。此外,招投标的中标公告中也会包括银行的账号信息。如果对方是上市公司或者挂牌公司,公告信息一定不能遗漏,内容中也可能找到非常有价值的账号信息。

(2)微信账户或支付宝账户:梳理对方的联络手机号码、通过企查查等平台检索对方的联络人手机、在条件许可时申请调查令。

2. 房地产线索

(1)房产:梳理投资合同的地址信息、对方的身份证信息并进行综合判断、到所属地的不动产登记中心进行初步验证(许多地方的不动产登记中心接受YES或NO的简单查询)、物业公司访谈等。通过查询工商登记底档,许多时候往往能够发现经营场所的房地产证信息;我们在近期内完成的一个财产保全案例,成功保全到对方位于一线城市的一处房产,也就是根据投资合同的地址信息综合分析后认为可能是对方的住宅房产,最终成功完成保全。

(2)土地与矿权:企业采矿权、探矿权等矿产权益可以通过中华人民共和国自然资源部网站以及全国各地方自然资源管理部门的官方网站查询。

3. 公司股权线索

(1)有限公司:通过企业信用信息公示系统、企查查、天眼查等查询平台可以进行查询。

(2)对于上市公司和非上市的公众公司,其查询难度要远大于有限公司,但是可以通过公开转让说明书、公告信息等进行查询。

4. 债权线索

通过梳理对方的涉诉案件、招投标公告、采购信息等,可以关注中国招标投标网(https://www.cecbid.org.cn)、中国采购与招标网、人民银行的征信系统等。在实务当中,我们也有案例成功地通过对涉诉案件的分析获得了宝贵的债权线索。

5. 无形资产线索

通过国家知识产权局商标局官网以及企查查交叉检索与查询商标;通过国家知识产权局官网专利与企查查交叉检索与查询专利权;通过中国版权保护中心官网查询检索著作权、版权;查询被保全人的涉诉案件,发现其商标权、专利权、著作权等受到侵害,可以作为财产线索来源。

6. 基金份额线索

对于契约式基金,目前中国证券投资基金业协会并不对外提供通过身份证号码的一站式查询服务。因此,在财产保全阶段,很难掌握被保全人持有的契约式基金。但是,如果能够在日常的交流中了解到相关信息,可以申请人民法院通知管理人冻结相应的基金份额。

对于有限合伙型基金,当然可以通过企业信用信息公示系统、企查查、天眼查等查询平台进行查询。

7. 债券与信托线索

债券产品和信托产品的登记公司分别为中央国债登记结算有限责任公司以及中国信托登记有限责任公司。我们分别测试了其网站,尚不能支持基于主体身份信息的一站式查询服务。根据我们的电话咨询,对于债券产品,如果律师持法院签发的调查令和律师事务所介绍信,可以进行查询,但无法现场给出结果,需经中央国债登记结算有限责任公司内部程序后以纸质版本或者电子版本交付。对于信托产品,中国信托登记有限责任公司目前仅接待法院的查询,并不接受律师持调查令的方式进行查询。

对于诉中财产保全,部分地方的法院还允许申请人通过网络执行查控系统进行查询。例如,2021 年出台的《北京市高级人民法院关于财产保全执行工作若干问题的指引》(以下简称《北京高院保全指引》)第 4 条第 2 款规定,"申请保全人……书面申请执行部门通过网络执行查控系统查询被保全人的财产,执行部门经审查认为申请保全人提供的具体财产线索符合下列条件的,应予准许:

(一)该财产线索指向的财产类型已纳入网络执行查控系统;

（二）申请保全人有交易行为、使用记录等证据初步证明该财产存在；

（三）财产线索指向银行存款、网络资金或保险产品的，应提供该财产所在机构的名称；财产线索指向不动产、车辆的，应明确该财产所属省级行政区域；财产线索指向股权（股份）、证券的，应提供该财产所在目标公司的名称；财产线索指向公积金的，应提供被保全人公积金缴纳单位的名称，且该单位应在北京地区”。但需要注意的是，根据我们的了解，即使有《北京高院保全指引》，但北京地区的大部分法院在实践中并未执行该指引的上述规定。

第三节　保 全 费 用

一、财产保全费用标准

申请财产保全的，当事人需要先行垫付财产保全费用，最终申请人与被申请人的承担比例由法院裁判确认。法院对财产保全费用有统一收费标准：财产保全数额不超过1000元或者不涉及财产数额的，每件缴纳30元；超过1000元至10万元的部分，按照1%缴纳；超过10万元的部分，按照0.5%缴纳。当事人申请财产保全时缴纳的费用要根据被保全财产的价值确定，被保全财产价值越高，缴纳的费用就会越高，不过最高不得超过5000元。

就司法实务而言，虽然财产保全的费用低廉，但是财产保全的后果对于被保全人而言往往不能承受。因此，从某种意义上讲，财产保全促进了当事人的案件和解进展。对于PE投资案件而言，目标公司与实际控制人在对赌条件触发后，大部分情况下企业的经营都不如投资时点的预期甚至举步维艰，没有足够的能力完成回购。因此，PE投资案件，由于财产保全而能够进入和解程序的案件并不多见。大多数情况下，目标公司以及实际控制人只有背水一战，甚至是玉石俱焚。

二、财产保全的担保

《民事诉讼法》第103条第2款规定，人民法院采取保全措施，可以责令申请人提供担保，申请人不提供担保的，裁定驳回申请。《保全规定》第9条第1款规定："当事人在诉讼中申请财产保全，有下列情形之一的，人民法院可以不要求提供担保：

（一）追索赡养费、扶养费、抚育费、抚恤金、医疗费用、劳动报酬、工伤赔偿、交通事故人身损害赔偿的；

（二）婚姻家庭纠纷案件中遭遇家庭暴力且经济困难的；

（三）人民检察院提起的公益诉讼涉及损害赔偿的；

（四）因见义勇为遭受侵害请求损害赔偿的；

（五）案件事实清楚、权利义务关系明确，发生保全错误可能性较小的；

（六）申请保全人为商业银行、保险公司等由金融监管部门批准设立的具有独立偿付债务能力的金融机构及其分支机构的。"

因此，对于普通的商事案件而言，特别是PE投资机构并不属于商业银行、保险公司等金融机构，因此在PE在提出财产保全申请时，应当向人民法院提供担保。在10年前，常见的担保方式包括现金保证金、无抵押的房产和土地、银行保函等。当时各地法院掌握的担保比例也不同，现金一般要求30%，作为担保的土地和房产则一般要求为标的金额的30%～50%，这主要是因为土地和房产的变现价值不容易估量。对于任何正常运营的机构，在进行一个长达1～2年的诉讼或者仲裁案件的同时，拿出额外的现金作为保证金显然不具有可行性。因此，在当时的实践中，现金保证金的使用比较少见，相对常见的是将土地和房产作为担保。至于银行保函，通常情况下银行需要根据客户的信用要求至少30%的保证金才能出具银行保函。因此，银行保函出现在财产保全的担保环节也非常罕见。由于找到适当的担保比较困难，在提起诉讼或者仲裁的时候申请财产保全并非主流操作。

面对市场的呼声和需求，保险公司开始了产品创新。2012年，原云南保监局同意诚泰保险在当地开展诉责险试点，随后各地法院逐渐开始接受保险公司出具保函的担保形式。2016年11月，最高人民法院正式发布《保全规定》（法释〔2016〕22号），正式认可了保险公司通过其与申请保全人签订财产保全责任险合同的方式为财产保全提供担保。从保险产品的分类上看，诉讼财产保全责任险（以下简称诉责险）是一种责任保险，其承保的是因诉讼造成的错误保全可能造成对第三人的赔偿责任风险。此后，各大保险公司如雨后春笋般推出了各自的诉责险，解决了长期以来困扰法律行业的担保痛点，与其他担保方式相比，诉责险以其高效、价格低廉（一般手续费仅为5‰～15‰）、手续简便的优点，目前已经成为财产保全最为普遍的担保方式。

就目前的司法实践而言，人民法院对诉责险担保的审查还是比较严格的。人民法院会要求财产保全申请人提供保单（保险公司向申请人出具的、证明责任保险关系成立的书面凭证，通常会要求附诉责险保险条款、保险费率备案表）、保函（保险公司向人民法院出具的承诺承担连带赔偿责任的书面函件）等基础材料。不仅如此，有的法院还会要求财产保全申请人提供保险公司营业执照副本、经营许可证、保险许可证、注册资本证明、法定代表人或者负责人身份证明、被授权人身份证明等。在实践中，甚至个别地方法院在作出保全裁定之前，还会要求保险公司业务人员到法院现场制作笔录，核实保单的真实性。保险业内其实对这种本质上为保证保险的诉责险也一直有所诟病，认为保险公司在保险责任、担保责任处均声明“如因申请人财产保全申请错误致使被申请人遭受损失，被保险人依法应当承担责任，保险人在赔偿限额内不可抗辩地进行赔偿/承担连带赔偿责任”，使得诉责险在形式上符合法院对担保措施不可撤销性的要求，但也一定程度上脱离了保险责任的法律特征、架空了保险合同的免责条款。这样的结构设计的确也为保险公司埋下了许多隐患，在财产保全损害责任赔偿案件中，保险公司都是无可置疑的共同被告人。

此外，不同保险公司的保单保函的文字表达方式通常不尽相同，这反映了业界对于诉责险的认知尚待提高。例如，保险期间的起算时点，有的保单表述为“被保险人向法院提出财产保全申请之日”，也有的保单表述“法院批准财产保全申请之日”；保险期间的结束时点，有的保单表述为“财产保全措施解除之日”，也有的保单表述为“财产保全损害之债诉讼时效届满之日”，还有的保单表述为“诉讼结案且申请执行时效届满之日”等多种表达方式。事实上,财产保全损害赔偿之诉大部分是因为申请人完全或者部分输了诉讼或仲裁案件,被保全的财产已经被解除保全措施后才发生的。因此,类似“保全措施解除之日”的表述其实并不严谨。

无论如何,诉责险的推出使得财产保全申请人更有动力、更加容易地启动财产保全;甚至有观点直接认为诉责险使得申请人申请保全过于“划算”,轻易获得了千倍乃至万倍的杠杆申请财产保全,因此非常容易造成超额保全,也因此而滋生了一些恶意诉讼/仲裁。

三、财产保全担保费用的承担

尽管诉责险相当划算,成本低廉,但是对于数亿元乃至数十亿元的重大民商事诉讼仲裁案件而言,数万元乃至数十万元的保险费用仍然是一笔不小的开支。通常情况下,其诉讼/仲裁请求均会要求被保全人承担该等保险费用。在财产保全申请人完全胜诉或者部分胜诉的情况下,财产保全申请费和诉责险保费应由谁承担?无论在诉讼程序还是仲裁程序中,对于人民法院收取的5000元的财产保全费用,法庭/仲裁庭通常都支持由败诉一方承担。但对于诉责险的费用如何承担,实务界观点则不尽一致。

(1)对于诉讼程序中的诉责险费用,有的法院认为,如当事人在合同中有约定的,按照当事人的约定分配相关费用;如无约定,则败诉方不应承担诉责险的费用。理由有二:其一,《民事诉讼法》及司法解释中并无诉讼保全担保费承担方式的规定;其二,由于在诉讼保全申请的过程中,申请人可以通过多种方式提供担保,并非每种方式都会产生保全担保费用(如申请人自行提供财产担保,该费用就不会发生)。因此,只有在合同有明确约定的情况下,该等费用才应当由败诉方承担。

在(2021)最高法民终1190号案件中最高人民法院即持此观点。在该案中,原告诉请三被告共同赔偿因本案申请财产保全所发生的诉讼财产保全责任保险保费9万元。一审法院认为,原告主张的诉讼财产保全责任保险保费缺乏合同和法律依据,不予支持。二审法院认为,原告因本案申请财产保全支出的诉讼保全责任保险费用,系其为避免保全错误承担损害赔偿责任而给自己购买的保险产品,应由投保人支付,其请求被告支付缺乏合同和法律依据,不予支持。

何为明确约定?实践中也存在不同的认定标准。在(2021)最高法民终637号案件中,最高人民法院认为,案涉《股权转让协议》约定:任何一方违反本协议所致损失,包括但不限于守约方的利息损失、诉讼中发生的律师费用等,违约方应向守约方进行赔偿;担保人连带保证责任的担保范围包括主债权及利息、违约金、损害赔偿金和实现债权的费用(包括但不限于诉讼费用、担保费、律师费用、通知费用、催告费用、公证费等)。根据上述约定,应当认定,各方当事人已将保全担保费列入违约方应承担的赔偿范围以及担保人应承担的连带责任保证的担保范围。成都鼎量为实现债权而产生的保全担保费均系因浩泽公司违约导致本案诉讼所致损失,且上述费用已实际发生。原审法院对各方当事人已有明确约定,且已实际发生的保全担保费10.58万元予以支持,并无不当。

(2)也有部分法院认为,诉责险的费用显然是债权人因债务人违约而发生的实现债权的合理费用,应当属于守约方发生的直接损失。因此,败诉方应当承担该等费用。

在(2020)最高法民终846号案件中最高人民法院即持此观点。在该案中,最高人民法院认为,本案系因城苑公司拖延支付工程款引起的纠纷,中天公司据此提起诉讼、申请财产保全,并通过保险公司出具保函的形式为其财产保全提供担保,其为此支出的保全费和保险费系其为实现债权支出的合理、必要的费用,一审判决该部分费用由城苑公司承担,并无不当。

在(2021)最高法民终340号案件中,最高人民法院认为,本案因华峰公司违约引起诉讼,海天公司为此向保险公司缴纳的诉讼保全保险费是海天公司支出的合理必要费用,属海天公司的损失部分。根据海天公司提供的收据,海天公司向陕西国辰诉讼保全担保有限公司支付共计8万元,应予支持。

那么都是最高人民法院的权威案例,对此诉责险的保费承担方式却如此不同,到底该何去何从?2024年5月30日法答网精选问答(第五批)中载明的最高人民法院的最新观点,现全文摘抄如下,以供大家参考。

问：守约方为申请诉前财产保全而投保的财产保全责任险的保险费，能否由违约方赔偿？

答疑意见：守约方主张违约方赔偿其为申请诉前财产保全而投保的财产保全责任险的保险费的，人民法院原则上不予支持，除非当事人在合同中明确约定该保险费将作为守约方实现债权的费用由违约方承担，且该保险费必要、合理。对于上述保险费是否必要、合理的认定，人民法院可以根据以下因素个案衡量：其一，申请财产保全是否必要；其二，申请财产保全的范围是否与人民法院最终判决支持原告主要诉讼请求的金额（如判令违约方承担违约责任的金额）相当。

尽管中国不是一个判例法国家，最高人民法院在 2024 年 5 月 30 日的解答意见也并非司法解释，但可以预计的是随着最高人民法院对此事宜的逐步明确，在未来的司法裁判中，无约定则诉责险的投保费用由财产保全申请人自行承担将会成为常态。同时，读者需要注意的是，在仲裁的裁判实践中，仲裁庭较为普遍地认为该等保险费用系财产保全申请人为实现债权的合理开支和必要开支。因此，如果仲裁庭支持了申请人的仲裁请求，则往往会应申请人的请求裁决财产保全的诉责险费用由败诉一方承担。

第四节　财产保全损害赔偿之诉

虽然对被保全人的财产保全裁定系人民法院在对保全申请人提交申请以及其他相关材料审查后作出，但其前提和基础是保全申请人的财产保全申请。如因保全申请人权利行使不当造成他人损失的，应由其基于过错原则承担侵权赔偿责任。

财产保全损害赔偿之诉的主要法律依据如下。

《民事诉讼法》第 108 条规定："申请有错误的，申请人应当赔偿被申请人因保全所遭受的损失。"《民法典》第 1165 条规定："行为人因过错侵害他人民事权益造成损害的，应当承担侵权责任。依照法律规定推定行为人有过错，其不能证明自己没有过错的，应当承担侵权责任。"《保全规定》第 23 条规定："人民法院采取财产保全措施后,有下列情形之一的,申请保全人应当及时申请解除保全:(一)采取诉前财产保全措施后三十日内不依法提起诉讼或者申请仲裁的;(二)仲裁机构不予受理仲裁申请、准许撤回仲裁申请或者按撤回仲裁申请处理的;(三)仲裁申请或者请求被仲裁裁决驳回的;(四)其他人民法院对起诉不予受理、准许撤诉或者按撤诉处理的;(五)起诉或者诉讼请求被其他人民法院生效裁判驳回的;(六)申请保全人应当申请解除保全的其他情形。……申请保全人未及时申请人民法院解除保全,应当赔偿被保全人因财产保全所遭受的损失。……"

如果被保全人拟提出财产保全损害赔偿之诉,第一个需要考虑的问题是案件的管辖权。许多专业律师甚至是法官都不知道的是,该类案件应适用专属管辖而非级别管辖。2018 年,我们曾经代理过一起财产保全损害赔偿纠纷。在该案中,我们代理第一被告,第二被告系保险公司。原告因为一起数十亿元股权转让纠纷的仲裁案中的财产保全裁定,向被告索赔高达数亿元的财产保全损害赔偿。根据级别管辖的规定,原告向某省高级人民法院提起诉讼并获得受理。在某省高级人民法院受理原告的索赔案件并计划开庭时,我们代表被告提出了管辖异议,认为该等案件不应按照争议的标的金额适用级别管辖,而应当根据最高人民法院的规定,适用专属管辖。

最高人民法院在其《关于因申请诉中财产保全损害责任纠纷管辖问题的批复》(法释〔2017〕14 号)中指出:"为便于当事人诉讼,诉讼中财产保全的被申请人、利害关系人依照《中华人民共和国民事诉讼法》第一百零五条规定提起的因申请诉中财产保全损害责任纠纷之诉,由作出诉中财产保全裁定的人民法院管辖。"

作为侵权损害赔偿之诉,过错责任的认定无疑非常重要,但在司法实践中,过错责任的认定并不是能轻易的拨云见日,需要综合判断。例如,审查保全申请人实体诉讼/仲裁中的请求及所依据的事实和理由判断其请求是否合理、财产保全的对象是否属于权属有争议的标的物、生效判决/裁决是否支持了申请人在实体诉讼/仲裁中的诉请等。但需要指出的是,保全申请人在实体诉讼/仲裁中的诉请被支持的情况并不必然等同于是否存在主观过错;保全申请人在实体诉讼/仲裁中的诉请被驳回,并不必然代表其在保全申请中存在过错。

在《最高人民法院公报》2018 年第 9 期公报案例[案号:(2018)最高法民申 2027 号]中,最高人民法院认为:"《中华人民共和国民事诉讼法》第一百零五条规定：‘申请有错误的，申请人应当赔偿被申请人因保全所遭受的损失。’由于当事人的法律知识、对案件事实的举证证明能力、对法律关系的分析判断能力各不相同，通常达不到司法裁判所要求的专业水平，因此当事人对诉争事实和权利义务的判断未必与人民法院的裁判结果一致。对当事人申请保全所应尽到的注意义务不应过于苛责。如果仅以保全申请人的诉讼请求或仲裁请求是否得到支持作为申请保全是否错误的依据，必然会对善意当事人依法通过诉讼或仲裁保全程序维护自己权利造成妨碍，影响诉讼或仲裁保全制度功能的发挥。”

在(2018)最高法民申6289号案件中，最高人民法院认为，“因申请财产保全错误侵害他人合法权益的行为属于一般侵权行为，应当适用过错责任原则。申请人基于合理认识，为了维护其自身合法权益申请法院保全财产，如已尽到了一般人应尽到的合理、谨慎的注意义务，无故意或重大过失，则不应认定申请人存在过错。依据‘谁主张、谁举证’之举证责任分配规则，保全损害赔偿请求人应就申请保全行为具备一般侵权行为构成要件进行充分举证。”最高人民法院在该案件中提出了保全申请人的无故意或者重大过失原则。

在(2022)最高法民终101号案件中，最高人民法院认为，“申请人申请财产保全的目的不是保证法院生效裁判文书得以顺利执行，而是防止案涉3.1亿元执行款被转移，有对抗执行之嫌，一审法院判决其赔偿对方458万元资金占用损失并无不当。”

总体而言，被保全人主张财产保全损害赔偿之诉的难度非常大，需要强有力的证据证明保全申请人进行诉讼和保全行为存在过错和恶意，以及其主张的损失与财产保全之间有因果关系。

第七章

PE司法退出中的仲裁实务

第一节　我国商事仲裁的最新发展

一、政策和制度的支持和发展

仲裁,这一庄严的法律机制,不仅是我国法律体系中解决纷争的璀璨明珠,更是国际社会广泛采纳的解决争端的"金钥匙"。它以其对当事人意愿的崇高尊重,以及在便捷和高效解决争端方面的独特魅力,发挥着不可替代的作用。仲裁如同社会正义的守护者,它与调解、行政裁决、行政复议、诉讼等多元化解纠纷的途径相互补充、紧密相连,共同编织成一张公正而及时的矛盾解决网。它不仅妥善平息了纷争的波澜,更是维护了社会的和谐稳定,为改革开放注入了活力,为经济社会的持续健康发展提供了有力的保障。自《仲裁法》问世 20 余载以来,中国的仲裁事业如同璀璨的星辰,在法治的天空中熠熠生辉,取得了令人瞩目的进步。

2019 年,由中国国际经济贸易仲裁委员会(以下或简称"贸仲")、国际商会仲裁院、德国仲裁院、香港国际仲裁中心、斯德哥尔摩商会仲裁院、新加坡国际仲裁中心等 42 家国内外仲裁机构共同达成了《"一带一路"仲裁机构北京联合宣言》,诞生了“一带一路”首个国际仲裁合作共同体。2021年,中国国际经济贸易仲裁委员会倡议并联合47家国内外仲裁机构,发布了《“一带一路”仲裁机构北京联合宣言合作机制》。2023年是“一带一路”倡议提出10周年。10年来,共建“一带一路”朋友圈越来越大,国际影响力、合作吸引力持续释放。中国国际经济贸易仲裁委员会联合国内、国际仲裁机构持续快速推动建设“一带一路”仲裁机构合作机制。经过多年的发展,“一带一路”合作机制成员方不断扩容,影响力持续扩大。同时,中国国际经济贸易仲裁委员会的国际影响力和公信力在不断提升;根据2023年12月28日发布的《第三届仲裁公信力评估研究报告》,中国国际经济贸易仲裁委员会荣获“全国十佳仲裁机构”和“涉外服务十佳仲裁机构”双十佳称号。

2023年11月18日,国务院批复原则同意《支持北京深化国家服务业扩大开放综合示范区建设工作方案》(以下简称《工作方案》),明确提出,要打造面向全球的国际商事仲裁中心;支持国内外商事仲裁机构等在京发展;研究探索授权仲裁庭作出临时措施决定并由法院依法执行的制度;推进仲裁机构体制机制改革,优化法人治理结构,探索专业领域仲裁规则;支持仲裁机构人才队伍国际化建设,给予仲裁机构聘请的外籍工作人员签证便利;探索制定临时仲裁庭仲裁涉外纠纷的规则;支持仲裁机构与法院、行业管理部门合作,建立专业领域仲裁案件专家咨询、信息通报以及资源共享机制。

2023年12月28日,上海仲裁委员会与上海地产(集团)有限公司共同举行了亚太国际仲裁中心大厦交付仪式。内地城市采取综合措施推动国际商事仲裁中心建设,有利于提升内地仲裁机构的国际竞争力和影响力。

此外,中国各级法院持续采取多层次、具体化的措施,比如颁布司法解释、依仲裁机构申请开具调查令、颁布司法审查报告或白皮书等,积极支持商事仲裁,构建“仲裁友好型”司法氛围。除已经被法院成熟使用的协助仲裁机构采取保全措施外,内地法院不断创新支持仲裁的可落地的具体措施。多家通过协助仲裁调查取证这一具体方式,支持仲裁机构依法仲裁,提高仲裁公信力。2023年11月7日,经厦门仲裁委员会审查并提出请求,厦门国际商事法庭向鹭江派出所发出全国首份仲裁案件调查令。

2024年7月31日,国务院总理李强主持召开国务院常务会议,学习贯彻习近平总书记关于当前经济形势和做好下半年经济工作的重要讲话精神，讨论《中华人民共和国仲裁法(修订草案)》。会议讨论并原则通过《中华人民共和国仲裁法(修订草案)》，决定将草案提请全国人大常委会审议。本次《中华人民共和国仲裁法(修订草案)》亮点纷呈，充分体现了仲裁服务经济发展和扩大开放的作用，积极拥抱国际成熟经验和规则。简单举例如下：扩大了仲裁的适用范围，允许非传统商事仲裁如投资和体育仲裁；简化了仲裁协议的生效条件，仅要求有仲裁意愿，取消了对"选定的仲裁委员会"的要求；增加了仲裁协议效力的扩张情况，明确了主从合同及股东代表诉讼中仲裁条款的效力；确立了仲裁庭自裁管辖权原则，改变了法院与仲裁庭在确认仲裁协议效力上的职责分工；赋予仲裁庭发布临时措施的权力；优化了首席仲裁员的指定流程，增加了当事人的参与度；引入了临时仲裁制度，增强了仲裁的灵活性；统一了国内外仲裁裁决的撤销程序，并增加了"裁决因恶意串通、伪造证据等欺诈行为取得"的撤销理由；限制了仲裁裁决不予执行的情形，仅在违反社会公共利益时法院可不予执行。

二、中国商事仲裁蓬勃发展——以贸仲、北仲相关数据为例

2023年8月，贸仲发布了《中国国际商事仲裁年度报告(2022—2023)》，报告载明2022年全国277家仲裁机构共办理案件475,173件，比2021年上升59,284件，同比增长14.3%；全国仲裁案件标的总额为9860亿元，比2021年上升1267亿元，同比增长14.7%。其中，传统商事仲裁案件共320,262件，同比增长19.1%；有89家仲裁机构运用网上仲裁方式办理案件154,911件，同比增长5.4%。2018～2022年全国仲裁机构办案总量，见图7－1。

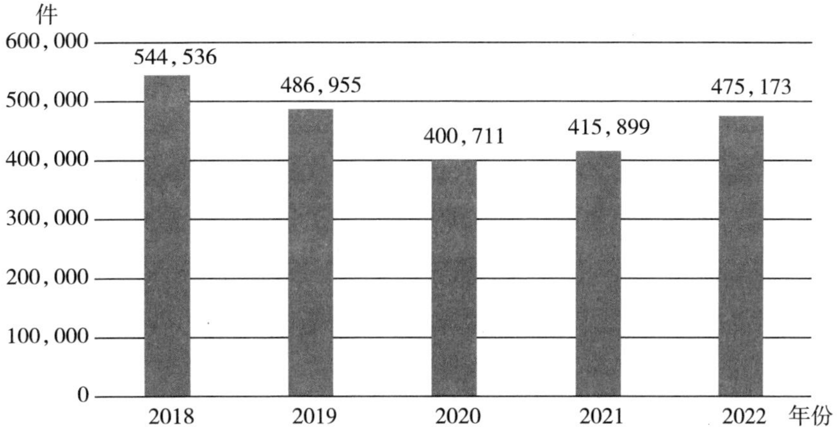

图7-1　2018~2022年全国仲裁机构办案总量

2022年,全国277家仲裁机构中,中国国际商会设立的仲裁机构(共3家,即贸仲、中国海事仲裁委员会与海峡两岸仲裁中心)共办理案件4395件,占全国案件总数的0.93%;标的额1279亿元,占全国案件标的总额的12.97%。

从2022年全国仲裁机构办理各类案件的数量来看,排名前五的分别为:金融类案件178,174件,占全国案件总数的37.50%;电子商务类案件37,856件,占7.97%;买卖类案件28,613件,占6.02%;房地产类案件27,860件,占5.86%;建设工程类案件23,998件,占5.05%;股权转让类案件为3354件,占0.71%。

从各类案件的标的额来看,排名前五的案件分别为:金融类案件标的额2657亿元,占全国案件标的总额的26.95%;建设工程类标的额1697亿元,占17.21%;股权转让类标的额1183亿元,占12.00%;买卖类标的额703亿元,占7.13%;房地产类标的额451亿元,占4.58%;土地交易类标的额233亿元,占2.36%。

贸仲2023年受理的案件类型总量为20种,针对出现的新类型争议,进一步规范案件分类管理,主要争议类型包括买卖合同、建设工程、公司/企业治理、服务合同、金融、租赁、知识产权、文化体育娱乐产业、委托合同、房地产、环保低碳等,其中建设工程、知识产权、金融等热点领域案件增幅明显。新型金融争议复杂疑难、案件数量持续增长,传统金融类案件(公募/私募基金争议、资产管理争议、股权投资和股权转让、债券、信托、民间借贷等）仍占较大比重，银行间债券市场买断式/质押式债券及股票回购交易纠纷，期货、期权及其他场内外衍生品交易纠纷等持续增长，新类型金融交易纠纷不断涌现，法律关系复杂，审理难度大。

贸仲2023年受理仲裁案件涉案标的额达人民币1510.23亿元，同比增长19.01%，连续6年破千亿元大关。上亿元标的额争议案件共计188件，其中10亿元以上案件17件，同比增长6%。涉外案件争议金额达人民币209亿元：国内案件争议金额982.59亿元，同比增长10%；涉外案件争议金额527.56亿元，同比增长41.08%。2024年1~8月，贸仲各项业务指标稳步增长：新受理案件数量4131件，同比增长28.09%，争议金额人民币1273.46亿元，同比增长49.18%；其中，涉外案件466件，同比增长11.22%。

根据北京仲裁委员会公布的2023年工作报告，其受理的案件类型主要包括建设工程、金融类合同、服务合同、买卖合同，房地产合同、投资经营并购、借款合同、知识产权合同、委托合同、演艺体育广告合同等，其中建设工程合同与金融类合同案件显著增长，成为北仲2023年受理仲裁案件的主要类型。

北仲2023年受理仲裁案件12222件，涉案标的额达人民币1248.26亿元，10亿元以上的案件16件，平均19.9亿元/件，1亿元到10亿元的案件154件，平均2.71亿/件。5000万元到1亿元的案件135件，平均0.7亿元/件。

通过对上述主要仲裁机构的年报和案件数据的统计分析，可以得出以下基本结论：

第一，就争议类型而言，商事仲裁机构受理的案件类型依然复杂多样，但主要的纠纷类型及涉及争议案件量最多的仍是建筑工程纠纷、机电设备纠纷、一般货物买卖纠纷、股权投资和股权转让纠纷等传统的纠纷类型，这一增长趋势既是对仲裁机构与仲裁员的业务水平更高的要求和挑战，也是对仲裁业务与时俱进的体现。

第二，就争议金额而言，贸仲和北仲受理仲裁案件涉案标的额破千亿元大关，其中标的额过亿元的大标的额案件数量尤为突出。受案标的额的大幅增长亦从侧面反映了中国国际商事仲裁机构不仅在案件处理数量方面逐步增多，而且案件处理质量也在稳步提高，服务质量与业务水平不断得到当事人的认可。

第二节 投资纠纷与仲裁

在私募基金业务中,存在投资者与管理人的关系,以及投资公司与目标公司、创始股东之间的关系。反射到公司法场景中,前述关系大多为合伙企业中普通合伙人与有限合伙人或者有限责任公司中股东之间的关系。因此,私募基金的投资争议反映到仲裁案件中往往表现为股权转让(回购)纠纷。

贸仲公布的《中国国际商事仲裁年度报告(2021—2022)》统计数据显示,股权转让纠纷案件,案件数量(见图7-2)及争议标的额,基本呈现增长趋势,且平均争议标的数额远超过其他案件,此类纠纷所涉法律问题异常庞杂,包括但不限于:股权转让合同的成立与生效、履行与违约救济、解除与终止;公司股东会/董事会决议的效力;公司股东资格及工商登记的确认与变更、股权代持;优先购买权的行使与保护;投资方与公司及其股东/实际控制人之间"对赌"协议的处理;公司为股权转让提供担保;股东知情权等。

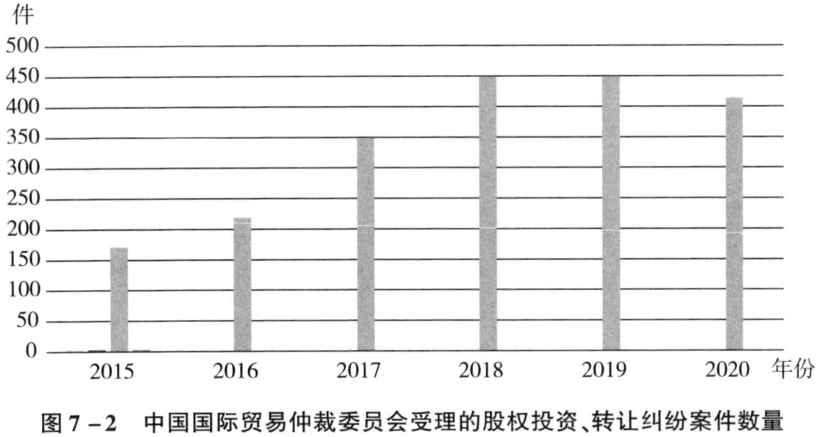

图7-2 中国国际贸易仲裁委员会受理的股权投资、转让纠纷案件数量

此外,《中国国际商事仲裁年度报告(2021—2022)》载明,贸仲在梳理了40个典型裁决案例后发现,在其梳理范围内的裁决,申请人均为投资人,投资基金遭受了本金或收益的损失,进而要求管理人、托管人承担赔偿责任。请求管理人承担责任的主要事由包括:管理人内控不严,员工进行合同诈骗,员工销售基金属表见代理行为；管理人不当销售基金产品，在产品推介上存在问题；管理人未尽到风险提示义务；管理人未尽到勤勉尽责义务；管理人违反信息披露义务，未披露或披露存在错误；管理人违约超范围投资；管理人违约延期；管理人资产混同，非法挪用基金资产；管理人延迟兑付；基金存在关联交易情况。请求托管人承担责任的主要事由包括：托管人未按照法律规定召集基金份额持有人大会；托管人违反监督义务；托管人违规开立管理人专户；因管理人过错，依据法律规定和合同约定托管人承担连带责任。

对于仲裁庭是否支持申请人的仲裁请求，根据贸仲梳理的经典案件，仲裁庭主要从被申请人承担责任判断的现状，从是否承担责任、承担何种责任，承担责任的比例等方面进行分析。仲裁结果一般是围绕投资人的实际损失和管理人、托管人行为之间的因果关系进行判断。在投资人的仲裁请求有事实、合同及法律依据的情况下，仲裁庭大多会支持投资人的请求，但会在损失的计算上存在差异。

第三节　仲裁的特点

商事仲裁作为一种替代性的纠纷解决机制，涉及平等的法律主体，包括自然人、法人以及其他非法人组织。这些主体可以通过签订书面形式的仲裁协议或在合同中纳入仲裁条款，自愿将涉及财产权益的争议提交给依法成立的仲裁机构。随后，由争议各方协商选定或由仲裁机构依其规则指定的具有独立性和公正性的仲裁员，对提交的争议进行审理，并据此作出具有法律约束力的终局性裁决。这一过程体现了商事仲裁在解决商业纠纷中的专业性与效率性，确保了裁决的独立性和公正性，为商事主体提供了一种灵活且具有法律效力的争端解决途径。

商事仲裁具有广泛执行性、一裁终局性、专业性、保密性、灵活性、高效性和经济性的特点。(1)广泛执行性。仲裁裁决可以依据《承认及执行外国仲裁裁决公约》(以下简称《纽约公约》)及其他相关国际条约规定，在绝大部分域外法院获得承认和执行。(2)一裁终局性。仲裁裁决一经作出后，除非法定的极少数情况可以被撤销或不予执行外，即发生法律效力，当事人或案外人均难以改变仲裁结果。(3)专业性。仲裁案件一般会交由具有良好法律素养和丰富行业经验的仲裁员审理，更加符合商事法律实践和行业惯例，保证了当事人争议解决的质量和仲裁结果的公正性、合理性。保密性。仲裁的过程和裁决结果严格保密，有助于减轻仲裁案件对商事主体的外部影响。(4)灵活性。仲裁在最大限度上会尊重当事人的意思自治，当事人在不违反强行法规定的前提下有权合意选择仲裁机构、仲裁地、仲裁员资格和数量、仲裁程序、适用法律、仲裁语言等各类要素。(5)高效性。相较法院而言，仲裁机构和仲裁庭更加有效率，能够更快速地对争议作出裁决，节约当事人的时间成本。

除上述大众普遍认识到的仲裁特点外，仲裁还有一个特点就是与诉讼程序相比，对备位仲裁请求持更加开放的态度。当事人在一个仲裁案件中，有时会向同一被申请人就同一涉诉法律关系提出两个具有先后顺位、存在关联关系的主、次仲裁请求。之所以如此主张，是为了防止第一位次的请求不被承认，退而选择主张第二位次的请求。此类第二位次的诉请即为备位仲裁请求或预备性仲裁请求。对于备位仲裁请求，我国现行法律法规尚未有明确的规定，但是在仲裁的司法实践中并不少见。仲裁委员会接受此类诉请可以最大限度地防止仲裁程序空转，降低各方当事人的仲裁成本，实质性地解决争议。例如，在某涉外房地产买卖合同争议案件中，申请人在先的仲裁请求是要求被申请人继续履行合同，即将房屋所有权转移给申请人。同时，申请人指出，上述请求是基于合同的继续履行而提起的，鉴于被申请人已经实施违约行为，申请人保留在双方合同无法继续履行的情况下就已经发生的损失对仲裁请求进行变更的权利，包括要求被申请人赔偿因其违约给申请人造成的全部损失。相较而言，我国法院的司法实践一般不接受备位的诉讼请求。

第四节　主要仲裁机构

2024 年 9 月 6 日，司法部公共法律服务管理局局长杨向斌在新闻发布会上表示，目前我国共设立 282 家仲裁机构，仲裁员和机构工作人员达 8 万余人，累计办理案件500多万起,涉案标的额8万多亿元,当事人涉及全球100多个国家和地区。其中,仅2023年全国仲裁机构就办理了仲裁案件60.7万件,同比增长27.8%,标的总额1.16万亿元,同比增长17.7%。

目前,我国大陆具有较大影响力的仲裁机构有:中国国际经济贸易仲裁委员会、北京仲裁委员会、上海国际经济贸易仲裁委员会(上海国际仲裁中心)、深圳国际仲裁院、上海仲裁委员会、广州仲裁委员会等。我国香港地区具有较大影响力的仲裁机构有香港国际仲裁中心等。国际影响力较大的仲裁机构包括国际商会仲裁院(ICC)、伦敦国际仲裁院(LCIA)、香港国际仲裁中心(HKIAC)、美国仲裁协会(AAA)等。

第五节　收费制度

根据《仲裁委员会仲裁收费办法》规定,仲裁费用包括案件受理费和案件处理费。案件受理费用于给付仲裁员报酬、维持仲裁委员会正常运转的必要开支,具体标准由仲裁委员会在仲裁案件受理费表规定的幅度内确定,并报仲裁委员会所在地的省、自治区、直辖市人民政府物价管理部门核准,机构之间的差异不大。案件处理费包括仲裁员、证人鉴定人、翻译人员等仲裁相关人员的差旅费等,以及与仲裁相关的咨询鉴定、送达材料等费用,收费标准按照国家有关规定执行,国家没有规定的,按照合理的实际支出收取。

实践中,不同仲裁机构可能采取不同的仲裁费用标准。如贸仲采用的收费标准为案件受理费和案件处理费两类。北仲采用的收费标准为仲裁员报酬和机构费用两类。贸仲的收费方式与国务院办公厅印发的《仲裁委员会仲裁收费办法》规定的内容保持一致。文件规定,仲裁收费包括案件受理费和案件处理费。案件受理费用于给付仲裁员报酬、维持仲裁委员会正常运转的必要开支。案件处理费主要用于仲裁员办案出差、开庭的食宿、交通费用,证人等仲裁参与人员出庭的必要支出,以及案件咨询、鉴定、勘验、翻译费用,还有必要的办公成本。文件还规定了案件受理费的收费标准,对案件处理费原则上按国家有关规定执行,没有规定的按照合理的实际支出收取。

北仲目前采取分列仲裁员报酬和机构费用的收费方式，这标志着中国仲裁机构收费的一次重大变革与创新。中共中央办公厅和国务院办公厅于 2018 年 12 月 31 日印发的《关于完善仲裁制度提高仲裁公信力的若干意见》明确提出“按照国家有关规定，建立适应仲裁业务发展的仲裁员报酬制度，合理确定仲裁员报酬标准，规范仲裁员报酬管理工作。”2019 年 7 月 19 日，北仲审议通过了《北京仲裁委员会仲裁规则》及附录收费标准的修改，并已经于 2019 年 9 月 1 日正式施行。北仲的收费制度改革与创新，受到了业内的一致好评。正如同瑞士知名仲裁学者 Jean Flavien Lalive 曾说过的一句名言，“The arbitration is only as good as its arbitrators”，即“有什么样的仲裁员，就有什么样的仲裁”。我国《仲裁法》第 53 条规定，仲裁裁决应当按照多数仲裁员的意见作出，少数仲裁员的不同意见可以记入笔录，仲裁庭不能形成多数意见时，裁决应当按照首席仲裁员的意见作出。因此，仲裁员是仲裁的核心，既是仲裁服务的提供者，又是裁决者，其仲裁权来源于当事人的授权和法律的赋权。但长期以来，仲裁员的收费，业界讳莫如深，选择仲裁的当事人并不知情。北仲在国内首次明确将仲裁费用分为仲裁员报酬和机构费用，不仅提高了仲裁费用的透明度，也提高了仲裁员的积极性，激励仲裁员更好地为当事人服务。

无论是案件受理费和案件处理费，还是仲裁员报酬和机构费用，国内仲裁机构的费用目前都采用集中收取办法，一般以申请人请求的数额或实际争议金额为基准实行分段按比例累计收费，并由申请人预交。仲裁费用原则上由败诉的当事人承担。当事人部分胜诉的，由仲裁庭根据当事人各方责任大小确定其各自应当承担的比例。当事人自行和解或者经仲裁庭调解结案的，可以协商确定各自承担的比例。

值得注意的是，在带有解除或终止协议的仲裁请求的案件中，仲裁委员会可能不会依据当事人的仲裁请求金额确定仲裁费，而是依据诉争解除协议的总标的额计算仲裁费。例如，在一起建设工程案件中，因仲裁请求涉及解除案涉建设工程合同，北仲依据案涉合同签订的总金额计算仲裁费，而非仅依据申请人的索赔金额计算。因此，当事人应当充分注意仲裁请求与仲裁受理费之间的勾稽关系，合理设计仲裁请求，降低仲裁成本。

第六节　仲裁机构选择要素

在仲裁实践中,选择仲裁机构是一个关键决策,它直接关系到案件处理的效率、公正性以及最终结果,进而影响当事人的权益,当事人在选择仲裁机构时,应当注意如下几个方面。

(1)仲裁机构的声誉。仲裁机构的声誉是其历史、公正性和专业能力的体现。一个享有良好声誉的仲裁机构往往能够赢得当事人的信任,这对于仲裁机构的长期发展至关重要。在选择仲裁机构时,应优先考虑那些历史悠久、声誉卓著的机构,如贸仲和北仲,它们通常拥有丰富的案件处理经验和专业的仲裁员队伍。这些仲裁机构的仲裁员大多来自法律行业的优秀从业人员,仲裁秘书等服务团队也因多年累积的从业经验有着高水平的服务质量。我们建议当事人在选定国内仲裁机构时应当优先考虑一些经济较为发达、交通便捷的大城市仲裁机构,此类仲裁机构中仲裁员的行业经验及专业素养会较高,硬件和软件条件较好,制度完善,仲裁秘书的专业水平也较高,再加上交通便捷,当事人的仲裁体验会高于边远地区的仲裁机构。

(2)仲裁规则。不同仲裁机构的仲裁规则可能存在差异,这些差异可能体现在程序的灵活性、仲裁员的选任方式、临时措施的采取等多个方面。因此,在选择仲裁机构之前,应详细研究其仲裁规则,确保所选规则能够满足案件的特殊需求,从而为当事人提供最有利的仲裁环境。

(3)案件类型。判断案件类型要依据以下因素,包括是否涉及跨国因素、案件的复杂性、行业特点、当事人的国籍以及合同中约定的适用法律等,都是选择仲裁机构时的重要考量因素。例如,涉外商事案件的当事人可能会倾向于选择具有国际视野和经验的仲裁机构,如贸仲。如果合同中对适用法律有特别约定,选择适用法律所在地的仲裁机构可能更为便利。

(4)仲裁成本是当事人在选择仲裁机构时必须考虑的另一个重要因素。大多数仲裁机构会根据案件标的额采用分段收费的方式,但不同机构的收费标准和方法可能有所不同。此外,除了案件受理费外,当事人还应当充分考虑其他衍生费用,诸如涉外案件中的涉外法律查明费用、文件的翻译费用、开庭可能涉及的同声传译的费用,仲裁员、当事人及律师的差旅费等都是需要纳入考虑的因素。

(5)仲裁的执行。当事人在外国取得仲裁裁决若想在被执行人所在地法院得到执行,一般需要当地法院根据《纽约公约》对仲裁裁决审查后才有可能获得执行。这要求当地国家是《纽约公约》的加入国,且该国对《纽约公约》条款的保留不会影响仲裁裁决的执行。因此,我们建议当事人在选择仲裁机构的时候,充分考虑到仲裁裁决的执行效率和风险问题。从国内当事人来讲,对于潜在被执行人财产在国内的,我们建议还是优先选择国内仲裁机构。

综上所述,选择仲裁机构时,应综合考虑仲裁机构的声誉、仲裁规则、案件类型和仲裁成本、仲裁执行效率等多个因素,以确保选择最适合案件特点的仲裁机构,从而最大限度地保护当事人的合法权益。

第七节 仲裁协议的准确撰写

其实,仲裁机构的官网普遍列示了仲裁协议的示范条款,中文及外文均有。例如,贸仲公布的示范条款如下:

“凡因本合同引起的或与本合同有关的任何争议,均应提交中国国际经济贸易仲裁委员会(贸仲),按照申请仲裁时贸仲有效的仲裁规则进行仲裁。仲裁裁决是终局的,对双方均有约束力。”

之所以单独提出来这个问题,是因为在起草仲裁协议时需要注意避免仲裁协议存在争议,甚至无效。如果仲裁条款存在争议或无效,当事人在提起仲裁申请后,对方当事人很可能向法院提起确认仲裁协议效力之诉,这会严重影响当事人的仲裁效率。根据司法实践,影响仲裁协议效力的主要事由包括:当事人之间没有仲裁合意或意思表示存在瑕疵;仲裁机构不明;当事人并非仲裁协议签订主体;超出法律规定的可仲裁范围;约定“或裁或诉”;无涉外或涉港澳台因素,约定境外仲裁机构仲裁等。

根据我们的司法实践,仲裁协议可能产生争议的事由包括仲裁地点、仲裁语言、仲裁庭的组成,仲裁规则的适用等。虽然产生前述争议不会影响仲裁委员会对案件的受理，但因涉及仲裁程序问题，若当事人没有在签署仲裁协议时就明确约定，那么在各方进入仲裁程序后，为保证仲裁程序符合仲裁规则及各方合意（仲裁委此举也是尽可能避免仲裁裁决因程序问题而产生被撤裁风险），仲裁委员会就前述问题会充分听取各方意见。各方势必会因为彼此立场的不同导致意见不合，从而拉长仲裁程序的时间。

此外，在PE投资中，一项PE投资项目涉及的主体往往会签署多份投资合同或协议，包括框架协议、投资协议、与控股股东或创始人签署的股权转让协议，与目标公司签署的增资协议；与各方股东签署的股东协议、章程或者合伙人协议等。此时就需要文件的起草者特别注意每一份协议项下的争议解决条款，是选择仲裁还是诉讼；选择的仲裁机构和仲裁地点是否一致，都需要特别注意。避免明明是一个纠纷事项，却分散在多家仲裁委员会或法院管辖。届时仲裁委员会或法院想要一揽子解决争议，也有心无力。

就如同北京第四中级人民法院给当事人的提示，法律规定的仲裁协议生效要件其实不多，但是签订仲裁协议需要提前了解的背景法律知识并不少。签订合同时，由于信息储备不够，或者各方信息不对等，签订了有漏洞的仲裁协议却意识不到，等到合同履行发生争议后，才发现不得不先解决仲裁协议瑕疵带来的争议，致使双方核心的、实质的纠纷无法第一时间提上日程，错过了及时化解纠纷的时机。

第八节　国内仲裁的一般程序

根据我国《仲裁法》第四章仲裁程序的规定，国内仲裁的法定程序主要分为申请与受理、组庭、审理、裁决4个阶段。国内仲裁机构的仲裁规则也基本遵循了该等阶段划分，以《中国国际经济贸易仲裁委员会仲裁规则》（2023版）为例，第二章仲裁程序共分为“仲裁申请、答辩、反请求”“仲裁员及仲裁庭”“审理”三节，并在第三章专门规定了裁决。

（1）申请和受理阶段。申请，一般是指一方当事人根据合同中订立的仲裁条款或以其他书面方式在纠纷发生前或者纠纷发生后达成的仲裁协议，将发生的财产权益纠纷依法请求仲裁委员会进行仲裁的行为。当事人提起仲裁申请，是仲裁委员会受理案件的前提。

(2)受理。受理，一般是指仲裁委员会收到当事人提交的仲裁申请书后，对当事人的仲裁申请进行审查，认为符合受理条件的，决定立案进行仲裁审理的行为。仲裁委员会决定受理案件后，将在规定期限内向申请人发出受理通知书。在我国，申请和受理往往是仲裁程序的开端，是仲裁委员会开始管辖案件的标志。具体而言，仲裁程序的开始到底是申请还是受理应以仲裁规则为准。

(3)送达。仲裁送达，是指仲裁机构或当事人依据法律规定的方式和步骤，将仲裁文件正式递交给对方当事人或其他仲裁程序参与者的行为。在商事仲裁中，送达程序至关重要。一方面，送达的有效性直接关系到当事人参与仲裁的权利，确保当事人能够公平地参与仲裁过程，是实现仲裁公正性的关键步骤，对于维护当事人权益至关重要；另一方面，有效的送达对仲裁结果的合法性和执行力同样至关重要。我国《仲裁法》第 58 条明确规定，当事人如有证据证明仲裁庭的组成或仲裁程序违反法定程序，可以向法院申请撤销仲裁裁决。因此，一旦仲裁委会的送达程序存在瑕疵，仲裁申请人历经千辛万苦，甚至漫长的等待得到的仲裁裁决会被对方当事人通过法院的司法审查程序推翻。因此，所有仲裁委员会都对仲裁程序中的送达慎之又慎。仲裁委员会的仲裁规则中都会明确规定送达及送达成功的规则，以及不能送达当事人情况下的拟制送达。例如，《贸仲规则》第 8 条规定仲裁材料的送达方式包括：采用当面递交、挂号信、特快专递、传真、电子方式及其他任何能提供投递记录的通讯手段。送达地址来源于当事人的提供或者约定的地址。贸仲的拟制送达是指“向一方当事人或其仲裁代理人发送的仲裁文件，如经当面递交收件人或发送至收件人的营业地、注册地、住所地、惯常居住地或通讯地址，或经对方当事人合理查询不能找到上述任一地点，仲裁委员会仲裁院以挂号信或特快专递或能提供投递记录的包括公证送达、委托送达和留置送达在内的其他任何手段投递给收件人最后一个为人所知的营业地、注册地、住所地、惯常居住地或通讯地址，即视为有效送达”。公证送达是包括贸仲在内的多家仲裁委员会选择的拟制送达。但需要注意的是，仲裁委对采用公证送达这类拟制送达手段往往保持非常谨慎的态度。因此，若当事人不能提供有效地址信息，且双方没有事前约定的仲裁送达地址的，仲裁送达程序就会大大拉长整个仲裁期限，增加当事人的负担。

(4)组庭阶段。组庭，一般是指各方当事人或仲裁委员会主任根据仲裁规则和当事人约定，在规定的期限内选定或指定仲裁员组成仲裁庭的活动。不同仲裁机构对仲裁庭组成的规定具有差异性，但一般均规定由一名或三名仲裁员组成。例如，《中国国际经济贸易仲裁委员会仲裁规则》(2023 版)第 25 条规定，仲裁庭由一名或三名仲裁员组成。同时，如当事人对仲裁庭组成的约定与仲裁规则存在冲突，一般仲裁机构也会尊重当事人的自由意志，以当事人约定为准。因此，除非当事人另有约定或本规则另有规定，仲裁庭由三名仲裁员组成。

根据我国《仲裁法》第 30 条的规定，仲裁庭可以由三名仲裁员或者一名仲裁员组成。国内主流的仲裁机构仲裁规则中基本规定，独任仲裁员是由当事人共同选定、共同提交推荐名单或者仲裁委员会主任指定的仲裁员担任。例如，《中国国际经济贸易仲裁委员会仲裁规则》(2023 版)第 27、28 条规定，仲裁庭由一名仲裁员组成的，由双方当事人共同选定或共同委托仲裁委员会主任指定，或通过提交推荐名单的方式确定。

合议仲裁庭由三名仲裁员组成，根据《中国国际经济贸易仲裁委员会仲裁规则》(2023 版)，当事人各自选定或各自委托仲裁委员会主任指定一名仲裁员，第三名仲裁员为首席仲裁员，由当事人共同选定、共同提交推荐名单或者仲裁委员会主任指定，还可以委托由已选定的两名仲裁员共同选定。《北京仲裁委员会仲裁规则》也规定可以由仲裁委提供首席仲裁员的候选名单。

虽然上述规定中明确仲裁庭人数为一人或三人，但该规定属于任意性规定，并非强制性规定，并不限制当事人的意思自治。当事人可以根据所涉纠纷的复杂程度、各自能够承担的费用成本等因素约定更多人数的仲裁员。但是，为了确保裁决的顺利作出，仲裁员的人数一般为奇数。

(5)仲裁员的选择。对于普通仲裁程序，仲裁庭通常由三名仲裁员组成，当事人有权为己方选择一名仲裁员及首席仲裁员。对于首席仲裁员的选择方式，《中国国际经济贸易仲裁委员会仲裁规则》(2023 版)规定，双方当事人可以共同选定或共同委托仲裁委员会主任指定，若当事人未在期限内完成签署选定或委托指定的，仲裁规则规定将由仲裁委员会主任指定首席仲裁员。当事人也可以约定由己方选定的仲裁员共同选定首席仲裁员。但是,与贸仲首席仲裁员选任方式不同的是,无须双方当事人约定,北仲主任可以依据案件情况决定由当事人选定的仲裁员共同选定首席仲裁员。当然,若双方选定的仲裁员未在规定期限内共同选定首席仲裁员的,首席仲裁员的人选仍由委员会主任指定。由双方当事人选定的仲裁员共同选择首席仲裁员的方式,可以大大降低委员会主任指定首席仲裁员模式下当事人的疑虑。

仲裁机构都会通过其官方渠道公布可选择的仲裁员名单,当事人需要从名单中选择仲裁员。一般而言,当事人可以根据仲裁员的从业经验、专业背景等因素选择。应当注意的是,所选择的仲裁员不能存在利益冲突。所谓利益冲突,一般是指仲裁员与仲裁当事人或仲裁案件相关的利益、其他仲裁当事人与仲裁案件的利益存在某种形式的对抗,进而有可能导致仲裁员无法公正、独立地审理案件,仲裁案件无法获得公正、独立的裁决,从而可能致使仲裁当事人的利益受损。仲裁员与仲裁当事人、仲裁案件之间的紧密联系所产生的利益冲突是仲裁员需要回避的主要判断标准之一。

我国《仲裁法》第 34 条明确列举了 4 类仲裁员“必须回避”的情形,包括:①是本案当事人或者当事人、代理人的近亲属;②与本案有利害关系;③与本案当事人、代理人有其他关系,可能影响公正仲裁的;④私自会见当事人、代理人,或者接受当事人、代理人的请客送礼的。因此,当事人认为被指定或选定的仲裁员存在上述情形的,有权提出要求仲裁员回避的申请。在司法实践中,仲裁员为曾参与涉案合同签订的人员、仲裁员与当事人亲属存在同事关系且该亲属曾参与案件争议内容的处理的情形可能被认定为上述第①项;仲裁员为曾多次代理一方当事人的律所的负责人、仲裁员曾多次代理一方当事人、仲裁员所在律所与一方当事人存在法律顾问单位关系的情形可能被认定为上述第③项。

贸仲制定的《仲裁员行为考察规定(修订)》对《仲裁法》第 34 条中“与本案当事人、代理人有其他关系,可能影响公正仲裁的”情形进行了更加细致的规定,包括:①事先就本案争议向当事人、代理人提供过咨询意见的;②为本案当事人推荐、介绍代理人的;③曾担任本案或与本案有关联案件的证人、鉴定人、勘验人、辩护人、诉讼或仲裁代理人的;④当前或两年内,与当事人、代理人曾在同一单位工作的;⑤当前或两年内,曾担任当事人或当事人关联单位法律顾问、代理人的；⑥近亲属在当事人或代理人所在单位工作的；⑦仲裁员或其近亲属对任何一方当事人可能存在追索权的；⑧仲裁员或其近亲属、所在工作单位，与当事人或代理人为共同权利人、共同义务人或有其他共同利益的；⑨其他可能影响公正仲裁的情形。因此，存在上述情形之一的，仲裁当事人有权向仲裁委员会主任提出回避的书面请求，仲裁员最终是否回避由仲裁委员会主任决定。

(6)审理阶段。审理，一般是指仲裁庭按照仲裁规则和当事人的约定，对仲裁请求进行实体审理的活动。审理是仲裁过程中最重要、最关键的阶段。仲裁庭一般会通过开庭，查明案件事实，审查各方当事人之间的权利义务关系，进而对纠纷案件进行裁决。但在现阶段，仍有以下问题需要注意。

证据提交。在审理阶段，重要事项之一就是证据提交，当事人应对自己主张的事实提供证据并加以证明。此外，需要注意的是，《中国国际经济贸易仲裁委员会仲裁规则》(2023 版)规定，除非当事人另有约定，仲裁庭可以决定适用或部分适用《中国国际经济贸易仲裁委员会证据指引》审理案件。贸仲制定的《中国国际经济贸易仲裁委员会证据指引》系以《国际仲裁取证规则》为蓝本，融合了大陆法系和英美法系的做法，并结合中国仲裁特有的规则和实践，在贸仲的仲裁实践中曾多次被使用，取得了良好的效果。对贸仲的该项规定，有两点值得关注。第一，在适用方式上，采用的是选择排除(opt-out)的适用模式，即只要当事人不排除适用，仲裁庭即可以单方决定适用或者部分适用。这种方式无疑会增加《中国国际经济贸易仲裁委员会证据指引》的适用概率；第二，《中国国际经济贸易仲裁委员会证据指引》本身并不构成仲裁规则的一部分，但是理论上，一经援引使用，即应构成规则的一部分，当事人及仲裁庭均应严格遵守。

注意质证的时间。案情事实不复杂，证据简单的案件，当事人一般会在开庭时同步质证。但是在事实复杂的案件中，当事人往往会提交诸多证据，证据甚至可能会放在十多个拉杆箱中带去仲裁庭。对于此类案件，如果只允许当事人在开庭时质证，无疑会浪费很多时间，降低仲裁效率。因此，仲裁庭一般都会在各方当事人同意的前提下，允许在庭前提前质证。例如，在《中国国际经济贸易仲裁委员会仲裁规则》(2023 版)中，开庭质证是一般原则，若各方当事人另行约定，可以遵从当事人约定进行提前质证。但需要注意的是，若采取庭前质证的，应当确保在证据核对和质证过程中有仲裁秘书或者仲裁庭的组成人员的参与，并制作对应的笔录,以防对方开庭时反言。

参与开庭。与法院开庭相比,可以参与仲裁开庭的人员会多一些。法院开庭一般只允许当事人和代理人参与,且代理人不能超过 2 人。但是在仲裁开庭中,一方当事人派出四五名代理律师或者代理人出庭的情况十分常见。如果是诸如非代理人身份的公司员工,亲属或律所实习生等,若想要参加庭审,需要获得仲裁庭及各方当事人的同意。此外,仲裁庭也可根据各方当事人的意见及案件情况,决定当事人出席开庭的方式,包括线下、网络等方式。

(7)裁决阶段。裁决,是仲裁的最后阶段,一般是指仲裁庭在充分全面地分析各方事实和法律争议后对纠纷案件作出判决的活动。特别需要提示的是,因为"一裁终局"的特性,仲裁裁决一经作出即发生法律效力。

第九节 仲裁与第三人

在国内外商事仲裁中,仲裁第三人的追加存在规则上的可能性,但实践中由于为追加第三人的条件难以满足等一系列原因,往往较为罕见。

具体而言,《中国国际经济贸易仲裁委员会仲裁规则》(2023 版)规定,在仲裁程序中,一方当事人依据表面上约束被追加当事人的案涉仲裁协议可以向仲裁委员会申请追加当事人。在仲裁庭组成后申请追加当事人的,如果仲裁庭认为确有必要,应在征求包括被追加当事人在内的各方当事人的意见后,由仲裁委员会作出决定。案涉仲裁协议表面上不能约束被追加当事人或存在其他任何不宜追加当事人情形的,仲裁委员会有权决定不予追加。《北京仲裁委员会仲裁规则》(2022 版)规定,在仲裁庭组庭前,经委员会同意,当事人可以依据相同仲裁协议在案件中追加当事人,但是,在组庭后,除非申请人、被申请人、被追加人均同意,否则不再接受追加当事人申请。

第十节　多合同仲裁

如前文所述,PE 投资项目中可能会涉及多份协议。因此在 PE 的股权投资争议仲裁中,应当注意满足仲裁委员会合并仲裁的条件。多份合同合并申请仲裁首先应当与“合并仲裁”这个概念进行区分,避免混淆。《北京仲裁委员会仲裁规则》(2023 版)规定,申请人就多个合同项下的争议在单个仲裁案件中合并提出仲裁请求的是多合同仲裁。两个或两个以上的仲裁案件合并为一个仲裁案件进行审理是合并仲裁。《北京仲裁委员会仲裁规则》(2023 版)规定,多合同仲裁应当符合下列条件:“1. 多个合同系主从合同关系,或多个合同所涉当事人相同且法律关系性质相同,或多个合同所涉标的具有牵连关系,2. 多个合同所涉争议源于同一交易或同一系列交易;3. 多个合同中的仲裁协议内容相同或相容。”对于符合前述条件的多合同仲裁案件,是否可以合并提出仲裁申请,北仲规定应当由仲裁委员会仲裁院规定。

第十一节　仲裁与反请求

我国《仲裁法》第 27 条规定,被申请人可以承认或者反驳仲裁请求,有权提出反请求。《仲裁法》确立了我国仲裁反请求法律制度,但未对被申请人提出反请求的期限及被申请人逾期提出反请求的处理作出统一规定。仲裁规则对期限作了一些细化。如《中国国际经济贸易仲裁委员会仲裁规则》(2023 版)第 16 条规定,一般情况下,仲裁反请求应当在仲裁庭规定的答辩期限内提交。

对于仲裁中的反请求程序,反请求书的内容和格式除名头不一致外,申请人与被申请人的身份需要对调,其他内容与仲裁申请书类似,都应包括各方的身份信息、地址、联系方式,仲裁的合同依据,仲裁请求及事实和理由。当事人应当注意仲裁规则中明确的反请求提交时间。如《中国国际经济贸易仲裁委员会仲裁规则》(2023 版)第 16 条规定,被申请人如有反请求,应自收到仲裁通知后 45 天内以书面形式提交,对于国内的争议案件,前述期限为20日。被申请人确有正当理由请求延长提交反请求期限的,由仲裁庭决定是否延长反请求期限;仲裁庭尚未组成的,由仲裁委员会仲裁院作出决定。仲裁庭有权决定是否接受逾期提交的反请求和反请求答辩书。尽管有规则的规定,在仲裁实务中,如果被申请人在开庭以前的合理时间提交了反请求,仲裁庭一般会同意受理被申请人的反请求。

第十二节 仲裁费用的承担

在商事仲裁中,仲裁费用原则上由败诉方承担,但仲裁庭对各方当事人所应承担的仲裁费用的比例具有一定的裁量权。仲裁庭可以根据案件中各方当事人的责任大小、案件的复杂程度、胜诉方当事人的实际工作量等因素进行衡量。仲裁费用一般是由申请人预先缴纳,仲裁中还可能多退少补。因此,申请人应当注意在提交仲裁申请前提前测算好仲裁费用,避免超出预期后再缴费时遇到困难,增加仲裁难度。

第十三节 仲裁裁决的司法审查

商事仲裁中的一裁终局性,指的是仲裁裁决一经作出后,即发生法律效力。值得注意的是,虽然仲裁裁决“一裁终局”,但是如果存在法定情形,该裁决是可以被撤销或不予执行的,而这个程序就是仲裁裁决的司法审查程序。我国《仲裁法》第58条规定:“当事人提出证据证明裁决有下列情形之一的,可以向仲裁委员会所在地的中级人民法院申请撤销裁决:(一)没有仲裁协议的;(二)裁决的事项不属于仲裁协议的范围或者仲裁委员会无权仲裁的;(三)仲裁庭的组成或者仲裁的程序违反法定程序的;(四)裁决所根据的证据是伪造的;(五)对方当事人隐瞒了足以影响公正裁决的证据的;(六)仲裁员在仲裁该案时有索贿受贿,徇私舞弊,枉法裁决行为的。人民法院经组成合议庭审查核实裁决有前款规定情形之一的,应当裁定撤销。人民法院认定该裁决违背社会公共利益的,应当裁定撤销。”若符合法定条件的,当事人可以依法向法院申请司法审查,寻求救济。《民事诉讼法》《仲裁法》等法律及规范性文件规定了撤销仲裁裁决、不予执行仲裁裁决等救济途径,当事人应根据具体情形和仲裁裁决的籍属选择适用,尤其应当注意二者适用上的区别,如申请方的身份,管辖法院及时间等,均应充分注意。

第十四节　仲裁裁决的执行

《仲裁法》第 62 条规定:“当事人应当履行裁决。一方当事人不履行的,另一方当事人可以依照民事诉讼法的有关规定向人民法院申请执行。受申请的人民法院应当执行。”根据《仲裁法》第 62 条以及《民事诉讼法》第 250 条的规定,申请仲裁裁决强制执行的期限为 2 年。申请仲裁裁决强制执行的期限,自仲裁裁决书规定履行期间的最后一日起计算。仲裁裁决书规定分期履行的,从最后一期履行期限届满之日起计算;仲裁裁决书未规定履行期间的,从仲裁裁决书作出之日起计算。

由当事人向有管辖权的人民法院提出申请。《最高人民法院关于适用〈中华人民共和国仲裁法〉若干问题的解释》第 29 条规定:“当事人申请执行仲裁裁决案件,由被执行人住所地或者被执行的财产所在地的中级人民法院管辖。”《最高人民法院关于人民法院办理仲裁裁决执行案件若干问题的规定》第 2 条亦规定:“当事人对仲裁机构作出的仲裁裁决或者仲裁调解书申请执行的,由被执行人住所地或者被执行的财产所在地的中级人民法院管辖。”

第十五节　案例分析

一、PE 投资中，合伙协议中的仲裁协议是否可以约束非协议签署方的合伙企业

(一)基本案情

A 有限合伙与案外人 B 公司进行投资基金合作，A 有限合伙为管理人，B 公司为投资人，双方签署《合伙协议》，共同设立 C 有限合伙。其中，A 有限合伙是 C 的执行事务合伙人，B 公司是 C 的唯一有限合伙人。《合伙协议》约定“源于或涉及本协议或其违约、终止或无效的任何争议、纠纷或索赔，协商无法解决的，任何一方可将争议提交天津仲裁委员会，根据该委员会届时有效的仲裁规则在中国天津市仲裁”。几年后，C 有限合伙作出将 A 有限合伙除名的决议。因此，A 有限合伙依据《合伙协议》的仲裁协议向天津仲裁委员会申请仲裁，要求确认除名决议无效，并要求 C 有限合伙配合至市场监管部门将 A 有限合伙变更为执行事务合伙人。C 有限合伙向法院提起仲裁协议效力之诉，C 有限合伙以其不是《合伙协议》的签署方为由，要求法院确认 A 有限合伙与 C 有限合伙之间无仲裁协议。

(二)裁判结果

法院认为，《仲裁法》第 16 条第 2 款规定：“仲裁协议应当具有下列内容：(一)请求仲裁的意思表示；(二)仲裁事项；(三)选定的仲裁委员会。”第十七条规定：“有下列情形之一的，仲裁协议无效：(一)约定的仲裁事项超出法律规定的仲裁范围的；(二)无民事行为能力人或者限制民事行为能力人订立的仲裁协议；(三)一方采取胁迫手段，迫使对方订立仲裁协议的。”本案未来产业合伙与金梧桐合伙签订的《合伙协议》明确约定，源于或涉及《合伙协议》发生的争议提

交天津仲裁委员会仲裁。该约定具有明确的仲裁意思表示、仲裁委员会、仲裁事项,符合《仲裁法》规定的仲裁协议合法有效的形式要件和实质要件,且不存在《仲裁法》第17条规定的无效情形,为合法有效的仲裁条款。

关于《合伙协议》中的仲裁条款是否约束C有限合伙,C有限合伙系依据案涉《合伙协议》成立的目标企业,各合伙人的权利义务内容无法脱离未来合伙企业,在处理A有限合伙与C有限合伙之间的合伙协议纠纷时,也必然涉及C有限合伙。同时,C有限合伙作为不具备独立法人资格的其他组织,其全体合伙人一致作出的意思表示,应对其具有约束力。

(三)案例分析

在前述案例中,法院从仲裁协议本身的内容,《合伙协议》的性质以及合伙企业的意思表示角度,对C有限合伙是否应当受《合伙协议》中仲裁条款的管辖进行了分析,其中最为核心的观点是,全体合伙都作出了接受仲裁的意思表示,应当认为合伙企业有明确的接受仲裁的意思表示。

然而,司法实践对非合伙协议签署方的合伙企业能否受合伙协议中仲裁条款的约束是存在分歧的。持相反观点的法院认为,应当坚持仲裁协议相对性原则,严格适用《仲裁法》对仲裁条款、仲裁协议的书面形式要求。如在江苏省南京市中级人民法院所作出的(2020)苏01民辖终319号民事裁定书中,法院则认定,本案中,世嘉利公司起诉要求撤销领行合伙企业做出的除名决议,该除名决议事项系涉及合伙人身份资格的重大事项,对此《合伙企业法》第49条第3款对被除名合伙人的救济路径已作出明确规定。世嘉利公司在法定期限内提起诉讼,故一审法院对本案有管辖权。领行合伙企业上诉称《合伙协议》明确约定发生争议提交中国国际经济贸易仲裁委员会进行仲裁,原审法院不具有管辖权。对此该法院认为,《合伙协议》系各合伙人之间达成的合伙协议,该案件并非各合伙人之间的纠纷,而是原审原告世嘉利公司起诉原审被告领行合伙企业而产生的纠纷,故《合伙协议》关于仲裁条款的约定对该案件不具有约束力。

二、LP 派生诉讼中，LP 能否适用私募基金与被投资公司之间的仲裁协议

（一）基本案情

2016 年 12 月，刘某、王某与 B 合伙企业、案外人深圳市 A 公司签订《入伙协议》，成为 B 合伙企业的有限合伙人。2016 年 7 月，B 合伙企业与被投资公司签署投资协议，2019 年 12 月，李某（B 合伙企业的执行事务合伙人，A 公司的法定代表人和实际控制人）与被投资公司 C 签订了与投资事项有关的《终止协议》等文件，约定：鉴于 B 合伙企业已于 2019 年 12 月与案外人上海 G 有限公司签署了股份转让协议……本协议各方确认，本协议生效前签署的全部 B 合伙企业投资相关协议在本协议各方之间均自本协议生效时终止履行，对本协议各方不再具有约束力。刘某、王某于 2020 年 1 月向上海金融法院提起合伙人代表诉讼，要求被投资公司 C 按照系列投资协议约定回购股权。

被投资公司 C 对管辖权提出异议认为，系争《终止协议》中明确约定了仲裁条款："凡因履行本协议所产生的或与本协议有关的争议，各方首先应通过协商解决；如协商不成的，应提交上海国际经济贸易仲裁委员会按照其届时有效的仲裁规则在上海进行仲裁。……"该仲裁条款系当事人真实意思表示且约定内容明确，合法有效。故系争《终止协议》之效力依法应由上海国际经济贸易仲裁委员会审查确认。两原告系 B 合伙企业的有限合伙人，与《终止协议》没有直接利害关系，其个人主张《终止协议》无效，不具有原告主体资格，其起诉不符合法定条件，依法应予裁定驳回起诉。若两原告系代表宁波文通中心起诉，则更应受上述仲裁条款约束。

（二）裁判结果

当事人达成仲裁协议，一方向人民法院起诉未声明有仲裁协议，人民法院受理后，另一方在首次开庭前提交仲裁协议的，人民法院应当驳回起诉。系争《终

止协议》中明确约定：凡因履行本协议所产生的或与本协议有关的争议，各方首先应通过协商解决；如协商不成的，应提交上海国际经济贸易仲裁委员会按照其届时有效的仲裁规则在上海进行仲裁。该仲裁条款意思表示和仲裁机构选择均清晰明确，合法有效，包括B合伙企业在内的合同各方均应遵照履行。本案中，原告作为不执行合伙事务的有限合伙人，在执行事务合伙人怠于行使权利时，可以督促其行使权利或者为了本企业的利益以自己的名义提起诉讼，该诉讼本质上系有限合伙人代表合伙企业提起诉讼，而且本案诉讼的法律后果亦仅限于《终止协议》各方当事人。因此，虽然两原告并非《终止协议》的相对方，但本案纠纷解决方式应受《终止协议》中的仲裁条款之约束，被告提出的管辖权异议成立，原告应向上海国际经济贸易仲裁委员会申请仲裁，法院对该案件无管辖权。

（三）案例分析

前述案例展现出的法院对LP在派生诉讼中是否受到合伙企业与被投资方仲裁协议管辖的观点并不是个案。随着私募基金争议的逐渐增加，各地法院对该问题已经达成较为统一的观点，且该项观点也体现在仲裁法的修订上。《仲裁法（修订）》（征求意见稿）第25条规定，公司股东、合伙企业的有限合伙人依照法律规定，以自己的名义，代表公司、合伙企业向对方当事人主张权利的，该公司、合伙企业与对方当事人签订的仲裁协议对其有效。也即，在LP依照《合伙企业法》第68条的规定进行派生诉讼的情况下，合伙企业与交易对手方所签订的仲裁协议之效力应当依法扩展至该LP。除上述仲裁协议效力扩张的规定外，在《仲裁法（修订）》（征求意见稿）第24条对主从合同仲裁协议效力问题作出了规定。

三、主合同及补充协议就不同争议范围约定不同仲裁机构，是否影响仲裁协议效力

（一）基本案情

A公司与B公司于2014年签订《承包合同》，即主合同，该合同第17条约

定：在本合同履行过程中发生争议时，双方应及时协商解决。如协商不成，向北京仲裁委员会申请仲裁；因关联交易发生的争议，双方应积极协商解决。协商不成，提交双方上级协调解决。仍不能解决的，双方可选择仲裁方式解决。同日，双方签订《承包安全生产、环境保护合同》，该协议为主合同的补充协议，该合同第 18 条约定：本合同在履行过程中发生争议时，按双方签订的主合同中相关的约定方式进行解决，如解决不成，可向西安市仲裁委员会申请仲裁。因双方在合同履行过程中产生纠纷，2017 年，B 公司依据上述《承包合同》中的仲裁条款向北仲提起仲裁，要求 A 公司支付工程款。北仲已经受理此案，并向 A 公司发出答辩通知。

但是 A 公司向北京市第三中级人民提起确认仲裁协议效力之诉。A 公司认为，双方在补充协议中约定的“如解决不成，可选择向西安市仲裁委员会申请仲裁”是对主合同约定的争端解决方式的补充，将其实质变更为合同发生争议，双方可向北京仲裁委员会申请仲裁，如解决不成，可向西安市仲裁委员会申请仲裁，属《仲裁法》第 18 条规定的对仲裁委员会约定不明确的情况，该仲裁协议应属无效。

（二）裁判结果

《仲裁法》第 16 条第 2 款规定：“仲裁协议应当具有下列内容：（一）请求仲裁的意思表示；（二）仲裁事项；（三）选定的仲裁委员会。”本案中，A 公司与 B 公司签订的《承包合同》约定在本合同履行过程中发生争议时，双方应及时协商解决。如协商不成，向北京仲裁委员会申请仲裁；因关联交易发生的争议，双方应积极协商解决。协商不成，提交双方上级协调解决。仍不能解决的，双方可选择仲裁方式解决。该条款本身对于请求仲裁的意思表示及仲裁事项约定均明确，并选定了仲裁委员会，符合《仲裁法》第 16 条规定的仲裁协议应当具有的内容，合同中的仲裁条款并非约定不明。

关于 A 公司提出的《承包安全生产、环境保护合同》为《承包合同》的补充协议，对主合同未尽事项作出约定，将其争议解决条款实质变更为合同发生争议，双方可向北京仲裁委员会申请仲裁，如解决不成，可向西安市仲裁委员会申请仲裁，属《仲裁法》第 18 条规定的对仲裁委员会约定不明确的情况，该仲裁协议应属无效的主张。法院认为，如前文所述，《承包合同》中约定的仲裁条款本身不存在无效情形。法院审理确认仲裁协议效力案件审查的系仲裁协议本身是否有效,并不涉及某一具体仲裁案件的申请请求是否在仲裁协议约定的纠纷范围内。B 公司提起仲裁的事项是涉及《承包合同》中的事项还是涉及《承包安全生产、环境保护合同》中的事项,该事项是否属于仲裁协议约定的范围,仲裁庭是否有权处理 B 公司提起仲裁的事项,需要对 B 公司申请仲裁的请求、理由、事实等予以审查后方可确认,系应由仲裁庭在对案件进行实体审查的过程中确认的问题,而非人民法院审理确认仲裁协议效力案件的审查范围。综上所述,A 公司申请确认其与 B 公司于 2014 年 4 月 26 日签订的《承包合同》中约定的仲裁协议无效的请求应予以驳回。

(三)案例分析

仲裁合意通常规定于合同的争议解决部分,或为仲裁条款,或为独立的仲裁协议。实践中,双方订立合同后,对于合同未尽事宜或因情势变化而须变更事宜,双方于主合同外,通常会签订补充协议、补充合同或其他文件。但是在部分补充协议中,由于疏忽或者特殊的原因有意为之,我们在实务中经常发现会有“凡因本补充协议事项引发的争议”向 B 仲裁机构提交仲裁的表述,而该内容就会与主合同中“凡因本合同引发的争议”向 A 仲裁机构提交仲裁自相矛盾。对补充协议明确有替代原合同仲裁条款的意思表示,司法实践中多会尊重当事人的选择,视为仲裁机构发生了变更。但若是意思表示模糊,仲裁协议效力无疑就仁者见仁,智者见智,各执一词了。

在司法实践中,评析主合同及补充协议往往会依据二者是否具有可分性分析不同争议解决条款的关系,若补充合同中约定“本补充协议系原合同的组成部分,与主合同具有同等法律效力”类似内容,若认定主合同和补充合同不具有可分性,在主合同和补充合同分别约定了仲裁和诉讼两种争议解决方式时,则存在构成“或裁或审”条款的风险。《最高人民法院关于适用〈中华人民共和国仲裁法〉若干问题的解释》第 7 条规定,“当事人约定争议可以向仲裁机构申请仲裁也可以向人民法院起诉的,仲裁协议无效”。如在北京四中院审理的(2022)京 04 民特 261 号案件中,当事人主张在主合同和补充合同中,双方基于投资退出事项约定了诉讼与仲裁两种争议解决方式,属于或裁或审情形,以此主张补充合同约定的仲裁协议无效。

类似的，当事人在主合同和补充合同中约定不同仲裁机构的，根据《仲裁法》（2017 年修正）第 18 条规定，"仲裁协议对仲裁事项或者仲裁委员会没有约定或者约定不明确的，当事人可以补充协议；达不成补充协议的，仲裁协议无效"。若认定主合同和补充合同不具有可分性，二者约定了不同仲裁机构存在构成第 18 条规定"约定不明确"从而导致仲裁协议无效的风险。

四、在基金管理人或托管人对投资者承担赔偿责任的案件中，管理人或托管人是否能以仲裁裁决违反社会公共利益为由撤销裁决

（一）基本案情

韩某以 Z 公司违反《基金合同》的相关约定为由向北仲提起了仲裁，北仲审理案件后，最终裁决 Z 公司向韩某赔偿 5 万余元。Z 公司向北京市第四中级人民法院申请撤销仲裁裁决，Z 公司认为仲裁裁决违背社会公共利益，根据国家相关规定，私募基金对投资人的投资结果不能强制性保本、保息、不能设定兜底条款，仲裁裁决事实上为私募基金设定了兜底条款，违背了国家对私募基金相关规定，与整个市场环境和国家规定相背离。

（二）裁判结果

北京市第四中级人民法院认为，本案是当事人申请撤销国内仲裁裁决案件，应当依据《仲裁法》第 58 条的规定，对本案进行审查。《仲裁法》第 58 条规定："当事人提出证据证明裁决有下列情形之一的，可以向仲裁委员会所在地的中级人民法院申请撤销裁决：（一）没有仲裁协议的；（二）裁决的事项不属于仲裁协议的范围或者仲裁委员会无权仲裁的；（三）仲裁庭的组成或者仲裁的程序违反法定程序的；（四）裁决所根据的证据是伪造的；（五）对方当事人隐瞒了足以影响公正裁决的证据的；（六）仲裁员在仲裁该案时有索贿受贿，徇私舞弊，枉法

裁决行为的。人民法院经组成合议庭审查核实裁决有前款规定情形之一的，应当裁定撤销。人民法院认定该裁决违背社会公共利益的，应当裁定撤销。”上述规定是人民法院撤销国内仲裁裁决的法定事由。法院认为，违背社会公共利益是指违背以社会公众为利益主体的，涉及整个社会最根本的法律、道德的共同利益，其表现形式应当是违背我国法律的基本制度与准则、违背社会和经济生活的基本价值取向，危害社会公共秩序和生活秩序，违背社会全体成员共同普遍认可、遵循的基本道德准则。本案中，Z公司与韩某系平等民事主体之间的民事纠纷，Z公司未能提供证据证明仲裁裁决存在违背社会公共利益的情形。Z公司该项主张的实质是认为仲裁庭认定事实和适用法律错误，法院认为，本案中，仲裁庭在仲裁审理阶段，已经对案涉《基金合同》效力及Z公司在案涉基金销售过程中是否履行了适当性义务进行了审查和认定，并在查明事实的基础上适用法律作出仲裁裁决。仲裁庭认定事实和适用法律问题属于仲裁庭实体审查权限范围，不属于人民法院仲裁司法审查的范围。故Z公司该项主张，法院不予支持。

（三）案例分析

从前述案例不难看出，因管理人或托管人违反《基金合同》项下义务或未履职尽责被裁决向投资人赔偿损失的纠纷，法院通常认为属于平等主体间的法律争议，管理人或托管人向投资人赔偿损失不会损害社会公共利益，管理人或托管人据此申请撤销仲裁裁决的难以得到支持。私募基金想让投资者根据投资合同风险自担的前提是“买者尽责”，管理人未履行相关法律法规及基金合同约定的义务，未履职尽责，则投资者有权主张管理人违约并要求其承担投资者的损失。通过梳理与观察多份LP索赔管理人的仲裁裁决，我们认为仲裁庭在审理管理人或托管人损害赔偿案中，主要的审理逻辑是投资人的损失是否与管理人、托管人的违约行为之间存在因果关系。仲裁庭若判定管理人或托管人违规或违约，大多会根据管理人违规或者违约的性质，裁决管理人承担主要或者全部责任，但很少裁决投资人承担责任。虽然我国当前的私募基金制度已经基本确立了“卖者尽责，买者自负”的基础规则。但是，也有部分法律从业者认为我国当前司法审判对基金管理人的“卖者尽责”义务的要求过于严格，放松了对投资者的要求，造成了“卖者尽责，买者自负”制度的失衡。

第八章

基金管理人与投资者纠纷的热点与难点

第一节　投资者适当性义务履行及法律责任

投资者适当性义务(investorsuitability)是指在金融产品销售和推荐过程中,金融机构须充分了解客户的投资知识、投资经验、投资目标、财务状况、风险承受度等信息,充分了解所推荐或销售的金融产品或服务,从而推荐或销售适合客户的金融产品或服务。早在2003年,《证券投资基金法》就提及了投资者适当性原则,但当时的法律并未详细规定投资者适当性义务的具体内容及要求。投资者适当性义务最早起源于英美金融市场,自21世纪初引入我国后,随着金融市场的不断发展和监管体系的完善,现已基本成形,形成了“法律—行政法规—部门规章—自律规则”的监管体系。但仍面临诸多问题,如相对混乱的规范体系、含混不清的理论认知以及参差不齐的应用实践等。本部分将对投资者适当性义务的发展现状进行梳理,进而对其在实践中认定的要点难点进行分析。

一、投资者适当性义务概述

(一)投资者适当性义务的规则体系

《关于规范金融机构资产管理业务的指导意见》第6条第1款规定了金融机构适当性义务的内容,包括了解客户义务、了解产品义务、客户与产品匹配义务以及风险揭示义务。但该意见并未对投资者适当性义务的概念进行明确界定。其他法律法规诸如《证券投资基金法》《私募投资基金监督管理暂行办法》《证券期货投资者适当性管理办法》《私募投资基金监督管理条例》《私募投资基金监督管理办法(征求意见稿)》等均对投资者适当性管理义务有所提及,但仍未对其概念进行明确界定。

中国证券投资基金业协会于2017年6月28日发布的《基金募集机构投资者适当性管理实施指引(试行)》首次对投资者适当性进行了明确定义,即“投资者适当性是指基金募集机构在销售基金产品或者服务的过程中,根据投资者的风险承受能力销售不同风险等级的基金产品或者服务,把合适的基金产品或者服务卖给合适的投资者”。[1] 2019年11月8日,最高人民法院发布《九民纪要》,亦对投资者适当性的概念进行了界定:“适当性义务是指卖方机构在向金融消费者推介、销售银行理财产品、保险投资产品、信托理财产品、券商集合理财计划、杠杆基金份额、期权及其他场外衍生品等高风险等级金融产品,以及为金融消费者参与融资融券、新三板、创业板、科创板、期货等高风险等级投资活动提供服务的过程中,必须履行的了解客户、了解产品、将适当的产品(或者服务)销售(或者提供)给适合的金融消费者等义务。”[2]

综上所述,投资者适当性义务,是指金融机构在提供金融产品或服务时,根据客户的风险承受能力、投资目标、投资期限等个人情况,进行客户分类和风险

[1] 参见《基金募集机构投资者适当性管理实施指引(试行)》第3条。

[2] 参见《全国法院民商事审判工作会议纪要》第72条。

评估,并确保向客户提供适合其风险承受能力和投资需求的产品或服务的义务,其具体外延包括了解产品、了解客户以及在此基础上的适当匹配。

(二)投资者适当性义务的法理基础

在大陆法系国家,适当性义务的理论基础是诚信原则,即要求金融机构从事金融产品销售业务时诚信地对待投资者,根据投资者的不同需求和风险承担能力向其销售和推荐与之能力相匹配的产品或服务,从而保护投资者利益。我国部分学者认为适当性义务是由金融机构承担的先合同义务,其理论基础在于金融机构诚信原则。[1]

美国学者认为适当性义务的理论基础为代理理论和特殊情况理论。根据代理理论,代理商在与被代理人建立委托关系后,不论是否收取佣金,都需要尽最大努力为被代理人谋取利益。作为顾客的代理人和受托人,金融机构对其负有忠诚和注意的义务,其中包含适当性义务。如果金融机构发现投资者的购买意愿与其实际财务状况不相符,或者投资者缺乏足够的资金承担相应的风险时,应当及时将相关产品信息告知投资者。特殊情况理论源于信义义务理论,该理论强调交易双方中的一方(通常是被信赖方)对另一方所承担的特殊义务。法律要求金融从业人员能够像看护人一样妥善管理他人的财产。该理论认为,当一方成为另一方的唯一依赖,并且被信赖方也知道并愿意接受这一依赖关系时,被依赖的一方应遵循以对方利益最大化为行为准则的原则。金融机构的工作人员在进行销售或推荐产品时,需要充分了解客户的个人隐私信息,并在深入了解客户需求之后为其提供适当的产品和服务,在此过程中客户很容易对金融机构形成信赖并基于此购买金融产品。[2]

《九民纪要》第72条指出,适当性义务的履行是“卖者尽责”的主要内容,也是“买者自负”的前提和基础。“买者自负”与“卖者尽责”是一个对立统一的矛盾体,要对“卖者尽责”的内涵与外延进行探究,就需首先厘清“买者自负”的前提。从逻辑上看,金融市场中的“买者自负”原则隐含信息对称性、监管正当性、

---

〔1〕 参见王锐:《个人理财案件中的商业银行适当性义务研究》,载《人民司法》2013年第11期。

〔2〕 参见翟艳:《我国投资者适当性义务法制化研究》,载《政治与法律》2015年第9期。

投资者适当性三个前提条件。[1] 随着信息不对称性问题的日益凸显，强制信息披露制度应运而生，旨在确保卖方提供充分的信息，以便买方能够基于这些信息作出理性的交易决策。传统上，监管的正当性主要聚焦于打击欺诈发行、虚假陈述以及操纵市场等扰乱市场秩序的违法行为。在这一框架中，责任方不仅涵盖了发行人的内部核心人员，如董事、监事、高级管理人员，以及他们的控股股东和实际控制人，还包括了参与市场运作的各类中介机构，如保荐和承销机构、信用评级机构、资产评估机构、会计师事务所和律师事务所等。然而，由于现实世界中信息的不对称性和监管机制存在的种种不足，投资者适当性制度逐渐产生。一方面，有效资本市场理论所依赖的一个重要前提——市场主体是理性经济人并能迅速、准确地对市场信息进行反应——在实践中受到了质疑。行为金融学者研究指出，投资者通常只具备有限理性，故信息披露的效果并不总是如预期般有效，信息不对称问题依然存在。另一方面，监管资源的有限性导致监管的正当性和有效性受到了严重的挑战。在这样的背景下，投资者适当性制度的重要性日益凸显，成为信息披露和传统监管机制的有效补充。

二、投资者适当性义务的主要内容

（一）投资者适当性义务的法律规定

最初，投资者适当性义务只是一种商业道德义务，之后被行业自律组织提升为行业守则作为软法义务，再之后又通过有关金融监管立法成为公法义务。目前对私募基金产品履行投资者适当性义务的要求，在现行制度中已经形成“法律—行政法规—部门规章—自律规则”的监管体系。

在法律层面，全国人民代表大会常务委员会于 2015 年 4 月 24 日颁布了《证券投资基金法》；在行政法规层面，国务院于 2023 年 7 月 3 日颁布了《私募投资

〔1〕 参见黄辉：《金融机构的投资者适当性义务：实证研究与完善建议》，载《法学评论》2021 年第 2 期。

基金监督管理条例》；在部门规章层面，中国证券监督管理委员会于2014年8月21日发布了《私募投资基金监督管理暂行办法》、于2022年8月12日发布了《证券期货投资者适当性管理办法》、于2023年12月8日发布了《私募投资基金监督管理办法（征求意见稿）》；在行业自律规则层面，中国证券投资基金业协会于2016年2月1日发布了《私募投资基金管理人内部控制指引》、于2016年4月15日发布了《私募投资基金募集行为管理办法》，于2017年6月28日发布了《基金募集机构投资者适当性管理实施指引（试行）》。不同规范对投资者适当性义务的各个层面进行了规定，部分规范之间存在重叠甚至冲突，见表8－1。

表8－1　投资者适当性义务的法律规定

效力位阶	规范名称	具体规定
法律	《证券投资基金法》	第八十七条　非公开募集基金应当向合格投资者募集，合格投资者累计不得超过二百人。 前款所称合格投资者，是指达到规定资产规模或者收入水平，并且具备相应的风险识别能力和风险承担能力、其基金份额认购金额不低于规定限额的单位和个人。 合格投资者的具体标准由国务院证券监督管理机构规定。 第九十八条　基金销售机构应当向投资人充分揭示投资风险，并根据投资人的风险承担能力销售不同风险等级的基金产品。
行政法规	《私募投资基金监督管理条例》	第十八条　私募基金应当向合格投资者募集或者转让，单只私募基金的投资者累计不得超过法律规定的人数。私募基金管理人不得采取为单一融资项目设立多只私募基金等方式，突破法律规定的人数限制；不得采取将私募基金份额或者收益权进行拆分转让等方式，降低合格投资者标准。 前款所称合格投资者，是指达到规定的资产规模或者收入水平，并且具备相应的风险识别能力和风险承担能力，其认购金额不低于规定限额的单位和个人。 合格投资者的具体标准由国务院证券监督管理机构规定。 第十九条　私募基金管理人应当向投资者充分揭示投资风险，根据投资者的风险识别能力和风险承担能力匹配不同风险等级的私募基金产品。

续表

效力位阶	规范名称	具体规定
部门规章	《私募投资基金监督管理暂行办法》	第十六条　私募基金管理人自行销售私募基金的,应当采取问卷调查等方式,对投资者的风险识别能力和风险承担能力进行评估,由投资者书面承诺符合合格投资者条件;应当制作风险揭示书,由投资者签字确认。 私募基金管理人委托销售机构销售私募基金的,私募基金销售机构应当采取前款规定的评估、确认等措施。 投资者风险识别能力和承担能力问卷及风险揭示书的内容与格式指引,由基金业协会按照不同类别私募基金的特点制定。 第十七条　私募基金管理人自行销售或者委托销售机构销售私募基金,应当自行或者委托第三方机构对私募基金进行风险评级,向风险识别能力和风险承担能力相匹配的投资者推介私募基金。
自律规则	《基金募集机构投资者适当性管理实施指引(试行)》	全文,该办法以规范基金募集机构销售行为,指导投资者适当性管理制度的有效落实,维护投资者合法权益为目的,对投资者评估、产品风险等级划分等作出具体规定。
	《私募投资基金登记备案办法》	第二十七条　私募基金应当面向合格投资者通过非公开方式募集资金。私募基金管理人、基金销售机构应当履行投资者适当性义务,将适当的私募基金提供给风险识别能力和风险承担能力相匹配的投资者,并向投资者充分揭示风险。
	《证券期货投资者适当性管理办法(2022修正)》	全文,该办法以规范证券期货投资者适当性管理,维护投资者合法权益为目的,对投资者风险承受能力及产品风险等级评估、风险揭示、产品与客户匹配等内容进行具体规定。

续表

效力位阶	规范名称	具体规定
自律规则	《私募投资基金监督管理办法(征求意见稿)》	第三十九条　私募基金应当向合格投资者募集或者转让,任一时点单只私募基金的投资者人数累计不得超过《证券投资基金法》《公司法》《合伙企业法》等法律规定的人数。 投资者转让私募基金份额的,受让人应当为合格投资者且受让后人数应当符合前款规定。 任何单位和个人不得通过将私募基金份额进行拆分或者转让,或者通过为单一标的设立多只私募基金等方式,以降低合格投资者标准或者突破法律规定的人数限制。 第四十条　私募基金的合格投资者是指达到规定的资产规模或者收入水平,具备相应风险识别能力和风险承担能力,投资于单只私募基金不低于规定金额的自然人、法人或者其他组织,且符合下列条件之一: (一)具有两年以上投资经历,且满足下列条件之一的自然人:家庭金融资产不低于500万元,家庭金融净资产不低于300万元,或者近三年本人年均收入不低于40万元; (二)净资产不低于1000万元的法人或者其他组织。 前款所称金融资产,是指银行存款、股票、期货、债券、基金份额、资产管理产品等。 私募基金管理人的从业人员投资于该私募基金管理人所管理的私募基金不受本条和本办法第三十八条、第四十一条限制。 第四十七条　私募基金管理人、私募基金销售机构应当结合风险特征和程度对私募基金划分风险等级,根据投资者的风险识别能力和风险承担能力匹配不同风险等级的私募基金。
	《私募投资基金管理人内部控制指引》	第十六条　私募基金管理人自行募集私募基金的,应设置有效机制,切实保障募集结算资金安全;私募基金管理人应当建立合格投资者适当性制度。

续表

效力位阶	规范名称	具体规定
自律规则	《私募投资基金募集行为管理办法》	第六条　募集机构应当恪尽职守、诚实信用、谨慎勤勉,防范利益冲突,履行说明义务、反洗钱义务等相关义务,承担特定对象确定、投资者适当性审查、私募基金推介及合格投资者确认等相关责任。募集机构及其从业人员不得从事侵占基金财产和客户资金、利用私募基金相关的未公开信息进行交易等违法活动。 第十五条　私募基金募集应当履行下列程序: (一)特定对象确定; (二)投资者适当性匹配; (三)基金风险揭示; (四)合格投资者确认; (五)投资冷静期; (六)回访确认。 第十九条　募集机构应建立科学有效的投资者问卷调查评估方法,确保问卷结果与投资者的风险识别能力和风险承担能力相匹配。募集机构应当在投资者自愿的前提下获取投资者问卷调查信息。问卷调查主要内容应包括但不限于以下方面: (一)投资者基本信息,其中个人投资者基本信息包括身份信息、年龄、学历、职业、联系方式等信息;机构投资者基本信息包括工商登记中的必备信息、联系方式等信息; (二)财务状况,其中个人投资者财务状况包括金融资产状况、最近三年个人年均收入、收入中可用于金融投资的比例等信息;机构投资者财务状况包括净资产状况等信息; (三)投资知识,包括金融法律法规、投资市场和产品情况、对私募基金风险的了解程度、参加专业培训情况等信息; (四)投资经验,包括投资期限、实际投资产品类型、投资金融产品的数量、参与投资的金融市场情况等; (五)风险偏好,包括投资目的、风险厌恶程度、计划投资期限、投资出现波动时的焦虑状态等。 《私募基金投资者问卷调查内容与格式指引(个人版)》详见附件一。 第二十一条　募集机构应当自行或者委托第三方机构对私募基金进行风险评级,建立科学有效的私募基金风险评级标准和方法。 募集机构应当根据私募基金的风险类型和评级结果,向投资者推介与其风险识别能力和风险承担能力相匹配的私募基金。

续表

效力位阶	规范名称	具体规定
其他	《九民纪要》	72.【适当性义务】适当性义务是指卖方机构在向金融消费者推介、销售银行理财产品、保险投资产品、信托理财产品、券商集合理财计划、杠杆基金份额、期权及其他场外衍生品等高风险等级金融产品，以及为金融消费者参与融资融券、新三板、创业板、科创板、期货等高风险等级投资活动提供服务的过程中，必须履行的了解客户、了解产品、将适当的产品（或者服务）销售（或者提供）给适合的金融消费者等义务。卖方机构承担适当性义务的目的是为了确保金融消费者能够在充分了解相关金融产品、投资活动的性质及风险的基础上作出自主决定，并承受由此产生的收益和风险。在推介、销售高风险等级金融产品和提供高风险等级金融服务领域，适当性义务的履行是“卖者尽责”的主要内容，也是“买者自负”的前提和基础。 73.【法律适用规则】在确定卖方机构适当性义务的内容时，应当以合同法、证券法、证券投资基金法、信托法等法律规定的基本原则和国务院发布的规范性文件作为主要依据。相关部门在部门规章、规范性文件中对高风险等级金融产品的推介、销售，以及为金融消费者参与高风险等级投资活动提供服务作出的监管规定，与法律和国务院发布的规范性文件的规定不相抵触的，可以参照适用。 74.【责任主体】金融产品发行人、销售者未尽适当性义务，导致金融消费者在购买金融产品过程中遭受损失的，金融消费者既可以请求金融产品的发行人承担赔偿责任，也可以请求金融产品的销售者承担赔偿责任，还可以根据《民法总则》第167条的规定，请求金融产品的发行人、销售者共同承担连带赔偿责任。发行人、销售者请求人民法院明确各自的责任份额的，人民法院可以在判决发行人、销售者对金融消费者承担连带赔偿责任的同时，明确发行人、销售者在实际承担了赔偿责任后，有权向责任方追偿其应当承担的赔偿份额。 金融服务提供者未尽适当性义务，导致金融消费者在接受金融服务后参与高风险等级投资活动遭受损失的，金融消费者可以请求金融服务提供者承担赔偿责任。 75.【举证责任分配】在案件审理过程中，金融消费者应当对购买产品（或者接受服务）、遭受的损失等事实承担举证责任。卖方机构对其是否履行了适当性义务承担举证责任。卖方机构不能提供其已经建立了金融产品（或者服务）的风险评估及相应管理制度、对金融消费者的风险认知、风险偏好和风险承受能力进行了测试、向金融消费者告知产品（或者服务）的收益和主要风险因素等相关证据的，应当承担举证不能的法律后果。

续表

效力位阶	规范名称	具体规定
其他	《九民纪要》	76.【告知说明义务】告知说明义务的履行是金融消费者能够真正了解各类高风险等级金融产品或者高风险等级投资活动的投资风险和收益的关键,人民法院应当根据产品、投资活动的风险和金融消费者的实际情况,综合理性人能够理解的客观标准和金融消费者能够理解的主观标准来确定卖方机构是否已经履行了告知说明义务。卖方机构简单地以金融消费者手写了诸如“本人明确知悉可能存在本金损失风险”等内容主张其已经履行了告知说明义务,不能提供其他相关证据的,人民法院对其抗辩理由不予支持。 77.【损失赔偿数额】卖方机构未尽适当性义务导致金融消费者损失的,应当赔偿金融消费者所受的实际损失。实际损失为损失的本金和利息,利息按照中国人民银行发布的同期同类存款基准利率计算。 金融消费者因购买高风险等级金融产品或者为参与高风险投资活动接受服务,以卖方机构存在欺诈行为为由,主张卖方机构应当根据《消费者权益保护法》第55条的规定承担惩罚性赔偿责任的,人民法院不予支持。卖方机构的行为构成欺诈的,对金融消费者提出赔偿其支付金钱总额的利息损失请求,应当注意区分不同情况进行处理: (1)金融产品的合同文本中载明了预期收益率、业绩比较基准或者类似约定的,可以将其作为计算利息损失的标准; (2)合同文本以浮动区间的方式对预期收益率或者业绩比较基准等进行约定,金融消费者请求按照约定的上限作为利息损失计算标准的,人民法院依法予以支持; (3)合同文本虽然没有关于预期收益率、业绩比较基准或者类似约定,但金融消费者能够提供证据证明产品发行的广告宣传资料中载明了预期收益率、业绩比较基准或者类似表述的,应当将宣传资料作为合同文本的组成部分; (4)合同文本及广告宣传资料中未载明预期收益率、业绩比较基准或者类似表述的,按照全国银行间同业拆借中心公布的贷款市场报价利率计算。 78.【免责事由】因金融消费者故意提供虚假信息、拒绝听取卖方机构的建议等自身原因导致其购买产品或者接受服务不适当,卖方机构请求免除相应责任的,人民法院依法予以支持,但金融消费者能够证明该虚假信息的出具系卖方机构误导的除外。卖方机构能够举证证明根据金融消费者的既往投资经验、受教育程度等事实,适当性义务的违反并未影响金融消费者作出自主决定的,对其关于应当由金融消费者自负投资风险的抗辩理由,人民法院依法予以支持。

(二)投资者适当性义务的具体内容

投资者适当性义务的内容,大体包括了解产品、了解客户以及在此基础上的适当匹配的三个方面的内容,部分学者认为还应当包括风险提示义务。

了解产品义务主要包括风险评估及风险等级划分。风险评估,指金融机构需要对所提供的产品或服务进行详尽的风险评估,包括但不限于产品的流动性、到期时限、杠杆情况、结构复杂性、最低投资金额、投资方向和范围、募集方式、发行人信用状况以及过往业绩等。风险等级划分,指根据产品的风险特征和程度,金融机构应对销售的产品或提供的服务进行风险等级划分,确保不同风险等级的产品对应不同风险承受能力的投资者。

了解客户义务主要包括投资者分类、风险承受能力评估以及持续跟踪义务。金融机构需要对投资者进行分类,通常分为专业投资者和普通投资者。专业投资者通常具备较高的金融资产和丰富的投资经验,而普通投资者则需要更多的保护。金融机构必须评估投资者的财务状况、投资知识和经验、风险偏好、诚信状况等,以确定其风险承受能力。此外,金融机构应建立投资者评估数据库并及时更新,以反映投资者信息的变化,确保持续适当的服务;产品和客户适配义务主要包括适当性匹配义务、风险提示和信息披露义务以及其他注意义务。

金融机构需要根据产品的风险等级和投资者的风险承受能力进行匹配,确保投资者购买的产品或接受的服务与其风险承受能力相匹配。这要求金融机构在销售产品或提供服务时,向投资者充分披露产品的风险,进行明确的风险提示,确保投资者能够做出明智的投资决策。需要说明的是,对于普通投资者或风险承受能力较低的投资者,金融机构应履行特别的注意义务,如制定专门的工作程序、追加了解相关信息、告知特别的风险点等。

风险揭示义务的法理基础在于保障投资者的意思表示真实,在私募基金购买过程中,信息不对称将导致投资者决策时难以真正了解产品风险,风险匹配是适当性管理的基础,卖方机构在履行适当性义务时需要向投资者揭示产品风险,以便向投资者销售与其风险偏好相一致的产品。

三、典型案例分析

(一)基本案情

2015 年 4 月 1 日,董某远(投资者)与北京中融鼎新投资管理有限公司(管理人)(以下简称中融鼎新公司)及基金托管人签署基金合同,并在风险揭示书、合格投资者承诺书、投资者告知书、基金账户申请与交易表、个人基金投资者风险承受能力调查问卷上签字。当天,董某远向中融鼎新公司转款 101 万元。庭审中,双方当事人均明确认可基金合同及附件存在倒签情况,虽然上述文件的落款日期均为 2015 年 4 月 1 日,但是实际上均为 2015 年 4 月 15 日与《补充协议》一并签署。

中国证券投资基金业协会备案的私募基金公示信息显示,案涉基金成立时间为 2015 年 3 月 31 日,备案时间为 2015 年 4 月 1 日,基金备案阶段为暂行办法实施后成立的基金,基金类型为私募证券投资基金,管理类型为受托管理。4 月 3 日,中融鼎新公司发布基金成立公告及通知,告知基金已于 2015 年 4 月 3 日全部募集完成,符合基金成立总规模并于当日宣告正式成立。当天,中融鼎新公司从基金募集清算账户向托管账户划款 2.04 亿元,之后通过该托管账户向投资标的公司定增预交款项缴款账户划款 2.07 亿元。

后因投资标的公司于 2017 年 12 月被全国股权系统强制终止挂牌,案涉基金无法通过新三板市场卖出所持标的公司股票,基金剩余存续份额尚未兑付。董某远遂提起本案诉讼,要求该投资管理公司赔偿其投资本金及收益损失。本案中各方的交易结构见图 8 - 1。

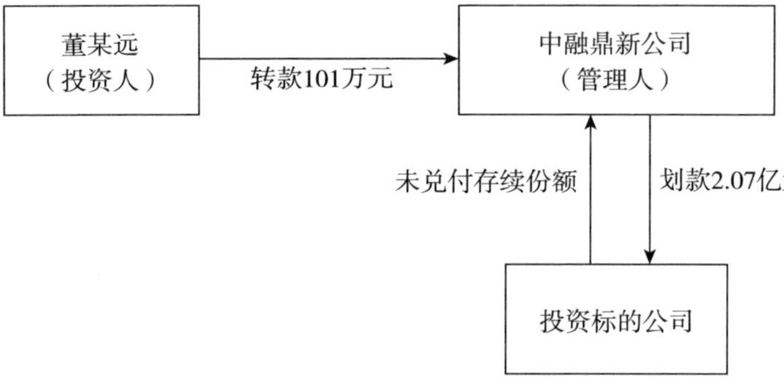

图 8-1　本案各方的交易结构

（二）裁判结果

北京市东城区人民法院作出（2020）京 0101 民初 4909 号一审民事判决书，认为董某远在基金成立后签署合同前未提出异议，亦未明确作出放弃申购的意思表示，其要求公司赔偿损失缺乏依据，故驳回其全部诉讼请求。

北京金融法院作出（2021）京 74 民终 482 号二审民事判决书，认为：（1）合同效力与成立时间：确认《基金合同》合法有效，虽然存在倒签情况，但以投资者实际转款认购基金产品之日（2015 年 4 月 1 日）作为合同成立日期；（2）适当性义务履行：认定中融鼎新公司在履行适当性义务方面不及时不全面，未在基金成立前及时评估投资者的风险承受能力，也未能在投资者认购前充分揭示投资风险；（3）风险评估与风险告知：中融鼎新公司的风险测评问卷虽然覆盖了投资者的多个方面，但风险告知存在瑕疵，因为主要风险提示事项未见于推介材料中，且风险提示告知时间晚于基金成立时间；（4）赔偿责任：法院酌情确定中融鼎新公司按照投资者认购金额的 20% 对董某远进行赔偿，即 200,000 元，认为中融鼎新公司的不规范行为对投资者造成了一定影响，但未实质上影响投资者的自主决定；（5）管理人职责履行：法院认为中融鼎新公司作为基金管理人，有权根据《基金合同》独立管理和运用基金财产，未发现存在不当使用基金财产的情形。综上所述，二审法院认为中融鼎新公司在销售基金产品过程中存在适当性义务履行不及时不全面的问题，故撤销一审判决，判决中融鼎新公司赔偿董某远 200,000 元，同时驳回董某远的其他诉讼请求。

（三）裁判观点

1. 合格投资者确认、私募基金风险揭示和适当性匹配等基本内容需要私募基金管理人在募集阶段进行实质性履行。投资者于基金成立、备案、募集等事项均已完成后才签署合同及风险揭示书等文件，表明私募基金管理人未能在募集阶段就投资者适当与否积极行为，未尽到投资者适当性义务，应承担相应的赔偿责任。

2. 在确定募集机构赔偿责任时应当充分考量适当性义务违反的程度及募集机构的行为对投资者投资决策的影响力，结合募集机构的过错程度，确定其承担责任的范围和标准。

（四）案例评析

本案为北京金融法院2022年度十大典型案例之一，系典型的私募基金投资者权益保护案例。本案例明确了私募基金销售者在销售过程中应承担的适当性义务及其审查标准，对于规范私募基金市场具有重要意义。本裁判的重要意义在于确立了募集机构晚于基金成立进行风险揭示和投资者风险承受能力评估的责任，卖方机构的责任不因为投资者经过事后评估满足合格投资者要求而免除。该裁判的底层逻辑在于卖方机构未及时进行投资者适当性评估的过失无法通过事后补充提供予以弥补，其销售产品过程中的不当行为难以嗣后治愈。即使投资者后续评估符合要求，或者充分认识风险并同意继续申购，都无法抵销卖方机构未及时履行自身义务的过错。适当性的评估与匹配应当在私募基金募集阶段及时完成。人民法院在审理适当性义务引发的纠纷的过程中，会重点审查募集机构适当性义务的履行情况，判定投资者是否基于主观意愿认购资管产品并承担投资风险，考察适当性义务的违反是否在实质上影响投资者在认购案涉基金方面的自主决定从而确定赔偿责任的比例。违反适当性义务，应当根据《民法典》关于缔约过失的相关规定承担与其过错及投资者实际损失相适应的赔偿责任。

综上所述，我们建议私募基金管理人或销售机构不应抱有侥幸心理，认为只要投资者经事后评估满足合格投资者要求即可满足其赔偿责任，从而刻意拖延进行风险揭示和投资者风险评估的时间。随着我国私募基金法律法规体系的完善，私募基金管理人的投资者适当性义务履行要求正在逐步细化，私募基金管理人应当注意在实际募集基金之前的推介和销售阶段及时进行风险揭示，完成对投资者适当性的评估，及时履行投资者适当性义务。

四、投资者适当性义务履行中的要点难点分析

（一）如何判断基金管理人履行了适当性义务

了解客户是管理人履行投资者适当性义务的重要内容。为此，管理人需要进行充分的风险评估，出具风险揭示书、要求投资者填写风险承受能力评估的调查问卷、合格投资人承诺函，并根据填写结果评估潜在投资者识别和承担风险的能力；对潜在投资者提交的财务状况证明，包括资产和收入文件进行严格审查等。

在（2021）沪 74 民终 1379 号案件中，上海金融法院认为联储证券公司未按照向中国证券投资基金业协会的承诺，将《风险揭示书》交投资者书面签署确认，并由客户在认购时书面签署《资管合同》；经鉴定，《调查问卷》上的签名非徐某进所签，结合徐某进陈述的签约过程，认定联储证券公司在确认徐某进投资前，未尽到了解客户之职责，存在未恰当履行投资者适当性义务的问题。由此可知，在认定投资者适当性义务的履行情况时，应当重点以前述文件为重要审查依据，若投资者未签署或有证据证明并非投资者本人所签，且管理人无其他证据证明其履行了了解客户的义务（如履行适当性义务的录音、录像等电子证据或其他证据等），则管理人可能被认定未尽到投资者适当性义务。

了解产品也是投资者适当性义务的重要方面，该项内容要求管理人全面了解其所管理的基金产品或服务的性质、风险和潜在收益。这包括对基金的投资策略、资产配置、历史业绩、费用结构、流动性、风险控制措施等方面的深入了解。此外，管理人还需要对产品进行风险分级，可以选择自行建立产品风险等级划分标准，或者委托第三方机构对其基金产品进行等级划分。在（2022）沪 74 民终 1474 号案件中，上海金融法院认为案涉基金管理人在管理涉案基金的过程中，未对基金产品进行风险评级，该管理人也未能提供证据证明对投资者履行了风

险测评等适当性义务。二审法院据此确认案涉基金管理人未尽到适当性义务，并结合其违反信息披露义务、未按照合同约定的投资范围进行投资等行为，维持了一审法院对管理人向投资者赔偿全部投资本金的判决。

适当性匹配要求管理人向潜在投资者销售与其风险识别和承受能力相匹配的基金产品。前文梳理的法律法规中对该风险匹配义务作出了明确规定。私募基金管理人应当遵循前述规定，确保投资者的风险承受能力与基金产品的风险等级相匹配。在（2021）粤03民终16338号案件中，深圳市中级人民法院查明，案涉风险调查问卷等反映投资者属于稳健性投资者，而案涉私募产品为较高风险产品，将其销售给该投资者并不匹配。法院综合全案情况认定涉案基金管理人履行适当性义务存在不当，并综合管理人其他违反忠实义务的情形，判令其赔偿投资者全部本息损失。

风险揭示义务要求私募基金管理人在向投资者推介、销售私募基金产品的过程中，必须向投资者充分披露产品的风险信息，对于私募基金无托管、投资单一标的、关联交易等情形，还应进行特别风险提示，使投资者真正了解产品风险所在，确保投资者在了解产品风险的基础上做出投资决策。在（2021）京0105民初57598号案中，案涉基金管理人向法院提供了案涉基金的风险提示书、投资者基本信息表、基金投资者风险测评问卷、投资者风险匹配告知书及投资者确认函、回访确认函以证明其对投资者进行了提示说明和风险告知。但北京市朝阳区人民法院认为，一方面，投资者的签字行为不免除基金管理人应当履行的风险提示、风险承受能力及风险等级调查、适当性产品匹配义务；另一方面，由于投资者否认管理人进行了风险提示，且主张部分材料并非其本人签署，在此情况下，管理人应进一步证明其在销售涉案基金产品时向投资者告知了各种相关信息以及风险，但由于管理人并未进一步提供证据进行证明，故而应承担举证不能的不利后果。综上，法院认定管理人未全面履行适当性义务。

（二）投资者适当性义务的履行是适用形式审查还是实质审查标准

在对基金管理人履行适当性义务履行的审查标准上，司法实践中形成了两种不同的裁判导向。一种为形式审查标准，它主要依据投资人完成的一系列文件签署流程，如填写投资者信息表、风险承受能力与识别能力评估问卷、合格投资者承诺函的签署，以及风险匹配告知书的接收等。在此标准下，一旦这些文件得到投资者的“签字”确认，往往就视为管理人或销售机构已经履行了适当性义务。遵循形式审查标准的典型判例有（2019）皖01民终8545号、（2021）京0105民初58612号、（2022）京0101民初5520号等，法院认为，既然投资人是具有完全民事行为能力的主体，其“签字”行为即代表其已真实披露个人信息、对产品风险有充分了解并愿意承担风险。〔1〕

另一种审查标准则更偏向于实质标准。它不仅关注募集资料中的“签字”形式，更强调深入探究投资者的实际风险承受和识别能力，以及募集机构是否对产品风险进行了科学评估、是否充分揭示了风险、是否进行了适当的匹配等。例如，在（2022）鲁71民初23号案件中，法院认为虽然杨某某在《基金合同》所附《风险揭示书》《合格投资者承诺书》中进行了签名确认，但A公司未提交证据证明其在募集销售案涉基金产品过程中，对杨某某进行风险识别能力和风险承担能力评估，A公司亦自认未对杨某某进行投资冷静期满的回访确认。据此，可以认定A公司在案涉基金销售过程中，未对杨某某充分履行风险识别能力和承担能力评估、投资回访等义务，过错程度较大，应对杨某某的损失承担赔偿责任。从当前的司法实践趋势来看，对适当性义务的审查正逐渐倾向于实质审查，旨在确保募集机构真正履行了其应尽的适当性义务。

目前尚无法律法规对审查标准进行明确规定，两种审查标准背后有不同的价值取向，形式审查标准更强调交易效率，卖方机构仅需保证投资者签署相关文书即视为履行完毕适当性义务。但实践中投资者往往认知水平有限，仅通过阅读相关文书难以对资管产品风险有全面的了解，这种审查标准或使投资者适当性义务流于形式。实质审查标准更强调投资者保护，但使卖方机构承担过重的审查义务，对于这两种标准的选择涉及对以下问题的回答——司法是否应过度介入商业交易以及其司法审查的边界在哪里？我们认为实质性审查的判断标准在现实中事实上很难操作，卖方机构由于缺乏必要的调查手段和方式且如果对每一个投资人的适当性进行实质审查无疑将会极大地增加了投资成本，降低投

〔1〕 参见叶冬影：《金融机构适当性义务的法律性质与司法审查——基于裁判分歧的分析与展开》，载《商业经济与管理》2022年第11期。

资效率。因此,目前主流的司法实践采取了形式审查的判断标准。

(三)基金管理人的特殊风险揭示义务

私募基金管理人对高风险基金(如可转债基金、杠杆型基金、分级基金、所投债券信用评级跌幅较大的私募证券投资基金),进行专门风险提示,是其履行投资者适当性义务、保护投资者权益的重要举措和应有之义。然而,在实际操作中,围绕风险提示的履行情况、投资者理解程度、风险事件发生后的责任认定等问题,仍可能出现各类法律纠纷。

在潘某诉某资产管理有限公司私募基金合同纠纷案[1]中,案涉私募产品存在以下特征:定期开放、固定收益、系非净值型私募产品,流动性相对较差,不能随时赎回止损。开放期的新进投资者,以往存续期间的信息披露并不对其开放。产品开放期前持仓两只债券市值占资产净值比例约为20%,且在一个多月短时间内信用评级及市值均跌幅较大,面临停牌或无买盘市场情况。上海金融法院认为,本案中,估值方法不能充分揭示风险,且案涉基金存在封闭期,债券评级快速连续下降信息与风险直接相关,卖方机构应将该信息所包含的投资风险向投资者进行特别告知说明。而潘某签署《资管合同》时管理人并未提示上述风险,且在"投资限制"条款中约定"投资于信用债债项评级不低于AA",系违反了专门风险提示义务。

北京仲裁委员会在其发布的《北京仲裁委员会私募基金纠纷案件裁判指引(2021版)》也表明,签订基金合同时,若基金产品是高风险的特殊品种的基金,但风险揭示书、基金合同均未就特殊基金的风险收益特征进行揭示,且管理人也不能举证证明管理人及/或销售机构在募集阶段向投资人进行了专门风险揭示的,对投资人要求管理人赔偿其因此遭受的损失的主张仲裁庭可以根据相关当事人的过错和损失情况予以支持。

我们建议管理人或销售方在销售资管产品的过程中,应当评估私募基金产品的特殊性,履行特殊风险揭示义务。当基金涉及投向单一标的、关联交易等特殊风

[1] 上海金融法院、上海证监局联合发布的十件涉私募基金典型案例之案例二,网址:https://mp.weixin.qq.com/s/KH2PVlOPXAg4gMebBs976A。

险时，要根据《私募投资基金备案指引第2号——私募股权、创业投资基金》[1]、《私募投资基金登记备案办法》[2]等法规的规定，及时进行特殊风险提示。

(四)代销模式中基金管理人应否承担销售行为的法律后果

在现代金融体系中，私募基金作为一种集合投资工具，其销售环节通常由基金管理人委托专业的销售机构进行。这种委托销售模式在提高基金产品市场覆盖度、便利投资者购买的同时，也引发了关于不当销售行为的法律责任承担主体到底是销售机构还是基金管理人的争议和探讨，二者之间承担的责任类型到底是共同责任还是补充责任，等等。

典型的法律纠纷即管理人委托销售机构代销基金，销售机构未履行适当性义务，投资人要求管理人承担法律责任。对此，在法律规定层面，《九民纪要》第74条规定："金融产品发行人、销售者未尽适当性义务，导致金融消费者在购买金融产品过程中遭受损失的，金融消费者既可以请求金融产品的发行人承担赔偿责任，也可以请求金融产品的销售者承担赔偿责任，还可以根据《民法总则》第167条的规定，请求金融产品的发行人、销售者共同承担连带赔偿责任。"

在自律性规范层面，《私募投资基金募集行为管理办法》第7条规定："私募基金管理人应当履行受托人义务，承担基金合同、公司章程或者合伙协议(以下统称基金合同)的受托责任。委托基金销售机构募集私募基金的，不得因委托募集免除私募基金管理人依法承担的责任。"《基金募集机构投资者适当性管理实施指引(试行)》第3条第1款规定："投资者适当性是指基金募集机构在销售基金产品或者服务的过程中，根据投资者的风险承受能力销售不同风险等级的

---

[1] 《私募投资基金备案指引第2号——私募股权、创业投资基金》第23条鼓励私募股权基金进行组合投资。投资于单一标的的私募股权基金，其募集推介材料、基金合同应当明确约定私募股权基金仅投资于单一标的，并披露单一标的的具体信息。

[2] 《私募投资基金登记备案办法》第28条第2款规定："有下列情形之一的，私募基金管理人应当通过风险揭示书向投资者进行特别提示：(一)基金财产不进行托管；(二)私募基金管理人与基金销售机构存在关联关系；(三)私募基金投资涉及关联交易；(四)私募基金通过特殊目的载体投向投资标的；(五)基金财产在境外进行投资；(六)私募基金存在分级安排或者其他复杂结构，或者涉及重大无先例事项；(七)私募证券基金主要投向收益互换、场外期权等场外衍生品标的，或者流动性较低的标的；(八)私募基金管理人的控股股东、实际控制人、普通合伙人发生变更，尚未在协会完成变更手续；(九)其他重大投资风险或者利益冲突风险。"

基金产品或者服务，把合适的基金产品或者服务卖给合适的投资者。”

依据以上规定，基金管理人应当就销售机构违反适当性义务的行为承担法律责任。

在(2020)粤03民终19093、19097、19099号案件中，深圳市中级人民法院认为，锦安公司接受前海开源公司的委托代为销售涉案资管产品，故锦安公司与前海开源公司之间形成委托代理关系。作为被代理人的前海开源公司，负有监督、检查代理人锦安公司履行适当性义务的责任，其知道或者应当知道代理人锦安公司是否履行了适当性义务。在认定锦安公司未依法履行适当性义务的情况下，原审认定前海开源公司应当与锦安公司承担连带清偿责任，于法有据。

综上所述，若代销机构被认定为未依法履行适当性义务，管理人很可能将面临与代销机构承担连带清偿责任的风险。故建议采用代销模式销售产品的私募基金管理人对代销机构适当性义务的履行情况进行持续监督与检查，督促代销机构及时履行相关义务。

(五)违反适当性义务的法律责任性质辨析

学术界和司法实践对于违反适当性义务的民事责任性质问题尚未形成统一认识。《九民纪要》的出台在一定程度上对该问题进行了澄清，但仍存在模糊之处。第72条规定，适当性义务是指卖方机构在向金融消费者“推介、销售”产品的义务，显然为合同订立之前的义务，第73条规定以合同法等作为适当性义务违反法律责任的主要法律依据，据此可知投资者适当性义务为先合同义务，由此产生的民事责任为缔约过失责任。但该规定在第77条规定“卖方机构未尽适当性义务导致金融消费者损失的，应当赔偿金融消费者所受的实际损失。实际损失为损失的本金和利息”。这一赔偿范围有一定的侵权责任色彩，与缔约过失责任范围存在较大差异。《证券投资基金法》第145条规定适当性义务的履行不当导致投资者损失的，应当承担赔偿责任，但并未对该赔偿责任作出定性。

通过对大量案例的分析，我们发现不同法官在判定金融机构投资者适当性义务法律责任时存在显著差异，主要分歧集中于责任性质：是缔约过失责任、违约责任还是侵权责任。在(2021)京74民终482号案中，北京金融法院审理后认为，适当性义务属于诚信义务在金融产品销售领域的具体化，是在基金合同订立前赋予卖方机构的义务范畴。违反适当性义务，应当根据《合同法》关于缔约过失的相关规定承担与其过错及投资者实际损失相适应的赔偿责任；在(2019)京02民终5844号案件中，北京市第二中级人民法院认为，工行德胜科技园支行存在违反适当性义务的侵权过错；在(2021)陕0104民初5097号案件中，原被告双方就私募基金代销过程中适当性义务的履行程度产生了纠纷，西安市莲湖区人民法院确定该案案由为金融委托理财合同纠纷。

针对此问题最高人民法院民事审判第二庭在《〈全国法院民商事审判工作会议纪要〉理解与适用》一书中指出，适当性义务存在于合同的缔约阶段，原则上属于先合同义务，募集机构违反适当性义务承担的民事责任应为缔约过失责任，即在合同缔约过程中，一方因违背其承担的诚实信用原则所产生的义务导致另一方信赖利益的损失，而应承担的损害赔偿责任。缔约阶段的当事人已从侵权责任管辖的一般关系进入特殊的信赖关系，因此法律对当事人课以的注意要求更高，将责任性质定性为侵权责任不利于投资人保护。此外，侵权行为的违法性指违反法律法规的强制性规定，而不包括部门规章、自律规范等，因此，如果代销机构未能履行法律法规所规定的适当性义务，则不应当承担侵权责任。部分观点认为违反适当性义务应当承担违约责任，但是违约责任难以覆盖合同成立生效之前的适当性义务，而在实践中，金融机构主要是在缔约阶段履行适当性义务，违约责任说存在与实践中主要纠纷不匹配的问题。综上，结合理论分析、立法动向及实践纠纷，我们认为应当将违反投资者适当性义务的法律责任性质定性为缔约过失责任，但建议采纳“缔约过失说”并非建议投资者排斥其他请求权基础，在发生请求权基础竞合的情况下，投资者可以根据案件的具体情况及举证难度自行选择适用。

(六)违反投资者适当性义务的免责事由

《九民纪要》规定了金融机构的两大免责理由。一是金融消费者因自身过错导致出现购买产品不适当的结果。二是金融机构证明消费者系自主决定。两种免责事由背后的逻辑在于投资者的过错或自主决策行为切断了基金管理人未尽适当性义务和投资者决策之间的因果关系，基金管理人据此可以主张免责。

第一种免责事由在《私募投资基金监督管理暂行办法》第18条、《证券期货投资者适当性管理办法(2022 修正)》第 19 条、第 33 条也有规定,即投资者在被告知风险的情况下,仍自主要求购买不适合自己的产品需自担风险;投资者提供的信息应当真实、准确、完整,否则应当依法承担相应法律责任。《九民纪要》发布后,已经公开的裁判案例表明,司法实践一方面延续了侧重保护投资者、要求金融机构为其失职行为承担损失赔偿责任的导向,另一方面也越来越多地要求存在过错的投资者依其过错程度承担部分乃至全部责任。中国证券投资基金业协会发布的某典型案例[1]中,仲裁庭认为:"Y 提交的金融资产证明包括证券和银行账户,合计金额超过 300 万元,形式上已经满足合格投资者的要求。即便如 Y 所述其并非合格投资者,也是由于其自身提供虚假证明,而不能苛求基金管理人 A 对 Y 主动提供的虚假资产证明进行过于严格的实质审查。因此,基金管理人 A 已经履行了适当性义务。"由此可见,若投资者金融资产证明不实并由此导致投资者损失,司法实践倾向于认定该情况属于《九民纪要》第 78 条规定的"故意提供虚假信息……导致其购买产品或者接受服务不适当",从而免除卖方机构的相应责任。

适用第二种免责事由的实践案例有(2020)浙 01 民终 10296 号案件,该案中杭州市中级人民法院认为,结合陈某的受教育程度(大学本科)、工作经历(长期做保险销售,做分红险)以及陈某在与张某微信聊天记录中陈述其自行投资新三板的经验,即使中建投确未对其进行风险评估,亦并不影响陈某对购买案涉信托产品作出自主决定。由此可见,投资者适当性义务的认定并非采取绝对的客观标准,也需要结合投资者的实际情况,采取客观标准和主观标准相结合的方式进行判定。但在主张适用该免责事由时应当识别投资人所具有的经验是事前还是事后投资经验,若所举证据显示的是投资者购买案涉基金之后的经验,或者投资者虽具有相关经验但并不能导致投资者对购买的基金相关风险有所了解,则不能免责管理人的适当性义务。

除此之外,在管理人已进行了充分的风险披露的前提下投资者仍然自愿进行风险错配,管理人也可以据此免责。《基金募集机构投资者适当性管理实施

---

[1] 参见 https://mp. weixin. qq. com/s/ZpPakFTA5TbjtWCKenlHLg。

指引(试行)》第48条[1]对该情况下普通投资者主动要求风险错配时基金销售应当履行的程序作出了具体规定。从逻辑推演看,投资者自愿风险错配表明其自愿放弃适当性制度的保护,同时,其所作出的投资行为也并非基于对金融机构的“信赖”,二者之间不存在信赖利益,金融机构对此种情形下投资者的损失应当有权主张免责。虽然金融机构提供了产品或服务的建议,投资者在交易的决策和内容上仍拥有最终的自主权。因此,由此产生的任何风险和损失都应由投资者自己承担,这符合“买者自负”的原则。在这种情况下,金融机构已经履行了其适当的评估和充分告知的义务,满足了“卖者尽责”的条件。

(七)基金未经清算时投资者是否可以要求赔偿

根据《九民纪要》第77条,卖方机构未尽适当性义务导致金融消费者损失的,应当赔偿金融消费者所受的实际损失。实际损失为损失的本金和利息,利息按照中国人民银行发布的同期同类存款基准利率计算。在司法实践中,法院一般也以该等标准进行裁判。前述损失的计算以损失已经确定为前提,故如果基金处于存续期或清算未结束,法院一般会以损失尚未确定为由,驳回投资者的赔偿请求。在(2021)沪74民终960号案中,上海市宝山区人民法院在一审中认为,涉案基金都在存续期间,尚在投资运作之中,黄某枝的损失尚无法确定,黄某枝在所投资基金的存续期间内主张投资损失并请求赔偿利息,缺乏基本的事实及法律依据。上海金融法院在二审中认为,在案涉私募基金尚未清算完毕的情况下,黄某枝的投资损失尚未确定。故其本金及利息损失请求不能成立。

但该裁判观点并非绝对,上海金融法院在审理(2020)沪74民终461号案件时先行判决赔偿范围,判决华设资产管理(上海)有限公司在基金未经清算的情

---

[1] 《基金募集机构投资者适当性管理实施指引(试行)》第48条规定:“普通投资者主动要求购买与之风险承受能力不匹配的基金产品或者服务的,基金销售要遵循以下程序:(一)普通投资者主动向基金募集机构提出申请,明确表示要求购买具体的、高于其风险承受能力的基金产品或服务,并同时声明,基金募集机构及其工作人员没有在基金销售过程中主动推介该基金产品或服务的信息;(二)基金募集机构对普通投资者资格进行审核,确认其不属于风险承受能力最低类别投资者,也没有违反投资者准入性规定;(三)基金募集机构向普通投资者以纸质或电子文档的方式进行特别警示,告知其该产品或服务风险高于投资者承受能力;(四)普通投资者对该警示进行确认,表示已充分知晓该基金产品或者服务风险高于其承受能力,并明确做出愿意自行承担相应不利结果的意思表示;(五)基金募集机构履行特别警示义务后,普通投资者仍坚持购买该产品或者服务的,基金募集机构可以向其销售相关产品或者提供相关服务。”

况下向投资者承担因违反适当性义务而产生的法律责任。法院认为,虽然资管计划未完成清算,但由于违反适当性义务而产生的赔偿责任范围已经可以确定,因此可以先行确定赔偿范围,最终判决华设资产管理(上海)有限公司在资管计划清算完成后10日内,赔偿投资者的实际损失。若投资者已遭受实际损失,私募基金管理人应先行赔付。在(2020)粤03民终19093、19097、19099号案件中,深圳市中级人民法院认为,销售机构违反适当性义务管理规定,其应当承担全部还本付息的情况,至于涉案资管产品是否完成清算和分配,或者说是否计算出实际、具体的损失并不影响本案的实体处理。本案中法院认定管理人和销售机构违反适当性义务的核心依据在于"《个人投资者风险承受能力调查问卷》中'本人接受调查问卷的结果'均显示为'稳健型',稳健型投资者仅适合投资中低风险的资管产品,投资人已明确'本人接受调查的结果:稳健型',系其明确的愿意投资中低风险资管产品的意思表示。而根据《资产管理合同》,本案'前海开源资产—锦安财富新三板专项资产管理计划'属于较高风险、较高收益的资管产品,上诉人锦安公司将高风险资管产品销售给稳健型的三被上诉人,显然属于错配销售"。本案中虽然管理人和销售机构提供相关证据证明其已经就案涉资管产品风险进行特别提示,且有调查问卷积分等证据表明投资者的专业能力,但是这些证据并不足以证明投资者有意愿购买超过其风险承受能力认定结果的资管产品,风险承受能力和投资意愿是两个不同的问题。故我们建议管理人和销售机构在进行风险错配销售时应当着重考察投资者的投资意愿并留存相关证据,投资者签署《风险承受调查问卷》并在其中确认"如本人所选择的基金和相关产品风险等级超过本调查问卷得出的风险承受等级时,本人确认此投资行为为本人意愿行为,自行承担此投资风险"的表述过于笼统,不足以证明投资者的投资意愿。问卷中具体的事项诸如投资者对其自身风险评级及所投资管产品的确认才能作为判断其投资意愿的参考因素。

综上所述,在基金未经清算的情况下,投资人是否可以依据管理人或销售机构违反适当性义务要求赔偿损失,实践中有不同的认定,若法院支持该请求,一般会支持全部还本付息。[1] 这些案例表明,法院在审理此类案件时会根据具体

〔1〕 参见(2020)沪74民终461号判决书、(2020)粤03民终19093、19097、19099号判决书。

情况进行判断,即使在基金未清算完成的情况下,也可能要求卖方机构承担赔偿责任。这就警示基金管理人在私募基金推介阶段,必须严格履行投资者适当性义务,确保募集行为的合法合规。

第二节 基金财产独立性原则的理解与适用

一、基金财产独立性原则概述

(一)基金财产独立性的概念

基金财产的独立性,是指基金的资产与基金管理人、基金托管人及其他实体的资产相互独立,它是保障基金投资者利益的重要原则之一。基金的独立性保证了投资者对基金财产的透明度和安全性,使其能够在相对安全的环境下进行投资,并享受投资收益。

基金财产的独立性主要体现在以下几个方面。

首先,基金财产的独立性体现在其法律框架和治理结构上。基金往往成立为独立的法律实体,具有独立的组织形式(契约型私募基金除外),其运作独立于基金管理人、基金托管人及其他相关机构。这种法律和治理结构的设立,确保了基金财产的独立性,防止了基金管理人、基金托管人或其他机构将基金财产用于其他用途,保障了投资者的权益。

其次,基金财产的独立性还体现在基金财产与基金管理人、基金托管人及其他实体的财务隔离上。基金的资产往往由专门的托管机构进行管理,基金管理人无法直接动用基金财产,也不能将其纳入公司资产,以免受到基金管理人财务状况的影响。这种财务隔离确保了基金财产的独立性,避免了因基金管理人、基金托管人或其他实体的财务问题而对基金投资者产生不利影响。

此外,基金财产的独立性还表现在基金财产的投资决策上。基金管理人在管理基金财产时,应当遵循基金合同规定的投资标准和投资范围,以保证基金财产的安全性和流动性。同时,基金管理人应当独立行使投资决策权,不受其他实体的影响,以维护基金投资者的利益。

(二)基金财产独立性原则的法理基础

《私募投资基金监督管理条例》第1条即开宗明义地规定其上位法依据是《信托法》等法律,这为将私募基金法律关系解释为信托法律关系留出较大空间。对基金财产独立性的理论研究可以追溯至信托财产的独立性上。

信托财产独立性的核心原则在于,在信托的有效期内,信托财产必须与受托人的其他个人资产严格区分,确保信托的债权不能与非信托债务相互抵销,并且信托财产不应成为受托人债务的执行对象。在受托人去世或面临破产的情况下,信托财产同样不应被计入其遗产或破产财产。日本学者将这种财产的独立状态比喻为"信托财产的安全地带",强调信托财产与受托人、委托人以及受益人的其他财产之间要进行分离。这种对信托财产独立性的广义理解已经得到我国学者的普遍认同,目前已达成一种共识:一旦信托有效设立,信托财产即从委托人、受托人和受益人的其他个人财产中分离出来,构成一个独立的财产集合,任何一方的债权人都不能对信托财产提出权利要求。

随着对信托财产独立性更深入的研究,学者们逐渐认识到信托财产与法人之间存在相似性,包括拥有独立的财产和承担有限责任。这激发了学者尝试超越传统法律框架,将信托财产视作具有独立法律人格的组织。例如,日本学者四宫和夫提出的"实质性法主体说"认为,信托财产应被认定为其构成物的所有权持有者,并在信托关系中充当一方当事人,而受托人则作为信托财产这一实质主体的管理者。

(三)基金财产的公示方式

基金财产的独立性源于其公示的效力。《信托法》第10条规定:"设立信托,对于信托财产,有关法律、行政法规规定应当办理登记手续的,应当依法办理信托登记。未依照前款规定办理信托登记的,应当补办登记手续;不补办的,该信托不产生效力。"由此,我国信托法规定信托财产应予公示。但对于信托财产如何公示,《信托法》本身并没有明确规定。

对于公司型和合伙企业型私募基金,其财产具有明确的公示效力,因为公司和合伙企业均作为《民法典》所规定的民事主体,它们有权独立地以自身名义参与民事活动,并享有相应的权利。然而,契约型私募基金目前尚未被法律规定为独立的民事主体,故难以以其名义进行民事活动。特别是在投资标的为有限责任公司股权时,受限于当前的工商登记规定,股权通常只能登记在管理人的名下,而无法直接将股东登记为契约型私募基金。因此,当基金管理人的债权人请求执行管理人名下的财产时,若管理人主张这些财产属于基金而非其个人所有,法院可能会以这些财产在公示上属于管理人为由,驳回基金管理人的执行异议。

中国证监会与中国证券投资基金业协会通过行政规章和自律性规定,确立了部分类型基金财产公示的具体方式。具体而言,在证券期货经营机构所从事的资产管理业务中,中国证券投资基金业协会颁布的《证券期货经营机构私募资产管理计划备案办法》第 24 条第 3 款明确规定,"集合资产管理计划的证券账户、期货账户名称应当是'证券期货经营机构名称—托管人名称—资产管理计划名称',单一资产管理计划的证券账户、期货账户名称应当是'证券期货经营机构名称—投资者名称—资产管理计划名称'",这些要求实质上是在对信托资金投资后形成的证券、期货账户(也即基金财产)进行标识,通过加注特定名称彰显其作为信托财产的独立性。

如前所述,受限于当前的工商登记规定,股权通常只能登记在管理人的名下,契约型私募股权投资基金的显名化方式尚未成熟,但相关行政法规已经作出了努力。国务院于 2023 年 7 月 3 日发布的《私募投资基金监督管理条例》第 21 条规定:"私募基金管理人运用私募基金财产进行投资的,在以私募基金管理人名义开立账户、列入所投资企业股东名册或者持有其他私募基金财产时,应当注明私募基金名称。"这意味着基金财产独立性进一步与财产登记和公示制度挂钩,从而对基金财产独立性进行强化。但是,其中"列入所投资企业股东名册",是指公司自己制作的公司股东名册,还是在工商登记的股东名称,还有待澄清。若解释为后者,则对私募基金财产独立性保障及交易安全具有重大意义。

(四)基金财产独立性面临的实践挑战

基金财产的禁止强制执行原则的底层逻辑在于保护善意第三人对权利外观的信任。在权利表象上,基金的管理人被视为这些信托财产的完全权利人,故当基金财产未能进行公示或特定标识时，这些财产与管理人的固有财产在外观上难以区分。在这种情境下，为了维护第三方对权利外观的合理信赖以及保障交易安全，当基金管理人届期无法履行对其债权人的债务时，债权人申请对基金管理人名下的未能明确区分的财产进行强制执行（如查封、冻结，以及在获得胜诉判决后的强制执行措施），在法理上被视为是公正和合理的。但需要注意的是，这里所指的第三方应当是善意的，即他们并不知情这些财产是信托财产。如果第三方并非善意，即他们已明知这些财产属于信托财产，那么他们便无权对这些基金财产申请强制执行。

然而，在实践中，契约型私募基金财产显名化程度较低，尤其是契约型私募股权投资基金，这导致在认定相关财产是否为基金财产时的审查标准不一，有的法院会结合基金合同等进行认定，而大量法院仅以登记为依据判断财产归属，进行“一刀切”，对基金财产的独立性造成了严重挑战。

二、基金财产独立性原则的主要内容

（一）基金财产独立性的法律法规

从法律层面，《证券投资基金法》第2条规定：“……本法未规定的，适用《中华人民共和国信托法》、《中华人民共和国证券法》和其他有关法律、行政法规的规定。”第5条规定：“基金财产的债务由基金财产本身承担，基金份额持有人以其出资为限对基金财产的债务承担责任。但基金合同依照本法另有约定的，从其约定。基金财产独立于基金管理人、基金托管人的固有财产。基金管理人、基金托管人不得将基金财产归入其固有财产。基金管理人、基金托管人因基金财产的管理、运用或者其他情形而取得的财产和收益，归入基金财产。基金管理人、基金托管人因依法解散、被依法撤销或者被依法宣告破产等原因进行清算的，基金财产不属于其清算财产。”由此可知，契约型私募证券投资基金的法律关系本质上是信托关系，值得注意的是，该法在第2条规定本法律仅适用于证券投资基金，其他类型的私募基金诸如私募股权投资基金是否可以参照适用，则值得探究。契约型私募股权基金与契约型私募证券基金,仅投资标的有所不同,但其法律结构基本相同,其法律关系也应相同。因此,契约型私募证券基金之外的其他类型的契约型私募基金,其法律关系也应为信托关系。实务中一些法院判决也持类似观点。[1] 由于契约型私募股权基金的法律关系缺乏法律明文规定,故在具体适用时可以类推适用证券投资基金法的相关规定。

从行政法规层面,《私募投资基金监督管理条例》第4条规定:"私募基金财产独立于私募基金管理人、私募基金托管人的固有财产。私募基金财产的债务由私募基金财产本身承担,但法律另有规定的除外。投资者按照基金合同、公司章程、合伙协议(以下统称基金合同)约定分配收益和承担风险。"该条例第2条规定的适用范围并未明确适用于何种类型的基金,故所有类型的私募基金均可适用该条例关于基金财产独立性的规定。

从部门规章层面,《关于加强私募投资基金监管的若干规定》规定了私募基金管理人、私募基金销售机构及其从业人员在私募基金募集过程中的行为规范,确保基金财产的独立性和安全性。其中,第9条规定了私募基金管理人及其从业人员从事私募基金业务,不得有下列行为:未对不同私募基金单独管理、单独建账、单独核算,将其固有财产、他人财产混同于私募基金财产,将不同私募基金财产混同运作,或者不公平对待不同私募基金财产等,实为要求对私募基金财产进行独立性标识,以保护投资者的利益。

从自律性规则层面,中国证券投资基金业协会于2023年2月24日发布的《私募基金管理人登记指引第1号——基本经营要求》第7条规定:"私募基金管理人应当具有良好的财务状况,不存在大额应收应付、大额未清偿负债或者不能清偿到期债务等可能影响正常经营的情形。私募基金管理人存在大额长期股权投资的,应当建立有效隔离制度,保证私募基金财产与私募基金管理人固有财产独立运作、分别核算。私募基金管理人与关联方存在资金往来的,应当就是否存在不正当关联交易进行说明。"该条明确提出了私募基金财产与私募基金管理人固有财产的隔离要求,以基金财产的独立性。基金财产独立性的法律法规要求见表8-2。

---

[1] 江苏省高级人民法院执行裁定书(2020)苏执复203号。

表 8 - 2　基金财产独立性的法律法规要求

效力位阶	规范名称	具体规定
法律	《中华人民共和国证券投资基金法》	第二条　本法未规定的，适用《中华人民共和国信托法》、《中华人民共和国证券法》和其他有关法律、行政法规的规定。 第五条　基金财产的债务由基金财产本身承担，基金份额持有人以其出资为限对基金财产的债务承担责任。但基金合同依照本法另有约定的，从其约定。基金财产独立于基金管理人、基金托管人的固有财产。基金管理人、基金托管人不得将基金财产归入其固有财产。基金管理人、基金托管人因基金财产的管理、运用或者其他情形而取得的财产和收益，归入基金财产。基金管理人、基金托管人因依法解散、被依法撤销或者被依法宣告破产等原因进行清算的，基金财产不属于其清算财产。
行政法规	《私募投资基金监督管理条例》	第四条　私募基金财产独立于私募基金管理人、私募基金托管人的固有财产。私募基金财产的债务由私募基金财产本身承担，但法律另有规定的除外。投资者按照基金合同、公司章程、合伙协议（以下统称基金合同）约定分配收益和承担风险。
部门规章	《关于加强私募投资基金监管的若干规定》	第九条　私募基金管理人及其从业人员从事私募基金业务，不得有下列行为：（一）未对不同私募基金单独管理、单独建账、单独核算，将其固有财产、他人财产混同于私募基金财产，将不同私募基金财产混同运作，或者不公平对待不同私募基金财产；（二）使用私募基金管理人及其关联方名义、账户代私募基金收付基金财产；（三）开展或者参与具有滚动发行、集合运作、期限错配、分离定价等特征的资金池业务；（四）以套取私募基金财产为目的，使用私募基金财产直接或者间接投资于私募基金管理人、控股股东、实际控制人及其实际控制的企业或项目等自融行为；（五）不公平对待同一私募基金的不同投资者，损害投资者合法权益；（六）私募基金收益不与投资项目的资产、收益、风险等情况挂钩，包括不按照投资标的实际经营业绩或者收益情况向投资者分红、支付收益等；（七）直接或者间接侵占、挪用私募基金财产；（八）不按照合同约定进行投资运作或者向投资者进行信息披露；（九）利用私募基金财产或者职务之便，以向私募基金、私募基金投资标的及其关联方收取咨询费、手续费、财务顾问费等名义，为自身或者投资者以外的人牟取非法利益、进行利益输送；（十）泄露因职务便利获取的未公开信息、利用该信息从事或者明示、暗示他人从事相关的交易活动；（十一）从事内幕交易、操纵证券期货市场及其他不正当交易活动；（十二）玩忽职守，不按照监管规定或者合同约定履行职责；（十三）法律、行政法规和中国证监会禁止的其他行为。私募基金管理人的出资人和实际控制人，私募基金托管人、私募基金销售机构及其他私募基金服务机构及其出资人、实际控制人，不得有前款所列行为或者为前款行为提供便利。

续表

效力位阶	规范名称	具体规定
自律性规则	《私募基金管理人登记指引第1号——基本经营要求》	第七条　私募基金管理人应当具有良好的财务状况,不存在大额应收应付、大额未清偿负债或者不能清偿到期债务等可能影响正常经营的情形。私募基金管理人存在大额长期股权投资的,应当建立有效隔离制度,保证私募基金财产与私募基金管理人固有财产独立运作、分别核算。私募基金管理人与关联方存在资金往来的,应当就是否存在不正当关联交易进行说明。

(二)基金财产独立性的具体内容

根据中国证券投资基金业协会的解释,[1]基金财产独立性,是指基金财产与基金管理人、托管人以及其他相关方的财产严格分离,基金财产只能用于基金合同约定的投资和运作目的,不得用于其他任何用途。基金财产独立性的具体内容包括以下几个方面。

1. 基金财产的债务由基金财产本身承担,基金份额持有人以其出资为限对基金财产的债务承担责任。但基金合同依照《证券基金投资法》另有约定的,从其约定。

2. 基金财产独立于基金管理人、基金托管人的固有财产。基金管理人、基金托管人不得将基金财产归入其固有财产。基金管理人、基金托管人由于依法解散、被依法撤销或者被依法宣告破产等原因进行清算的,基金财产不属于其清算财产。

3. 基金管理人、基金托管人因基金财产的管理、运用或者其他情形而取得的财产和收益,归入基金财产。

4. 基金财产的债权,不得与基金管理人、基金托管人固有财产的债务相抵销,不同基金财产的债权债务不得相互抵销。非因基金财产本身承担的债务,不得对基金财产强制执行。

---

〔1〕 https://investor.amac.org.cn/investread/tzbdjczs/202006/t20200603_9646.html.

三、典型案例分析

(一)基本案情

李某新与北京冠汇世纪股权投资基金管理有限公司(以下简称冠汇管理公司)纠纷一案,权利人李某新依据已生效的(2020)中国贸仲京裁字第1498号裁决书向北京市第三中级人民法院申请执行。执行过程中,北京市第三中级人民法院冻结了被执行人冠汇管理公司名下在中信银行深圳分行营业部的某银行账户(以下简称案涉银行账户),冻结期限一年,并扣划了案涉银行账户内款项4064.08元。后案外人王某红提出异议,主张其是"1号私募股权投资基金"的基金份额持有人,法院冻结的案涉银行账户系"1号私募股权投资基金"的基金托管账户,属于基金财产,独立于被执行人某基金管理公司的固有财产,请求中止对案涉银行账户的执行,解除冻结措施,责令返还从"冠汇价值1号私募股权投资基金"托管账户划扣的基金财产4064.08元。本案中各方的交易结构见图8-2。

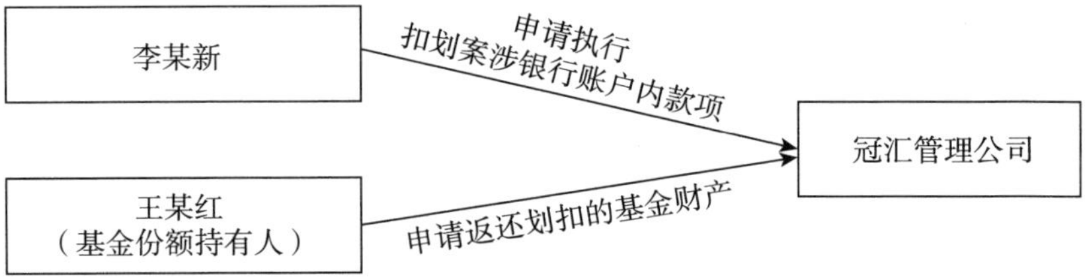

图8-2　本案中各方的交易结构

(二)裁判结果

北京市第三中级人民法院作出(2021)京03执异775号执行裁定书,认为对于专用账户的存款,应根据当事人对账户的约定以及相关法律规定判断资金权属,并在此基础上确定能否对该账户内资金采取强制执行措施。本案被执行人冠汇管理公司按照基金合同的约定开立案涉银行账户,结合查明的事实,该账户性质为基金托管账户，并非由被执行人冠汇管理公司控制的普通存款账户。根据《证券投资基金法》关于基金财产独立性的规定，因案涉银行账户系基金托管账户，非被执行人冠汇管理公司的自有资金，亦非被执行人的责任财产。案外人王某红提出的请求，其作为冠汇价值 1 号私募股权投资基金的基金份额持有人享有实体权利，本案据以执行的裁决所确定的债务为冠汇公司本身的债务，案涉银行账户虽登记在被执行人冠汇管理公司名下，但案涉银行账户属于冠汇价值 1 号私募股权投资基金的基金托管账户，账户内资金并非冠汇管理公司的固有财产，系其管理的基金财产。案外人王某红作为上述 1 号私募基金份额持有人依据其实体权利提出异议于法有据，北京市第三中级人民法院支持其异议请求，裁定中止对冠汇管理公司名下×××银行账户的执行。

(三)裁判观点

1. 在认定基金财产的权属，进而排除对独立的基金财产的执行时，对于私募基金管理公司专用账户的存款，应根据当事人对账户的约定以及相关法律规定判断资金权属，并在此基础上确定能否对该账户内资金采取强制执行措施，而非仅以登记的名义推定基金财产权属。若该账户为基金托管账户，所涉资金非私募基金管理公司的自有资金，即不得对该类专用账户进行强制执行。

2. 基金份额持有人是提起案外人异议的适格主体。

(四)案例评析

基金财产具有独立性，可以排除强制执行，这一不言自明的规则在实践中涉及诸多具体问题，其中最重要的问题即如何在执行程序中认定基金财产的权属，进而排除对独立的基金财产的执行，实践中存在两种不同的标准：一是以登记的名义推定基金财产权属，无相反证据证明则以登记为准；二是以合同的特殊约定以及相关法律规定确定基金财产权属。本案中北京市第三中级人民法院采用了后者。案涉账户登记在被执行人冠汇管理公司名下，具备一定的公示效力，但是托管账户的名称中通常会包含“基金”“私募基金”等字样，以体现其为私募基金的托管账户，从这一角度来看，交易相对人应当对该账户所设资金非名义登记人的自有财产有事前认知，本案中作为交易相对方的李某新对该登记不具有合理信赖。此外,该基金财产的登记名义也不能表征其真实权属。在实践操作中,证券投资基金的财产账户通常会被登记在基金管理人或托管人的名下。如果简单以这种登记的名义判定基金财产的归属,并据此冻结该基金财产,这不仅违背了基金财产应保持的独立性原则,而且会侵犯不特定投资者的合法权益。且从当前金融业的实际运行来看,投资方和管理人往往是通过协议明确约定证券投资基金类账户的财产归属。因此,在名义登记无法准确反映真实权利归属时,以基金账户的特殊约定作为判断其权属的审查标准,不仅与金融实践相符,而且操作简便,可以满足形式化审查的标准。

本案涉及的第二个问题即基金份额持有人是否为提起案外人异议的适格主体。对此,实践中也有两种观点:一种观点认为应提出执行行为异议,另一种观点认为应提出案外人异议,本案法院认为应为案外人异议。两种异议的本质区别在于案外人是否主张对被执行标的享有实体权利。在涉及基金财产的执行裁决案件审查过程中,基金份额持有人提出异议,其目的在于主张其自身为案涉标的的权利人并据此排除对基金账户中财产的强制执行,因此,这类异议应当被归类为案外人异议的范畴。在本案中,案外人王某红作为冠汇价值 1 号私募股权投资基金的基金份额持有人享有实体权利,对基金财产享有基金受益权,这一权益基于所有权,具有债权和物权的双重特性。当基金受益权受到侵害时,王某红有权作为案外人提出异议,以保护其基金财产权益。

综上所述,本案明确了基金财产权属的实质审查标准,认定基金份额持有人有权提起案外人异议,系对私募基金投资人保护的典范。

四、基金财产独立性原则的要点难点分析

(一)私募股权投资基金排除强制执行的认定标准

如前所述,针对该问题实践中有两种不同的标准:一是以登记的名义推定基金财产权属,无相反证据证明则以登记为准;二是以合同的特殊约定以及相关法律规定确定基金财产权属。

从法律规定来看,《最高人民法院关于人民法院办理执行异议和复议案件若干问题的规定》第 25 条第 1 款规定:“对案外人的异议,人民法院应当按照下列标准判断其是否系权利人:……(四)股权按照工商行政管理机关的登记和企业信用信息公示系统公示的信息判断;(五)其他财产和权利,有登记的,按照登记机构的登记判断;无登记的,按照合同等证明财产权属或者权利人的证据判断。”实践中,很多法官认为仅依据该条第 4 项认定争议基金所投股权的权利归属。如在(2020)沪 0104 执异 2 号案件中,上海市徐汇区人民法院认为,股权应按照工商行政管理机关的登记和企业信用信息公示系统公示的信息判断权利人。工商登记信息显示,隽盛公司系鸿兴公司(案涉私募基金管理人)的股东,对其持有的股权采取保全措施,并无不当。

有的法院认为,案涉股权为私募基金财产,虽然登记在管理人名下,但是实际归全体基金份额持有人所有,故应当排除因管理人自身债务导致的强制执行,在(2020)京民终 570 号案件中,北京市高级人民法院认为,结合任某雪、姜某玉、刘某文、余某龙提供的《基金合同》《私募投资基金备案证明》《投资协议 2》复印件以及基金备案信息、银行账户交易信息、天石和合公司企业登记信息等证据,已经形成了完整的证据链,可以证明北京市第三中级人民法院冻结的嘉宸公司持有的天石和合公司的 4.459% 股权系嘉宸公司以任某雪、姜某玉、刘某文、余某龙等的投资资金所形成,应为嘉宸创享私募股权投资基金的基金财产,故可以排除强制执行。

两种截然不同的裁判观点背后的核心争议在于对被执行股权财产性质的认定,若将其认定为《最高人民法院关于人民法院办理执行异议和复议案件若干问题的规定》第 25 条第 4 项中的股权,则当然可以强制执行;而若将其认定为基金财产的一个组分,则应当依据第 5 项确定权利归属。根据《私募投资基金登记备案办法》第 4 条的规定,私募基金管理人应当按照规定,向中国证券投资基金业协会履行登记备案手续,持续报送相关信息。但是中国证券基金业协会仅对已经备案登记的私募基金管理人的基本信息、办理进度和办理结果等相关信息进行公示,不会公示具体的私募基金份额持有人信息,以保护投资者的隐私和商业秘密。也即该登记并不能公示基金财产的权利归属,与第 25 条其他几项特征不符,所以应当理解为第 5 项中“无登记”的情形,按照合同等证明财产权属或者权利人的证据判断。在(2020)京民终 570 号案件中,北京市高级人民法院即依据《基金合同》《私募投资基金备案证明》《投资协议》以及基金备案信息等确定权利归属。

我们认为,当股权是基金财产的组分时,不宜继续完全遵循有关股权执行的相关规定,因为股权在一般情况下所代表的是享受股权收益、承受股权亏损的所有权意义上的股权,当股权是基金财产的组分时,管理人虽为登记的权利人,但仅"享有"管理权意义上的股权,这与第 25 条的"根据公示推定所有权人"的立法理念不符。

此外,《全国法院金融审判工作会议纪要(征求意见稿)》[1]第 58 条对私募基金财产的认定采用了形式认定与实质认定相结合的标准,即如工商登记材料或私募基金合同、投资协议、付款回单等文件能够体现或印证被冻结股权属于私募基金产品持有的公司股权,则可以有效排除第三人的强制执行。

(二)执行异议之适格主体争议

在基金财产的强制执行过程中,关于基金份额持有人(或投资人)、管理人、托管人谁能作为适格主体提起执行异议的问题,一直存在较大的争议。

首先,基金份额持有人具有提起执行异议的合法权利。根据《信托法》的基本原则,信托财产的委托人享有基于所有权所产生的、旨在保护信托财产权益的独立请求权。尽管信托受益权的性质在学术上存在多种观点,但基金持有人作为基金权益的最终归属者,在信托利益受到侵害时,自然有权提出异议以排除对基金财产的强制执行。在前文的(2021)京 03 执异 775 号案中,北京市第三中级人民法院即认为基金份额持有人是提起案外人异议的适格主体。

其次,基金管理人也具备提起执行异议的资格。依据《私募投资基金监督管理条例》第 11 条的规定,基金管理人有权以自身名义代表基金份额持有人的利益行使诉讼权利。在实际操作中,基金账户通常以"基金管理人名称 + 基金名称"的格式命名。当基金管理人成为被执行人时,执行法院有时会将基金账户视为被执行人的责任资产并予以冻结。该种情况下基金管理人提起的是执行

〔1〕 https://mp.weixin.qq.com/s/gO_96p2rdeHUfN6KMegUIQ.

行为异议还是案外人异议？实践中大多数法院认为应当是执行行为异议。在(2022)沪01执异50号案中,异议人亮投科技公司系欣岩北斗信安契约型私募基金的基金管理人,其以自身名义开设涉案基金账户。申请执行人林某系亮投科技公司的债权人,其向法院申请强制执行,上海市第一中级人民法院对该账户予以冻结,亮投科技公司遂提起本案执行异议。上海市第一中级人民法院最终认定该异议为针对执行行为异议,并认定异议成立。在(2020)沪0104执异2号案中,异议人隽盛公司系宁波鸿兴网都科技(1号)私募股权投资基金的管理人,上海市第一中级人民法院认为该异议属于执行行为异议。我们认为,从逻辑上讲,基金管理人提出异议,并非针对执行法院的查封行为本身,而是代表基金份额持有人对被执行财产主张实体权利,故此类异议应当按照案外人异议的程序进行审查。

最后,基金托管人不被视为提起执行异议的适格主体。在证券投资基金的双重受托人架构中,基金托管人的职责主要是安全保管基金财产,并未取得代表基金持有人提起诉讼的授权。因此,在基金财产面临强制执行的风险时,基金托管人应通过其职责范围内的方式,如及时通知基金管理人提起异议,来履行其职责。

综上所述,基金持有人和管理人在基金财产强制执行过程中具有提起案外人异议的适格主体资格,而基金托管人则不具备这一资格。

(三)基金财产独立性原则的司法实践

在契约型私募基金法律关系中,私募基金资金账户内的资金属于信托财产。通过案例检索,在私募基金管理人自身对外负债的情形中,债权人申请对私募基金资金账户查封冻结,投资人或管理人依据基金财产的独立性而提起执行异议之诉,法院查明相关事实后,基本上会支持对私募基金账户解封或解除冻结。在(2018)京0107执异84号案中,北京市石景山区人民法院认为,案涉债务为个人债务,并非基金债务,法院查封前述北京信诚达融资金管理有限公司(本案基金管理人)私募投资1号基金的募集监督账户和托管账户确有不当,应予纠正。类似的案例还有(2019)京01执异245号、(2019)鲁01执复114号、(2020)苏11执复149号等。信托财产独立性的重要前提即公示,从银行账户来说,多数契约型私募基金管理人、投资人会与银行签署托管协议，设立独立的属于基金的银行账户。这使基金的财产与管理人的财产产生了物理上的区分。实践中大部分托管行会在私募基金的账户名称中额外加上基金本身的名称以示区别，从而起到类似公示的作用。

在私募基金财产由于投资运用，而由金钱变为股权等形态时，如该股权被基金管理人自身的债权人查封时，根据案例检索结果，法院也倾向于支持对已查封的股权解封。在(2019)辽02民初1423号案中，辽宁省大连市中级人民法院认为："基金财产是独立于基金管理人、基金托管人的固有财产，基金财产只对基金本身的债务承担责任，对非基金本身的债务不承担责任。本案中，根据优势亿丰公司提供的私募投资基金备案证明、投资协议及基金合同可以证明，本院冻结的优势亿丰公司持有的国丰公司、天豪公司、乐红公司、远东机床公司的股权均是投资人的私募股权基金。原告并无证据否定上述被冻结股权属基金财产性质，故本院(2019)辽02执异353号执行裁定中止对被冻结股权的执行，于法有据，并无不当。"在(2020)赣0502执异35号中，江西省新余市渝水区人民法院认为："山东融鑫投资股份有限公司持有的新余高新区愿景星权股份投资合伙企业(有限合伙)2,198,325.8元人民币股权份额，不是山东融鑫投资股份有限公司的自有财产，是按照法律规定不应冻结、后续也不能承担山东融鑫投资股份有限公司自身责任的一只基金财产，本院对其要求解冻的请求予以支持。"

此外，当该基金财产以合伙份额的形式存在时，也有法院认可该基金财产的独立性。在我们经办的(2022)京74执异199号案中，私募基金管理人持有某合伙企业合伙份额，该合伙份额系基金财产的组成部分，北京金融法院认为，基金合同约定，××公司为上述三只基金的基金管理人，以基金管理人的名义，代表基金份额持有人利益行使诉讼权利或实施其他法律行为。基金财产独立于基金管理人的固有财产，非因基金财产本身承担的债务，不得对基金财产强制执行。本案中，涉案财产份额系××公司所管理基金的基金财产，不属于××公司的固有财产。综上，××公司提起的执行异议，法院予以支持。

第三节　基金管理人法律责任的边界

一、基金管理人的民事责任类型

（一）基金管理人的缔约过失责任

缔约过失责任来源于缔约过程中，当事人所负的依诚信行为而为的义务，也即先合同义务。这一责任的基础，在于当事人因进行缔约磋商而与对方接触时，对对方产生的合理信赖。诚实信用原则要求保护这种合理信赖，进而衍生出在缔约磋商过程中，各方应当承担的协作、照顾与保护等义务。[1]

当事人若依据《民法典》第 500 条主张对方承担缔约过失责任，必须同时满足三个条件：首先是义务违反，即在合同订立过程中有违背诚实信用原则的行为；其次是损害的发生；最后是义务违反与损害之间存在因果关系。这里的义务违反具体表现为以下几种情况：其一，假借订立合同，恶意进行磋商；其二，故意隐瞒与订立合同有关的重要事实或者提供虚假情况；其三，其他违背诚实信用原则的行为。

除《民法典》第 501 条规定的保密义务外，第 500 条所涵盖的基于诚实信用原则在缔约过程中所产生的义务，大致可分为诚信磋商义务、告知义务、协作义务以及保护义务。在缔约过失责任情形下，所需赔偿的受损利益类型及范围，应依是否和缔约过程中的义务违反有因果关系而定。通常情形为信赖利益受损，既包括因信赖受挫时合同未能有效成立而落空的费用，如订约费用、履约准备费用和与履约无关而支出的费用（如承租人对租赁物的装修装饰费用等），也包括因信赖受挫而订立一个不利合同的损失，以及因信赖受挫而丧失其他订约机会的损失。基金管理人承担缔约过失责任的主要情形为违反适当性义务，即基金

[1] 参见孙维飞：《〈合同法〉第 42 条（缔约过失责任）评注》，载《法学家》2018 年第 1 期。

管理人在基金募集过程中,未能充分了解和评估投资者的风险承受能力、投资经验和投资目标,从而导致投资者在不适宜的投资中遭受损失。这种行为构成对其信义义务的违反,也构成在缔结基金合同时对投资人法定保护义务的违反,投资人可以基于《民法典》第500条要求管理人承担缔约过失损害赔偿责任。

(二)基金管理人的违约责任

相较于缔约过失责任,违约责任的义务来源相对清晰,即合同约定的义务。违约责任的构成要件主要包括以下几个方面:合同有效成立、合同义务违反、无免责事由。违约损害赔偿主要集中于对守约方履行利益的补偿,但也允许其选择信赖利益的损害赔偿。在选择信赖利益损害赔偿的情况下,赔偿通常仅涵盖守约方为缔约和履约所支出的成本。在选择履行利益损害赔偿时,赔偿的范围将受到合同当事人之间的约定、法律的规定,以及因果关系、合理预见规则、与有过失规则和减轻损失规则等多重因素的限制。基金管理人所负的合同项下的义务贯穿私募基金募、投、管、退的全流程,具体包括忠实义务、谨慎投资义务、亲自管理义务、合规经营义务、信息披露义务等,具体违约形式将在后文进行详述。

(三)基金管理人的侵权责任

基金管理人的侵权责任,是指基金管理人在管理基金财产过程中,因违法行为侵害了投资者的合法权益,依法应承担的民事责任。这种责任具有补偿性质,旨在通过经济赔偿等方式,恢复投资者因侵权行为而遭受的损失。基金管理人侵权责任的义务来源于法律规定以及基金合同的约定,实践中,某些行业规范诸如基金行业协会或监管机构发布的规范性文件也可以作为管理人承担侵权责任的义务来源。

基金管理人侵权责任的构成要件包括:其一,违法行为:基金管理人违反了法律规定、合同约定或行业规范的行为;其二,损害事实:投资者因基金管理人的违法行为遭受了实际损失,包括财产损失、投资机会损失等;其三,因果关系:基金管理人的违法行为与投资者的损害之间存在直接的因果联系;其四,过错:基金管理人在行为时具有故意或过失,未尽到应有的注意义务。侵权责任的赔偿范围确定采取填平原则，即侵权行为造成损害后，责任人应当赔偿受害人，使其损失得到全面、充分的补偿，以恢复受害人在侵权行为发生前的状态。

二、基金管理人民事责任的适用情形

通过梳理大量实践案例，结合我们经办的相关案件，我们就不同情形下基金管理人的民事责任类型概括如下。需要注意的是，针对同一类型的基金管理人的不当行为，不同法院可能判决其承担不同类型的民事责任，以基金管理人违反适当性义务为例，实践中法院判决其承担的民事责任类型可能包括缔约过失责任、违约责任或侵权责任，故下文仅依据司法实践中法院通常的民事责任类型划分标准进行列举和分析。

（一）基金管理人缔约过失责任的适用情形

基金管理人的缔约过失责任，是指在基金合同订立过程中，基金管理人因违反先合同义务给投资者造成损失而应承担的法律责任。以下是基金管理人缔约过失责任的主要适用情形。

1. 故意隐瞒重要信息。基金管理人在合同订立过程中，故意隐瞒与基金投资相关的重要信息，导致投资者在不知情的情况下作出投资决策。例如，基金管理人未向投资者如实告知基金的高风险特性，使投资者误以为该基金风险较低，最终因风险暴露而遭受损失；基金管理人有不良从业记录或存在重大法律纠纷，但在合同订立时故意隐瞒，影响投资者的判断。

2. 提供虚假或误导性信息。基金管理人在合同订立过程中，提供虚假或误导性信息，导致投资者基于错误的信息作出投资决策。例如，基金管理人提供虚假的历史业绩报告，夸大基金的投资回报率，诱导投资者购买基金；基金管理人在宣传材料中使用误导性语言或夸大宣传，使投资者对基金的实际情况产生错误认识。

3. 未尽充分告知义务。基金管理人在合同订立过程中，未充分履行告知义务，导致投资者在不了解相关重要信息的情况下签订合同。例如，基金管理人未告知投资者关于基金的具体投资限制或投资范围，导致投资者误以为可以随意投资；基金管理人未向投资者清晰说明基金的费用结构，包括管理费、托管费等，使投资者在不知晓全部费用的情况下进行投资。

4. 其他违反诚实信用原则的行为。其他基金管理人在合同订立过程中，行为违反诚实信用原则，损害了投资者的信任和利益。例如，基金管理人在选择投资项目或合作伙伴时，未进行充分的尽职调查，导致投资者基于错误的信任作出投资决策。

（二）基金管理人违约责任的适用情形

私募基金管理人违约责任的适用情形，是指在私募基金管理过程中，管理人未能按照合同约定履行义务或未能尽到应有的职责，导致基金投资者或基金资产遭受损失时，应承担的法律责任。以下是私募基金管理人违约责任的主要适用情形。

1. 未按合同约定进行投资管理。私募基金管理人未按照合同约定的投资目标和策略进行投资，例如，将资金投入高风险领域，而合同中明确约定应当投资于低风险资产；私募基金管理人未按照合同约定的比例进行投资，导致投资组合失衡。例如，合同规定某类资产的投资比例不得超过 20%，但管理人超比例投资。

2. 违反合同约定的披露义务。私募基金管理人未按照合同要求及时披露基金的运作信息，如定期报告、临时公告等，导致投资者无法及时获取基金信息；私募基金管理人披露虚假或误导性信息，未如实反映基金的运作情况和风险状况，导致投资者作出错误的投资决策。

3. 管理费用收取不合规。例如，私募基金管理人收取的管理费用超出了合同约定的标准，增加了投资者的负担；私募基金管理人未按照合同约定向投资者清晰披露各项费用的具体构成和标准，导致投资者在不知情的情况下承担了额外费用。

4. 未尽勤勉尽责义务。例如，私募基金管理人未尽到合理的注意义务，作出明显错误的投资决策，导致基金资产遭受重大损失；私募基金管理人未按照合同约定进行有效的风险管理，忽视风险控制，导致基金资产面临较大风险。

5. 擅自变更合同内容。例如，私募基金管理人未经投资者同意，擅自变更基金合同的关键条款，如投资策略、费用标准等；私募基金管理人未经投资者同意，擅自调整基金的分红政策，影响投资者的收益。

6. 未按合同约定分配收益。例如，私募基金管理人未按照合同约定的时间和方式及时分配基金收益，损害投资者的利益；私募基金管理人在分配收益时出现错误，导致部分投资者未能按合同约定获得应得收益。

7. 资产托管和保管不当。例如，私募基金管理人未按照合同约定将基金资产交由指定的托管机构进行托管，导致资产安全性受到影响；私募基金管理人未妥善保管和处理基金资产，导致资产损失或无法按合同要求进行变现。

8. 未按合同约定进行清算。例如，在基金到期或提前终止后，私募基金管理人未按照合同约定及时进行清算，导致投资者无法及时收回投资本金和收益；清算过程中，私募基金管理人未按照合同要求披露清算信息或采取不透明的操作，损害投资者的利益。

9. 其他违约行为。例如，私募基金管理人未按照合同或法律要求妥善处理与自身或关联方的利益冲突，导致基金资产或投资者利益受损。

（三）基金管理人侵权责任的适用情形

私募基金管理人在管理基金财产过程中，如果违反了法定或约定的义务，可能会侵犯投资者的合法权益，从而承担侵权责任。以下是一些可能导致私募基金管理人承担侵权责任的适用情形。

1. 未建立落实财产分离制度。私募基金管理人未按照规定建立和执行财产分离制度，将基金财产与自身或他人财产混同，或者侵占、挪用基金财产，导致投资者损失。

2. 未履行适当性义务。管理人在募集阶段未充分了解投资者的实际情况和风险承受能力，未将适当的产品销售给适合的投资者，导致投资者因不适当的投资决策遭受损失。

3. 信息披露不充分或不真实。管理人未向投资者充分披露基金运作的相关信息，或者披露的信息存在虚假或误导，侵害了投资者的知情权并影响了投资者的决策。

4. 违反监管规定。管理人违反监管机构关于基金募集、运作的相关规定，如未取得必要的销售资格、未遵守募集程序等，导致投资者损失。

5. 不公平对待投资者。管理人对同一基金的不同投资者实施不公平对待，损害部分投资者的合法权益。

6. 从事关联交易未遵守规定。管理人利用私募基金财产与关联方进行交易，未遵守法律、行政法规、监管规定和基金合同约定，导致投资者损失。

7. 泄露未公开信息或从事内幕交易。管理人泄露因职务便利获取的未公开信息，或利用该信息从事或暗示他人从事相关交易活动，损害投资者利益。

8. 违反风险控制和内部管理制度。管理人未建立健全风险控制和内部管理制度，导致基金运作风险失控，给投资者造成损失。

以上情形中管理人承担的民事责任需要结合具体案件的事实和相关法律法规进行判断。在实践中，法院通常会根据管理人的行为是否违反了法定或约定的义务、是否存在过错，以及其行为与投资者损失之间是否存在因果关系等因素综合确定责任。

（四）基金管理人不同类型民事责任竞合的情形

由于不同民事责任的适用情形存在一定的模糊界限，故实践中可能出现同一行为所导致的民事责任竞合的问题。

典型的如资金混用问题，管理人应当就每只私募基金的资金单独管理、单独建账、单独核算，不得开展任何形式的资金池业务，不得存在短募长投、期限错配、分离定价、滚动发行、集合运作等违规操作。若管理人违反该要求，混用资金，则可能面临侵权和违约责任竞合的问题。在该情形下，一方面，管理人违反法定义务，造成投资者损失，且主观上具有过错，满足侵权责任的构成要件；另一方面，一般情况下基金合同均会就该种情形作出禁止性约定，故前述行为也满足违约责任的构成要件。《民法典》第 186 条规定："因当事人一方的违约行为，损害对方人身权益、财产权益的，受损害方有权选择请求其承担违约责任或者侵权责任。"根据该规定，投资者在这种责任竞合的情况下可以自行选择管理人承担违约责任或侵权责任。

此外，基金管理人在募集阶段进行欺诈，一方面可能因为属于"提供虚假情况”而承担缔约过失责任,另一方面可能因违反管理人在募集阶段的法定义务而承担侵权责任,构成两种责任的竞合。前述不同责任类型在构成要件、举证难度、赔偿范围方面均有区别,投资人可以根据自身需求进行选择。

三、典型案例分析

(一)基本案情

2016 年 6 月,钜洲资产管理(上海)有限公司(以下简称钜洲公司)成立“钜洲智能制造 2018 私募股权投资基金”(以下简称涉案私募基金)并任管理人,由招商证券股份有限公司(以下简称招商证券)任托管人。《私募基金合同》载明,该基金“具有高收益、高风险的风险收益特征”,并约定基金募集资金主要投资于某合伙企业(有限合伙),再通过该合伙企业对某上市公司进行股权投资。当月,周某某签署《风险揭示书》后,与钜洲公司、招商证券签订《私募基金合同》,并支付基金认购款 300 万元。钜洲公司的实控人上海钜派投资集团有限公司(以下简称钜派公司)向周某某出具《资金到账确认函》,载明周某某是通过钜派公司推介,自愿认购涉案私募基金,并承诺钜派公司会配合相关单位做好该产品的后续服务工作。

2019 年 10 月 28 日,钜洲公司发布《临时信息披露公告》称:涉案私募基金投资的某有限合伙企业因执行事务合伙人及其法定代表人恶意挪用基金资产并已失联,钜洲公司已向公安机关报案。次日,案涉私募基金召开投资人电话会议,钜派公司经理在会议中介绍了其工作人员参与案涉基金管理的有关情况,并承诺全力推进后续刑事追偿进程。

周某某追索投资无果,向一审法院起诉请求:钜洲公司赔偿投资款、认购费及资金占用损失;钜派公司就某资产管理公司的上述义务承担连带赔偿责任。本案中各方的交易结构见图 8 - 3。

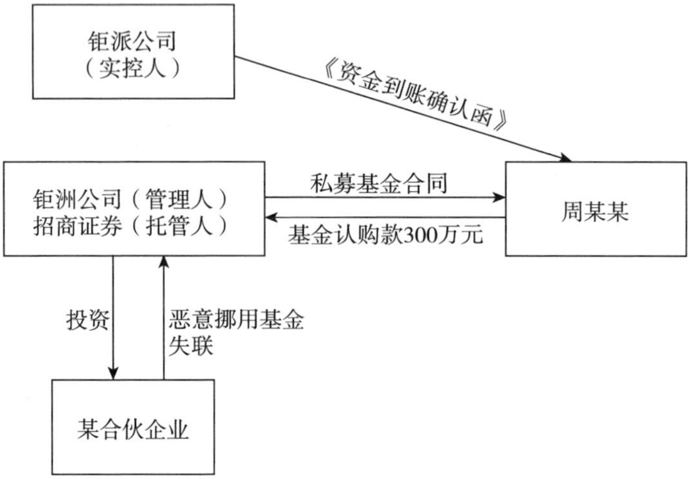

图 8 – 3　本案中各方的交易结构

（二）裁判结果

上海市浦东新区人民法院作出（2020）沪 0115 民初 2780 号一审民事判决，法院认为：在基金募集阶段，钜洲公司未能提供投资者风险测评证据，未能妥善履行适当性义务；在投资阶段，钜洲公司未充分调查投资标的合伙人变更情况，违反了勤勉尽责义务；在管理阶段，钜洲公司在资金使用、股权代持、信息披露等方面存在过错。原告的投资损失已经实际发生，钜洲公司未妥善履行义务与原告损失之间存在因果关系。根据法律规定，钜洲公司应对其未履行义务导致的原告损失承担赔偿责任，钜派公司对钜洲公司的赔偿义务承担连带责任。

关于本案中的民事责任性质，法院通过两处进行说明。其一，在认定因果关系时，法院认为："被告钜洲公司未能按照相关私募基金的法律和行政法规，谨慎严格地履行涉案《私募基金合同》项下的义务，存在严重过错，其违规违约行为和原告的财产损失之间存在相当因果关系。"由此可知，法院认为本案中基金管理人承担的民事责任为违约责任及侵权责任。其二，在确定赔偿责任的范围时，法院认为："对于赔偿范围的认定，鉴于涉案《私募基金合同》对于被告钜洲公司如何承担违约赔偿责任并未约定具体的损失赔偿计算方式，而违约损害赔偿的目的在于填补受害人所遭受的损害，故损害赔偿的计算应结合被告钜洲公司的过错程度予以衡量。”但是，违约赔偿责任采取的是“完全赔偿原则”，即赔偿范围应足以使受害方恢复到合同未被违反时的状态。赔偿通常限于合同履行后所能获得的利益。侵权损害赔偿采用“实际损失赔偿原则”，即赔偿范围限于受害方实际遭受的损失，包括直接损失和间接损失（如利润损失）。根据法院最终判决管理人赔偿投资本金、认购款、资金占用损失，可以判断法院采用的是“实际损失赔偿原则”，故法院虽然表述为“违约赔偿责任”，但实质上认为本案中基金管理人承担的民事责任为侵权责任。

一审判决后，钜派公司、钜派公司不服提起上诉。上海金融法院于2021年6月23日作出（2021）沪74民终375号民事判决，未就本案管理人的责任性质作出进一步说明，驳回上诉，维持原判。

（三）裁判观点

1. 只要可以认定投资者损失已经实际发生，即使基金未经清算，也可以判决管理人承担赔偿责任，考虑到基金最终可能存在清算程序，可以在判决中同时明确投资者如在后续清算过程中获得清偿，应在管理人或其他承担责任的主体赔偿金额中予以扣除。

2. 私募基金管理人的实控人向投资者推销私募基金，并有证据证明构成实质代销关系的，实控人负有告知说明义务和适当性义务。管理人在投资管理过程中未体现专业独立性，而由实控人实际管理运作基金，因未尽忠诚勤勉义务造成投资者损失的，管理人及其实控人因违反监管规则和信义义务，应当承担连带赔偿责任。

（四）案例评析

本案系上海金融法院、中国证券监督管理委员会上海监管局联合发布十件涉私募基金典型案例之一，也是上海市高级人民法院发布的2021年度金融商事审判十大案例之一，对私募基金管理人及实控人的法律责任承担相关纠纷的案件裁判具有重大的指导意义。

本案中法院最终认定私募基金管理人及实控人承担的民事责任的性质为违约责任。但在论证被告钜洲公司是否完全履行了基金管理人的法定及约定义务时的表述为:“在基金募集阶段,根据《中华人民共和国证券投资基金法》第八十七条……,《私募投资基金监督管理暂行办法》第十六条规定……由此可见,被告钜洲公司在销售过程中未能妥善履行将适当的产品销售给适合的投资者的适当性义务。”由此可知,法院认为管理人在募集阶段承担责任的义务来源为法定义务,而非约定义务,而违约责任承担的基础为违约行为,法院在说理部分存在前后矛盾之处。不过本案中管理人在投资、管理阶段也存在其他严重违约行为,法院最终判决管理人及实际控制人承担包括投资本金、认购费、资金占用费在内的全部损失,解释上可以认为违约责任范围覆盖募集阶段的缔约过失责任范围。

其次,在认定投资阶段管理人的行为时,法院认为管理人应当“根据约定勤勉尽责管理基金财产”,并详细论证了管理人的行为不符合约定的具体情形。违约责任按照通说原则上采用无过错原则,但法院又认定“在合伙人公示情况与《合伙协议》约定不一致时,被告钜洲公司作为基金管理人对此未做充分调查,仍将基金募集款项划款至合伙企业,存在严重过错”。似有将侵权责任和违约责任的构成要件混用之嫌,在认定管理阶段管理人的行为时,法院也将重点放在管理人的过错上。

本案的法律分析稍显混乱,这一定程度上体现了司法实践对基金管理人及其实控人所承担责任类型的认知不清晰,但综合法院对义务来源、民事责任构成要件、赔偿责任范围原则的论述,其似乎更倾向于将责任形式认定为侵权责任。因此,我们建议投资人在追究管理人责任时,将重点放在“管理人过错”的相关证据收集及学理论证上。

四、基金管理人法律责任的要点难点分析

(一)不同阶段基金管理人的法律责任类型

基金管理人在基金的募集、投资、管理和退出4个阶段承担着不同的违约责任(见表8-3)。这些责任的认定和区分不仅涉及管理人的法律义务,还关系到投资者权益的保护和基金整体的运作合规性。

表 8－3　不同阶段基金管理人的法律责任类型

阶段	民事责任类型	情形
募集阶段	缔约过失责任/侵权责任	管理人故意隐瞒或虚假陈述，导致投资者在信息不对称的情况下作出投资决策
		管理人未确保基金的设立和募集过程符合法律法规的要求，包括基金备案、募集文件的合规性审查等，导致基金设立无效或受到监管处罚
		管理人未尽到适当性管理义务，未根据投资者的风险承受能力、财务状况、投资经验等因素，评估其是否适合投资该基金，导致不适格投资者损失
投资阶段	违约责任/侵权责任	管理人未根据基金合同和投资策略，进行科学合理的投资决策，擅自进行高风险投资或与合同约定不符的投资，导致基金资产损失
	违约责任/侵权责任	管理人在投资执行过程中存在舞弊、失职或其他不当行为，进行违约关联交易或内部交易，导致基金资产损失或投资失败
管理阶段	违约责任/侵权责任	管理人未能恪尽职守，擅自改变投资方向或进行高风险投资，导致基金资产损失
	违约责任/侵权责任	管理人未建立健全的风险管理体系，未及时识别、评估和控制各类投资风险（特别是对于涉及杠杆操作、复杂金融产品的投资项目），风险控制不力导致基金遭受重大损失，其行为构成违约，需承担相应的赔偿责任
	违约责任/侵权责任	未按规定履行信息披露义务，定期向投资者披露基金的财务状况、投资运作情况及可能影响投资者利益的重大事项，导致投资者做出错误判断
退出阶段	违约责任/侵权责任	管理人未能尽责，导致资产低价出售或未能按期处置，进而损害投资者利益
	违约责任/侵权责任	管理人在收益分配过程中存在拖延、扣留或不公正分配的行为，未按照基金合同的约定，及时、公正地分配基金收益，导致投资者收益受损
	违约责任/侵权责任	在基金清算和退出过程中，管理人未及时向投资者披露清算进展、资产处置结果和收益分配方案等重要信息，侵犯投资者的知情权，导致投资者利益受损

(二)基金管理人信义义务的扩张与边界

信义义务,源自英美法系,主要包括忠实义务和注意义务两大部分。忠实义务要求基金管理人将投资者利益置于首位,避免利益冲突和自我交易。注意义务则要求管理人在行使职权时表现出应有的勤勉和谨慎,确保投资决策的专业性和合理性。随着私募基金行业的成熟,信义义务的内涵也在不断丰富,涵盖了更多的诚信和专业行为准则。

近年来,随着金融市场的复杂化和投资者需求的多样化,基金管理人信义义务的内涵和外延均有所扩张。具体表现在以下几个方面。

首先,信息披露义务不断加强。基金管理人需要向投资者提供更加全面、准确、及时的信息,以满足投资者的知情权。这不仅包括基金的投资策略、风险收益特征等基本信息,还包括重大事项、临时公告等实时信息,例如,近年来,随着监管要求的提高,基金管理人需要披露的信息越来越详细。不仅要披露基金的定期报告(如季报、年报),还要对基金的持仓明细、费用结构、业绩基准等重要信息进行及时、全面的披露,以便投资者更好地了解基金的投资运作情况。

其次,对投资决策的谨慎性要求加强。基金管理人在进行投资决策时,需要更加谨慎地评估投资项目的风险与收益,对相关信息的真实性进行实质审查,在(2021)沪74民终375号案中,上海市浦东新区人民法院认为,在基金成立后的两年内,直至基金管理人延期一年的期间,卓郎智能作为上市公司,其公示的股东名单中并不包括明安万斛(基金所投企业),钜洲公司(私募基金管理人)在有条件向卓某智能核实的情况下,却轻信国投明安告知的上市公司股权代持及合同锁定收益的说辞,且对股权代持的法律风险未作披露和核实,未尽审慎审核义务。由此可见,管理人在进行投资时要对所涉信息进行充分的实质审查,从而确保投资的安全性,保障投资者的利益。

最后,投资者适当性管理要求不断强化。基金管理人需要根据投资者的风险承受能力、投资目标等因素,向投资者推荐合适的基金产品,确保投资者能够理性投资。《基金募集机构投资者适当性管理实施指引(试行)》针对基金募集机构销售行为进行了严格的限制,从投资者分类、产品分类、投资者与产品风险匹配等方面进行规定,系对基金管理人信义义务的具体化。

(三)通道业务中基金管理人的责任边界与例外

根据《九民纪要》第93条,认定通道业务主要有两个标准:第一,自主决定投向,即委托人自主决定信托设立、信托财产运用对象、信托财产管理运用处分方式等事宜;第二,自行承担风险,即委托人自行承担信托资产的风险管理责任和相应风险和损失。在通道业务中,管理人仅承担事务性工作,不承担主动管理职责,其实质为管理人将部分管理责任向委托人让渡的业务。对于通道业务的效力,《九民纪要》第93条已经作出规定,即过渡期内不能以通道业务存在规避监管或虚假出表的情况一概否认其效力,委托人和受托人之间的权利义务关系也应当依据信托文件。但是尚存在模糊之处。

司法实践中,在通道业务情形中法院认定管理人对投资人承担民事责任的关键在于,以什么标准确定管理人的义务。从目前的司法案例来看,该标准总体如下。

(1)在监管规定明确禁止通道业务的情况下,通道合同可能被认定无效,管理人根据过错程度承担赔偿责任。在(2019)沪74民终233号案中,上海金融法院认为,本案所涉通道业务为监管规定明确禁止,而管理人具有保证通道业务整体合法性的义务。相较委托人而言,管理人作为专业金融机构对相关监管规定更为了解,在监管规定明确禁止通道业务的情况下仍与委托人订立通道合同,如合同最终被认定无效,管理人难辞其咎。对于合同无效造成委托人的财产损失,管理人应根据其过错程度承担相应赔偿责任。

(2)在监管规定未明确禁止通道业务的情况下,法院主要依据合同中的约定义务认定管理人民事责任。在(2018)最高法民终1209号案中,最高人民法院认为,从委托人与管理人在《资产管理合同》中的约定看,委托人对委托资产所投资的信托项目的资金用途系自行作出判断和决策,并自行承担风险。因此,资产管理人和信托受托人不负有事前审查和尽职调查的义务。在我们经办的(2021)京74民初252号案中,北京金融法院认为:"从《资管合同》的整体约定以及履行情况综合判断,本案所涉资产管理计划性质上应当属于事务管理型的产品,但是亦并非典型的通道业务,故本院将根据事务管理型产品符合本案情形的基本特征和要求以及各方当事人之间合同的具体约定内容界定各方权利义务关系履行的责任和限度。”二审法院北京市高级人民法院维持该认定。

(3)法定义务不一定可以通过合同约定全面免除。“忠实义务”和“勤勉义务”系管理人信义义务的主要内容,系其法定义务,可以通过约定予以限缩,但不能全面排除。在(2018)最高法民终1209号案中,最高人民法院认为,在过渡期间,法院可能更倾向于仅对管理人的合同义务进行审查。但尽职调查义务系相关规范性文件中明确的证券公司、基金管理子公司及信托公司等应当承担的义务,且这一义务也可能属于《信托法》中规定的管理人应尽的忠实义务和勤勉义务的内容。同时,管理人披露信息的准确性也依赖于尽职调查的实施。因此,管理人应更加重视投资标的的选择和调查工作,以降低潜在的风险。在(2017)最高法民终880号案中,最高人民法院认为,从法律法规的有关规定看,《合同法》《信托法》以及金融监管部门有关规范性文件规定了委托合同或信托合同受托人应承担的法定履职和尽职义务,即使当事人之间所签订的合同中未作约定,如受托人违反该法定履职或尽职义务并因其过失给委托人造成损失的,也应根据其过错情形承担相应的民事责任。

通道类资管业务的出现是我国金融业在特定时代背景下蓬勃发展的产物。由于其设立初衷在于“规避监管”,且随着通道业务相关纠纷的日益增多,监管机构对其态度逐渐发生转变,直至《关于规范金融机构资产管理业务的指导意见》彻底否定通道业务。但是该指导意见从性质上来讲属于规章,不直接导致合同无效,仅能根据《九民纪要》第31条,从该规章的内容涉及金融安全、市场秩序、国家宏观政策等公序良俗的角度出发进行解释,否定合同的效力。实践中不同法院的认定标准也不完全一致。故我们建议管理人和投资人严格遵守《关于规范金融机构资产管理业务的指导意见》及其他相关法律法规,确保业务流程透明、合法。避免利用通道业务规避监管,减少潜在法律风险。

(四)基金管理人怠于清算、迟延清算的责任范围

基金管理人的清算义务系其勤勉义务的重要组成部分,根据《证券投资基金法》第9条,基金管理人、基金托管人管理、运用基金财产,基金服务机构从事基金服务活动,应当恪尽职守,履行诚实信用、谨慎勤勉的义务。《私募投资基金登记备案办法》第68条第1款规定:“私募基金管理人有下列行为之一的,协会可

以采取书面警示、要求限期改正、公开谴责、暂停办理备案、限制相关业务活动等自律管理或者纪律处分措施；情节严重的，可以撤销私募基金管理人登记：……（四）未按规定及时履行私募基金清算义务；……”但是以上规定并未对基金管理人怠于清算、迟延清算的民事赔偿责任进行具体规定，我们经梳理相关案例，对司法实践中针对该问题的裁判类型总结如下。

第一种是判决管理人不赔偿损失。此类判决的主要理由在于无论管理人是否违约或存在过错，因清算尚未完成，投资人的损失无法确定，故不支持投资人的赔偿请求。在（2021）沪0101民初4625号案中，上海市黄浦区人民法院认为，由于案涉基金已到期但未清算，投资人的损失无法确定，故其向管理人主张全部本金及利息的诉请，不予支持。在（2020）沪74民终565号案中，上海金融法院认为在清算未完成时，投资人对清算后所持有的基金份额之盈亏与盈亏程度，均不能确定，此时投资人主张管理人返还投资本金并按业绩比较基准支付投资收益，缺乏合同与法律依据。

第二种是判决管理人赔偿损失。如基金合同就该情况下管理人的违约责任大小进行约定，投资人多主张合同违约，法院也往往认为管理人怠于清算应当承担违约责任。在（2020）京0105民初4885号案中，北京市朝阳区人民法院认为，虽然涉案基金尚未清算，投资人的损失金额尚未确定，但综合考虑涉案基金的到期时间、基金托管人的实际情况及管理人与基金托管人之间的关系，认定管理人应当按照《协议书》的约定，向投资人承担差额补足责任。管理人承担差额补足责任后，如未来涉案基金经过清算，在相应份额内对应的基金财产，均归管理人所有，投资人无权再向基金托管人或管理人提出相应主张。

如果当事人对于违约的损失赔偿标准并无明确约定，各个法院关于赔偿范围的观点差异较大。有的法院认为，管理人仅需赔偿本金。在（2018）渝0103民初41号案中，重庆市渝中区人民法院认为，因为基金的清算尚未完成，管理人仅需返还投资本金，投资人要求管理人返还收益的诉讼请求，因无事实依据而不予支持；有的法院认为管理人应返还投资本金并赔偿损失，在（2020）京0117民初621号案中，北京市平谷区人民法院认为，虽然涉诉私募基金至今未清算，从形式上看，涉诉私募基金至今未清算系管理人未及时采取清算措施所致，投资人不应因管理人不及时清算的违约行为承受超出预期时间的不利益；从实质上来看，无论最终清算的结果盈亏与否,投资人未能在涉诉基金存续期间届满后合理的清算期限内收到投资本金,属于必然会发生的可预期损失,应认定投资人受有损失。关于损失范围,在涉诉基金未完成清算,实际收益无法确定的情况下,应由法院综合实际情况,对投资人利息计算标准予以酌定。

第四节　基金托管人的法律地位、义务范围与责任边界

一、基金托管人的法律地位

(一)基金托管人的法律地位概述

"阜兴系"基金问题曝光后,中国证券投资基金业协会于 2018 年 7 月 13 日发布《关于上海意隆等 4 家私募基金管理人风险事件的公告》,要求"在私募基金管理人无法正常履行职责的情况下,托管银行要按照《基金法》和基金合同的约定,切实履行共同受托职责",[1]该公告将私募基金托管人与管理人纳入共同受托人的角色。针对中国证券投资基金业协会的这一意见,银行业表明了不同态度。中国银行业协会首席法律顾问接受采访时认为商业银行作为托管人依法依约不应承担共同受托责任。[2]这一论战最终以中国证券投资基金业协会于 2019 年发布的《私募投资基金备案须知(2019 年版)》暂时终止,其中"在管理人发生异常且无法履行管理职责时,托管人应当按照法律法规及合同约定履行托管职责,维护投资者合法权益",未再使用"共同受托职责"的表述。证监会、银

[1] "关于上海意隆等 4 家私募基金管理人风险事件的公告",基金业协会网站,https://www.amac.org.cn/aboutassociation/gyxh_xhdt/xhdt_xhgg/201807/t20180713_2410.html,最后访问日期:2021 年 8 月 20 日。

[2] "中银协首席法律顾问卜祥瑞:银行托管私募基金权责清晰依法依约不承担共同受托责任",银行业协会网站,https://www.china-cba.net/Index/show/catid/277/id/26851.html,最后访问日期:2021 年 8 月 20 日。

保监会2020年7月联合制定公布的《证券投资基金托管业务管理办法》也没有规定托管人与管理人承担共同受托职责。

从法理上分析，我们也认同基金托管人与管理人不是共同受托人的观点。首先，基金法律关系本质上属于信托法律关系，而信托法的普遍规则是信托财产属于共同受托人所有，但是在实践中，私募基金托管人只是受管理人委托，为其开设账户保管基金财产，并不具备基金财产实质受托管理人的地位；其次，共同受托人应当以共同行动为原则，共同履行受托职责，但是实践中基金管理人负责投资决策和实施，托管人负责保管基金财产和监督基金管理人的行为，显然双方分别履行各自职责，互相监督和制约，并不构成“共同行动”；最后，基金托管人与基金管理人承担的法律责任不相同，《证券投资基金法》第145条规定，基金管理人、基金托管人在履行各自的职责时，如有违反《证券投资基金法》的规定或者违背基金合同的约定，导致基金财产受损，给基金份额持有人造成损害的，基金管理人或者基金托管人应当分别对各自的行为负责，并承担相应的赔偿责任。如果是共同受托人，则应承担连带责任。[1]

（二）基金托管人法律地位的法律规则体系

对基金托管人的法律地位认知发展经历了从初步形成到逐步完善的过程，具体梳理见表8－4。在早期，基金托管人的角色和职责在法律上没有明确的规定，其地位和作用主要依赖于基金合同的约定。随着《证券投资基金法》的颁布实施，基金托管人的法律地位得到了明确，其职责和义务被纳入法律规范。近年来，监管机构加强了对基金托管业务的监管，出台了一系列规范性文件，提高了基金托管人的合规要求，更加注重基金托管人在保护投资者权益方面的作用，要求托管人积极履行监督职责，维护投资者的合法权益。

在法律层面，全国人民代表大会常务委员会于2015年4月24日颁布了《证券投资基金法》；在行政法规层面，国务院于2023年7月3日发布了《私募投资基金监督管理条例》；在部门规章层面，中国证券监督管理委员会于2014年8月21日发布了《私募投资基金监督管理暂行办法》、2020年7月10日发布了《证

〔1〕 洪艳蓉：《论基金托管人的治理功能与独立责任》，载《中国法学》2019年第6期。

券投资基金托管业务管理办法》、2023 年 1 月 12 日发布了《证券期货经营机构私募资产管理业务管理办法》;在行业自律性规则层面,中国证券投资基金业协会于 2016 年 4 月 18 日发布了《私募投资基金合同指引 1 号》,中国银行业协会于 2019 年 3 月 18 日发布了新版《中国银行业协会商业银行资产托管业务指引》。

表 8-4　基金托管人相关规定

法规名称	法规内容
《证券投资基金法》	规定了基金管理人、基金托管人管理、运用基金财产的职责和义务,以及基金托管人的监督职责等
《私募投资基金监督管理条例》	规定了机关托管人保管、清算和核算基金财产,确保基金财产的安全和独立性的职责
《私募投资基金合同指引 1 号》	明确了私募基金托管人的义务,包括安全保管基金财产、开立相关账户、复核基金份额净值等
《中国银行业协会商业银行资产托管业务指引》	规定了商业银行开展资产托管业务的规则,包括托管银行的职责和服务内容
《私募投资基金监督管理暂行办法》	规定了私募基金管理人和托管人的义务,以及私募基金业务的禁止行为等
《证券投资基金托管业务管理办法》	规定了基金托管人的职责,包括安全保管基金财产、办理清算交割、复核审查资产净值等
《证券期货经营机构私募资产管理业务管理办法》	规定了证券期货经营机构在私募资产管理业务中的托管职责和禁止行为

二、基金托管人的义务范围

《证券投资基金法》第 36 条、第 37 条对托管人的监督义务作出了具体规定,《证券投资基金托管业务管理办法》第 21 条规定,基金托管人应当根据基金合同及托管协议约定履行监督职责。因此,托管人的义务包括法定义务和约定义务。

(一)基金托管人的法定义务

托管人的法定义务包括以下几个方面:①安全保管基金财产。基金托管人需确保基金资产的安全,为所托管的不同基金财产分别设置资金账户、证券账户等,保证基金财产的独立与完整。②办理清算交割。基金托管人应依法执行基金管理人的投资指令,及时办理清算、交割事宜,确保交易结算资金及时汇划到账。③复核审查净值信息。基金托管人需要对基金份额净值计价进行复核,发现错误时提示基金管理人立即纠正,并采取合理措施防止损失扩大。④开展投资监督。基金托管人应根据基金合同及托管协议的约定,对基金的投资范围、投资比例、投资风格等进行严格监督,并及时提示基金管理人违规风险。⑤召集基金份额持有人大会。在特定情况下,如转换基金运作方式或更换基金管理人等,基金托管人应积极配合或召集基金份额持有人大会。⑥信息披露。基金托管人应按照法律法规的规定及基金合同的约定,办理与基金托管业务有关的信息披露事项,包括披露基金托管协议、在基金定期报告中出具意见等。⑦内部控制。基金托管人应建立科学合理、控制严密、运行高效的内部控制体系,加强对基金托管业务活动的集中统一管理。⑧风险控制。基金托管人应建立完善的风险控制制度,包括结算风险防控制度和监测系统,动态评估不同产品和业务的结算风险。⑨保密义务。基金托管人对基金财产投资信息和相关资料负有保密义务,除法律法规和监管机构要求外,不得泄露相关信息。⑩报告义务。基金托管人应根据监管要求,定期向监管机构报送基金投资运作监督报告、基金托管业务运营情况报告等。⑪突发事件处理。基金托管人应建立突发事件处理预案制度,妥善处理可能影响基金份额持有人利益或引发系统性风险的事件。

实践中,围绕托管人法定义务的争议集中在托管人未履行对管理人的监督义务的认定,其本质原因在于,在基金成立后对外投资运作过程中,基金管理人的投资运作职责与托管人对管理人的监督职责经常难以区分。例如,在管理人违法或违规进行投资时,而托管人又疏于对管理人的投资行为进行审查监督,最终造成投资人损失,这便是实务界最常见的有关托管人对管理人的投资行为是否具有实质审查义务的争议问题。

(二)基金托管人的约定义务

基金托管人义务的另一个来源是基金合同的约定。鉴于金融市场的复杂多变,现行的法律条文不可能预见并规定所有可能发生的情况。因此,在不违背法律的强制性条款的前提下，合同各方可以根据商业活动的自主原则，自由约定托管人的义务和职责，以及安全保管和投资监督的具体要求，如投资范围、投资方向、投资比例以及投资监督的具体方式、文件要求等。

通过总结案例中常见的基金合同的约定，结合我们经办的案件，总结基金托管人的常见约定义务如下：(1)复核私募基金管理人编制的私募基金定期报告、年度报告，并将复核结果书面通知基金管理人；(2)对所托管的不同基金财产分别设置账户，确保基金财产的完整与独立；(3)保守商业秘密，除法律法规规定和基金合同约定外，不得向他人泄露本基金的有关信息；(4)复核基金份额净值；(5)为基金管理人出具季度和年度托管报告；(6)配备足够的、合格的、熟悉托管业务的专职人员，负责基金财产托管事宜；(7)保存获得的与管理人投资有关的会计记录、账册和档案；(8)监督基金管理人的投资运作，发现基金管理人的划款指令违反本基金合同约定的，应当拒绝执行，立即通知基金管理人；发现基金管理人依据交易程序已经生效的划款指令违反本基金合同的，立即通知基金管理人，并按照现行有效的法律法规规定、金融管理部门以及中国证券投资基金业协会的要求进行备案、报送；(9)配合外部审计机构对基金财产进行审计，并提供必要的资料和信息；(10)如果基金管理人未能履行职责或无法召集基金份额持有人大会时，基金托管人应当承担这一职责。

需要注意的是，托管人的法定义务不能通过约定完全免除，但可以适当限缩。其基本逻辑在于托管人不得制定“不公平的格式条款”，利用其优势地位通过合同约定免除其基本的法定义务。《私募备案须知(2019 版)》(已失效)规定：“私募投资基金托管人应当严格履行《证券投资基金法》第三章规定的法定职责，不得通过合同约定免除其法定职责。”虽然该规定现已失效，该规则仍在实践中具有一定的指导意义。(2020)湘02 民终 591 号案中，湖南省株洲市中级人民法院认为，托管人和管理人仅约定资金保管义务，无法排除其作为托管人的法定监管职责。此外，可以通过基金合同约定托管人的部分义务由管理人代为履行。资金的保管、指令的执行和投资的监督是托管人的基本职责，不应由基金管理人代替完成，否则将背离托管人制度设立的初衷。然而，诸如信息披露义务等不涉及托管人职责本质的义务，管理人可以代为执行，例如，在资产管理计划中，管理人和托管人都需要向投资者披露各自关联方的信息。目前，资产管理合同中通常有两种做法：一种是各自独立披露信息；另一种是托管人将关联方信息提供给管理人，然后由管理人统一向投资者披露。

三、基金托管人与基金管理人的关系与责任类型

（一）法律规定

目前关于基金托管人与基金管理人的责任类型，有连带责任和补充责任两种观点。《证券投资基金法》并未明确规定基金托管人与管理人承担的是共同受托职责，故该法不能作为二者承担连带责任的法律依据。由此问题聚焦于，基金托管人与基金管理人是否构成《信托法》第 32 条第 2 款规定的“共同受托人”，并导致基金托管人对投资人的损失承担连带赔偿责任。理论界及实务界对此问题一直存有分歧，这一问题决定了托管人是否应与管理人承担连带赔偿责任。一种观点认为，托管人与管理人是共同受托人，根据《信托法》，共同受托人共同处理信托事务、一方意思表示及于其他受托人、一方职责终止则由其他受托人管理处分信托财产、共同受托人对外承担连带责任。另一种观点认为，托管人与管理人并非共同受托人。

我们认为托管人与管理人不是《信托法》上的共同受托人，托管人不必然与管理人承担连带赔偿责任。对于托管人的责任认定，应首先根据《证券投资基金法》等法律规定及基金合同约定确定其义务与职责，并根据其过错情况进行责任认定。若将托管与管理责任混同，则可能导致管理人向托管人转嫁管理风险，降低和打击托管人开展托管业务的积极性，反而损害托管制度设立的初衷，不利于投资人利益的保护。

从法律规定来看，作为《信托法》的特别法，《证券投资基金法》在第 145 条第 2 款明确规定：“基金管理人、基金托管人在履行各自职责的过程中，违反本法规定或者基金合同约定，给基金财产或者基金份额持有人造成损害的，应当分别对各自的行为依法承担赔偿责任；因共同行为给基金财产或者基金份额持有人造成损害的，应当承担连带赔偿责任。”从上述规定来看，管理人和托管人原则

上各自担责,不承担连带责任,除非二者构成共同行为。

(二)监管态度

中国银行业协会于2019年3月18日发布的《商业银行资产托管业务指引》第16条规定:"托管银行因违反法律法规或托管合同,给托管资产造成损失的,应承担赔偿责任。管理人、受托人等相关机构因发生违法违规行为给托管资产或者相关受益人利益造成损害的,应当由各机构自行承担责任。托管银行对管理人、受托人等相关机构的行为不承担连带责任,法律法规另有规定或托管合同另有约定的除外。"该条款从自律规则层面明确当基金托管人为商业银行时,原则上不与管理人构成共同受托人,应当各自承担责任。

中国证券投资基金业协会于2019年发布的《私募投资基金备案须知(2019年版)》(失效)规定"在管理人发生异常且无法履行管理职责时,托管人应当按照法律法规及合同约定履行托管职责,维护投资者合法权益。"未使用共同受托的表述。

中国银行业协会和中国证券投资基金业协会虽然并非监管机构,但是作为金融行业自律组织和监管机构,前述两组织和中国证券监督管理委员会在金融监管、政策制定等方面需要相互协调和配合,共同维护金融市场秩序,故该条款一定程度上也代表了托管人与管理人并非共同受托人的监管态度。

中国证券监督管理委员会、中国银行保险监督管理委员会于2020年7月10日联合公布的《证券投资基金托管业务管理办法》也未规定托管人与管理人承担共同受托职责。

(三)司法实践认定

司法实践中多将托管人的责任类型定位为补充责任而非共同责任。如在(2018)粤03民终16127号案中,广东省深圳市中级人民法院认为,民生银行作为基金托管人,与涉案基金的运行存在法律上和合同上的监督管理关系,对主责任人基金管理人的债务不履行行为具有一定的过错,使本来可以避免的或者减少的损失得以发生或者扩大,故民生银行属于补充责任人,对投资者损失应承担补充赔偿责任。

在(2019)湘02民终2398号案中,湖南省株洲市中级人民法院认为,被告中信银行长沙分行虽与原告不具有直接的合同关系,但其作为华泰基金的托管行,其职责在于保证基金的财产安全,并应监督基金管理人的投资运作行为。其对基金投资人实际上具有财产保管及代投资人对基金运作进行监督的义务。但是,中信银行长沙分行未提供充分证据证实其在与湖南华泰智源投资管理合伙企业签订财产保管协议时对华泰基金公司及湖南华泰智源投资管理合伙企业的运作是否合法合规进行了合理审查,签订财产保管协议后,对华泰基金的投资运作进行合理监督,故在对华泰基金资金托管过程中存在过失,该过失行为与原告在本案中的损失之间亦具有因果关系,其亦应对原告的损失承担一定的赔偿责任。综合考虑上述情由及对原告造成损失的原因力大小,法院酌情认定托管人中信银行长沙分行承担40%的补充赔偿责任。

四、典型案例分析

(一)基本案情

陈某萍为投资者、启明乐投公司为资产管理人、光大北京分行为资金托管人。案涉《资产管理合同》所对应的启明乐投—光大银行—酉晨3号资产管理计划为私募基金。陈某萍履行了出资义务,但启明乐投公司未按合同约定将资产管理计划备案,且未将该情况披露给投资人。启明乐投公司将包含陈某萍投资款的资金投入了另一个信托计划。光大北京分行根据启明乐投公司的指令,将资金汇入五矿国际信托有限公司账户,并在后续根据指令向陈某萍支付了部分本金与收益。启明乐投公司在合同期满后申请结息销户,光大北京分行发布了托管报告,声称履行了托管职责。本案中各方的交易结构见图8-4。

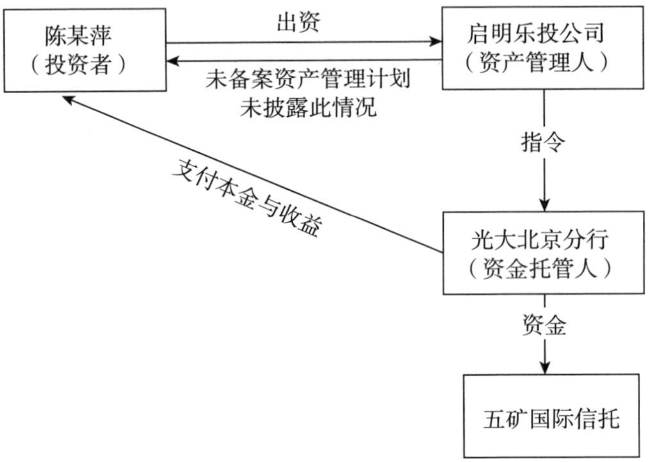

图 8-4　本案中各方的交易结构

（二）裁判结果

北京市西城区人民法院作出(2018)京 0102 民初 41837 号一审民事判决书，认为案涉合同中对资产托管人义务的约定包含："资产托管人发现资产管理人的投资指令违反法律、行政法规和其他有关规定，或者违反《交易监控合规表》约定的，有权拒绝执行，通知资产管理人及报告中国证监会。"该资产管理计划未备案的情况，显然违反了相关法律、规定，资产托管人应当掌握备案情况，并在未备案时，拒绝执行指令。此外，光大北京分行关于"安全保管资产管理计划财产"的义务贯穿于整个合同始终，该义务不应仅局限于对启明乐投公司发出的指令进行审查，还须包括对启明乐投公司是否业已获得"独立管理和运用资产管理计划财产"的权利、是否获得向光大北京分行发出指令的权利进行审查。故光大北分提交的证据材料，不足以证明其履行了对资金的监管义务。光大北京分行在资产管理计划未备案的情况下依据启明乐投公司的指令将所监管资金汇出，须承担一定的违约责任。《最高人民法院关于适用〈中华人民共和国担保法〉若干问题的解释》(失效)第 26 条规定："第三人向债权人保证监督支付专款专用的，在履行了监督支付专款专用的义务后，不再承担责任。未尽监督义务造成资金流失的，应当对流失的资金承担补充赔偿责任。"光大北京分行在合同中负有的安全保管资产管理计划财产之义务,类似于该条款中第三人向债权人所承担监督支付专款专用的义务,故法院参照适用该条款,判决启明乐投公司赔偿投资者部分投资本金及利息损失,光大北京分行向投资人承担补充赔偿责任。

北京市第二中级人民法院作出(2019)京02民终8082号二审民事判决书,认为光大北京分行作为合同主体和专业的资产托管人,应当审查本案合同的生效条件是否成就。在合同不生效的情况下,光大北京分行应当向陈某萍返还资金。现光大北京分行在未审查合同生效条件是否成就的情况下,执行启明乐投公司的投资指令,对于陈某萍资金损失的产生存在过错,应当向陈某萍承担赔偿责任。一审法院判令光大北京分行向陈某萍承担补充赔偿责任,处理结果并无不当。最终驳回上诉,维持原判。

(三)裁判观点

1. 托管人承担的“安全保管资产管理计划财产”的义务贯穿于整个合同始终,该义务不应仅局限于对管理人发出的指令进行审查,还须包括对管理人是否业已获得“独立管理和运用资产管理计划财产”的权利、是否获得向托管人发出指令的权利进行审查。

2. 管理人违反合同约定,未经备案进行投资,托管人执行管理人指令,但不足以证明其履行了对投资监管的义务,须承担一定的违约责任,应当对管理人的违约责任承担补充赔偿责任。

(四)案例评析

本案系北京法院2020年优秀裁判文书之一,具有一定的代表意义。本案确立了基金托管人在执行管理人指令时的实质审查义务,并明确违反该义务的责任承担形式为补充赔偿责任。

实践中一直对“基金托管人对投资指令承担审查职责为实质审查职责还是形式审查职责”存在争议。如在(2018)京02民终6942号案中,北京市第二中级人民法院认为,在特定投资指令权人发出不符合约定的购买 * ST股票的投资建议时,资产管理人违反合同约定运作资产管理计划,资产托管人在发现基金管理人的投资指令违反合同时未拒绝执行,均具有过错;而在(2018)粤0304民初

31073 号案中，广东省深圳市福田区人民法院认为，托管人不负责委托资产的投资管理和风险管理，不承担委托资产所投资项目（或标的）的审核义务，对基金管理人的任何投资行为（包括但不限于其投资策略及决定）及其投资回报不承担任何责任。本案中，法院认为托管行“安全保管资产管理计划财产”的义务贯穿于整个合同始终，该义务不应仅局限于对启明乐投公司发出的指令进行审查，还须包括对管理人是否业已获得“独立管理和运用资产管理计划财产”的权利、是否获得向光大北京分行发出指令的权利进行审查。这样的安排加强了托管人的监督审查义务，实质上增强了对投资人权利的保护。在当下管理人“跑路”“失联”频发的情况下，对托管方课以更高的注意义务，使其对管理人的行为进行全方位的监督，对其指令进行实质审查，更能督促管理人严格按照基金合同的约定进行投资管理，维护投资者合法权益。

此案例为托管机构和其他金融机构提供了风险防范的要点，即在执行任何投资指令之前，必须仔细审查合同的生效条件是否已经满足。此外，如果资管产品未满足成立条件，托管人不应执行管理人的投资指令，以避免资金无法正常退还而可能承担的赔偿责任。

五、基金托管人承担责任的要点难点分析

（一）基金托管人未尽投资监督义务的责任范围及比例

常见的基金托管人未尽投资监督义务的情形有：①未审查基金管理人的投资指令。托管人未能对基金管理人的投资指令进行必要的审查，包括投资策略、投资标的的合规性等。②未监督基金管理人的投资运作。托管人未能对基金管理人的投资行为进行有效的监督，例如未对投资决策的合理性、风险控制等方面进行监督。③未及时提示违规风险。在发现基金管理人存在违规行为或风险时，托管人未能及时向投资者或监管机构报告，未能采取必要措施防止损失扩大。值得注意的是，在前述情况下，基金托管人应当就全部损失根据过错承担一定比例的补充责任，而不是就投资人的全部损失承担补充责任。

在(2018)粤03民终16127号案件中,广东省深圳市中级人民法院在查明民生银行在接到中泰富公司划款300万元给目标公司的投资指令后,明知划款金额并未达到合同中约定的金额,却没有提出异议或者告知中泰富公司,而是直接将基金开设账户内的300万元汇入投资的目标公司账户,汇款后也没有针对中泰富公司的后续投资进行询问或者督促的事实。法院认为,合同中虽然约定了部分关于基金托管人的免责事由,但是民生银行仍然应当按照合同约定的责任对基金投资事项履行监督的义务,民生银行怠于履行《基金合同》中约定的监管义务,构成违约。在认定民生银行作为托管人应当承担的违约赔偿责任的性质和范围时,广东省深圳市中级人民法院认为:“考虑到基金托管人的主要职责在于基金财产的保管、清算交割、投资监督、信息披露等,不参与基金财产的投资运作,基金托管人承担的责任界限也应当与基金管理人相区别,在尽可能保障投资者合法权益的同时,不应过分加重托管人责任。故为贯彻民法公平原则和权利与义务、过错与责任相一致的一般原则,综合考量民生银行等当事人的过错程度、对造成损失的影响以及与投资人所遭受损失的因果关系等因素,本院酌定民生银行对投资人的损失承担15%的补充赔偿责任。”

综合案例检索情况来看,法院一般根据托管人的法律地位,综合考量托管人的过错程度(违约程度)以及对损失造成的影响等因素,判定托管人就全部损失承担一定比例的补充责任,但是也有部分判例要求托管人就投资人的全部损失承担补充责任。如(2018)京0102民初41837号案中,北京市西城区人民法院判决若被告启明乐投公司(基金管理人)不能履行上述赔偿责任,被告光大北京分行(基金托管人)向原告陈某萍承担补充赔偿责任;二审北京市第二中级人民法院维持一审判决。

我们认为,托管人不应当就全部损失承担补充责任,虽然托管人的责任处于管理人无力承担时的“第二顺位”,但是实践中,私募基金管理人的财力状况、信誉情况良莠不齐,管理人无力赔偿的情形并不在少数,在管理人无法承担赔偿责任时,要求托管人就全部损失承担赔偿责任,违背了权责一致的一般原则,既然认定托管人与管理人并非基金的共同受托人,那么其责任边界与管理人理应具有明显的区分。

(二)基金管理人失联等特殊情形下基金托管人的责任承担

2018年阜兴集团旗下私募基金管理公司实际控制人失联后,中国证券投资基金业协会与中国银行业协会基于各自立场就基金托管人是否应与基金管理人承担共同受托责任表达了不同的观点。但经梳理相关法律规定,我们认为基金管理人失联时,托管人依法应承担的主要责任如下。

第一,保护基金财产安全。《证券投资基金法》第9条第1款规定:“基金管理人、基金托管人管理、运用基金财产,基金服务机构从事基金服务活动,应当恪尽职守,履行诚实信用、谨慎勤勉的义务。”第36条第1项规定:“基金托管人应当履行下列职责:(一)安全保管基金财产;……”此外,《私募投资基金监督管理暂行办法》第4条第1款规定:“私募基金管理人和从事私募基金托管业务的机构(以下简称私募基金托管人)管理、运用私募基金财产,从事私募基金销售业务的机构(以下简称私募基金销售机构)及其他私募服务机构从事私募基金服务活动,应当恪尽职守,履行诚实信用、谨慎勤勉的义务。”由此可知,安全保管基金财产是基金托管人的基本职责,而在基金管理人失联的情况下,基金托管人作为唯一的受托人更应当承担起保护基金财产的职责。在基金管理人失联的情况下,基金管理人的工作人员仍可能继续向托管人发出划款指令,托管人如果继续执行该划款指令将使基金财产陷入巨大的风险之中。一旦基金财产发生损失,投资者很可能以托管人未尽谨慎勤勉义务为由向其追责。对此,托管人应采取临时止付的措施,这不仅可以有效避免基金财产损失的扩大,而且也可以降低被投资者追责的风险。

第二,组织召开份额持有人大会。《证券投资基金法》第36条第9项规定:“基金托管人应当履行下列职责:(九)按照规定召集基金份额持有人大会。”由此可知,法律明确规定了基金托管人应当在适当条件下履行召开份额持有人大会的职责。在基金管理人失联的情况下,基金的投资目标往往已经无法实现,投资者通常会要求对剩余的基金财产进行分配。此时,基金托管人就面临如何利用份额持有人大会依法分配剩余基金财产的问题。

第三,进行信息披露。《证券投资基金托管业务管理办法》第20条规定:“基金托管人应当按照法律法规的规定以及基金合同的约定办理与基金托管业务有关的信息披露事项,包括但不限于:披露基金托管协议,对基金定期报告等信息披露文件中有关基金财务报告等信息及时进行复核审查并出具意见,在基金年度报告和中期报告中出具托管人报告,就基金托管部门负责人变动等重大事项发布临时公告。"托管人的信息披露是对管理人信息披露的重要补充,当管理人失联时,投资者只能通过托管人及时了解基金动态以减少损失。托管人的信息披露义务贯穿于托管人履行职责的全过程,故管理人失联时,托管人应当及时依法依约履行披露义务。

需要注意的是,以上义务贯穿"募、投、管、退"全阶段,无法通过约定进行排除。实践中,托管协议一般会约定基金财产按照管理人的投资指令从托管账户中转出后,托管人不再承担安全保管的职责。但托管人的主要职责不因该约定而被免除,有法院将托管人未能对托管基金的投资记录、收益分配以及回赎情况作出说明,未能复核基金报告,在基金业协会公告基金管理人失联状态后未能积极作为的行为认定为托管人具有过错。在(2020)鲁1311民初180号案件中,山东省临沂市罗庄区人民法院认为,在案涉托管人未能对托管基金的投资记录、收益分配以及回赎情况作出说明,未提供谨慎勤勉尽到托管人义务相关证据的情况下,无法证实其已经按照合同约定或法律规定向投资人履行了基金报告复核、信息披露等义务,"特别是基金业协会公告案涉基金管理人失联(异常)状态,案涉基金应披露未披露月报情况下,仍未尽到审查基金资产净值,监督投资运作,召集投资者代表大会等义务,即未履行基金托管人的任何重要义务,属于严重失职或者积极帮助行为,造成投资者的投资款损失,依法应承担民事赔偿责任"。但是该案在二审阶段,山东省临沂市中级人民法院以一审法院无管辖权为由裁定撤销一审判决,驳回原告起诉。

综上所述,在基金管理人失联后,托管人仍应当按照法律规定与合同约定履行与基金托管业务活动有关的信息披露职责,对基金财务会计报告、中期和年度基金报告出具意见,复核、审查基金管理人计算的基金资产净值,按照规定或约定召集基金份额持有人大会等。

(三)基金托管人的责任承担形式

侵权责任中的连带责任应以"共同行为"为前提,而共同行为要求托管人与管理人客观上共同实施损害基金或投资者的行为，主观上具有共同过错的意思联络。例如，托管人与管理人合谋侵占基金财产，即属该条所指的“共同行为”。

刘俊海教授将共同行为概括为以下三种模式：“一是共同违反忠诚义务的积极作为模式。托管人与管理人沆瀣一气，共同策划，密切协同，彼此策应，相互配合，共同瓜分投资者利益。二是共同违反勤勉义务的消极不作为模式。托管人与管理人都消极懈怠，慵懒无度，只收费，不服务，缺乏专业水准，坐视基金资产与投资者利益被自然风险、市场风险、道德风险与法律风险侵蚀，最终导致基金资产贬值减值。管理人恶意不理、托管人恶意不管，双双陷入失灵状态。三是积极作为与消极不作为并存的混合模式。一方违反忠诚义务，另一方违反勤勉义务。在管理人侵吞基金资产时，托管人置若罔闻，拒绝或怠于履行托管职责，导致密切协同、相互制衡的良法美制瘫痪失灵。有些托管人消极纵容管理人侵占基金资产，对其失联事实更一无所知，构成共同背信范畴中的懈怠。简言之，双向监督与相互制衡机制的失灵构成承担连带责任的共同行为。”〔1〕

然而，司法实践中以上情况较少且证明标准很高，在托管人仅是单纯地未履行监督义务的情况下，若无证据表明托管人与管理人存在意思联络（如合谋、包庇），认定二者承担连带责任，欠缺充分依据。除此之外，连带责任的原因还包括共同危险行为和均能造成全部损害的分别侵权行为，在托管人仅存在未尽监督义务的情况下，通常也难以认定托管人存在该等原因时应承担责任的类型。因此，投资人以基金托管人未履行监督职责为由要求托管人承担侵权责任时，托管人与管理人之间的责任承担并非连带责任，在我们搜索的诸多案例中，仅有一个判例认为托管人应与管理人承担连带赔偿责任［（2020）鲁1311民初180号］，该判决因二审法院认为法院无管辖权而被撤销，并没有最终生效。

此外，托管人违反监督义务难以脱离管理人的行为而单独成为致损原因，必须先有管理人的过错或者违约行为，同时发生托管人未尽监督义务两者，才能产生损害结果，故此种情形的责任类型也不应当归入分别责任或者按份责任的范畴。

《民法典》第1198条规定，安全保障义务人承担的责任类型为补充责任，托

---

〔1〕 刘俊海：《论信托型私募基金托管人与管理人的连带责任——基金法、信托法、合同法与侵权法的四重维度》，载《政法论丛》2023年第2期。

管人未尽监督义务，性质上与违反安全保障义务相似，故一般在判定托管人对投资人承担责任时，理论上和实践中均认可将托管人的责任类型定位为补充责任。如在（2018）粤03民终16127号案件中，广东省深圳市中级人民法院认为，民生银行作为基金托管人，与涉案基金的运行存在法律上和合同上的监督管理关系，对主责任人基金管理人的债务不履行行为具有一定的过错，使本来可以避免的或者减少的损失得以发生或者扩大，故民生银行属于补充责任人，对投资者损失应承担补充赔偿责任。类似的认定托管人未尽监督义务时承担的责任形式为补充责任的案例还有（2019）京02民终8082号、（2019）湘02民终2409号、（2019）湘02民终2398号、（2018）粤03民终16127号案件等。

另一个值得讨论的问题是，若确由管理人和托管人的共同行为导致投资者损失，则二者承担共同侵权责任还是共同违约责任？我们认为，应当视该行为系违法行为还是违约行为而定，若为前者则承担共同侵权责任，若为后者则承担共同违约责任，若该行为同时违反法律规定的义务和合同项下的义务，则构成违约责任与侵权责任的竞合，由投资人根据《民法典》第186条自行选择责任承担形式。

第五节　刚性兑付条款法律效力认定的嬗变

一、刚性兑付条款概述

（一）刚性兑付条款的概念

刚性兑付（rigid redemption），一般指金融机构（如银行、信托公司、基金管理公司等）对所发行的理财产品、信托产品等投资产品，无论其实际投资表现如何，都承诺在到期时向投资者支付本金及收益的行为。这种承诺类似于“保本保息”，即使投资项目亏损，金融机构也会用自有资金或通过其他手段保证投资者的本金和收益。一直以来，监管部门都禁止信托公司向受益人提供“刚性兑付”，并曾对刚性兑付作出定义，认为“刚性兑付”，是指当理财资金出现风险、产品可能违约或达不到预期收益时，作为发行方或渠道方的商业银行、信托公司、保险机构等为维护自身声誉，通过寻求第三方机构接盘、用自有资金先行垫款、给予投资者价值补偿等方式保证理财产品本金和收益的兑付。[1]

《关于规范金融机构资产管理业务的指导意见》从部委规范性文件的层面对刚兑条款作出了界定，按照该规定，刚性兑付的典型情形有：(1)资产管理产品的发行人或者管理人违反真实公允确定净值原则，对产品进行保本保收益。(2)采取滚动发行等方式，使资产管理产品的本金、收益、风险在不同投资者之间发生转移，实现产品保本保收益。(3)资产管理产品不能如期兑付或者兑付困难时，发行或者管理该产品的金融机构自行筹集资金偿付或者委托其他机构代为偿付。需要注意的是，《关于规范金融机构资产管理业务的指导意见》在界定刚兑条款时有“兜底性规定”，但没有具体的定义和标准，实践中该如何理解与适用，尚无统一的标准。

《九民纪要》提出了“主体 + 内容”以及“无论形式”的认定标准。按照该规定，刚兑条款，是指信托公司、商业银行等金融机构作为资产管理产品的受托人与受益人订立的含有保证本息固定回报、保证本金不受损失等保底或者刚兑条款，这一标准为法院认定刚性兑付行为提供了一定的依据。

(二)刚性兑付条款的类型

刚性兑付条款通常体现在各种投资产品和协议中，尽管形式上各有不同，但本质都是保证投资者能够在投资到期时收回本金及收益。

根据作出刚兑保底承诺的形式不同，可以将刚兑保底条款分为以下几种类型。

①明确承诺型。这种类型的条款在合同或产品说明书中明确承诺金融机构会在产品到期时兑付本金和预期收益。这种承诺通常写在合同条款的显著位置，以增加投资者的信任。

---

[1] 中国人民银行金融稳定分析小组：《中国金融稳定报告 2014》，中国金融出版社 2014 年版，第 129 页。

②隐性担保型。虽然在产品说明书中没有明确承诺刚性兑付,但通过各种隐性方式暗示金融机构会承担这种责任。比如,宣传历史上一贯的兑付记录。

③关联担保型。基金管理人通过与关联企业签订担保协议,确保投资产品的本金和收益。这种方式常见于大型金融集团,通过旗下的子公司或关联企业提供担保。

④回购条款型。基金管理人承诺在产品到期或特定条件下,以约定价格回购投资产品。这种方式实际上也是一种变相的刚性兑付,因为回购价格通常包含了本金和预期收益。

⑤资金池模式。通过设立资金池,基金管理人将不同产品的资金集中管理和运作。当某个单一产品出现亏损时,资金池中的资金用于弥补亏损,保证投资者的本金和收益。

⑥风险准备金型。设立专门的风险准备金账户,当产品出现亏损时,从准备金账户中拨款进行兑付。虽然这种方式看似一种风险管理手段,但实质上也是在承诺刚性兑付。

⑦保本基金型。设立专门的保本基金,专用于保证产品的本金安全。这种基金通常由基金管理人自己设立,并按照一定比例从产品收益中提取。

⑧债权回购承诺。在某些债权类产品中,发行方承诺在一定条件下进行债权回购,确保投资者可以收回本金和收益。

⑨投资项目担保。基金管理人承诺,如果特定投资项目出现亏损,将用自有资金进行弥补,确保投资者的本金和收益。

根据作出刚兑保底承诺的阶段不同,可以将刚兑保底条款分为"事前承诺型"和"事后主动偿付型"。其中"事前承诺型"刚兑保底条款,是指基金管理人通过在私募基金募集说明书,或者基金合同中明确刚性兑付条款,或者通过其他各种各样的方式,包括但不限于"回购协议""差额补足函"等"抽屉协议"的方式明示或者暗示地向投资人承诺"刚性兑付"的投资条件。"事后主动偿付型"刚兑保底条款,是指基金管理人在产品发行之初并未向投资者承诺刚性保底兑付,而是在私募基金实际损失或者确定将要出现损失时,为了维护自身信誉,通过主动或被动与投资者签署《还款协议》、承诺函等方式向投资者承诺兑付本金或有收益。

根据作出刚兑保底承诺的主体不同,刚兑保底条款可以分为基金管理人承诺和第三人(非基金管理人)承诺。基金管理人承诺,是指基金管理人自身向投资者作出承诺,第三人包括基金管理人的实际控制人、控股股东、法定代表人或关联企业,私募基金募集机构、投资顾问和托管人等。

(三)刚性兑付和增信措施的区别

增信措施是指通过各种方式提高金融产品的信用度和吸引力,以降低投资者感知的风险,提升其投资信心。例如,某银行推出了一款理财产品,并通过第三方保险公司为该产品提供信用保险,降低投资者的风险感知,但不承诺刚性兑付。

又如,某公司发行的债券由母公司提供担保,增强债券的信用评级,提高投资者信心。增信措施并不承诺刚性兑付,而是通过风险分散、担保、保险等手段降低投资风险。具体来说,二者的区别如下:第一,风险承担主体不同。刚性兑付情形下,发行方承担所有投资风险,投资者几乎不承担风险;而增信措施是通过多种手段分散风险,投资者仍需承担部分风险。第二,实现方式不同。刚性兑付中,发行人直接承诺保本保息,使用自有资金或其他手段填补亏损。而增信措施是通过担保、保险、抵押品、信用评级等手段提高产品的安全性,但不承诺刚性兑付。

二、刚性兑付条款法律认定的演变

(一)法律规则对刚性兑付条款效力认定的演变

在资管业务发展初期,刚性兑付条款较为常见。金融机构为了吸引投资者,往往承诺保本保收益。这一阶段,监管政策相对宽松,默许甚至在某些程度上鼓励金融机构提供此类保障,以促进资管业务的发展和投资者信心的建立。随着资管业务的迅猛发展,刚性兑付带来的风险逐渐显现。投资者对风险的忽视和市场的不健康发展引起了监管层的关注。为此,监管机构开始出台相关法规,对刚性兑付行为进行限制和规范。

中国银行业监督管理委员会于2013年3月25日发布的《关于规范商业银行理财业务投资运作有关问题的通知》(失效)规定,商业银行不得为非标准化债权资产或股权性资产融资提供任何直接或间接、显性或隐性的担保或回购承诺。

中国证券监督管理委员会于2014年8月21日发布的《私募投资基金监督管理暂行办法》规定,私募基金管理人、私募基金销售机构不得向投资者承诺投资本金不受损失或者承诺最低收益。

2018年4月27日,《关于规范金融机构资产管理业务的指导意见》发布,首次明确了金融机构违规从事刚性兑付时应承担相应的行政责任,明确了监管部门对于刚性兑付的监管态度。

2019年11月8日,《九民纪要》发布,第92条明确规定保底或者刚兑条款无效,从司法的层面否定了刚性兑付条款的效力。

2023年7月3日发布的《私募投资基金监督管理条例》规定,私募基金不得向投资者承诺投资本金不受损失或者承诺最低收益,从行政法规的层面禁止刚性兑付。

(二)司法实践对刚性兑付条款效力认定的演变

在《九民纪要》出台之前,受托人为金融机构之外的企事业单位的保本保收益条款原则上有效。例如,在(2017)浙06民终2271号案中,浙江省绍兴市中级人民法院认为,本案应认定为委托理财合同,对于该合同约定的保底条款应当尊重当事人的约定,在无法律禁止性规定的情形外,应认定为有效。《九民纪要》出台之后,主流观点认为私募基金管理人向投资者提供的刚性兑付条款无效。例如,在(2019)粤01民终23878号案中,广东省广州市中级人民法院认为,赖某静与财大公司签订《补充协议》,约定对于涉案理财产品财大公司保证赖某静本金不受损失,对于业绩报酬,仍按主合同20%的比例执行,属于当事人合意对委托理财行为所设定的受托人保证委托人本金不受损失的保底条款,应属无效。在(2021)京民终59号案中,北京市高级人民法院认为,根据《私募投资基金监督管理暂行办法》第15条的规定,三度星和公司作为私募基金募集机构,不得向投资者承诺投资本金不受损失或者承诺最低收益。虽然违反规范性文件一般情况下不影响合同效力,但该规范性文件的内容涉及金融安全、市场秩序、国家宏观政策等公序良俗的,应当认定合同无效。一审判决对于案涉《泽芯8号补充协议》中保底条款的效力认定无效并无不当,二审法院予以确认。

三、典型案例分析

案例一

(一)基本案情

2018年3月1日,原告李某(甲方)与被告君安恒利公司(乙方)签订一份《资产托管协议书》,主要内容为:甲方看好乙方的理财计划,自愿将其资金260万元交给乙方进行全权操作,本资金期限13个月,从2018年3月1日至2019年4月1日止,年化收益率为20%,协议到期一次性结算收益及归还甲方资金。结算期满后,原告多次向被告股东追讨,被告君安恒利公司及各股东仍未按约偿付。本案中各方的投资结构见图8-5。

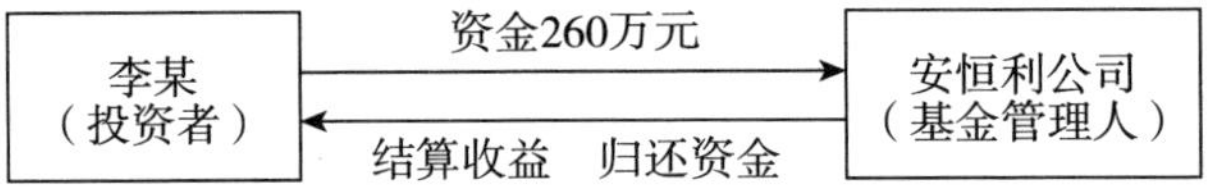

图8-5 本案中各方的投资结构

(二)裁判结果

广东省深圳市福田区人民法院作出(2020)粤0304民初25988号一审民事判决书,认为原告与被告君安恒利公司于2015年前签订的两份投资合同,于2018年3月1日、29日签订的两份《资产托管协议书》均系约定原告将资金交由被告君安恒利公司全权操作,即原告将自有资金交给被告君安恒利公司管理以获取收益,但是,资产管理计划应当遵守利益共享、风险共担,风险与收益相匹配的基本原则。涉案《资产托管协议书》中约定原告的资金年化收益率为20%,协议到期一次性结算收益,并于理财期限届满后归还托管资金(保本金、保收益)。按照该约定,原告享受了高额收益的权利,却无须承担相应高风险的义务,而被告君安恒利公司则需承担本应由原告承担的因投资风险所带来的损失。该约定中的民事权利义务配置不对等,严重失衡,违背了市场经济基本规律和资本市场基本规则,不利于金融市场的风险防范,有损社会公共利益,应当认定为无效约定,且上述保底刚兑条款属于《资产托管协议书》的核心条款,当事人缔约目的和权利义务全部围绕该条款发生,上述保底刚兑条款无效导致合同整体无效,因此,法院认定双方签订的《资产托管协议书》自始无效。同理,原告与被告君安恒利公司于 2015 年前签订的两份投资合同亦自始无效。对于合同无效的处理,《合同法》第 58 条规定,合同无效、被撤销后,因该合同取得的财产,应当予以返还;不能返还或者没有必要返还的,应当折价补偿。有过错的一方应当赔偿对方因此所受到的损失;双方都有过错的,应当各自承担相应的责任。据此,双方当事人基于无效《资产托管协议书》、投资合同取得的财产应当相互返还,即被告君安恒利公司应当向原告返还 400 万元,原告应当向被告君安恒利公司返还被告君安恒利公司已支付的 162 万元,两相冲抵后,被告君安恒利公司还应当向原告返还 238 万元。

关于双方对于涉案《资产托管协议书》、投资合同无效是否存在过错,法院认为,首先,被告君安恒利公司作为在中国证券投资基金业协会登记备案的私募证券投资基金管理人,属于专业投资机构,应当清楚知悉《私募投资基金监督管理暂行办法》《证券期货经营机构私募资产管理业务运作管理暂行规定》中关于私募基金管理人不得向投资者承诺投资本金不受损失或者承诺最低收益的禁止性规定,亦应知悉违反相关禁止性规定的法律后果,但被告君安恒利公司仍然制定、签订涉案含保底刚兑条款的协议,存在明显的主观过错。其次,原告作为投资者,应当知晓投资存在风险,但仍然签订涉案合同,亦对签订的合同无效存在一定的主观过错。

广东省深圳市中级人民法院二审民事判决书[案号:(2020)粤 03 民终 24244 号]与一审法院的裁判逻辑基本一致,仅在对赔偿和返还的数额进行了调整。

(三)裁判观点

1. 在签订资金托管协议时约定固定的资金年化收益将导致协议双方民事权利义务配置不对等,甚至严重失衡,违背了市场经济的基本规律和资本市场的基本规则,不利于金融市场的风险防范,有损社会公共利益,应当认定为无效约定。

2. 保底刚兑条款是资产托管合同的核心条款,当事人的缔约目的和权利义务全部围绕该条款发生,故保底刚兑条款无效导致合同整体无效。

3. 签订刚兑条款的双方对合同无效的结果均有过错。

(四)案例评析

本案系关于刚兑条款无效的经典案例。本判决的重要意义在于确立了在资管合同签订时约定刚兑条款无效的规则,明确了刚兑条款无效对整个合同效力的影响。一直以来国家对刚兑条款都进行严格的禁止,主要是因为刚兑条款通常涉及资管产品的兑付保证,若所有投资都享受刚兑,投资者会普遍低估风险,导致市场风险积累。认定刚兑条款无效,可以迫使投资者正视和评估投资风险,从而避免系统性金融风险。此外,若投资者预期投资损失由第三方承担,他们会倾向于进行高风险投资,这种情况会助长投机行为,危害金融系统的稳定。认定刚兑条款无效可以减少这种道德风险,促使各方更加谨慎地进行投资决策。

《民法典》第156条规定:“民事法律行为部分无效,不影响其他部分效力的,其他部分仍然有效。”在本案中,保底刚兑条款属于《资产托管协议书》的核心条款,当事人的缔约目的和权利义务全部围绕该条款发生,该条款也是投资人订立该条款的主要原因。故该保底刚兑条款无效将导致合同整体无效。法官在针对该问题进行审查时,主要考虑刚兑条款和合同整体的关系,通常情况下刚性兑付条款在合同中处于最重要的地位,属于合同中的核心条款。核心条款与合同其他内容条款具有不可分性,其并非可以独立分离出来的合同部分,而是与合同其他部分存在紧密的牵连关系,具有不可分性。

综上,投资者和管理人在缔约时尽量避免刚兑条款的签订,否则将面临被法官认定合同整体无效的风险。

案例二

（一）基本案情

王某宇作为投资者，与谷雨当时公司（基金管理人）和民生证券（综合服务机构）签订了一份私募投资基金合同，王某宇认购金额为 300 万元。2018 年 7 月 3 日，基金终止运作，谷雨当时公司随后制定了清算方案。王某宇在 7 月 5 日收到清算款项 686,990.72 元。王某宇与谷雨当时公司签订了一份《还款协议》，谷雨承诺归还王某宇投资亏损部分，共计 2,313,000 元，分三次还款。本案中各方的交易结构见图 8－6。

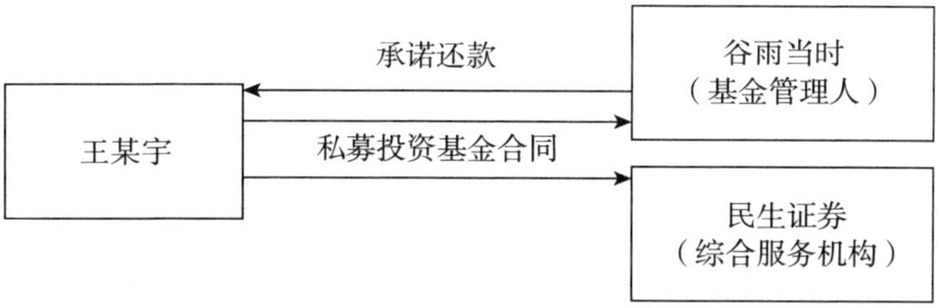

图 8－6　本案中各方的交易结构

（二）裁判结果

北京市朝阳区人民法院作出（2019）京 0105 民初 68729 号一审民事判决书，认为本案中谷雨当时公司并非在资金募集阶段向王某宇承诺投资本金不受损失，双方签订的基金合同也未约定投资本金不受损失或者约定最低收益，双方当事人是在基金已经实际出现亏损，投资风险已经确实发生的情况下，对于善后问题进行协商并签订《还款协议》，谷雨当时公司不是为了向投资人募集资金而承诺保本，而是在亏损发生后出于自身对责任的认识，愿意弥补王某宇的损失，《还款协议》并不违反《私募投资基金监督管理暂行办法》第 15 条的规定。谷雨当时公司主张《还款协议》是在基金清算之前签订，协议不是弥补亏损而是保本承诺。但是，案涉基金并不是在清算后才出现亏损，而是因为基金已经亏损，单位净值跌破止损线才导致基金终止并清算，亏损事实在清算之前已经发生，即使《还款协议》是双方当事人在基金清算之前签署，也不影响该协议目的是弥补亏损。谷雨当时公司主张《还款协议》侵犯其他投资人利益，应属无效，但是《还款协议》系约定谷雨当时公司在基金清算后向王某宇支付投资款与赎回款之间差额，并不影响其他投资人经基金清算取得赎回款，谷雨当时公司的主张没有证据佐证，缺乏事实依据。谷雨当时公司主张《还款协议》影响金融安全、市场秩序、国家宏观政策等公序良俗，亦明显缺乏事实依据。谷雨当时公司与王某宇签订《还款协议》是双方的真实意思表示，协议内容不违反法律法规的强制性规定，应属合法有效，法院对谷雨当时公司主张协议无效的抗辩意见不予采纳。北京市第三中级人民法院作出(2020)京03民终5181号二审民事判决书，驳回上诉，维持原判。

(三)裁判观点

基金发生亏损，单位净值跌破止损线导致基金终止并清算，在不影响其他投资人经基金清算取得赎回款的情况下，基金管理人和投资者签订还款协议，弥补投资者损失的约定有效。

(四)案例评析

本案是关于刚性兑付条款有效的经典案例。本判决的重要意义在于明确了刚兑条款签订时间对其效力的影响，保本承诺或刚兑条款在一般情况下可能无效，但若该条款是在基金出现亏损的情况下签订，且双方在签订时对涉案基金发生亏损的情况已经知晓，则应当认为管理人自愿对亏损承担责任，同意弥补投资人的亏损，从而肯定该种情况下保底承诺或刚兑条款的效力。法律禁止刚性兑付的根本原因是刚性兑付使风险仍停留在金融体系内部，将本应由投资者自行承担的资产损失风险转嫁给作为受托人的金融机构承担，如果此种风险累积，在各类风险尤其是信用风险集中爆发后，个别金融机构可能因不能刚性兑付而引发系统性风险，从而导致市场恐慌和金融秩序的混乱，损害社会公共利益。若基金已经出现亏损且在基金合同签订时没有其他的由管理人分担风险的安排，则该基金亏损的风险仍由投资者自行负担，符合“卖者尽责、买者自负”的原则，该种情形下的保底安排系管理人自愿对亏损承担责任，属于双方当事人意思自治的范畴，司法不应当过度干预。

综上所述，投资人在基金发生亏损后可以尽可能与管理人达成还款协议，从而弥补自身亏损。为了保证协议签订或可签订附条件的预约合同，这样的安排虽然有将风险转移给管理人的色彩，但毕竟不是径直转嫁风险，存在一定的效力空间。

四、刚性兑付条款法律效力认定的要点难点分析

（一）基金管理人提供刚性兑付条款的法律效力

《九民纪要》第 92 条明确规定："信托公司、商业银行等金融机构作为资产管理产品的受托人与受益人订立的含有保证本息固定回报、保证本金不受损失等保底或者刚兑条款的合同，人民法院应当认定该条款无效。……"

虽然私募基金管理人不属于我国法律规定的金融机构，但其作为受中国证监会监管和基金业协会自律管理的投资管理机构，其具有明显的金融属性。私募基金管理人作为所管理的私募基金产品的受托人，其与投资者订立的刚性兑付条款同样应当适用《九民纪要》第 92 条体现的立法目的和精神。对于私募基金刚性兑付条款的效力认定应当采取"实质重于形式"的原则，即法律、行政法规对于金融机构刚性兑付条款效力认定的相关规定同样可以适用于私募基金刚性兑付条款的效力认定。因此，此类刚性兑付条款应被认定为无效。目前，大多数法院均坚持私募金管理人向投资者提供的刚性兑付条款无效这一主流观点，如在（2020）粤 0304 民初 26442 号案中，广东省深圳市福田区人民法院认为，保底条款使得投资风险停留在金融体系内部，将本应由投资者自行承担的资产损失风险转嫁给金融机构或非金融机构，当刚性兑付无法维持时，极易引起市场恐慌，导致投资者争相赎回投资，对金融、经济秩序产生负面影响，损害了社会公共利益，应当认定《基金合同》中的保底条款无效。在（2020）苏 01 民终 6867 号案中，江苏省南京市中级人民法院认为，前述《合伙投资理财协议》《补充协议》《还款计划》均约定：江某春投资嘉和源公司管理的私募基金产品，嘉和源公司、丁某保证江某春本金不受损失，还保证江某春的投资获得年利率 9% 的收益。前

述条款属于私募基金管理人、私募基金经理保证投资人固定收益的保底或者刚兑条款,应认定为无效。理由如下:……案涉保底协议实为各方为规避法律、行政法规的监管而作出的约定,内容违反了市场基本规律和资本市场规则,严重破坏资本市场的合理格局,不利于金融市场的风险防范,有损社会公共利益,属于法律法规所禁止的保底条款,应属无效。

(二)基金管理人实际控制人、关联方提供刚性兑付条款的法律效力

《九民纪要》第91条规定,信托合同之外的当事人提供第三方差额补足、代为履行到期回购义务、流动性支持等类似承诺文件作为增信措施,其内容符合法律关于保证的规定的,人民法院应当认定当事人之间成立保证合同关系。根据上述规定,除基金管理人、投资顾问以外的第三人,包括基金管理人(销售人)之外的关联方(如控股股东、实控人等)在缔约过程中对投资者作出明确固定回报承诺的,一般应被认定有效。具体的法律性质可以根据实际情况而被认定为债务加入、保证或独立的无名合同。在(2018)最高法民终667号案中,最高人民法院认定第三方机构对优先级A份额和中间级B份额本金及预期收益承担连带补偿责任的条款有效;在(2019)最高法民终1524号案中,最高人民法院认定信托资金投资标的公司实控人承诺差额补足本金及收益不违反法律、行政法规的强制性规定,合法有效。除此之外,在(2020)沪民终567号经典案例中,上海高院认可了管理人股东所作刚兑承诺的效力;在(2019)鲁01民终1775号案中,济南中院认可了管理人法定代表人所作刚兑承诺的效力;在(2020)浙01民终9807号案中,杭州中院认可了管理人股东、实控人等承诺保底回购的效力。由此可知,目前司法机关对于"打破刚兑"针对的相关责任主体的认定范围有限,还未达到严格穿透的要求。

(三)投资顾问、销售机构提供刚性兑付条款的法律效力

《证券投资基金法》明确禁止基金投资顾问机构在提供基金投资顾问服务中以任何方式承诺或者保证投资收益,该行为扰乱了社会经济秩序,属于损害社会公共利益的行为,属于违反法律、行政法规的强制性规定的情形,投资顾问出具的任何具有保底收益性制度的承诺均为无效,但对于股权类、创投类、其他类

私募基金领域的投资顾问出具的类似承诺,则存在一定争议。

《私募投资基金监督管理暂行办法》第 15 条明确规定,私募基金销售机构不得向投资者承诺投资本金不受损失或者承诺最低收益。该规定为部门规章,违反该规定并不直接导致法律行为无效,但是根据《九民纪要》第 31 条的规定,“违反规章一般情况下不影响合同效力,但该规章的内容涉及金融安全、市场秩序、国家宏观政策等公序良俗的,应当认定合同无效”。《私募投资基金监督管理暂行办法》第 15 条关于禁止私募基金管理人、私募基金销售机构向投资者承诺投资本金不受损失或者承诺最低收益的规定,涉及金融安全及金融市场秩序,若法院认定基金销售机构向投资者承诺的内容直接违反该条规定,则该等承诺较大概率会被认定为无效。

(四)“事前承诺型”与“事后补偿型”刚性兑付条款的法律效力辨析

基金管理人事前刚兑保底承诺最明显的特征是基金管理人作出承诺是在投资者购买私募基金产品之前,这种违法性比较明显,司法审判也大多认定这种类型为无效,但仍存在例外情形。例如,在(2021)沪 0115 民初 24875 号一案中,原告与被告签署《基金份额转让协议之补充协议》,约定被告按照固定的利率在一定期限届满后回购案涉全部基金份额。上海市浦东新区人民法院认为,原告、被告双方签订的《转让协议》与《补充协议》系名义上为基金份额转让协议实质上为借款合同法律关系,根据《民法典》第 146 条的规定,行为人与相对人以虚假的意思表示实施的民事法律行为无效。以虚假的意思表示隐藏的民事法律行为的效力,依照有关法律规定处理。本案法官通过将基金管理人与投资者之间的委托理财合同关系认定为借款合同关系,从而认定事前型刚兑保底条款有效。

又如,在(2020)沪 74 民初 415 号一案中,上海金融法院认为,基金管理人承诺以自有财产对投资人的投资差额进行补偿,而非合伙关系中对合伙企业利润分配、亏损分担的约定,亦无法得出由基金管理人承担全部亏损的意思表示,故《资金补足合同》《资金补足合同之补充协议》中关于基金管理人承担差额补足义务的约定于法不悖,且系当事人的真实意思表示,合法有效。本案法官认为,合伙企业型私募股权投资基金中的事前刚兑保底承诺因不损害合伙企业和合伙企业债权人利益,为了最大限度尊重当事人意思自治而认定有效。

事前型刚兑保底条款违法性明显，在《私募投资基金监督管理条例》颁布之前，无论是《私募投资基金监督管理暂行办法》还是《关于加强私募投资基金监管的若干规定》在效力上是部门规章，司法审判无法直接援引前述规定认定事前型刚兑保底条款无效，这导致实践中存在上述审判认定不一致的情形。随着《私募投资基金监督管理条例》这一行政法规的颁布，法官可以援引该条例中关于刚兑保底承诺的禁止性规定，从而认定基金管理人事前型刚兑保底承诺无效。如此一来，司法审判对于基金管理人事前作出刚兑保底承诺效力的认定可能会趋于统一。

关于“事后补偿型”刚性兑付条款，《关于规范金融机构资产管理业务的指导意见》第 19 条第 3 项明确了“资产管理产品不能如期兑付或者兑付困难时，发行或者管理该产品的金融机构自行筹集资金偿付或者委托其他机构代为偿付”属于刚性兑付。但《关于规范金融机构资产管理业务的指导意见》的适用对象是证券期货经营机构，而不包括私募基金管理人。可能正是因为缺乏对基金管理人在基金亏损后作出的刚性兑付承诺的具体规制，司法审判关于这一类型的刚性兑付承诺效力认定尚存争议。在（2020）京 03 民终 5181 号一案中，基金管理人在基金发生亏损后，通过签署《还款协议》约定对投资者的全部亏损承担赔偿责任，并约定了还款时间和还款金额。北京市第三中级人民法院认为，基金管理人不是为了向投资人募集资金而承诺保本，而是在亏损发生后出于自身对责任的认识，愿意弥补王某宇的损失，《还款协议》并不违反《私募投资基金监督管理暂行办法》第 15 条的规定。

（五）刚性兑付条款无效后的基金合同效力认定

《民法典》第 156 条规定：“民事法律行为部分无效，不影响其他部分效力的，其他部分仍然有效。”由此可知，刚性兑付条款无效，原则上不会影响基金合同的效力。实践中法官也一般认为，刚兑条款无效不影响基金合同中其他条款的效力。管理人和投资者根据过错情况分担损失，综合考虑保底承诺在促进基金销售中的作用、投资者的风险认知能力等情况进行认定。在（2020）沪 01 民终 1158 号案中，上海市第一中级人民法院认为，“保底”条款系以合法形式掩盖非法目的，应当认定为无效。我国合同法明确规定，违反法律、行政法规的合同无效。达仁合伙企业、达仁资产公司另外主张的《私募基金暂行管理办法》的相关规定，并非属于法律、行政法规之范畴，不能作为认定合同效力之依据。故达仁合伙企业、达仁资产公司关于《顾问服务协议》无效的主张，缺乏相应依据，不予采纳。又如，在（2018）冀01民再271号案中，河北省石家庄市中级人民法院认为，合同中的“保底条款”因违反民法的公平原则和资本市场规则无效，其他部分不违反法律和行政法规的强制性规定，应为有效。

但也有部分法院认为，资产管理产品合同内容含有保底保收益的刚性兑付条款时，若该条款的约定属于当事人缔约的核心目的，则整个资产管理产品合同也会随刚性兑付条款的无效而失去存在意义，因而无效。在（2017）闽民申171号案中，福建省高级人民法院认为，保底条款将风险全部转嫁给受托人，违反了民法的基本原理和公平原则，应为无效条款。因保底条款为委托理财合同关系中的核心条款，因此本案讼争《合作投资协议》整体无效，原审对合同效力的认定并无不当。

我们认为，刚性兑付条款会导致整个合同无效，在私募基金监管趋严，投资者保护日益增强的背景下，这样的认定与整个资本市场的发展趋势一致。

一方面，就合同的缔约目的而言，刚性兑付条款通常属于合同中的目的条款。双方的真实合意即是签订一份保底保收益的资产管理类合同，受益人除期待本金的零风险外，亦期待合同约定的固定收益，若没有上述刚性兑付条款的存在，受益人通常不会签订该合同。在刚性兑付条款被确认无效后，资管合同的缔约目的已经不能实现，若认定合同其他部分继续有效，不仅违背合同的缔约目的，无履约意义，而且将丧失司法裁判应注重的实质公平，导致缺乏公平性与合理性的结果。

另一方面，就合同条款在合同中的地位而言，刚性兑付条款通常在合同中处于最重要的地位，属于合同中的核心条款。核心条款与合同其他内容条款不具有可分性，其并非可以独立分离出来的合同部分，而是与合同其他部分存在紧密的牵连关系，具有不可分性。《九民纪要》第31条中明确规定：“违反规章一般情况下不影响合同效力，但该规章的内容涉及金融安全、市场秩序、国家宏观政策等公序良俗的，应当认定合同无效。……”《民法典》第153条第2款规定：“违背公序良俗的民事法律行为无效。”因此核心条款违背了金融安全、市场秩序、国家宏观政策等公序良俗时，应认为合同的核心意思、整体意思违背了公序良俗，违背公序良俗的民事法律行为无效，即合同整体无效。

（六）刚性兑付条款无效后的投资损失赔偿范围及比例

《民法典》第157条规定，民事法律行为无效、被撤销或者确定不发生效力后，行为人因该行为取得的财产，应当予以返还；不能返还或者没有必要返还的，应当折价补偿。有过错的一方应当赔偿对方由此所受到的损失；各方都有过错的，应当各自承担相应的责任。法律另有规定的，依照其规定。根据该规定，刚兑条款无效后，造成的投资人损失应当予以赔偿，其赔偿范围可能包括投资本金、利息、收益以及其他直接损失等。投资人和管理人对此都有过错，应当根据各自的过错比例承担责任。然而，这一责任分担标准过于模糊，实践中法官通常会寻找某些确定的基准进行损失分担认定。

部分法院的裁判案例以业绩报酬比例为基准认定损失的承担。如在“赖某静、广州财大投资管理有限公司委托理财合同纠纷”案件中，一审法院广东省广州市天河区人民法院认为［（2018）粤0106民初27882号］，赖某静与广州财大投资管理有限公司（以下简称财大公司）双方对保底条款的约定均有过错，应合理分摊理财亏损，由于双方约定按照收益率的比例分配业绩报酬（业绩报酬比例中份额收益率P<20%，业绩报酬比例R=20%），故约定的比例可以作为分担亏损额的参考依据。即本案亏损在约定由财大公司收取的业绩报酬比例范围内，由财大公司承担，超出业绩报酬比例范围的，由赖某静承担。现2017年10月23日清算后剩余本金624,178.24元，即赖某静亏损金额为375,821.76元（1,000,000元-624,178.24元），则应由财大公司负担其中的75,164.352元（375,821.76元×20%），赖某静承担剩余的80%。广东省广州市中级人民法院二审［案号：（2019）粤01民终23878号］认为，在双方均对刚兑条款无效存在过错的情况下，一审法院将双方约定的业绩报酬比例作为分担亏损额的参考依据，对涉案亏损的分担比例作出认定并无不当。

同时，在另外一些案件中，法院根据当事人之间对刚兑协议无效的影响程度以及过错的大小，划分是主次责任还是同等责任，并据此划分责任比例。如在熊某红、张某伟合同纠纷案［（2019）粤01民终16045号］中，广州市中级人民法院认为，三名基金从业人员明知法规禁止保底承诺，仍与投资者签订协议，存在明显过错，且其利益与基金销售紧密相关，应承担主要责任。投资者虽了解投资风险并接受告知，但仍有过错，承担次要责任。综合考虑，法院裁定三名私募管理人股东承担投资者损失的70%，投资者自行承担30%。

又如，在王某明与国融证券股份有限公司等证券投资基金交易纠纷案［（2021）京0102民初10068号］中，北京市西城区人民法院经审理查明，亿鑫公司与王某明签署的基金合同《附加协议》中的固定收益条款属于法律法规所禁止的保底条款，应属无效，亿鑫公司作为专业的基金管理人，向投资者承诺保本收益，对协议无效存在过错，王某明明知《基金合同》中约定基金管理人不保证基金一定盈利，也不保证投资者的投资本金不受损失或者取得最低收益，仍然为了追求高额收益，而与亿鑫公司签署保底协议，亦存在过错，并据此认定亿鑫公司应承担95%的损失责任，王某明自行承担5%。

在刚兑条款无效后的责任承担比例上，因投资者与管理人、销售推介机构的过错程度不同，需根据个案事实以及对协议无效的影响程度等因素，综合划分各方当事人的过错比例及责任承担比例，从现有案例梳理结果来看，这块仍属于法官自由裁量权范围，缺乏统一的标准。

第六节　违反信息披露义务的法律责任认定

信息披露义务是基金管理人的核心职责之一，信息披露义务人应当按照法律规定和合同约定，如实向投资者披露基金投资、资产负债、投资收益分配、基金承担的费用和业绩报酬、可能存在的利益冲突情况以及可能影响投资者合法权益的其他重大信息，不得隐瞒或者提供虚假信息。在我国法律法规和监管要求下，私募基金管理人作为金融市场的重要参与者，承担着严格的信息披露义务。私募基金管理人的信息披露对于市场的透明度至关重要，投资者可以通过管理人所披露的信息了解基金的运作情况、投资策略和管理人的决策过程；更准确地评估和理解投资所涉及的风险，包括市场风险、信用风险、流动性风险等，从而做出更为谨慎的投资决策；了解基金的历史表现、投资组合的构成以及未来的投资计划等信息。

然而，目前私募基金管理人在信息披露方面仍存在一定程度的不足。虽然大多数管理人能够按时发布年度报告和季度报告，但在信息披露的及时性、准确性和完整性方面仍有待提高。部分管理人在披露信息时存在拖延、隐瞒甚至虚假陈述的情况，导致投资者无法充分了解基金的真实运作状况。此外，信息披露内容的可读性和透明度也存在不足。因此导致的纠纷越来越多，本部分将就私募基金信息披露制度、内容以及实务经典案例进行梳理，对其中涉及的理论和实务问题进行深入分析，并对其在实践中认定的要点和难点进行讨论。

一、私募基金信息披露制度概述

（一）信息披露制度的规则体系

私募基金信息披露制度的主要目的是通过及时、真实、准确、完整的披露私募基金相关信息，提高基金运作的透明度，帮助投资者做出理性决策，保护投资者的合法权益。主要包括以下几个方面的规则。

在法律法规层面，全国人民代表大会常务委员会于 2015 年 4 月 24 日颁布了《证券投资基金法》，该法规定了基金管理人、基金托管人及相关机构的信息披露义务。国务院于 2023 年 7 月 3 日发布了《私募投资基金监督管理条例》，规定了信息披露的原则及具体事项等。这些法律法规为私募基金信息披露提供了基本框架和规范要求。

在部门规章层面，中国证券监督管理委员会于 2014 年 8 月 21 日发布了《私募投资基金监督管理暂行办法》，详细规定了私募基金管理人在募集、运作、信息披露等方面的具体要求；于 2020 年 12 月 30 日发布了《关于加强私募投资基金监管的若干规定》，规定了信息披露事项及行为准则。

在自律规则层面，中国证券投资基金业协会于 2016 年 2 月 4 日发布了《私募投资基金信息披露管理办法》，该规定是专门针对私募基金信息披露活动制定的管理办法，旨在保护投资者的合法权益，规范私募基金的信息披露行为。该办法明确了信息披露义务人的责任、信息披露的内容与格式，以及相关的保密义务等，并对私募基金的信息披露内容、频率、方式等作出了具体规定。

此外，中国证券投资基金业协会于 2016 年 4 月 15 日发布了《私募投资基金募集行为管理办法》，明确募集机构应披露的信息内容和要求。

（二）信息披露义务的法理基础

私募基金的信息披露机制是证券信息披露制度的组成部分。证券信息披露制度，又被称作公开披露或公告制度，要求证券发行企业在发行证券及证券流通过程中，依照法律规定公开与其证券相关的真实信息。

从经济学的视角审视，证券信息披露制度主要源于有效市场假说理论与信息不对称理论。美国经济学家尤金・法玛曾明确指出，在法制健全、运作高效、透明度佳且竞争激烈的股票市场中，所有有价值的信息，包括企业的当前价值和未来潜力，都会及时、准确、全面地反映在股价的动态中。这就是有效市场理论的核心观点，它认为在理想的证券市场环境中，信息披露应满足真实、准确、完整、及时、公平的原则。与之相对的信息不对称理论则从实际市场出发，揭示了市场中投资者因获取信息的渠道、数量、相关性和准确性差异而面临的风险和收益差异。在证券投资基金市场，基金托管人、基金管理人和持有大额份额的投资者在信息获取上占据优势，他们比普通投资者更了解基金的实际情况。在这种利益最大化的驱动下，不同角色在应然市场和实然市场对信息披露的需求也各不相同，从而催生了相应的制度规范。

从法学的视角看，证券投资基金信息披露制度的首要任务是确保投资者的合法权益得到保障，进而维护整个证券投资基金市场的稳定与发展。投资者是金融市场的基石，他们的权益保护程度直接决定了证券市场的繁荣程度，进而影响国家经济增长的质量与速度。因此，各国和交易市场都将投资者权益保护置于重要位置。特别是私募基金，由于投资周期长、金额大，且存在双重委托代理关系，投资者面临的不公平损失风险更高。我国《私募投资基金信息披露管理办法》明确规定，该办法的制定旨在保护私募基金投资者的合法权益，规范私募投资基金的信息披露活动，确保投资者的权益得到切实保障。

二、私募基金信息披露制度的主要内容

(一)信息披露义务的法律规定

私募基金管理人、托管人以及法律法规规定的其他具有信息披露义务的法人和其他组织,应当对私募基金相关信息进行披露,包括但不限于基金合同、招募说明书、基金的投资情况、资产负债情况、投资收益分配、费用和业绩报酬安排、利益冲突、重大诉讼仲裁等。披露的信息必须真实、准确、完整,不得有虚假记载、误导性陈述或重大遗漏。信息披露的重要规定见表8-5。

表8-5　信息披露的重要规定

类别	法规/办法名称	规定内容
原则性要求	私募投资基金监督管理条例	第三十一条　私募基金管理人在资金募集、投资运作过程中,应当按照国务院证券监督管理机构的规定和基金合同约定,向投资者提供信息。 私募基金财产进行托管的,私募基金管理人应当按照国务院证券监督管理机构的规定和托管协议约定,及时向私募基金托管人提供投资者基本信息、投资标的权属变更证明材料等信息。
	关于加强私募投资基金监管的若干规定	第十二条　私募基金管理人及其出资人和实际控制人、私募基金托管人、私募基金销售机构和其他私募基金服务机构所提交的登记备案信息及其他信息材料,不得有虚假记载、误导性陈述或者重大遗漏,并应当按照规定持续履行信息披露和报送义务,确保所提交信息材料及时、准确、真实、完整。 私募基金管理人及其出资人和实际控制人、私募基金托管人、私募基金销售机构和其他私募基金服务机构及其从业人员应当配合中国证监会及其派出机构依法履行职责,如实提供有关文件和材料,不得拒绝、阻碍和隐瞒。

续表

类别	法规/办法名称	规定内容
	私募投资基金监督管理暂行办法	第二十四条　私募基金管理人、私募基金托管人应当按照合同约定,如实向投资者披露基金投资、资产负债、投资收益分配、基金承担的费用和业绩报酬、可能存在的利益冲突情况以及可能影响投资者合法权益的其他重大信息,不得隐瞒或者提供虚假信息。信息披露规则由基金业协会另行制定。
	私募投资基金信息披露内容与格式指引2号——适用于私募股权(含创业)投资基金	4.私募基金管理人应保证本报告披露的信息不存在任何虚假记载、误导性陈述或者重大遗漏,并对内容的真实性、准确性、完整性承担法律责任。
私募基金管理人信披要求	私募投资基金信息披露管理办法	第十八条　发生以下重大事项的,信息披露义务人应当按照基金合同的约定及时向投资者披露: (一)基金名称、注册地址、组织形式发生变更的; (二)投资范围和投资策略发生重大变化的; (三)变更基金管理人或托管人的; (四)管理人的法定代表人、执行事务合伙人(委派代表)、实际控制人发生变更的; (五)触及基金止损线或预警线的; (六)管理费率、托管费率发生变化的; (七)基金收益分配事项发生变更的; (八)基金触发巨额赎回的; (九)基金存续期变更或展期的; (十)基金发生清盘或清算的; (十一)发生重大关联交易事项的; (十二)基金管理人、实际控制人、高管人员涉嫌重大违法违规行为或正在接受监管部门或自律管理部门调查的; (十三)涉及私募基金管理业务、基金财产、基金托管业务的重大诉讼、仲裁; (十四)基金合同约定的影响投资者利益的其他重大事项。

续表

类别	法规/办法名称	规定内容
基金产品信披要求	私募投资基金信息披露管理办法	第十三条　私募基金的宣传推介材料(如招募说明书)内容应当如实披露基金产品的基本信息,与基金合同保持一致。如有不一致,应当向投资者特别说明。 第十四条　私募基金募集期间,应当在宣传推介材料(如招募说明书)中向投资者披露如下信息: (一)基金的基本信息:基金名称、基金架构(是否为母子基金、是否有平行基金)、基金类型、基金注册地(如有)、基金募集规模、最低认缴出资额、基金运作方式(封闭式、开放式或者其他方式)、基金的存续期限、基金联系人和联系信息、基金托管人(如有); (二)基金管理人基本信息:基金管理人名称、注册地/主要经营地址、成立时间、组织形式、基金管理人在中国基金业协会的登记备案情况; (三)基金的投资信息:基金的投资目标、投资策略、投资方向、业绩比较基准(如有)、风险收益特征等; (四)基金的募集期限:应载明基金首轮交割日以及最后交割日事项(如有); (五)基金估值政策、程序和定价模式; (六)基金合同的主要条款:出资方式、收益分配和亏损分担方式、管理费标准及计提方式、基金费用承担方式、基金业务报告和财务报告提交制度等; (七)基金的申购与赎回安排; (八)基金管理人最近三年的诚信情况说明; (九)其他事项。
运作阶段	私募投资基金信息披露管理办法	第十六条　私募基金运行期间,信息披露义务人应当在每季度结束之日起10个工作日以内向投资者披露基金净值、主要财务指标以及投资组合情况等信息。 单只私募证券投资基金管理规模金额达到5000万元以上的,应当持续在每月结束后5个工作日以内向投资者披露基金净值信息。 第十七条　私募基金运行期间,信息披露义务人应当在每年结束之日起4个月以内向投资者披露以下信息: (一)报告期末基金净值和基金份额总额; (二)基金的财务情况; (三)基金投资运作情况和运用杠杆情况; (四)投资者账户信息,包括实缴出资额、未缴出资额以及报告期末所持有基金份额总额等; (五)投资收益分配和损失承担情况; (六)基金管理人取得的管理费和业绩报酬,包括计提基准、计提方式和支付方式; (七)基金合同约定的其他信息。

续表

类别	法规/办法名称	规定内容
	私募基金信息披露管理办法	第十八条　发生以下重大事项的,信息披露义务人应当按照基金合同的约定及时向投资者披露: (一)基金名称、注册地址、组织形式发生变更的; (二)投资范围和投资策略发生重大变化的; (三)变更基金管理人或托管人的; (四)管理人的法定代表人、执行事务合伙人(委派代表)、实际控制人发生变更的; (五)触及基金止损线或预警线的; (六)管理费率、托管费率发生变化的; (七)基金收益分配事项发生变更的; (八)基金触发巨额赎回的; (九)基金存续期变更或展期的; (十)基金发生清盘或清算的; (十一)发生重大关联交易事项的; (十二)基金管理人、实际控制人、高管人员涉嫌重大违法违规行为或正在接受监管部门或自律管理部门调查的; (十三)涉及私募基金管理业务、基金财产、基金托管业务的重大诉讼、仲裁; (十四)基金合同约定的影响投资者利益的其他重大事项。
	私募投资基金监督管理条例	第二十八条　私募基金管理人应当建立健全关联交易管理制度,不得以私募基金财产与关联方进行不正当交易或者利益输送,不得通过多层嵌套或者其他方式进行隐瞒。 私募基金管理人运用私募基金财产与自己、投资者、所管理的其他私募基金、其实际控制人控制的其他私募基金管理人管理的私募基金,或者与其有重大利害关系的其他主体进行交易的,应当履行基金合同约定的决策程序,并及时向投资者和私募基金托管人提供相关信息。 第二十九条　私募基金管理人应当按照规定聘请会计师事务所对私募基金财产进行审计,向投资者提供审计结果,并报送登记备案机构。

续表

类别	法规/办法名称	规定内容
	私募投资基金备案指引第2号——私募股权、创业投资基金	第十条　私募股权基金的架构应当清晰、透明,不得通过设置复杂架构、多层嵌套等方式规避监管要求,收取不合理费用。私募基金管理人应当向投资者充分披露投资架构及投资者承担的费用等有关信息。 私募基金管理人不得在私募股权基金内部设立由不同投资者参与并投向不同资产的投资单元或者基金子份额,但因投资排除等机制导致前述情形的除外。 第十四条　除《关于加强私募投资基金监管的若干规定》规定的借款外,私募股权基金以股权投资为目的,对被投企业进行附转股权的债权投资的,约定的转股条件应当科学、合理、具有可实现性,与被投企业或者其关联方的股权结构、商业模式、经营业绩、上市进度、知识产权和核心人员等相挂钩。满足转股条件的,应当及时将债权转为股权,并办理对被投企业或者其关联方的股权确权手续。未选择转股的,应当按照基金合同约定征得投资者同意或者向投资者披露未转股原因。 私募股权基金不得利用附转股权的债权投资变相从事借贷活动。 第十五条　私募股权基金采用分级安排的,私募基金管理人应当向投资者充分披露私募股权基金的分级设计、完整的风险收益分配情形等信息。 投资本指引第十三条第二款第二项至第六项规定资产的分级私募股权基金,应当符合利益共享、风险共担、风险与收益相匹配原则,优先级与劣后级的比例不得超过1∶1,优先级份额投资者获取收益或者承担亏损的比例不得低于30%,劣后级份额投资者获取收益或者承担亏损的比例不得高于70%。 分级私募股权基金若存在中间级份额,计算杠杆、收益或者亏损比例时,中间级份额应当计入优先级份额。

续表

类别	法规/办法名称	规定内容
终止阶段披露	私募投资基金信息披露管理办法	第十八条　发生以下重大事项的,信息披露义务人应当按照基金合同的约定及时向投资者披露: (一)基金名称、注册地址、组织形式发生变更的; (二)投资范围和投资策略发生重大变化的; (三)变更基金管理人或托管人的; (四)管理人的法定代表人、执行事务合伙人(委派代表)、实际控制人发生变更的; (五)触及基金止损线或预警线的; (六)管理费率、托管费率发生变化的; (七)基金收益分配事项发生变更的; (八)基金触发巨额赎回的; (九)基金存续期变更或展期的; (十)基金发生清盘或清算的; (十一)发生重大关联交易事项的; (十二)基金管理人、实际控制人、高管人员涉嫌重大违法违规行为或正在接受监管部门或自律管理部门调查的; (十三)涉及私募基金管理业务、基金财产、基金托管业务的重大诉讼、仲裁; (十四)基金合同约定的影响投资者利益的其他重大事项。
禁止行为规定	私募投资基金信息披露管理办法	第十一条　信息披露义务人披露基金信息,不得存在以下行为: (一)公开披露或者变相公开披露; (二)虚假记载、误导性陈述或者重大遗漏; (三)对投资业绩进行预测; (四)违规承诺收益或者承担损失; (五)诋毁其他基金管理人、基金托管人或者基金销售机构; (六)登载任何自然人、法人或者其他组织的祝贺性、恭维性或推荐性的文字; (七)采用不具有可比性、公平性、准确性、权威性的数据来源和方法进行业绩比较,任意使用"业绩最佳""规模最大"等相关措辞; (八)法律、行政法规、中国证监会和中国基金业协会禁止的其他行为。

(二)信息披露义务的具体内容

私募基金管理人的信息披露义务贯穿基金的“募、投、管、退”全流程。

在募集前需要就募集说明书、合格投资者标准以及基金合同进行披露。具体而言,需要在募集说明书中详细介绍基金的基本情况,包括基金类型、投资策略、管理团队、费用结构、风险提示等;明确投资者需要满足的条件,如资产规模、投资经验等;提供基金合同详细的合同条款,包括各方权利和义务、基金运作方式、收益分配机制等。在募集期间需要就投资风险揭示书、基金募集进展等进行信息披露。在投资风险揭示书中详细列出基金可能面临的各种风险,并要求投资者签署确认已知悉这些风险;定期向投资者更新基金的募集情况,包括已募集金额、投资者数量等。

私募基金成立后,需要进行定期报告,通常需要定期(如季度、半年、年度)向投资者披露以下信息:财务报表(包括资产负债表、利润表、现金流量表)、投资组合(披露基金的主要投资项目和其表现)、基金净值(定期公布基金的净值变化情况)、重大事项披露(基金运营过程中发生重大事项时,应及时向投资者披露,包括但不限于投资项目重大变化、管理团队变动、法律诉讼及监管调查)。

基金进入清算程序后,需向投资者提供清算报告,详细列明清算过程、清算结果及剩余资产的分配情况。基金终止时,应向投资者公告并解释终止原因以及后续安排。

此外,根据相关法律规定,私募基金募集机构也是信息披露义务主体。基金募集机构应在基金份额发售前三日,将以下文件公告在规定报刊上:基金份额发售公告、基金招募说明书提示性公告、基金合同提示性公告、规定网站上的文件披露;同时,需要在规定网站上披露以下文件:基金份额发售公告、基金招募说明书、基金产品资料概要、基金合同、基金托管协议。如果基金合同生效后,基金招募说明书或基金产品资料概要的信息发生重大变更,募集机构必须在三个工作日内更新这些文件,并在规定网站上进行披露。

私募基金托管人根据相关法律规定和基金合同约定亦承担一定的信息披露义务。根据法律规定,私募基金托管人需要对私募基金管理人编制的以下信息进行复核确认:基金资产净值、基金份额净值、基金份额申购赎回价格、基金定期报告、定期更新的招募说明书;通过适当的方式,如私募基金信息披露备份平台等,确保投资者能够获取相关信息。私募基金托管人在信息披露过程中,还需遵守保密义务,不得泄露私募基金的非公开信息、商业秘密或个人隐私。

三、典型案例分析

(一)基本案情

李阳某止作为投资人与新川公司(基金管理人)、上海银行(基金托管人)签订《基金合同》,合同约定的信息披露形式为:基金管理人通过书面形式向基金份额持有人提供报告,内容包括本合同、净值报告、定期报告等。李阳某止诉称,新川公司并未向李阳某止寄送上述材料。新川公司辩称,《基金合同》中约定的"以书面形式提供"并非仅指邮寄送达,其在官网上的披露应视为已经履行合同约定的披露义务。在披露内容上,本案《基金合同》约定,基金管理人应该根据法律法规、中国证券会和基金业协会的要求履行报告义务;基金管理人向基金份额持有人提供的报告包括本合同、净值报告、定期报告等。新川公司的信息披露义务履行不符合合同约定:一是新川公司官网的"信息披露栏"中缺少合同约定的披露内容,如《基金合同》《净值报告》;二是年报上披露的内容存有矛盾,且与新川公司陈述的实际情况不符。另外,2020 年,证监会上海 × × 局亦出具了沪证监决〔2020〕44 号《行政监管措施决定书》,载明:新川公司在川能一号私募基金的管理过程中,未按合同约定向投资者披露可能影响投资者合法权益的重大信息,违反了《私募投资基金监督管理暂行办法》的相关规定,对新川公司予以警示。本案中双方的交易结构见图 8 – 7。

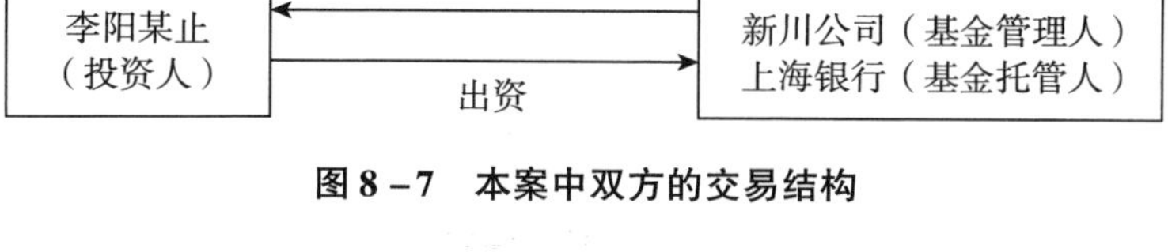

图 8 – 7　本案中双方的交易结构

(二)裁判结果

关于信息披露义务的认定,上海金融法院作出(2022)沪74民终1474号一审民事判决书,认为根据已查明的事实,新川公司在其官网进行信息披露虽符合《基金合同》所约定的“书面形式”,但其披露项目少于合同约定应披露的项目,披露内容与一审陈述的实际投资情况有较大出入。对此,新川公司将金额差异解释为投资款中存在交叉、转投、预留部分流动资金等原因造成,但新川公司并未将该等情况一并向投资者进行披露,故其官网披露的信息不符合真实性、准确性和完整性的要求。证监会上海××局对此亦明确认定新川公司存在未按合同约定向投资者披露重大信息的违规行为。据此,一审认定新川公司违反信息披露义务,具有相应事实依据,上海金融法院予以确认。结合管理人在募集、投资阶段亦存在的严重过错,上海金融法院判令管理人赔偿投资者损失的全部本金。

(三)裁判观点

1. 管理人在基金合同未约定且未告知投资者的情形下径行在其官网披露信息,且披露内容亦存在瑕疵,存在严重过错,应认定为履行信息披露义务不当。

2. 披露项目少于合同约定应披露的项目,披露内容与实际投资情况有较大出入。若该情况是由于投资款中存在交叉、转投、预留部分流动资金等合理原因造成,但基金管理人未将该等情况一并向投资者进行披露,应当认定披露的信息不符合真实性、准确性和完整性的要求。

3. 证监会确认基金管理人存在未按合同约定向投资者披露重大信息的违规行为的事实可以作为认定基金管理人存在违约的判断依据之一。

(四)案例评析

本案系私募基金管理人违反信息披露义务承担赔偿责任的典型案例,具有一定的指导意义。信息披露是私募基金管理人的法定义务,也往往是其约定义务。私募基金投资者通常缺乏足够的信息获取渠道和专业知识从而全面了解投资项目的风险和运作情况。管理人违反信息披露义务,会使投资者无法获得真实、准确、完整的信息,从而可能做出错误的投资决策,导致经济损失。此外,信息披露义务是确保金融市场公平和透明的基础。管理人及时、准确地披露信息，有助于建立透明、健康的市场环境，减少信息不对称，防止内幕交易和市场操纵行为。

信息披露的方式和内容是审查信息披露义务时的重点考虑因素。在信息披露方式方面，根据《私募投资基金信息披露管理办法》的规定，基金合同中应当明确信息披露义务人向投资者进行信息披露的方式等事项。《证券投资基金法》第90条规定，如果基金管理人违反信息披露义务，造成投资者损失的，应当依法承担赔偿责任。在实践中，《基金合同》一般会约定由基金管理人通过邮寄、传真、电子邮件、短信和中国证券投资基金业协会的信息披露平台等方式向投资者披露信息。我们建议，首先，私募基金管理人根据实际情况与投资者在基金合同中明确约定具体可行的信息披露方式，避免笼统地约定为"以书面方式"披露信息。此种信披方式的约定既对基金管理人披露信息造成不便，又容易引起不必要的争议和纠纷。其次，私募基金管理人应严格按照合同约定的方式进行披露，避免因履约瑕疵而被投资者追究赔偿责任。此外，基金管理人还可以在《基金合同》中约定在官网进行信息披露。采用此种披露方式的管理人应在《基金合同》中明确上述披露方式的查询方法，准确载明相关网址和操作路径，并注意相关证据材料的留存。基金管理人如委托第三方机构在其平台披露信息的，应注意委托披露不免除其根据基金合同约定对投资者的信息披露义务。

在信息披露内容方面，《私募投资基金信息披露管理办法》《私募投资基金信息披露内容与格式指引》《私募投资基金登记备案办法》等规定和自律规则明确规定了私募基金管理人在基金运作期间应当向投资者披露的各种信息。在实践中，《基金合同》通常会以列举方式对基金管理人向投资者披露的信息内容进行约定，但由于投资款中存在交叉、转投、预留部分流动资金等合理原因，披露内容与实际投资情况可能存在较大出入。在该种情况下，基金管理人应将该等情况一并向投资者进行披露，否则将被认定披露的信息不符合真实性、准确性和完整性的要求。

四、违反信息披露义务的要点难点分析

(一)信息披露违约与投资损失之间因果关系的认定标准

经过梳理大量法院判令基金管理人承担对投资者投资损失的赔偿责任的案例,我们发现,在投资者索赔纠纷中,如果案涉管理人仅存在信息披露义务履行方面的瑕疵,且不存在应披露而未披露的涉及投资者利益的重大事项。同时,管理人亦未有其他违反基金合同或者未尽勤勉尽责义务的违法违规行为的,该等信披瑕疵一般很难被认定与投资者损失之间存在直接因果关系,投资者的赔偿请求因而难以得到法院的支持,如在(2022)鲁民终579号案中,山东省高级人民法院认为,在互联网提供查询信息服务为《基金合同》约定的信息披露形式之一,但案涉基金管理人未明确告知投资者具体查询方法。故而一审法院认定,案涉基金管理人存在信息披露瑕疵。但由于该瑕疵与投资者损失之间不具有直接因果关系,故一审法院认为投资者以此为由要求案涉管理人赔偿损失的主张不能成立。此外,根据该案事实,法院亦无法认定案涉管理人在投资、退出清算等阶段存在不履行勤勉尽责管理义务的情形。且案涉投资者的投资损失在基金财产尚未获得清偿时亦不能确定。故而一审法院认为案涉投资者尚不具备要求案涉管理人向其赔偿投资本息的前提成立。二审法院维持原判。

又如,在(2021)粤03民终36213号案中,广东省深圳前海合作区人民法院认为,案涉基金合同中对投资的范围和投资的标的公司都有约定明确,案涉投资者对投资项目应是清楚知悉的;且其亦未主张系关联交易造成了其投资损失。故案涉管理人未披露B企业为其关联企业的行为尚不构成投资者解除基金合同的充分理由。但基金管理人在基金发生关联交易时,应当给予投资者充分解释和提醒,履行更高的披露义务,案涉基金管理人的该行为不当,一审法院予以批评。此外,由于案涉投资者对案涉管理人存在的其他过错未充分举证证明,一审法院最终驳回了投资者的全部诉讼请求。广东省深圳市中级人民法院维持原判。

但对于存在开放安排的私募证券投资基金，在投资者依赖于基金管理人披露的基金净值等重要信息做出后续的投资决定（如是否赎回基金份额）的情况下，基金管理人未依法依约披露相关信息的行为，则可能会被认定为与投资者的损失之间存在因果关系，如在（2020）粤01民终15306号案和（2019）粤01民终21112号两案中，法院均判令案涉违反信披义务的管理人对投资者因未能获取重要信息而未及时赎回私募证券基金份额所遭受的损失承担20%的赔偿责任。

此外，值得注意的是，虽然某些法院认定信息披露义务履行方面的瑕疵和投资者的损害后果之间不具有因果关系，管理人违反信息披露义务可能不会因此承担对投资者的违约责任，但是仍可能面临证监会的处罚和中国证券投资基金业协会的自律管理措施。如在（2021）粤03民终36213号案中，法院未因基金管理人未向投资者明确表示基金投资的企业与其存在关联关系而判令其向投资者赔偿投资损失。但是，重大关联交易事项是《上市公司信息披露管理办法》中明确规定的应及时向投资者披露的重大事项。并且《私募投资基金监督管理条例》和《私募投资基金登记备案办法》等法规和中国证券投资基金业协会的自律规则中，均强调应披露基金的关联交易。因此，我们建议基金管理人采取基金合同约定的合法合规的方式及时向投资者披露基金的关联交易，否则不仅可能面临证监会的处罚和中国证券投资基金业协会的自律管理措施，还可能因信息披露履行瑕疵而陷入投资者的索赔纠纷。

（二）信息披露义务违约的投资损失认定

投资损失认定中最核心的问题是损失确定的时间，在实践中，大部分法院认为基金已终止，但未能按约进行收益分配或无法正常清算时，投资损失方可确定。如在（2022）沪74民终1474号案中，一审法院上海市虹口区人民法院认为，案涉管理人既未在基金合同中载明官方网址，也未告知信息披露方式为官网，在投资者不知情的情况下，径行在其官网披露相关信息，确属不当。现基金已经终止，却未能按约进行收益分配，投资者仅收回部分款项，其投资损失已经实际产生。又如，在（2020）苏01民终5949号案中，案涉基金合同约定基金管理人应当如实向投资者披露可能影响其合法权益的重大信息。而案涉基金管理人在撤销案涉基金备案后并未告知投资者。江苏省南京市中级人民法院认为，基金撤销备案事项显属明显影响投资者合法权益的重大信息,案涉基金管理人未向投资者进行披露明显违反法律规定和合同约定,应当认定未履行诚实信用、谨慎勤勉义务,具有重大过错。结合案涉基金管理人亦存在未及时终止基金运行并组织清算分配等违约行为,案涉基金到期后无法正常结算,投资者已经产生包括投资本息在内的损失,案涉基金管理人的前述过错行为与投资者的损失之间具有因果关系,并最终判令案涉管理人赔偿投资者的全部本金和利息。

对于存在开放安排的私募证券投资基金,若基金合同约定基金单位累计净值等于或低于某固定数值时可以提前终止,而管理人未及时报告相关情况导致投资人未及时在案涉基金单位净值跌破固定值时行使赎回权利的,可以在基金终止之前确认投资损失。在(2020)粤01民终15306号案中,案涉基金合同约定在基金单位累计净值等于或低于0.8元时,投资者可以提前终止基金合同。基金管理人需按时以邮寄、传真或电子邮件等约定的形式向投资者提交基金财产净值信息;且在发生可能影响投资者利益的重大事项时,也应及时进行报告。但案涉投资者未向管理人提供通讯地址、传真号码或者电子邮箱地址等信息。在基金运作过程中,案涉管理人未依约履行信息报告义务(但投资者通过登录管理人的官网或者微信公号等方式可以获取信息)。后投资者未及时在案涉基金单位净值跌破0.8元时行使赎回权利。广东省广州市中级人民法院认为,案涉管理人未能依约履行报告义务,妨害了投资者及时行使赎回基金产品的权利,但投资者亦未履行协助义务配合案涉管理人履行前述义务,且怠于主动了解案涉基金产品单位净值信息,故双方均有程度不等的过错,均应承担相应责任。管理人未履行报告义务,并不必然导致投资者的损失扩大。综合前述因素,法院最终判令案涉管理人向投资者赔偿按基金单位净值0.8元标准计算的未收回投资款项的20%,其余损失由投资者自担。

(三)信息披露违约的损失赔偿范围

在实际操作中,私募基金通过复杂的融资结构间接投资底层资产的现象越来越普遍。在这种模式下,不同层级的基金管理人在收集、获取和理解底层资产信息的能力上存在显著差异。因此,当基金管理人的信息披露出现缺陷时,其需要承担的赔偿责任范围会根据具体案件的情况而有所不同。

在(2021)沪74民终375号案例中,上海金融法院认为,基金管理人在已知且有条件进一步核实被投企业股权代持事实的情况下,仍怠于履行信息披露义务,基金管理人存在严重违反监管规定及管理人职责的行为,因此应赔偿投资者全部本金、认购费及资金占用费损失,资金占用费以投资本金为基数,按照同业拆借中心公布的同期贷款市场报价利率计算。据此,法院在认定损害赔偿范围时会考虑管理人对相关信息是否负有核实义务,若对重要信息明显未尽核实义务,则有可能被判断赔偿全部本金、认购费及资金占用费损失。

在(2021)沪74民终395号案例中,上海金融法院认为,深圳××局出具的225号《行政监管措施决定书》中所列举的“部分资管计划信息披露不及时、销售不规范……”的违规行为,并未确切指向联储证券的哪些具体行为,亦未区分不同资管计划中的不同违规行为,针对该决定书的《答复函》认定联储证券在运作和管理“聚诚15号”资管产品的过程中对“聚诚15号”的尽职调查不充分。鉴于每个投资者的具体签约情况不同,对于管理人的违约行为应依据案件的具体事实分别予以认定。由此可知,在管理人违反信息披露义务造成投资者损失范围大小的问题中,法院倾向于根据每个投资者的具体签约情况进行认定,而非根据行政监管措施决定书中“信息披露不及时”等抽象的表述就认定管理人未尽信息披露义务。